KB082987

동아시아 3국의 사회변동과 갈등관리

한국, 일본, 중국

저자

정영태(丁榮泰, Jung, Young-tae) 서울대 외교학과 졸업(1978). 미국 텍사스주립대(오스틴) 박사(1988). 인하대 정치외교학과 교수(1989년～현재). 주요 경력으로 인하대 사회과학연구소장(1996～1998), 인하대 대외협력처장(2001～2003), 인천광역시 다문화사회 자문위원, 인천광역시 남구 다문사회사회 자문위원(2011～현재), 인천출입국관리사무소 사회통합위원회 위원(2011～현재), 인하대 대학원 다문화학과 교수 겸 사회과학연구소 다문화및사회통합연구센터장(2011.3～현재) 등이 있음.
주요 저서로는 『파벌—민주노동당 정파갈등의 기원과 종말』(이매진, 2011), 『공정사회와 정치개혁』(공저, 나남출판, 2013), 『사회를 보는 새로운 눈』(공저, 한울, 2009(개정판)) 등이 있고, 주요 논문으로는 「서구 다문화사회의 국제이주민 정책과 실태」(2009), 「공무원의 정치적 자유에 대한 헌법재판소의 논거와 문제점」(2010), 「동아시아 집단주의에 대한 연구동향—일본, 대만, 서구의 연구를 중심으로」(2013) 등 다수가 있음.

동아시아한국학연구총서 19

동아시아 3국의 사회변동과 갈등관리—한국, 일본, 중국

초판발행 2015년 1월 20일 **초판2쇄발행** 2015년 8월 30일
지은이 정영태 **펴낸이** 박성모 **펴낸곳** 소명출판 **출판등록** 제13-522호
주소 서울시 서초구 서초중앙로6길 15 란빌딩 2층
전화 02-585-7840 **팩스** 02-585-7848 **전자우편** somyong@korea.com **홈페이지** www.somyong.co.kr

값 26,000원

ISBN 979-11-85877-83-9 94330
ISBN 978-89-5626-835-4 (세트)

이 책은 2007년 정부(교육과학기술부)의 재원으로 한국연구재단의 지원을 받아 수행된 연구임(KRF-2007-361-AM0013)

동아시아한국학연구총서 19

동아시아 3국의 사회변동과 갈등관리

한국, 일본, 중국

Social Change and Conflict Management of Northeast Asian Countries

: Korea, Japan, and China

정영태

소명출판

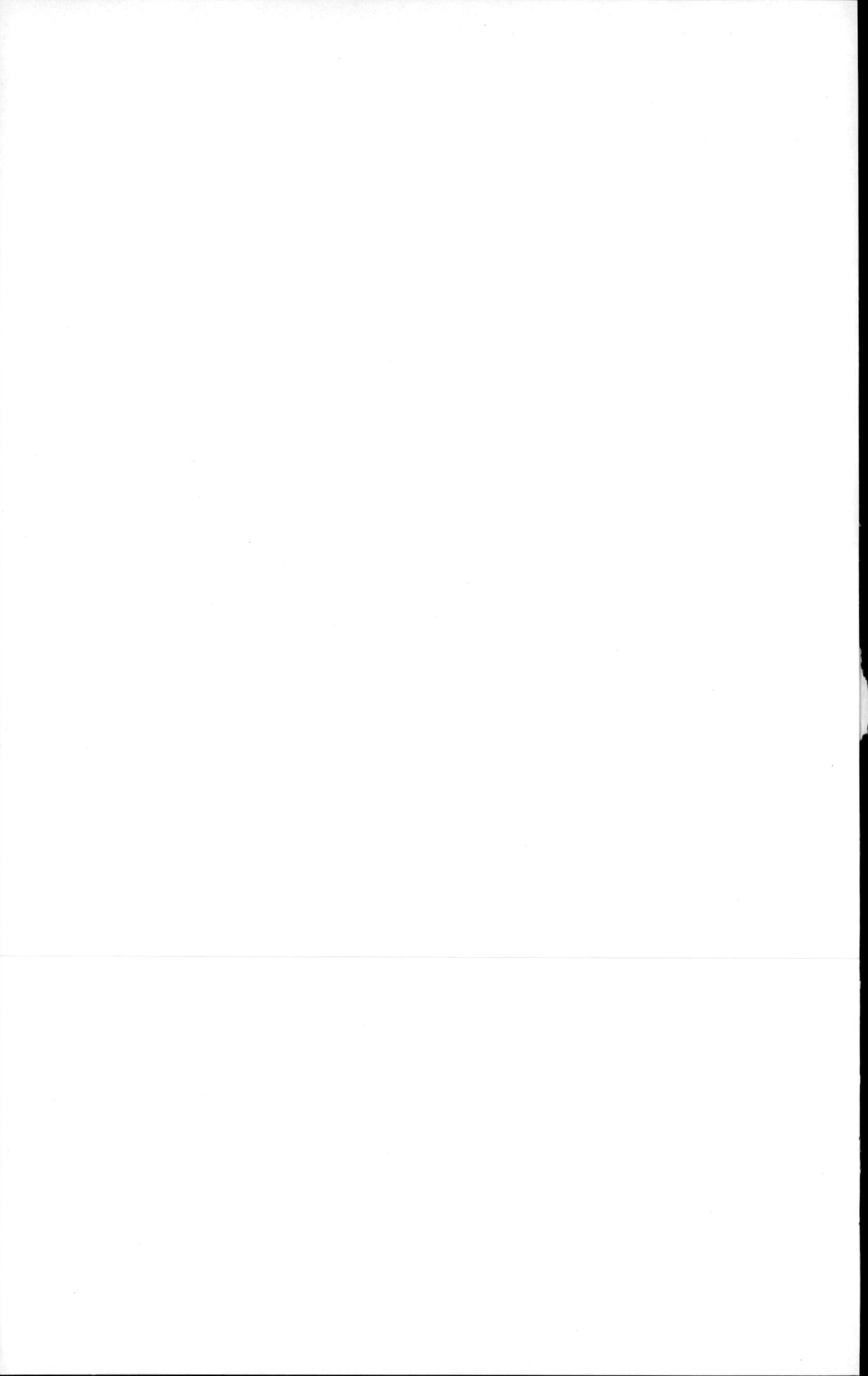

| 간행사 |

인하대학교 한국학연구소는 2007년부터 '동아시아 상생과 소통의 한국학'을 의제로 삼아 인문한국(HK) 사업을 수행하고 있다. 상생과 소통을 꾀하는 동아시아한국학이란, 우선 동아시아 각 지역과 국가의 연구자들이 자국의 고유한 환경 속에서 축적해 온 '한국학(들)'을 각기 독자적인 한국학으로 재인식하게 하고, 다음으로 그렇게 재인식된 복수의 한국학(들)이 서로 생산적으로 소통할 수 있는 방법을 구성해내는 한국학이다. 우리는 바로 이를 '동아시아한국학'이라는 고유명사로 명명하고 있다. 따라서 동아시아한국학은 하나의 중심으로 수렴된 한국학을 지양하고, 상이한 시선들이 교직해 화성(和聲)을 창출하는 복수의 한국학을 지향한다.

이런 목표의식 하에 한국학연구소는 한국학이 지닌 서구주의와 민족주의적 편향성을 극복하기 위한 방법으로 근대전환기 각국에서 이뤄진 한국학(들)의 계보학적 재구성을 시도하고 있다. 주지하듯이 한국에서 자국학으로 발전해온 한국학은 물론이고, 구미에서 지역학으로 구조화된 한국학, 중국 · 러시아 등지에서 민족학의 일환으로 형성된 조선학과 고려학, 일본에서 동양학의 하위 범주로 형성된 한국학 등 이미 한국학은 단성적(單聲的)인 방식이 아니라 다성적(多聲的)인 방식으로 존재하고 있다. 우리는 그 계보를 탐색하고 이들을 서로 교통시키고자 한다. 다시 말해 본 연구소는 동아시아적 사유와 담론의 허브로서 동아시아한국학의 방법론을 정립하기 위해 학문적 모색을 거듭하고 있다.

더욱이 다시금 동아시아 각국의 특수한 사정들을 헤아리면서도 국경을 넘어서는 보편적 가치를 모색할 필요성이 절실해지는 이즈음, 상생과 소통을 위한 사유와 그 실천의 모색에 있어 그간의 학문적 성과를 가름하고 공유하는 것은 여러 모로 의미가 있으리라 여겨진다. 이에 우리는 복수의 한국학에 대한 계보학적 탐색, 상생과 소통을 위한 동아시아한국학의 방법론 정립, 연구 성과의 대중적 공유라는 세 가지 지향점을 중심으로 지속적으로 축적되고 있는 연구 성과를 세 방향으로 갈무리하고자 한다.

본 연구소에서는 상생과 소통을 위한 동아시아한국학 연구에 있어 연구자들에게 자료와 토대를 정리해 연구의 기초를 제공하고, 또한 현재 동아시아한국학 연구의 범위와 향방을 보여줄 뿐만 아니라 그 연구 성과들을 시민들과 공유하는 것까지 고려하는 방향으로 총서를 발행하고 있다. 모쪼록 이 총서가 동아시아에서 갈등의 피로를 해소하고 새로운 상생의 방법을 모색하는 데 일조할 수 있기를 기대한다.

인하대학교 한국학연구소

| 서문 |

이 책을 처음 구상한 것은 2012년이다. 2011년에 민주노동당의 정파갈등에 관한 책을 출판하면서 정당 내 소집단 간의 갈등에 대한 관심에서 우리 사회의 갈등관리방식에 대한 관심으로 확대되었고, 한국인의 갈등관리방식을 객관적으로 이해하기 위해서는 유사한 문화적 배경을 가진 일본이나 중국과의 비교가 필수적이라는 생각을 하게 되었다. 그러던 중 필자가 2007년부터 일반연구원으로 참여하던 인하대학교 한국학연구소 주관 인문한국(HK)과제의 저술 지원 사업으로 신청하여 한국, 일본, 중국 세 나라의 갈등관리방식을 비교분석하는 책을 집필할 수 있게 되었다.

막상 책을 쓰기 시작하면서 주제의 범위가 확대되었는데, 그것은 무엇보다도 갈등관리방식을 제대로 설명하기 위해서는 그 배경에 있는 가치와 규범 즉 문화도 서술해야 했고, 문화를 제대로 설명하기 위해서는 다시 사회경제적 환경도 서술해야 했기 때문이다. 이러한 사정으로 말미암아 원래 1년 계획으로 시작한 집필 작업이 2년 가까이 걸리게 되었다.

약 2년에 걸쳐 집필하면서 가장 아쉬운 점은 원래 구상했던 동아시아 세 나라의 갈등관리방식에 대한 체계적인 비교에 필요한 자료가 턱없이 부족했다는 것이다. 그렇다고 해서 필자가 직접 자료를 생산하자니 비용과 시간이 문제였다. 이유가 무엇이든 한국인의 특수한 갈등관리방식을 파악하려고 했던 원래의 목적은 충분히 달성하지 못한 것 같아 무척 아쉽다. 그렇다고 해서 이 책의 가치가 떨어진다고 생각하지는 않는다. 갈등관리방식을 이해하는 데 필요한 사회경제적 환경과 문화, 특히 가치와 규범은 어느 정도 다루고 있기 때문이다.

이 책을 집필할 수 있었던 것은 무엇보다도 한국연구재단의 지원에 힘입은 바가 크다. 또한 인하대학교 정치외교학 전공 대학원생 와카야마 카오리[若山 薫里] 양과 타오 유예[陶悅] 양도 일본어와 중국어 자료를 해석하는데 큰 도움이 되었다. 대학원 다문화학 전공 박사과정 박은희 씨는 원고를 처음부터 끝까지 꼼꼼하게 검토하는 수고를 해 주었다. 한국연구재단과 세 대학원생들에게 감사의 말을 전하고자 한다.

부족함이 많은 책이다. 특히 갈등관리방식의 국제비교 부분은 앞으로 좀더 보완되어야 할 것이다. 독자들의 가차 없는 질타와 조언을 기대한다.

2015년 정초
용현벌 연구실에서

| 차례 |

| 표 차례 |

| 그림 차례 |

제1장

들어가는 말*

1. 갈등의 불가피성과 의의

다른 사람과 갈등을 겪거나 내면의 갈등을 겪어 본 사람이라면, 아마도 갈등은 피하고 싶은 것 중 첫 번째로 손꼽을 것이다. 무엇인가를 얻으려고 할 때 누군가 또는 다른 그 무엇이 방해를 한다고 느끼는 순간 갈등상황에 접어드는 데, 이때 우리는 갑자기 당혹감, 분노, 불신, 좌절감, 걱정, 두려움과 같은 감정을 겪게 된다. 우리가 얻고자 하는 것이 중요한 것일수록 더욱 격한 감정에 휩싸이게 되고 그만큼 정신적 고통도 커진다. 갈등상황이 길어질수록 고통도 길어진다. 고통이 외부로부터의 위협에 신속하게 대처하도록 하는 생리적인 반응이라

* 이 글은 한국연구재단 2012년도 인문한국(HK)지원사업(과제번호 46442-01)의 지원에 의해 수행되었음.

고는 하지만, 그렇다고 해서 유쾌한 상황은 아니다. 가능하면 피하고 싶은 것 또한 인간의 당연한 심리적 반응이다. 마찬가지로 누구든지 고통을 수반하는 갈등도 피하고 싶어 한다.

하지만 사회생활을 하며 갈등을 피한다는 것은 거의 불가능에 가깝다.[1] 어느 시대, 어느 사회, 어느 집단이든, 갈등이 없는 곳은 없다. 직장 상사와 동료 사이, 친구 사이, 부부 사이, 부모와 자녀 사이, 학교 선후배나 동급생 사이에 불협화음은 반드시 있기 마련이다. 각기 다른 습관, 생각, 취향, 이해관계, 가치관을 가지고 있고, 그런 사람 둘 이상이 함께 살거나 무엇인가를 함께 하면, 대립이나 갈등은 피하기 어렵다. 또한 어떤 하나의 문제를 함께 잘 해결했다고 해서 그 다음에도 그렇게 쉽게 해결할 수 있다는 보장도 없다. 하나를 해결하고 나면 곧 다른 문제가 발생하고 그 중에서 해결하기 어려운 경우가 반드시 있기 마련이다.

음식물, 수면, 성욕, 안전 등 생존에 필요한 욕구나, 자존심, 성취욕, 소속감, 타인으로부터의 인정 등 사회적 욕구를 충족시켜주는 자원의 절대량이 부족하거나 분배가 불공평하게 이루어져 자신의 욕구를 제대로 충족시키지 못하는 사람이 있기 마련이고, 그만큼 갈등이 발생할 가능성은 커진다. 함께 살거나 함께 일을 하는 사람이 자신의 입장만 고집하거나 자신의 욕심만 채우려고 하면, 갈등이 일어날 가능성은 더욱 커진다. 이런 모든 점들을 감안하면, 사회생활을 계속 하는

1 물론, 모든 사람이 갈등은 불가피하다고 보는 것은 아니다. 서구의 사회사상가에 국한해서 보더라도 인간은 '원죄'를 타고 나거나 이기적 본성으로 말미암아 갈등은 피할 수 없다고 보는 입장이 있는가 하면, 문화나 사회화에 따라 갈등이 나타나지 않을 수 있다고 보는 입장이 있다. 전자의 입장을 대표하는 사상가에는 원죄론에 입각해 기독교사상의 전통에 뿌리를 두고 있는 칸트(Immanuel Kant), 프로이드(Sigmund Freud), 틴버겐(N. Tinbergen), 윌리엄 제임스(William James), 한스 모르겐소(Hans Morgenthau) 등이 포함되고, 후자의 입장을 대표하는 사상가에는 홉스(Thomas Hobbes), 마가렛 미드(Margaret Mead), 에리히 프롬(Erich Fromm), 존 왓슨(John B. Watson), 스키너(Burrhus F. Skinner) 등이 포함된다(Levine, 2004).

한 갈등은 피할 수 없는 현실이라 할 수 있다.

다른 사람과 함께 살아갈 수밖에 없고, 갈등을 피할 수 없다면, 갈등상황에 현명하게 대처하는 것이 유익할 것이다. 사소한 문제로 인한 갈등이라고 무시하거나 대충 처리하고 넘어가고 그런 것들이 반복될 경우 건잡을 수 없이 격렬한 갈등으로 발전하여 두 사람 사이의 관계를 완전히 파탄시키고 주변의 제삼자와 그들이 속한 조직이나 공동체에도 엄청난 피해를 초래할 수 있다.

뿐만 아니라 갈등과정은 고통을 수반하지만 그 결과가 반드시 부정적인 것만은 아니며 오히려 갈등과정을 통해 이전보다 나은 상태로 발전할 수 있다. 갈등과정이 고통스럽다고 해서 갈등으로 초래된 결과도 고통스러운 것은 아니기 때문이다. 갈등을 자신의 문제점 또는 약점을 상기시켜주는 경고로 받아들여 해결하거나 보완하는 노력을 할 경우 더 큰 위험이나 손실을 막고, 보다 발전된 단계로 나아갈 수 있다.[2] 고통은 외부의 자그마한 위협이나 위험으로부터 초기에 신속하고 효과적으로 대처하도록 하는 심리적 방어기제이기 때문이다.

갈등의 결과에 대한 해석

갈등의 결과에 대해서는 주로 부정적인 결과를 초래한다는 입장, 중립화시킬 수 있다는 입장, 긍정적인 결과를 초래할 수 있다는 입장의 세 가지가 있을 수 있다. 맨 앞의 입장을 취하는 사상가 또는 이론가들은 인간의 본성에서 갈등의 원인을 찾고 있으며, 부정적인 영향을 막기 위해서는 그런 인간의 본성을 억눌러야 한다고 주

2 갈등의 결과에 대한 해석에 대해서는 상자 안의 설명을 참조할 것.

장한다. 중립화를 주장하는 사상가들은 갈등이 인간의 본성에 기인한다고 하더라도 제도나 문화적 장치를 통해 부정적 영향을 중립화(무력화)할 수 있다고 보며, 긍정적인 결과를 가져온다는 입장을 취하는 사상가들은 정-반-합의 변증법적 논리를 통해서 인류사회의 진보를 가져온다고 보거나 악에 대한 투쟁(갈등)을 통해 선의 승리를 가져온다고 본다. 이 책에서는 정-반-합의 변증법적 논리를 취하는 사상가의 입장에 가까운 관점을 취한다.

출처 : Levine(2004)

선천성 고통불감증(congenital insensitivity to pain, CIP)이라는 병이 있는데, 이 병을 가진 사람은 다른 감정은 느끼지만 고통은 느끼지 못함으로 인해 다른 손상을 입어 신체의 일부를 잃게 된다. 마찬가지로, 나병, 당뇨병, 알콜중독, 복합경화증(multiple sclerosis), 신경장애(nerve disorders), 척추손상(spinal cord injury) 등과 같은 병에 걸린 사람도 고통을 느끼지 못한다. 보통 건강한 사람들은 고통을 줄이기 위해 의사나 약사를 찾지만, 이런 병을 가진 사람들은 고통을 느끼지 못해 항상 위태로운 삶을 산다(Yancey and Brand, 1993: 3~6). 이런 사람들을 보면, 고통은 인류의 생존과 발전을 위해 조물주가 준 가장 귀중한 선물이라는 생각을 하지 않을 수 없다.

갈등 상황에 어떻게 대처하느냐에 따라 자원낭비, 비효율성 증대, 폭력 유발, 구성원의 조직 탈퇴와 불복종, 방향감각 상실, 격한 갈등으로 인한 상처(trauma)와 수반되는 병리적 현상, 공동 목표 달성 차질, 조직 분열 등과 같은 부정적인 영향도 초래하지만, 자신이나 상대방에 대한 반성적 고찰과 이를 통한 성장과 발전, 창의성 자극, 상대방의 의견과 인격 존중, 공감대 형성과 원활한 소통, 숨은 인재 발견 등과 같은 긍정적인 영향도 가져다 준다(박태순, 2010: 35~44; 문용갑, 2011: 190~193).

2. 갈등관리방식의 다양성

인류가 집단생활을 시작하면서부터 구성원 간 갈등 또는 다른 집단과의 갈등은 피할 수 없었다. 어느 시대 어느 사회에서든 갈등을 효과적으로 통제하거나 관리하는 방법을 모색해 왔고, 실제 갈등관리 방식은 종교나 문화에 따라 다르다.

탐욕, 노기, 미혹 등 번뇌를 유발하는 자신에 대한 집착을 버리는 것을 가장 중요한 목표로 삼는 불교에서는 다음과 같은 두 가지 전제에 바탕을 두고 갈등을 해결하도록 하고 있다. 하나는 세상 그 어느 것도 고정불변의 것은 없으며 각각의 욕구나 목표가 다르지 않다는 것을 인간들은 모른다는 것이고, 다른 하나는 세상 모든 것(인간을 포함한 생명체와 바위를 포함한 무생물체)은 연관되어 있기 때문에 조화롭게 공존해야 한다는 것이다. 전자는 갈등의 원인과 관련되고, 후자는 갈등의 관리방법과 관련되어 있다. 즉 인간들은 욕망, 증오심, 무지로 말미암아 자신의 욕구나 목표를 포함한 이 세상의 그 무엇도 절대적이고 고정불변의 본질을 가지고 있지 않고 끊임없이 변해가는 과정에 있다는 것을 알지 못하고, 절대적이고 고정불변의 것이 있는 것처럼 착각하고 집착함으로써 갈등이 발생한다는 것이다. 이런 전제 위에서 있는 불교의 갈등관리방법은 무엇보다도 소통, 민감성, 타협 등에 의한 관계의 회복이 아니라 모든 사물은 끊임없이 변한다는 것과 갈등 당사자들이 스스로 자신의 욕구나 목표가 다르지 않다는 '진리'를 깨닫는 것이다. 또한 불교에서는 이 세상의 모든 것은 서로 연관되어 있다고 보기 때문에 공동체에 소속되어 있는 모든 구성원이 함께 대화를 통해 갈등을 유발한 문제의 원인과 처벌(비폭력)을 논의하고 결정해야 한다고 강조하고 있다(Singh, 2009; Tsering, 2013; Parchelo, 2008).[3]

가족이나 국가 등 공동체의 안정과 평화를 가장 높은 가치로 삼고 있는 유교에서는 각 구성원이 자신의 지위나 역할에 맞는 도리를 충실히 지킬 것을 요구하고 있다. 특히 군주와 신하, 부모와 자녀, 남편과 아내 사이에는 엄연한 위계질서가 있어 신하는 군주에게 충, 자녀는 부모에게 효, 아내는 남편에게 순종을 해야 한다(삼강(三綱)). 동시에 군신 사이에는 의로움, 부자 사이에는 친함, 부부 사이에는 특별함으로 상대방으로 대해야 한다(오륜(五倫)). 즉 유교에서는 군주와 신하, 부모와 자녀, 남편과 아내 사이에는 상하의 위계질서가 있어 아랫사람은 윗사람에게 순종해야 하지만, 동시에 윗사람은 아랫사람에게 의롭게, 친근하게, 특별하게 대함으로써 국가와 가족의 안정과 평화를 유지하도록 한다. 이외에도 유교에서는 어른과 아이 간에는 차례(순서)를 지키고, 친구 사이에는 믿음으로 대하여 조화를 이룰 것을 권하고 있다. 구성원 간의 조화롭고 원만한 관계를 통해 공동체의 질서와 평화를 유지하는 것을 가장 중요시하는 유교에서는 갈등이 발생하면 회피(절제), 양보와 타협(중용), 제3자에 의한 중재를 통해 해결하도록 권하고 있다(Low, 2012; Chew & Lim, 1995; Hwang, 1997).

하느님과 이웃에 대한 사랑을 강조하고 있는 기독교에서는 갈등을 미연에 방지하기 위하여 모든 구성원은 공동체에서의 역할이나 지위에 관계없이 중요한 사람임을 자각하고, 항상 자신을 낮추고 상대방을 높이는 자세를 가질 것이며, 육신에서 기인하는 죄악을 경계할 것을 강조하고 있다. 그럼에도 불구하고, 공동체 내 다른 구성원과 갈등이 생기면, 그냥 묵과하고 넘어가거나 상대방을 무조건 미워하지 말고 자신의 잘못에 대해서 먼저 생각한 뒤 상대방을 만나 자초지종을 얘기하여 상대방이 잘못을 인정하고 사과를 하면 용서해 주라고 권한

3 대화로 해결(설득)되지 않는 상대는 아예 상대(협력)도 하지 말라고 권하고 있다 (Thong, 2010).

다. 그래도 해결이 되지 않으면 갈등에 직접 관련이 없는 한 두 명의 제삼자를 불러서 함께 해결책을 모색하고, 그렇게 해서도 갈등을 해결하지 못하면 교회공동체나 조직의 지도부에게로 가져가 그 결정에 따르도록 한다. 이러한 과정과 방법으로도 상대방이 승복하지 않으면 사적으로 복수하지 말고 자신의 잘못을 깨달을 때까지 멀리하라고 권하고 있다(Matthew 18: 15~17).[4]

마지막으로 알라에 대한 존경과 순종, 무슬림들 간의 평등과 사랑을 강조하고 있는 이슬람교에서는 사회 구성원 간의 유대관계를 강화하고 사회를 건전하고 튼튼하게 하기 위해 어른에 대한 공경과 부모에 대한 효도, 자녀에 대한 애정, 우정과 형제애, 이웃에 대한 친절과 선행, 타종교에 대한 차별금지와 권리 존중, 자신에게 피해를 주는 사람에 대한 용서와 박대하는 사람에 대한 관용을 강조함으로써 갈등을 미연에 방지하라고 한다(지하드, 2013; 함무다, 1990).[5] 기본적인 욕구가 충족되

4 마태복음 이외 다른 곳에서도 갈등과 그 해결방법에 대해서 단편적으로 설명하고 있다. 누가복음(Luke) 17장 3~4절에서는 "주의를 하도록 해라. 너의 형제가 죄를 지으면 잘못을 지적하고, 그가 반성을 하면 용서하라"고 하고 있으며, 로마서 12장 17-21절에서는 "악을 악으로 갚지 말라(…중략…) 자신이 직접 복수하지 말고 하느님께 맡겨라(…중략…) 오히려 적이 배고파하면 먹을 것을 주고 목말라 하면 물을 주라(…중략…) 그리하면 언젠가는 달라질 것이다"고 하고 있다. 야고보서(1장 2~4 · 19절), 잠언(15장 1, 7절), 마태복음(5장 9 · 24절, 18장 17절), 빌립보서(2장 4절), 골로세서(3장 13절), 레위기(19장 18절), 에베소서(4장 26절) 고린도 전서(6장 1~7절) 등에서도 갈등 예방과 해결을 위한 처방을 제시하고 있다.

5 이와 같은 교리는 다음과 같은 특징을 갖는 이슬람의 사회질서를 전제로 한 것이다. 첫째, 세계 인류는 같은 조상에서 태어난 인간으로 모두 동등한 형제자매다. 둘째, 남자와 여자는 결혼을 통해서 가족을 구성하고 가족 내에서는 남편과 아내는 사랑과 상호 존중으로 대하되 남편이 가장으로서 권위적인 지위를 가지며 아내는 남편에게 복종하여야 한다. 셋째, 부모나 형제자매 관계에 의해 성립되는 친척과 친지 그리고 법적 제도에 의해 성립되는 혈족관계에 있는 사람은 모두 상호 애정을 가지고 정당한 방식으로 상부상조해야 한다. 넷째, 직계가족이나 친인척이 아닌 이웃에 대해서도 동정심, 애정, 예의를 갖추어 대해야 한다. 이외 사회 전체를 포괄하는 광범위한 사회집단에 속하는 사람들에게도 미덕과 경건한 행동을 서로 권장하고 불의와 악행은 서로 징계해야 한다(사이드, 1990).

지 않아 갈등이 발생할 경우 다음과 같은 방법으로 해결할 것을 권하고 있다. 첫째, 고난은 하느님이 자신을 단련시켜 영적으로 성장시키는 수단이므로 하느님을 믿고 인내로 이겨내야 한다(이를 통해 공동체의 결속력과 평화가 유지될 수 있다). 둘째, 명확한 자기 표현, 지혜, 인내, 직접적인 복수 절제, 자비, 용서를 통해서 갈등을 해결한다. 셋째, 당사자 간에 해결되지 않을 경우에는 갈등해결에 직간접적인 이해관계를 가진 권위적인 제삼자가 개입한다(Mendez, 2013; Said and Funk, 2001; Abu-Nimer, 1996; Abdalla, 2013; Labdo, 2010).

문화권에 따른 차이도 간과할 수 없다. 문화권을 구분하는 방식에는 여러 가지가 있지만, 여기서는 가장 널리 사용되는 개인주의와 집단주의에 초점을 맞추어 각각의 갈등관리방식을 간략히 살펴보기로 한다(Fisher et al., 2009: 188). 개인주의와 집단주의는 첫째, 자신(의 정체성)을 어떻게 파악하느냐, 둘째, 다른 사람은 나와 어떤 관계가 있다고 보는가, 셋째, 추구하는 목표는 무엇인가, 마지막으로, 무엇을 근거로 행동(결정)하는가 등 네 가지 기준에서 차이가 있다. 우선, 개인주의자는 자신을 집단과 다른 사람의 특성과는 구별되는 독자적인 속성을 가진 독립적이고 자율적인 자아로 파악하는 반면, 집단주의자는 집단의 속성이나 그 속에서 자신이 차지하는 지위나 역할 또는 다른 사람과의 관계에 근거하여 자신의 정체성을 파악한다. 둘째, 개인주의자는 다른 사람이나 집단과 정서적으로나 추구하는 목표에서 독립되고 자율적이라고 생각하는 반면, 집단주의자는 다른 사람이나 집단과 정서적으로나 추구하는 목표에서 밀접하게 연결되어 있는 상호의존 관계에 놓여있다고 본다. 셋째, 개인주의자는 자신의 가치, 이익, 목표를 우선적으로 추구하며 자유의사에 의한 계약관계로 다른 사람이나 집단과 관계를 맺거나 공동목표를 추구하는 반면, 집단주의자는 자신의 가치, 규범, 목표를 집단의 그것에 맞추거나 양립할 수 없을 경우 자신의 것은 포기하고 집단의 것을 추구하거나 다른 사람과의 조화를 추구한다. 마지막으로, 개인주의자는 자신의 권리, 욕구(필요), 계약조건에 맞춰 자신의 행동을 결정하는 반면, 집단주의자는 집단의 규범, 자신의 지위나 역할에 부여된 의무사항, 자신과 상대방의 조화로운 관계유지, 체면을 고려하여 자신의 행동을 결정한다(Hofstede, 2001; Kagitcibasi, 1997; Kim et al. 1994; Triandis, 1995).

각각 다른 전제 위에 서 있는 개인주의자와 집단주의자는 다른 갈등관리방식을 선호한다(Komarraju, Dollinger and Lovell, 2008). 개인주의자는 자신의 발전과 권력을 중시하기 때문에 갈등을 자연스러운 것이라는 생각을 하며 자신의 목표를 적극적이고 공격적으로 추구하며 갈등과정에서 부정적인 감정을 자제하지 않고 표현한다(Kozan, 1997; Morris et. al, 1998). 반면, 집단주의자는 집단의 목표와 규범 또는 전통, 다른 사람과의 조화와 체면을 중시하기 때문에 갈등을 최소화하기 위해 가능하면 상대방의 입장을 수용하면서 타협하거나 갈등 자체를 회피하거나 제삼자 개입을 통해 해결하려는 전략을 구사한다(Ting-Toomey et al, 2000; Kozan and Ergin, 1999). 또한 자원의 분배와 관련된 갈등에서 개인주의자는 기여도에 따른 공평한(equitable) 분배를 추구하는 반면, 집단주의자는 내집단 구성원과는 균등한(equal) 분배, 외집단 구성원과는 공평한 분배를 추구한다(Han and Park, 1995; Tinsley, 1998; Tinsley and Brett, 2001; Gelfand et al, 2001).[6] 이외에도 갈등관리방식은 문화적 요인, 사회·경제·정치적 상황, 갈등의 대상에 따라 달라질 수 있다(Pruitt and Kim, 2004).

6 보다 자세한 내용은 다음 장에서 논의할 것이다.

3. 동아시아 국가비교의 의의

이 책은 동북아의 세 나라인 한국, 중국, 일본의 사회변동, 대인갈등 현황과 관리 방식을 비교하여 공통점과 차이점을 도출하는 것을 목표로 한다. 이들 세 나라를 선정한 것은 다음과 같은 네 가지 이유에서다.

첫째, 한국, 중국, 일본 등 동북아 국가들이 유교라는 동일한 가치관과 규범을 지배이데올로기로 받아들였다고 해서 세 나라의 차이를 고려하지 않고 동질적인 사회로 본 서구 중심으로 이루어진 기존의 연구가 갖는 한계를 극복할 필요가 있기 때문이다. 평등주의나 개인주의가 강한 미국, 영국, 프랑스 등 서구 국가와 비교할 때, 한국, 중국, 일본은 타이완, 베트남 등과 함께 가부장적 권위주의, 가족주의, 집단주의 등 유교적 가치관이 강하다는 점에서 공통점이 있다.

그러나 자세히 살펴보면 이들 세 나라 국민 사이에는 무시할 수 없는 차이가 있다.[7] 은기수(2009)에 의하면 자식은 '부모의 명예를 위해 노력해야 한다', '개인보다 가족의 안녕과 이해를 앞세워야 한다', '아버지의 권위는 어떠한 경우에도 존중되어야 한다', '남편이 아내보다 나이가 많아야 한다' 등의 '아시아적 가치'를 가장 강하게 보여주는 국민은 중국인(대만인)이고, 다음으로 한국인, 일본인 순이었다. 김정현(2008)은 동아시아 삼국에서 '공(公)'에 대하여 각기 다르게 인식되고 있음을 밝히고 있는데, 중국과 한국의 전통적인 '공' 개념은 '지배권력(公)=공평 · 공정(公)=다수(共)'의 의미를 가진 복합개념으로서 도의성과 보편적인 원리성 등 다양한 함의를 갖는 반면, 일본의 공은 보편적 원리로서의 의미보다는 국가를 최고로 하는 영역적 의미를 가졌다. 최석만 ·

7 동북아 세 나라 중에서 한국이 가족주의로 대표되는 유교적 전통과 가치관이 가장 강하게 남아 있으며, 가족주의의 성격도 중국이나 일본과는 다르다(최석만 · 이태훈, 2006).

이태훈(2006)도 한국, 중국, 일본의 세 나라에서 공통적으로 발견되는 가족주의 또는 집단주의에 미세한 차이가 있음을 지적하고 있다. 일본의 '아메'로 표상되는 가족주의는 한국에 비해 혈연주의가 약한 대신 개방적이고 가족보다는 기업이 중심이 되는 문화다. 또한 일본의 부부는 가족지향의식이 약하고 개인주의에 가깝다. 직장에 대한 인식에서도 일본인에게는 또 하나의 자기헌신 장소에 지나지 않으나, 한국인에게는 또 하나의 가족관계를 만들어 가는 장소이다. 부부관계에서도 일본과 한국이 모두 가부장제이지만 일본에서는 중요한 결정일수록 남편이 주도권을 행사하나, 한국에서는 부부간의 충돌을 줄이기 위해 남편이 아내에게 주도권을 넘기는 경향이 있다. 부부나 부자간의 금전문제에서도 중국이나 일본이 한국보다 더 독립적이다. 이러한 차이는 족보문화에서도 나타나고 있으며(미야지마, 2011),[8] 집단주의, 권위주의 등에 대한 일부 서구의 연구에서도 세 나라의 차이가 확인되고 있다.[9]

가족동반자살을 통해서 본 가족문화

일본과 한국에서는 자녀 살해 후 부모 자살이 좀더 빈번하게 나타나는 반면, 중국문화권(중국, 대만, 홍콩)에서 상대적으로 드문 것은 첫째, 중국을 제외한 동아시아 국가에서 자녀 살해 후 부모자살을 모두 '가족동반자살'로 인식하는 것은 개인을 초월하여 사회적 단위로서 가족의 집단정체성을 중요하게 여기는 유교주의적 가족

8 동아시아 3국의 가족문화에 대해서는 상자 안의 설명을 참조할 것.

9 집단주의적 성향(개인주의 지수)은 한국(18), 중국(20), 일본(46) 등의 순으로 한국인이 가장 강하고, 권위주의적 성향(권력거리 지수)은 중국(80), 한국(60), 일본(54)의 순으로 중국인이 가장 강하다(Hofstede, Hofstede and Minkov, 2010: 57~59 · 95~97).

문화에서 기인한다. 즉 이 나라들에서는 부모와 자녀의 관계를 개별적인 인간 개인 간의 결합이라기보다는 부모의 결정에 따라 생사를 함께 하는 운명공동체로 보는 경향이 강하나, 중국의 경우 사회주의 경험으로 인해 부모와 자녀를 개별적인 개인을 넘어 하나의 집단적인 정체성으로 보는 사고가 약하기 때문이다. 둘째, 한국, 중국, 일본의 자녀 살해 후 부모자살의 발생 빈도에서 차이가 나는 것은 세 나라의 가족 구성원들이 맺고 있는 사회적 관계망의 성격이 다르기 때문이다. 가족구성원의 수가 일본이 가장 적고 중국이 가장 많으며, 한국과 일본의 경우 핵가족이 전체 가구의 80% 정도이나 중국의 경우 60% 정도이고 직계친과 방계친을 포함한 가구(확대가족)가 한국이나 일본의 2.5배다. 중국이 사회주의체제를 겪음에도 불구하고 확대가족은 일상적인 상호부조나 사회적 안전망으로 널리 활용되었고, 한국보다 실리적인 유교성향이 강해 부모가 경제적으로나 부부관계에서 어려운 상황에 처해도 자녀가 의존할 수 있는 사람이 있다는 믿음이 강하다. 셋째, 동아시아 지역의 자녀살해 후 부모자살에서 나타나는 유교주의적 가족문화는 단순히 집단주의적이고 가부장적인 문제로 치환할 수 없으며, 결혼한 남녀에게 강요되는 지나치게 고정적인 성역할과 그러한 성역할 수행을 통해서 획득되는 개인의 정체성과 밀접한 관련이 있다. 근대적인 핵가족 체제에서 한국과 일본의 여성은 자녀출산과 더불어 자녀를 위한 헌신과 희생을 감내하는 어머니로서 정체성, 남성의 경우 가족을 별 탈 없이 잘 유지하고 가족의 생계를 책임지는 일이 주어지는 아버지로서 정체성이 강조되기 때문에 자살을 택할 가능성이 높다.

출처 : 이현정(2012)

같은 유교문화권에 속하는 한국, 중국, 일본이 이렇게 차이가 나는 이유는 우선, 공자가 유교적 가르침을 설파한 이후 각국은 토속신앙, 불교, 도교, 법가 등 다른 '종교'나 사회구조와 상호작용하면서 각기 다른 방식으로 변형되었고, 각국이 근대화를 추진한 시점과 방식이 달랐기 때문이다.

둘째, 한국, 중국, 일본 등 동북아 3국은 인도, 브라질, 러시아 등과 함께 21세기 세계경제의 성장을 주도할 것으로 예상되는 나라들이라는 점에서 이들 나라의 갈등관리방식을 살펴보는 것은 충분한 가치가 있다.

국제금융기구(IMF)가 2017년까지 세계경제를 전망한 보고서에 의하면, 20세기 말 개방개혁 이후 급격히 경제를 발전시켜 2010년에는 일본을 추격하여 세계 2위의 경제대국으로 올라선 중국은 2017년에는 미국을 따라잡아 세계 1위를 차지할 것으로 예측하고 있으며, 인도는 2011년에 일본을 따라잡아 세계 3위의 경제대국으로 등장한 뒤, 한동안 그 자리를 지킬 것으로 보고 있다. 다른 한편, 일본은 중국과 인도에 추격을 당하긴 하지만, 이후에도 꾸준히 성장세를 유지하여 세계 4위 경제대국으로서의 위치를 지키고, 최근 세계 12위의 자리를 지키고 있는 한국 역시 꾸준히 성장하여 2017년에는 이탈리아를 제치고 세계 11위로 상승할 것으로 예측하고 있다(〈표 1〉).

이처럼 한국, 중국, 일본은 21세기 세계경제 성장을 주도하는 나라 중에서 중요한 세 나라가 되어 있다. 특히 한국과 중국은 2025년 무렵까지 전 세계 경제성장의 절반 이상을 차지하게 되는 6개 주요 신흥공업국(emerging economies) 중 두 나라로 주목받고 있다. 세계은행의 예측에 따르면, 이들 6개 신흥공업국은 매년 4.7%의 경제성장률을 기록할 것이고, 이들 국가의 국내총생산(GDP)이 전 세계 생산에서 차지하는 비중이 2011년 36%에서 2025년에는 45%로 높아질 것이라고 보았다(The World Bank, 2011; Grant, 2012). 그 결과 이미 지난 20여 년 동안 진행되

〈표 1〉 GDP 전망과 국가별 비중(GDP ppp, 10억 불)

순위	국가	2011	2013	2015	2017
	전 세계	**78,853 (100.0)**	**87,043 (100.0)**	**97,344 (100.0)**	**109,112 (100.0)**
1	미국	15,094 (19.1)	16,221 (18.6)	17,784 (18.3)	19,745 (18.1)
2	**중국**	**11,300 (14.3)**	**13,680 (15.7)**	**16,670 (17.1)**	**20,198 (18.5)**
3	인도	4,458 (5.7)	5,255 (6.0)	6,276 (6.4)	7,042 (6.5)
4	**일본**	**4,440 (5.6)**	**4,738 (5.4)**	**5,024 (5.2)**	**5,305 (4.9)**
5	독일	3,099 (3.9)	3,253 (3.7)	3,440 (3.5)	3,692 (3.4)
6	러시아	2,383 (3.0)	2,649 (3.0)	2,950 (3.0)	3,296 (3.0)
7	브라질	2,294 (2.9)	2,531 (2.9)	2,826 (2.9)	3,146 (2.9)
8	영국	2,261 (2.9)	2,391 (2.7)	2,594 (2.7)	2,810 (2.6)
9	프랑스	2,218 (2.8)	2,314 (2.7)	2,476 (2.5)	2,612 (2.4)
10	멕시코	1,662 (2.1)	1,834 (2.1)	2,029 (2.1)	2,253 (2.1)
11	**한국**	**1,554 (2.0)**	**1,720 (2.0)**	**1,918 (2.0)**	**2,133 (2.0)**
12	이탈리아	1,847 (2.3)	1,857 (2.1)	1,944 (2.0)	2,069 (1.9)
13	인도네시아	1,125 (1.4)	1,308 (1.5)	1,542 (1.6)	1,815 (1.7)
14	캐나다	1,396 (1.8)	1,497 (1.7)	1,618 (1.7)	1,761 (1.6)
15	스페인	1,413 (1.8)	1,428 (1.6)	1,514 (1.6)	1,601 (1.5)

(출처 : IMF, World Economic Outlook (WEO), September 2011 (Update in January 2012))

어온 전 세계 힘의 균형이 아시아로 이동하는 추세가 더욱 가속화될 것으로 예측하고 있다(Kalpila, 2012).

뿐만 아니다. 이들 세 나라는 군사비를 많이 지출하는 상위 15개국에 모두 포함되어 있으며, 중국과 한국은 최근 급속하게 군사비를 증액하고 있고, 특히 중국은 2001년과 2010년 사이 무려 189%가 늘어나 2001년 세계 7위에서 2010년 세계 2위로 올라섰다(〈표 2〉). 군사전문가들은 세계 군사강대국으로 1위부터 10위까지 미국, 러시아, 중국, 인도, 영국, 프랑스, 독일, 한국, 이탈리아, 브라질 등의 순서로 꼽고 있다(Globalfirepower, 2013).

또한 중국이 급속히 군사력을 증강하고 있고 지속적인 경제성장으로

〈표 2〉 군사비 지출 상위 15개국(2001 ~ 2010) (단위 : 10억 불, %)

순위	2001			2005			2010			2001~2010 증가율
	국가	금액	비중	국가	금액	비중	국가	금액	비중	
1	미국	281.4	36	미국	478.2	48	미국	698	43	81.3
2	러시아	43.9*	6	영국	48.3	5	**중국**	**119***	**7.3**	**189**
3	프랑스	40.0	5	프랑스	46.2	5	영국	59.6	3.7	21.9
4	**일본**	**38.5**	**5**	**일본**	**42.1**	**4**	프랑스	59.3	3.6	3.3
5	영국	37.0	5	**중국**	**41.0***	**4**	러시아	58.7*	3.6	82.4
6	독일	32.4	4	독일	33.2	3	**일본**	**54.5**	**3.3**	**-1.7**
7	**중국**	**27.0***	**3**	이탈리아	27.2	3	사우디	45.2	2.8	63.0
8	사우디	26.6	3	사우디	25.2	3	독일	45.2*	2.8	-2.7
9	이탈리아	24.7	3	러시아	21.0*	2	인도	41.3	2.5	54.3
10	브라질	14.1	2	인도	20.4	2	이탈리아	37.0*	2.3	-5.8
11	인도	12.9	2	**한국**	**16.4**	**2**	브라질	33.5	2.1	29.6
12	**한국**	**10.2**	**1**	캐나다	10.6	1	**한국**	**27.6**	**1.7**	**45.2**
13	이스라엘	9.1	1	호주	10.5	1	호주	24.0	1.5	48.9
14	터키	8.9	1	스페인	9.9	1	캐나다	22.8*	1.4	51.8
15	스페인	8.0	2	이스라엘	9.6	2	터키	17.5*	1.1	-12.2
전세계 군사비		772.0	100		1,001	100		1,630	100	50.3

* 추정치 (출처 : SIPRI Yearbook, 2002, 2006, 2011)

이를 뒷받침할 수 있기 때문에 조만간 미국과 견줄 수 있는 초강대국으로 등장할 것이라고 보는 시각이 특히 서구인들 사이에 많이 퍼져있다(Obbema, 2013). 미국의 세계여론조사기관인 퓨연구소(Pew Research Center)의 2011년 조사결과에 의하면 조사대상 22개국 중 15개국에서 중국이 초강대국인 미국을 대체했거나 할 것이라는 의견이 다수를 차지했다. 특히 프랑스, 스페인, 영국, 독일 등과 같은 서유럽 국가에서는 그 비율이 60%를 상회했고, 파키스탄, 팔레스타인, 멕시코와, 중국 스스로도 과반이 긍정적인 응답을 했으며, 미국인의 경우 그 비율이 2009년 33%에서 2011년 46%로 늘어났다(Pew Research Center, 2011).

〈표 3〉 한국인의 해외여행 목적지와 입국 외국인 추이 (단위 : 1,000명, %)

	한국인의 출국			외국인의 입국		
	일본인	중국인	전체	일본인	중국인	전체
2000	1,268 (24.8)	1,038 (20.3)	5,115 (100.0)	2,443 (55.9)	219 (5.0) 60* (1.4)	4,371 (100.0)
2005	1,900 (28.6)	2,975 (44.8)	6,643 (100.0)	2,421 (62.9)	552 (14.3) 34 (0.9)	3,850
2010	-	-	11,737	3,004 (38.6)	1,421 (18.3) 303 (3.9)	7,775

* 한국계 중국인 (출처 : 출입국·외국인정책본부, 통계연보, 각 년도)

이런 점에서 동북아시아 주요 3국, 즉 작지만 강한 한국, 새로이 부상하는 강대국인 중국, 그리고 예전의 성장동력은 다소 떨어졌지만 여전히 경제대국의 자리를 지키고 있는 일본을 연구하는 것은 세 나라 간의 이해와 협력은 물론 세계경제의 안정적이고 지속적인 발전과 세계평화의 유지에도 기여할 수 있을 것이다.

셋째, 한국, 중국, 일본 등 동북아 세 나라는 중국이 개방·개혁을 본격적으로 추진한 1980년대 이후 상호 간 인적, 물적 교류가 급속히 늘어나면서 상호의존이 심화되고 있다. 특히 중국의 일본에 대한 의존도는 점차로 약화되고 있지만, 한국과 일본의 중국에 대한 의존도는 시간이 갈수록 심화되고 있다.

먼저 인적교류를 보기로 하자. 한국은 2000년경부터 이미 500만 명 이상이 외국으로 여행을 갔는데, 그 중 절반이 넘는 사람이 일본과 중국으로 향했다. 이 시기부터 한국인 해외여행객과 비슷한 숫자의 일본인과 중국인이 한국을 방문했다. 특히 한국인과 중국인은 각각 상대방 국가를 방문하는 숫자가 해가 갈수록 늘어나, 2000년에 각각 100만 명, 28만 명에서 2005년에는 298만 명, 59만 명으로 늘어났고, 한국을 방문한 중국인의 수는 2010년에는 172만 명으로 급격히 증가했다(〈표 3〉). 6개월 이상 장기체류자(영주권과 시민권자 포함)의 경우에도 재일한국인 90

〈표 4〉 해외동포 및 국내체류 외국인 추이 (단위 : 1,000명, %)

국가	일본		중국		전체	
	체류 한국인	국내체류 일본인	체류 한국인	국내체류 중국인	체류 한국인	국내체류 외국인
2005	910,284 (13.7)	39,410 (5.3)	2,439,395 (36.7)	114,441 (15.3) *167,589 (22.4)	6,638,338 (100.0)	747,467 (100.0)
2007	893,740 (12.7)	41,053 (3.9)	2,762,160 (39.2)	174,806 (16.4) 328,621 (30)	7,044,716 (100.0)	1,066,273 (100.0)
2010	904,806 (12.4)	48,905 (3.9)	2,704,994 (37.2)	199,802 (15.8) 409,079 (32.4)	7,268,771 (100.0)	1,261,415 (100.0)

* 한국계 중국인 (출처 : 외국체류 한국인 – 외교부, 재외동포 현황, 각 년도; 국내체류 외국인 – 출입국외국인 정책본부 – 통계연보, 각 년도)

〈표 5〉 일본방문 외국인 추이 (단위 : 명)

	2003	2005	2007	2009	2011	2012
한국인	1,459,333	1,747,171	2,600,694	1,586,772	1,658,073	2,044,249
중국인	448,782	652,820	942,439	1,006,085	1,043,246	1,429,855
전체	5,211,725	6,727,926	8,346,969	6,789,658	6,218,752	8,367,872

(출처 : 日本政府觀光國(JNTO), 訪日外客數(總數), 각 년도)

만 명 내외, 재중한국인 270만 명 내외로 전체 재외 한국인의 절반 정도가 두 나라에 거주하고 있다. 반면 한국에 거주하고 있는 일본인과 중국인은 이보다 적지만, 전체 외국인 대비 일본인과 중국인의 비중은 절반 정도를 차지하고 있다. 특히 재한 중국인은 2005년과 2010년 사이 두 배 이상 증가했다(〈표 4〉).

일본도, 한국과 중국으로부터 방문객이 시간이 갈수록 늘어나고 있다. 일본을 찾는 한국인은 2003년 약 146만 명에서 2012년 204만 명을 넘어섰고, 중국인도 같은 기간 45만 명에서 143만 명으로 3배 이상 증가했다(〈표 5〉). 중국도 마찬가지다. 중국을 찾은 한국인은 2000년 134만 명에서 2010년 408만 명으로 3배 이상 증가했고, 일본인도 220만 명에서 313만 명으로 1.5배 가량 늘어났다(〈표 6〉).

〈표 6〉 중국방문 외국인 추이 (단위 : 명)

	2000	2006	2010
한국인	1,344,700	3,745,881	4,076,400
일본인	2,201,500	3,923,986	3,131,200
전체	1,059,600	22,210,266	26,126,900

(출처 : 中華人民共和國國家觀光局(China National Tourism Administration, CNTA), The Yearbook of China Tourism, 각 년도)

〈표 7〉 주요 무역대상국별 무역 추이 (단위 : 100만 불, %)

	일본		중국		전체	
	수출 (한국 → 일본)	수입 (일본 → 한국)	수출 (한국 → 중국)	수입 (중국 → 한국)	수출 (한국 → 외국)	수입 (외국 → 한국)
2000	20,466 (11.9)	31,828 (19.8)	18,455 (10.7)	12,799 (8.0)	172,268 (100.0)	160,481 (100.0)
2005	24,027 (8.5)	48,403 (18.5)	61,915 (21.8)	38,648 (14.8)	284,419 (100.0)	261,238 (100.0)
2010	28,176 (6.0)	64,296 (15.1)	116,838 (25.1)	71,574 (16.8)	466,384 (100.0)	425,212 (100.0)

(출처 : 한국무역협회, 국가별 수출액, 수입액, 각 년도)

한 · 중 · 일 세 나라 간의 인적 교류는 시간이 갈수록 점차 늘어나고 있는데, 사람이 문화를 담고 다닌다는 점에서 문화 간의 접촉이 늘어나고 있다고 할 수 있다. 따라서 상대방의 문화(가치와 규범 등)에 대한 이해가 충분하지 않으면 충돌할 가능성이 크기 때문에 세 나라의 갈등관리방식에 대한 비교연구는 세 나라 간의 상호이해와 협력의 가능성을 높일 수 있을 것이다.

한 · 중 · 일 삼국 간의 물적 교류 또한 급속히 늘어나고 있다. 한국의 일본과의 무역 규모는 2000년 약 500억 불에서 2010년 900억 불 이상으로 늘어났고, 중국과의 무역도 같은 기간 300억 불에서 1,900억 불로 6배 이상 증가했다(〈표 7〉). 외국인 투자(FDI)도 일본과는 매년 20억 불 내외로 2000년에서 2010년까지 10년 동안 250억 불이 한국 또는 일본에 투자되

〈표 8〉 외국인투자 추이 (단위 : 100만 불, %)

	일본		중국		전체	
	대일투자	대한투자	대중투자	대한투자	해외투자	대한투자
2000	100 (1.9)	2,452 (16.1)	762 (14.5)	76 (0.5)	5,259 (100.0)	15,265 (100.0)
2005	156 (2.2)	1,881 (16.3)	2,834 (39.2)	68 (0.6)	7,229 (100.0)	11,566 (100.0)
2010	321 (1.3)	2,083 (15.9)	3,636 (14.9)	414 (3.2)	24,366 (100.0)	13,071 (100.0)
2000~ 2010 누계	-	24,691 (16.0)	-	4,388 (2.8)	-	154,468 (100.0)

(출처 : 한국은행, 국가별 해외투자 현황, 각 년도)

었다. 중국과의 투자관계는 더욱 급속히 증가하여 2000년 8억 불에 불과했으나 2010년에는 36억 불을 넘어섰다(〈표 8〉). 여기서 특기할 점은 2000년대 초반까지는 한국이 일본과의 교역 비중이 높았으나, 그 이후 중국과의 교역 비중이 급속히 높아졌다는 것이다. 2000년 일본과 교역이 한국의 전체 무역에서 차지하는 비중이 30%, 중국과 교역은 20%가 채 되지 않았으나, 2005년에는 그 비중이 역전하여 일본과 교역비중이 21%, 중국과의 교역비중이 42%로 중국과 교역이 일본의 두 배가 되었다.

이러한 증가세는 일본과 중국 간의 무역과 직접투자에서도 나타나고 있다. 1990년 일본의 중국에 대한 수출액이 61억 불, 수입액이 121억 불, 총 무역량 182억 불이던 것이 매년 크게 늘어나 2010년에는 각각 수출 1,091억 불, 수입 1,276억 불, 총액 2,367억 불로 13배로 늘어났다. 일본과 중국 간의 교역이 각국의 전체 무역에서 차지하는 비중도 일본의 경우 3.5%에서 17.7%로 무려 5배로 높아졌고, 중국의 경우 1990년 15.6%에서 1995년 20.6%로 늘어났다가 점차 줄어들어 2010년에는 10.9%를 차지하였으나 중국과 다른 나라의 교역비중과 비교하면 여전히 높은 편이다(〈표 9〉). 직접투자의 경우에도 중국에 대한 외

〈표 9〉 일본과 중국의 무역관계 (단위 : 10억 불, %)

년도	일본의 중국으로의 수출	일본의 중국으로부터의 수입	총 무역량	일본의 전체 무역량 중 비중	중국의 전체 무역량 중 비중
1990	6.1	12.1	18.2	3.5	15.6
1995	21.9	35.9	57.8	7.4	20.6
2000	30.4	55.2	85.6	10.0	18.0
2005	80.0	108.4	188.4	17.0	13.2
2006	92.8	118.4	211.2	17.2	12.0
2007	109.1	127.6	236.7	17.7	10.9

(출처 : Xing(2008))

〈표 10〉 중국에 대한 국가별 외국인직접투자(FDI) 규모 (단위 : %, US$ 1,000)

	1979~1994	1995~2001	2002~2009	
			비중	금액
한국	-	3.81	6.35	28,898,720
일본	7.66	8.26	7.34	33,517,870
총계	100.00	100.00	100.00	455,023,190

(출처 : 손병해(2012))

국인 투자에서 일본이 차지하는 비중은 1970년대 말 이후 2010년까지 8% 내외로 유지되고 있으나 한국이 차지하는 비중은 1990년대 약 4%에서 2000년대에는 6%를 넘어섰다(〈표 10〉).

이처럼 한 · 중 · 일 삼국 간의 물적 교류도 잦아지고 있으며, 특히 한국과 중국은 상호의존이 점차로 높아지고 있다. 다만 일본과 중국의 상호교류는 이전에는 중국의 일본에 대한 의존도가 높았으나 최근에는 그 반대로 일본의 중국에 대한 의존도가 더 높아지고 있다는 점이 특기할 만하다. 그럼에도 불구하고 일본과 중국의 상호의존은 결코 낮은 편이 아니다. 이를 요약적으로 잘 보여주고 있는 것이 〈표 11〉이다. 이에 의하면 한국의 일본에 대한 무역의존도는 1996년 약 32%에서 2008년 약 21%로 10% 포인트 이상 낮아졌고, 대신 중국에 대한 무역의

〈표 11〉 한국, 일본, 중국의 상호 간의 무역의존도 (단위 : %)

		1996		2008	
		수출	수입	수출	수입
한국	일본	11.3	20.94	6.62	14.0
	중국	8.25	5.69	21.41	17.67
일본	한국	7.13	4.57	7.59	3.87
	중국	5.3	11.55	15.97	18.84
중국	한국	4.98	8.99	5.17	9.91
	일본	20.43	21.01	8.13	13.32

(출처 : 김완종(2011))

존도는 같은 기간 약 14%에서 39%로 3배 가량 높아졌다. 일본의 경우에도 마찬가지로, 한국에 대한 무역의존도는 12%에서 11%로 거의 변화가 없으나, 중국에 대한 의존도는 17%에서 35%로 2배 가량 높아졌다. 중국의 한국에 대한 무역의존도는 1996년 14%, 2010년 15%로 크게 변하지 않았으나, 일본에 대한 의존도는 같은 기간 41%에서 21%로 거의 절반으로 줄었다. 요약하자면, 한국과 중국의 일본에 대한 의존도는 줄어들고, 일본의 한국에 대한 의존도는 거의 그대로이나, 한국과 일본의 중국에 대한 의존도는 매우 큰 폭으로 높아졌다. 이러한 변화는 중국의 경제규모가 워낙에 큰 데다가 지속적으로 고도성장하면서 교역과 직접투자 대상을 다변화하고 있기 때문이라 할 수 있다(김완종, 2011; 손병해, 2012). 그럼에도 불구하고 한국과 일본 그리고 중국 간의 무역이나 직접투자, 물적 교류도 매우 활발하게 이루어지고 있다.

넷째, 한국, 중국, 일본 세 나라는 본격적인 산업화를 시작한 시점은 차이가 있지만, 일단 산업화를 시작한 이후에는 매우 짧은 시간에 서구 선진국을 추격하였거나 추격할 예정이기 때문에 그 과정에서 겪는 문제가 비슷할 수 있다는 점을 들 수 있다. 〈표 12〉에서 보듯이, 2차 대전 패전 이후 1950년대부터 본격적인 산업화를 시작한 일본은 약 10년

〈표 12〉 동아시아 3국의 1인당 국민소득 추이 (단위 : 미국 달러, 구매력)

	1950	1960	1970	1980	1990	2000	2011
일본	1,921 (100.0)	3,986 (207.5)	9,714 (505.7)	13,428 (699.0)	18,789 (978.1)	20,738 (1079.5)	34,748 (1808.8)
한국	854 (69.7)	1,226 (100.0)	2,167 (176.8)	4,114 (335.6)	6,704 (546.8)	14,375 (1172,5)	31,220 (2546.5)
중국	448 (42.2)	662 (62.4)	778 (73.3)	1,061 (100.0)	1,871 (176.3)	3,421 (322.4)	8,387 (790.5)

(출처 : 1950~2000－Maddison Historical GDP Data, 2011, IMF)

만에 1인당 국민소득이 1,900불에서 3,900불로 2배로 증가하였고, 20년 후에는 5배, 30년 후에는 7배, 40년 후에는 10배 정도로 높아졌다. 한국은 1960년대 초반 산업화를 본격적으로 시작한 뒤 10년 만에 약 1.8배로 증가했고, 20년 후에는 3.4배, 30년 후에는 5.5배, 40년 후에는 11.7배로 높아졌다. 중국은 1980년대 초반 자본주의 산업화를 본격한 뒤 10년 만에 1.8배, 20년 만에 3.2배, 30년 만에 7.9배로 증가했다.

세 나라는 산업화를 본격적으로 추진하면서 짧은 시간에 국민소득이 높아졌는데, 이와 함께 산업구조, 도시화, 인구와 가족 구조의 변화, 가치관의 변화 등 많은 사회경제적 변화를 함께 겪었고, 급속한 사회경제적 변화에 따른 사회문제와 그로 인한 스트레스와 갈등도 격심한 것으로 보인다. 바로 이러한 이유에서 동일한 유교권에 속하는 세 나라가 비슷한 사회구조로 변하게 되는지, 사회경제적 변화에 따른 갈등에 대한 대응방식도 유사한지를 비교 연구하는 것은 실천적으로나 이론적으로 매우 의미 있다고 생각한다.

제2장

산업화와 사회변동

한국, 중국, 일본 동북아 세 나라는 20세기 후반부터 급속한 산업화를 겪으면서 소득증대, 산업구조의 변화, 임금노동자의 증가, 도시화, 가족구조의 변화, 여성의 사회진출 증가 등 여러 가지 사회경제적 변화를 가져왔다. 갑작스러운 환경 변화는 가치관과 규범의 변화를 초래했고, 이로 인하여 스트레스 증폭과 함께 개인 간 또는 집단 간 갈등이 급격하게 증가하였다.

1. 경제변동

1860년대 말 메이지유신을 계기로 동아시아 국가 중에서 가장 먼저 근대화의 길로 들어선 일본은 20세기 초부터 본격적인 산업화를 추진하여 영국을 비롯한 선발산업국을 추격하기 시작하였고, 1950년대 한국전쟁과 월남전, 냉전에 따른 미국의 호혜적인 지원, 미국과 서유럽의 경제적 풍요 등 유리한 국제정치・경제적 환경에 힘입어 실질GDP 증가율이 1946~1960년 기간 동안에는 9.38%, 1960~1975년 기간 동안에는 8.26%(미국은 같은 기간 동안 각각 3.45%, 3.81%)를 기록했다(Ito, 1996: 209).

한국은 1960년대 초반 제1차 수출주도 경제개발 5개년 계획에 의한 산업화를 본격적으로 추진하고 냉전에 따른 미국의 전폭적인 지원, 1960년대 월남전 특수, 1970년대 중동건설 붐, 선진국의 경제호황에 따른 해외시장 확대 등 유리한 국제정치・경제적 조건에 힘입어 1960년대에는 9.8%, 1970년대에는 8.1%, 1990년대에도 중반까지는 8% 내외의 연평균 경제성장률을 기록하였다(한국은행, 경제통계연보, 각 년도).

중국은 1970년대 말까지 국가통제경제체제를 유지하다가 등소평의 남순(南巡)을 계기로 자본주의시장개혁과 대외개방을 추진하여 개방 이후 중국 경제는 급속히 성장하였다. 1978~1985년 10.1%, 1986~1990년 7.9%, 1991~1995년 12.0%, 1996~2000년 8.3%, 2001~2007년 10.0% 성장하였고, 개방・개혁 이후 2007년까지 전 기간 동안 연평균 9.7%의 성장률을 기록했으며, 13%를 넘어서는 해도 일부 있었다(배규식, 2010; Hu and Khan, 1997).

즉 일본은 19세기 말부터 근대화를 시작하여 20세기 초반에는 유럽 선진국을 맹추격하였고, 2차 대전 후 특히 1960년대에 '소득배가정책'으로 이미 1970년대에 선진국 소득수준에 도달했다. 한국의 경우에도 1960년대 초반부터 수차례의 경제개발 5개년을 추진하여 20세기 말까지 지속적으로 고도성장을 이루어 2010년경에는 서구와 동아시아 선두주자인 일본의 소득수준을 따라잡았다. 중국은 1970년대 말 개방개혁을 통한 자본주의적 산업화를 추진한 이래 고속성장을 계속해 2010

〈표 13〉 1인당 실질국민소득(per capita GDP, ppp) 추이

시기	한국	중국	일본	영국
1820	600	600	689	1,706
1850	-	600	679	2,330
1900	-	545	1,180	4,492
1938	1,619	562	2,449	6,266
1950	854	448	1,921	6,979
1960	1,228	662	3,986	8,645
1970	2,167	776	9,714	10,767
1980	4,114	1,061	13,428	12,931
1990	6,704	1,671	18,789	16,430
2000	14,375	3,421	20,738	20,353
2010	29,836	7,519	33,805	34,920

(출처 : 1820~2000－Angus Maddison, 2010, IMF)

년 1인당 국민소득(GDP)은 7,500여 불로 7배 이상이 상승했고 중진국으로 도약했다(〈표 13〉).

이와 같은 동북아시아 세 나라의 급속한 산업화는 고용구조의 변화, 도시화, 국민소득 증대, 인구와 가족 구조의 변화, 가치관의 변화 등 많은 사회경제적 변화를 초래하였고, 또한 급속한 변화에 따른 스트레스와 사회갈등이 증가하였다. 각각에 대해서 살펴보도록 한다.

1) 고용구조 변화

산업화가 본격화된 이후 세 나라에서 모두 농림업 인구가 줄어들고 2차, 3차 산업 인구가 빠른 속도로 늘어나는 동시에 임금노동자가 크게 증가하였다.

일본은 1955년에는 농업인구가 36.1%, 제조업과 서비스업이 각각

〈표 14〉 일본의 산업별 고용구조(1955~2010) (단위 : 만 명, %)

연도	전체	농림업	비농림업					
				어업	광업	건설업	제조업	서비스업
1955	4090 (100.0)	1478 (36.1)	2612 (63.9)	58	45	195	757 (18.5)	1557 (38.1)
1960	4436 (100.0)	1273 (28.7)	3146 (71.3)	67	43	253	946 (21.3)	1837 (41.4)
1965	4730 (100.0)	1046 (22.1)	3684 (77.9)	67	29	328	1150 (24.3)	2110 (44.6)
1970	5094 (100.0)	842 (16.5)	4251 (83.5)	44	20	394	1377 (27.0)	2416 (47.4)
1975	5223 (100.0)	618 (11.8)	4605 (88.2)	43	16	479	1346 (25.8)	2721 (52.1)
1980	5536 (100.0)	532 (9.6)	5004 (90.4)	45	11	548	1367 (24.7)	3033 (54.8)
1985	5807 (100.0)	464 (8.0)	5343 (92.0)	45	9	530	1453 (25.0)	3306 (56.9)
1990	6249 (100.0)	411 (6.6)	5839 (93.4)	40	6	588	1505 (24.1)	3700 (59.2)
1995	6457 (100.0)	340 (5.3)	6116 (94.7)	27	6	663	1456 (22.5)	3964 (61.4)
2000	6446 (100.0)	297 (4.6)	6150 (95.4)	29	5	653	1321 (20.5)	4142 (64.3)
2005	6356 (100.0)	259 (4.1)	6097 (95.9)	23	3	568	1142 (18.0)	4361 (68.6)
2010	6298 (100.0)	237 (3.8)	6062 (96.2)	18	3	504	1060 (16.8)	4477 (71.1)

(출처 : Statistics Bureau, Director-General for Policy Planning (Statistical Standards) & Statistical Research and Training Institute, Labour Force Survey, each year. Ministry of Internal Affairs and Communication, (http://www.stat.go.jp/english/data/roudou/index.htm))

18.5%, 38.1%로 농업 종사자가 압도적으로 많은 비중을 차지했으나, 불과 25년만인 1980년에는 농업인구가 한자리 수(9.6%)로 급감한 반면, 제조업이나 서비스업 종사자가 각각 24.7%, 47.4%를 차지하였다. 2010년 농업인구는 극소수인 3.8%로 줄어들고, 제조업 종사자도 1970년 27.0%를 정점으로 2010년 16.8%로 감소한 결과, 인구 대부분은 서비스업에 종사하고 있다(〈표 14〉). 후발주자인 한국도 산업화가 본격화되기 직전인 1960년에는 농업인구가 66.0%로 인구 대다수를 차지하고, 제조업이나 서비스업 종사자는 각각 6.79%, 26.52%에 지나지 않았으나, 그 이후 40년만에 농업인구는 10.6%로 급락하고 대신 제조업(20.29%)과 서비스업(69.03%) 종사자가 압도적으로 많아졌으며, 그 후 10년이 지난 2010년에는 농업인구는 7.18%로 한 자리수 이하로 낮아졌다. 제조업

〈표 15〉 한국의 산업별 고용구조(1949~2010) (단위 : %)

<table>
<tr><th>연도</th><th>1949</th><th>1960</th><th>1970</th><th>1980</th><th>1990</th><th>2000</th><th>2010</th></tr>
<tr><td>미분류</td><td>0.00</td><td>0.00</td><td>0.21</td><td>0.00</td><td>0.49</td><td>0.00</td><td>0.00</td></tr>
<tr><td>농림어업</td><td>79.89</td><td>66.00</td><td>50.83</td><td>37.81</td><td>20.83</td><td>10.60</td><td>7.18</td></tr>
<tr><td>광산업</td><td>0.42</td><td>0.69</td><td>0.98</td><td>0.71</td><td>0.40</td><td>0.08</td><td>0.09</td></tr>
<tr><td>제조업</td><td rowspan="3">3.34</td><td>6.79</td><td>14.27</td><td>22.06</td><td>27.43</td><td>20.29</td><td>17.30</td></tr>
<tr><td>전기가스</td><td>0.22</td><td>0.30</td><td>0.29</td><td>0.38</td><td>0.30</td><td>0.39</td></tr>
<tr><td>건설업</td><td>1.75</td><td>4.55</td><td>5.24</td><td>7.10</td><td>7.47</td><td>7.72</td></tr>
<tr><td>도소매음식숙박</td><td>4.65</td><td>9.35</td><td>12.62</td><td>16.23</td><td>19.28</td><td>27.19</td><td>24.08</td></tr>
<tr><td>운수통신업</td><td>0.93</td><td>2.09</td><td>3.24</td><td>4.35</td><td>5.19</td><td>5.96</td><td>6.24</td></tr>
<tr><td>금융보험부동산업</td><td rowspan="2">10.76</td><td>0.31</td><td>0.95</td><td>2.25</td><td>5.27</td><td>5.21</td><td>5.58</td></tr>
<tr><td>사회개인서비스업</td><td>12.79</td><td>12.05</td><td>11.06</td><td>13.64</td><td>22.89</td><td>31.44</td></tr>
<tr><td>합계</td><td>100.00</td><td>100.00</td><td>100.00</td><td>100.00</td><td>100.00</td><td>100.00</td><td>100.00</td></tr>
</table>

(출처 : 조돈문(2011), 83쪽)

종사자도 1990년의 27.43%를 정점으로 점차로 줄어들어 2010년에는 17.3%로 감소한 결과 21세기 한국은 일본과 마찬가지로 서비스산업 중심의 후기 산업화 국가로 변모하였다(〈표 15〉).

세 나라 중 가장 뒤늦게 자본주의 산업화에 돌입한 중국의 경우, 개방・개혁이 시작되기 직전까지 농업 인구가 80% 내외로 압도적인 비중을 차지하였고, 제조업이나 서비스업 종사자는 합쳐서 20%가 채 되지 않는 전형적인 농업국이었다. 그러나 개방・개혁으로 자본주의산업화를 본격화하고 고용구조가 급격히 변하면서, 1990년에는 농업인구가 60%로 줄어들어든 반면, 2차산업과 서비스업이 각각 20% 수준으로 높아졌다. 그 후에도 농업인구는 계속 줄어 2010년에는 36.7%로 낮아져 본격적인 산업화 직전의 절반 정도로 감소했다. 반면, 제조업을 포함한 2차 산업과 서비스업 종사자는 늘어나 2010년에는 각각 28.7%, 34.6%가 되었다(〈표 16〉). 이처럼 중국은 앞서 산업화를 추진한 일본이나 한국에 비하면 여전히 농업인구의 비중이 높지만, 21세기에

〈표 16〉 중국의 산업별 고용구조(1962~2010) (단위 : 만 명, %)

연도	1970	1978	1990	1995	2000	2005	2010
총고용인원	34,432	40,152	63,909	67,947	71,150	74,647	76,105
1차산업	27,811	28,318	38,428	35,468	35,575	33,442	27,931
%	80.8	70.7	60.1	52.2	50.0	44.8	36.7
2차산업	3518	6,945	13,654	15,028	16,009	17,766	21,842
%	10.2	17.3	21.4	23.0	22.5	23.8	28.7
3차산업	3103	4,890	11,828	16,851	19,566	23,439	26,332
%	9.0	12.2	18.5	24.8	50.0	31.4	34.6

(출처 : 1962~2000－China Statistical Yearbook 2001; 2005~2010 : China Statistical Yearbook 2011(중국 통계청 홈페이지 주소 : http://www.stats.gov.cn/english/statisticaldata/yearlydata/))

접어들면서 명실상부한 산업국으로 변모하였다.

2) 임금노동자 증가

급속한 산업화는 생계유지나 수입원으로서 땅이나 자신 / 가족의 가게에 의존하는 자영업자의 수를 줄이는 대신, 임금이나 월급에 의존하여 생계를 유지해야 하는 노동자를 양산하였다. 일본을 보면, 1955년에는 농민과 자영업자 56.5%, 임금노동자와 봉급생활자가 43.5%이던 것이 불과 5년 사이에 역전되어 전자가 46.6%, 후자가 53.4%로 변했다. 이후 이러한 추세는 계속되어 1975년에는 임금 / 봉급생활자가 전체 취업자의 2/3를 넘어섰고, 2010년에는 거의 모든 취업자가 임금이나 봉급으로 생활하고 있었다(〈표 17〉). 10년 정도 시차는 있지만, 한국도 농사나 자영업 생활자는 급속히 줄어들고 임금노동자나 봉급생활자는 급속히 늘어났다. 1963년에 농민이나 자영업자가 69.8%, 임금노동자나 봉급생활자가 30.2%로 전자가 절대다수였으나, 1985년에는 그

〈표 17〉 일본의 종사상 지위별 고용구조(1955 ~ 2010) (단위 : 만 명, %)

연도	전체	자영	업주	가족종사자	피고용인
			타인고용 자영업주		
1955	4090 (100.0)	1028 (25.1)	122 (3.0)	1284 (31.4)	1778 (43.5)
1960	4436 (100.0)	1006 (22.7)	136 (3.1)	1061 (23.9)	2370 (53.4)
1965	4730 (100.0)	939 (19.9)	121 (2.6)	915 (19.3)	2876 (60.8)
1970	5094 (100.0)	977 (19.2)	167 (3.3)	805 (15.8)	3306 (64.9)
1975	5223 (100.0)	939 (18.0)	169 (3.2)	628 (12.0)	3646 (69.8)
1980	5536 (100.0)	951 (17.2)	186 (3.4)	603 (10.9)	3971 (71.7)
1985	5807 (100.0)	916 (15.8)	191 (3.3)	559 (9.6)	4313 (74.3)
1990	6249 (100.0)	878 (14.1)	193 (3.1)	517 (8.3)	4835 (77.4)
1995	6457 (100.0)	784 (12.1)	193 (3.0)	397 (6.1)	5263 (81.5)
2000	6446 (100.0)	731 (11.3)	182 (2.8)	340 (5.3)	5356 (83.1)
2005	6356 (100.0)	650 (10.2)	164 (2.6)	282 (4.4)	5393 (84.8)
2010	6298 (100.0)	582 (9.2)	154 (2.4)	190 (3.0)	5500 (87.3)

(출처 : Statistics Bureau, Director-General for Policy Planning (Statistical Standards) & Statistical Research and Training Institute, Labour Force Survey, each year. Ministry of Internal Affairs and Communication, (http://www.stat.go.jp/english/data/roudou/index.htm))

비중이 뒤집어져 전자가 45.9%, 후자가 54.1%으며, 2010년에는 자영업자와 농민이 28.8%, 임금노동자와 봉급생활자가 71.2%로 후자가 절대 다수를 점하게 되었다(다음 쪽의 〈표 18〉).

마지막으로 중국은 일본이나 한국보다는 많이 뒤쳐져 있지만, 농업이나 자영업에 종사하는 이들은 줄고 기업체로부터 임금이나 봉급을 받고 생활하는 이들이 점차로 늘고 있다. 개방・개혁을 시작한 1978년에는 도시지역의 국유기업과 집단기업체 그리고 농촌지역의 향진기업체에 종사하는 취업자는 불과 30.7%에 불과했다. 이후 개혁이 본격화되면서 도시와 농촌지역의 기업에 종사자가 늘어나기 시작했는데, 특히 국내외 순수 사기업체 종사자가 꾸준히 증가했다. 도시와 농촌 지역의 기업체에서 임금이나 봉급으로 생활하는 이는 1990년 39.8%이던 것

〈표 18〉 한국의 종사상 지위별 고용구조(1963~2010)

연도	전체	비임금근로자			임금근로자			
		자영업주	가족 종사자	소계	상용 근로자	임시 근로자	일용 근로자	소계
1963	**7,529 (100.0)**	2,817 (37.4)	2,361 (32.4)	**5,178 (69.8)**	1,421 (18.9)		930 (12.4)	**2,351 (31.3)**
1970	**9,618 (100.0)**	3,286 (34.2)	2,586 (26.9)	**5,872 (61.1)**	2,728 (28.4)		1,018 (10.6)	**3,746 (38.9)**
1980	**13,684 (100.0)**	4,651 (34.0)	2,569 (18.8)	**7,220 (52.8)**	5,164 (37.7)		1,300 (9.5)	**6,464 (47.2)**
1985	**14,970 (100.0)**	4,679 (31.3)	2,187 (14.6)	**6,866 (45.9)**	6,714 (44.8)		1,390 (9.3)	**8,104 (54.1)**
1990	**18,085 (100.0)**	5,068 (28.0)	2,067 (11.4)	**7,135 (39.4)**	5,938 (32.8)	3,171 (17.5)	1,840 (10.2)	**10,950 (60.5)**
1995	**20,414 (100.0)**	5,569 (27.3)	1,946 (9.5)	**7,515 (36.8)**	7,499 (36.7)	3,598 (17.6)	1,802 (8.8)	**12,899 (63.2)**
2000	**21,155 (100.0)**	5,864 (27.7)	1,931 (9.1)	**7,795 (36.8)**	6,395 (30.2)	4,608 (21.8)	2,357 (11.1)	**13,360 (63.2)**
2005	**23,486 (100.0)**	6,172 (26.3)	1,499 (6.4)	**7,671 (32.7)**	7,917 (33.7)	5,056 (21.5)	2,212 (9.4)	**15,185 (67.3)**
2010	**23,829 (100.0)**	5,592 (23.5)	1,266 (5.3)	**6,856 (28.8)**	10,086 (42.3)	5,068 (21.3)	1,817 (7.6)	**16,971 (71.2)**

(출처 : 한국노동연구원, KLI 노동통계, 1999, 2012)

이 2010년에는 65.0%로 크게 증가하였다. 이 중에서 순수 사기업체(도시 지역의 유한책임회사, 주식회사, 개인기업, 대만홍콩마카오기업, 외자기업, 농촌지역의 개인기업) 종사자는 1990년 0.3%에서 2010년 19.6%로 늘어났다(〈표 19〉).

〈표 19〉 중국의 종사상 지위별 고용구조(1978~2010) (단위 : 만 명, %)

연도	1978	1990	1995	2000	2005	2010
총고용인원	40,152 (100.0)	64,749 (100.0)	68,065 (100.0)	72,085 (100.0)	74,647 (100.0)	76,105 (100.0)
총근로자수	-	14,508** (22.4)	14,908 (21.9)	11,259 (15.6)	10,850 (14.5)	13,052 (17.1)
도시	**9,514 (23.7)**	**17,041 (26.3)**	**19,040 (28.0)**	**23,151 (32.1)**	**28,389 (38.0)**	**34,687 (45.6)**
국유기업	7,451 (18.6)	10,346 (16.0)	11,261 (16.5)	8,102 (11.3)	6,488 (8.69)	6,516 (8.56)
도시집단기업*	2,048 (5.10)	3,645 (5.60)	3,200 (4.7)	1,696 (2.40)	1,043 (1.40)	789 (1.04)
유한책임회사	-	-	-	687 (1.00)	1,750 (2.34)	2,613 (3.43)
주식회사	-	-	317 (0.50)	457 (0.60)	699 (0.94)	1,024 (1.35)
개인기업	-	57 (0.09)	485 (0.71)	1,268 (1.76)	3,458 (4.63)	6,071 (7.98)
대만홍콩 마카오기업	-	4 (0.01)	272 (0.40)	310 (0.43)	557 (0.75)	770 (1.01)
외자기업	-	62 (0.01)	241 (0.40)	332 (0.46)	688 (0.92)	1,053 (1.38)
자영업자	15 (0.04)	614 (1.00)	1,560 (2.30)	2,136 (2.96)	2,778 (3.72)	4,467 (5.87)
농촌	**30,638 (76.3)**	**47,708 (73.7)**	**49,025 (72.0)**	**48,934 (67.9)**	**46,258 (62.0)**	**41,418 (54.4)**
향진(농촌)기업*	2,827 (7.00)	9,265 (14.3)	12,862(18.9)	12,820(17.8)	14,272(19.1)	15,893(20.9)
개인기업	-	113 (0.17)	471 (0.69)	1,139 (1.58)	2,366 (3.17)	3,347 (4.40)
자영업자	-	1,491 (2.30)	3,054 (4.49)	2,934 (4.07)	2,123 (2.84)	2,540 (3.34)

* 집단소유기업, 협동조합, 공동소유기업 포함 / ** 1991년도 수치 (출처 : China Statistical Yearbook, 2011)

2. 사회변동

1) 도시화 진전

산업화에 수반되는 다른 변화는 도시 인구의 증가다. 도시에는 경제성장을 주도하는 제조업이나 서비스업이 집중되어 있기 때문에, 산업화가 진전됨에 따라 도시 인구도 자연스럽게 증가할 수밖에 없다. 일본

〈표 20〉 도시 인구 비중 (단위 : 1,000명, %)

국가	일본		한국		중국	
	총인구	도시 인구비중	총인구	도시 인구비중	총인구	도시 인구비중
1950	83,200	37.3	20,189	23.9 ('49)	551,960	11.2
1955	89,276	56.1	21,502	29.4	646,530	15.4
1960	94,096	63.3	25,603	35.4	662,070	19.8
1970	104,345	71.9	31,923	40.7	829,920	17.4
1980	116,782	76.2	38,124	56.7	987,050	19.4
1985	120,754	76.7	40,806	64.9	1,058,510	22.9
1990	123,537	77.3	42,869	73.8	1,143,330	26.4
1995	125,439	78.0	45,093	78.2	1,204,855	31.0
2000	126,870	78.6	47,008	79.6	1,262,645	35.9
2005	127,956	86.0	48,294	81.3	1,304,500	42.5
2010	126,536	90.5	49,410	82.9	1,341,335	49.2

도시 인구 비중 : 일본(1950～1960) − Kuroda (1987), 한국과 일본(1970～2010) − 통계청, 국제통계 − 도시화, 중국 − 중화인민공화국 국가통계국, 통계포탈사이트(http://www.stats.gov.cn/english/statisticaldata/yearlydata) (출처(총인구) : 한국 − 통계청, 일본 − 통계청)

의 경우, 1950년에 불과 37.3%에 지나지 않던 도시 인구 비중이 1955년에 이미 인구의 절반 이상으로 급증하였고, 1970년에는 전체 인구의 2/3가 넘는 사람들이 도시에 모여 살게 되었다. 이후에도 증가세는 완만해졌지만 도시 인구는 지속적으로 늘어나 2010년에는 90% 이상이 도시에 살게 되었다. 한국도 1960년까지도 전체의 1/3 이하가 도시에 살았으나 산업화가 본격적으로 시작된 이후 1990년대 초반까지 도시 인구가 급격히 늘어나 1995년에는 78%를 넘어섰으며, 2010년에는 83%에 도달했다. 중국 또한 짧은 시간 내에 도시 인구가 급속히 증가하였는데, 개방・개혁으로 자본주의 산업화가 본격화되기 전인 1980년에는 도시화율이 20%가 채 되지 않았으나 그 이후 빠른 속도로 증가하여 1980년대 초반에는 20%, 1995년에는 30%, 2000년대 초반에는 40%를 넘어섰다. 그리하여 2010년에는 본격적인 산업화를 시작한지 30년 만에 2.5배 이

〈표 21〉 주요 대도시의 인구변동 (단위 : 1,000명)

국가(도시별)		1970	1980	1990	2000	2005	2010
일본	도쿄	23,298	28,549	32,530	34,450	35,622	36,933
	오사카	9,408	9,990	11,035	11,165	11,258	11,430
	나고야	1,997	2,590	2,947	3,122	3,199	3,300
한국	서울	5,686	8,516	10,473	10,078	10,011	10,051
	부산	2,046	3,309	3,803	3,733	3,586	3,466
	대구	1,295	1,889	2,293	2,529	2,506	2,472
	인천	804	1,253	1,897	2,522	2,578	2,713
	광주	651	874	1,125	1,382	1,444	1,489
	대전	548	820	1,036	1,397	1,468	1,511
중국	베이징	4,426	5,366	6,788	10,162	12,349	15,000
	상하이	6,036	5,966	7,823	13,959	16,590	19,554
	선양	3,156	3,418	3,651	4,562	4,999	5,469
	텐진	3,318	3,750	4,558	6,670	7,562	8,535

(출처 : 통계청, 국제통계 – 주요 도시 인구)

상 증가하여 거의 50%가 되었다(〈표 20〉). 특히, 도쿄, 서울, 북경 등과 같은 대도시 인구증가율은 매우 높아 1970년과 2010년 사이에 도쿄는 1.5배, 서울은 2배, 북경은 3.5배로 증가하였으며, 중국 상하이도 3배 이상 증가하였다(〈표 21〉).

2) 가족형태와 가구구조 변화

산업화와 도시화가 진전됨에 따라 두드러지게 나타난 현상은 가족형태의 변화로 전통적인 조부모–부모–자녀 3세대 가구가 점차 사라지는 대신 1세대 가구와 1인 가구가 늘어나고 있다는 것이다. 한국은 1960년대 중반까지 전체 가구의 25%를 넘었던 3세대 가구가 본격적인

〈표 22〉 한국의 가족 형태 변화 (단위 : 1,000가구, %)

연도	1966	1970	1980	1985	1990	1995	2000	2005	2010
총가수수	5,057	5,576	7,969	9,571	11,355	12,958	14,312	15,887	17,339
1세대가구	5.5	6.8	8.3	9.6	10.7	13.0	14.2	16.2	17.5
2세대가구	65.6	70.0	68.5	67.0	66.3	63.0	60.8	55.4	51.3
3세대 이상	25.8	23.2	16.9	14.8	12.5	10.0	8.4	7.0	6.2
1인 가구	2.3	-	4.8	6.9	9.0	12.7	15.5	20.0	23.9
비혈연가구	0.8	-	1.5	1.7	1.5	1.4	1.1	1.4	1.2
평균 가구원 수	5.5	5.2	4.5	4.1	3.7	3.3	3.1	2.9	2.7

(출처 : 통계청, 세대구성 및 가구원수별 가구(일반 가구))

산업화로 급속히 줄기 시작하여 1980년에는 16.9%, 1995년 10%, 2005년 이후에는 7% 이하로 급감했다. 부부와 자녀 또는 한부모와 자녀로 구성된 2세대 가구 또는 핵가족은 1990년대 초반까지는 전체 가구의 2/3 내외를 차지하여 지배적인 가족형태로 자리 잡고 있었으나, 그 이후 줄어 2010년에는 전체 가구의 절반 정도에 그쳤다. 대신 자녀 없이 부부만 사는 1세대 가구와 혼자 사는 1인 가구는 1960년대 이후 계속 증가해 1960년 중반 6%, 2% 내외이던 것이 2010년에는 17.5%, 23.9%로 크게 늘어났다. 이러한 가족행태의 변화와 함께 가구당 평균 가구원 수도 급격히 변했다. 1970년대 초반까지는 5명을 웃돌다가, 1985년 4.5명, 1995년 3.3명, 2005년 2.9명, 2010년 2.7명으로 산업화가 본격적으로 시작된 1960년대 중반에 비해 2010년대에는 절반 수준으로 줄었다(〈표 22〉).

한국사회의 가족구조 변화와 관련하여 여러 가지 설명이 가능할 것이다. 산업화와 도시화 등으로 표출되는 근대화가 주요한 요인이라는 데 대해 이견은 없을 것이나, 산아제한 캠페인 등 공공정책이 가족구조 변화에 얼마나 기여했는지에 대해서는 논란의 여지가 있다. 정부는 1960년대 초반 대한가족협회를 설립하여 산아제한 캠페인("덮어놓고

낳다 보면 거지꼴 못 면한다"는 TV 광고)을 벌이면서 피임약도 배포하고 1973년 모자보건법을 통과시켜 제한적 조건하에서의 임신중절(사실상 거의 모든 인공유산)을 합법화했으며 피임수술자에게 포상을 주기도 했다. 당시 권장 자녀수는 4명이었다. 1970년대 출산율은 4.53명이 되었고 권장 자녀수는 2명이었다. 이때 나온 표어는 "둘만 낳아 잘 기르자"이었다. 출산 제한에 대한 혜택으로 대출우대, 주택분양 우대, 취학 전 의료혜택 등을 제공했다. 1983년에는 총인구가 4,000만 명을 넘어서자 정부는 "둘도 많다. 하나만 낳아 잘 기르자"는 캠페인을 전개했다. 그러나 이후 출산율이 큰 폭으로 줄어들자, 정부는 2005년 결국 산아제한 정책을 폐기했다. 이러한 정부의 산아제한 정책이 출산율의 저하와 핵가족화 등 가구원수 감소에 얼마나 기여했는지는 정확히 파악하기 어렵지만, 피임약이나 콘돔 등 임신예방조치를 적극 권장하고 임신중절(낙태, 인공유산)을 허용하여 원치 않는 아기의 출산을 피할 수 있는 여건을 조성해 주었으며,[1] 핵가족을 선호하는 사회적 분위기를 조성함으로서 가구원 수를 줄이는 데 기여했던 것으로 보인다(유엔사무국 경제사회위원회 인구분과, 2013).

일본은 1960년경까지만 하더라도 조부모-부모-자녀 3세대가 한집에 사는 가구가 40%가량 차지하고 부부 또는 부모와 자녀가 함께 사는 핵가족이 절반 정도를 차지하였다. 그러나 1960년대 자민당 정권이 '소득배가정책'을 추진하면서 도시화가 급속으로 진전되었고 그에 따라 3세대 가구는 급격히 줄어드는 대신, (한)부모-자녀 또는 부부만의 핵가족이 크게 늘어나기 시작했으며 1인 가구도 빠른 속도로 증가하

1 1953년에 제정된 형법 제269조와 270조에 의해, 임신중절은 불법으로 규정되어 있었으나 대부분의 국민들은 그 조항을 잘 몰랐던 데다가 낙태는 이미 광범하게 이루어지고 있었으며, 많은 의사들이 낙태금지로 인한 수입 감소를 우려해 협조를 하지 않았고 정부도 법을 엄격하게 집행하려고 하지 않았다(유엔사무국, 2013).

〈표 23〉 일본의 가족 형태 변화 (단위 : 1,000가구, %)

<table>
<tr><th colspan="2">연도</th><th>1960</th><th>1980</th><th>1985</th><th>1990</th><th>1995</th><th>2000</th><th>2005</th></tr>
<tr><td colspan="2">총 가구 수</td><td></td><td>35,824</td><td>37,980</td><td>40,670</td><td>43,900</td><td>46,782</td><td>49,063</td></tr>
<tr><td>1세대</td><td>부부</td><td rowspan="3">44.7</td><td>12.5</td><td>13.7</td><td>15.5</td><td>17.4</td><td>18.9</td><td>19.6</td></tr>
<tr><td rowspan="2">2세대</td><td>부부 + 자녀</td><td>42.1</td><td>40.0</td><td>37.3</td><td>34.2</td><td>31.9</td><td>29.9</td></tr>
<tr><td>한부모가정</td><td>5.7</td><td>6.2</td><td>6.8</td><td>7.1</td><td>7.6</td><td>8.4</td></tr>
<tr><td>기타</td><td>3세대 가구 및 기타</td><td>37.9</td><td>19.9</td><td>19.2</td><td>17.4</td><td>15.7</td><td>14.0</td><td>12.7</td></tr>
<tr><td colspan="2">1인 가구</td><td>17.3</td><td>19.8</td><td>20.8</td><td>23.1</td><td>25.6</td><td>27.6</td><td>29.5</td></tr>
<tr><td colspan="2">평균 가구원 수</td><td>4.13</td><td>3.28</td><td>3.22</td><td>3.16</td><td>2.99</td><td>2.42</td><td>2.31</td></tr>
</table>

(출처 : 1960－Sasaki(2008), 57쪽의 〈표 1〉; 1980～2005－Nishioka et al.(2011), 41쪽 〈표 1〉)

였다. 특히 1인 가구와 핵가족 중에서도 부부만 살거나 한부모와 자녀가 사는 가정이 늘어나고 부부와 자녀가 함께 사는 전형적인 핵가족은 줄어들었다. 즉 조부모-부부-자녀 3세대 가구는 1960년에는 37.9%이었으나 1980년 19.9%로 거의 절반으로 줄었고, 이후에도 계속 줄어들어 2005년에는 12.7%에 지나지 않는다. 또한 부부와 자녀의 전형적인 핵가족도 1980년에는 42.1%였으나 1990년 37.3%, 2000년 31.9%, 2005년에는 29.9%로 줄었다. 반면 부부만 사는 가구는 1980년 12.5%에서 2005년에는 19.6%로 증가했고, 한부모와 자녀가 사는 가정도 같은 기간 5.7%에서 8.4%로 늘어났으며, 1인 가구는 1960년 17.3%에서 1985년 20.8%, 1995년 27.6%, 2005년 29.5%로 증가했다(〈표 23〉).

3세대 가구와 부부-자녀 가구가 줄어듦에 따라 가구당 평균 가구원 수도 줄어들었다. 가구당 평균 가구원 수는 1960년 4.13명이던 것이 1980년 3.28명으로, 1995년 다시 2.99명으로 가구당 3명 이하로 떨어졌고, 2005년에는 2.31인으로 1960년에 비해 거의 1/2로 줄어들었다. 일본의 가구당 평균 가구원수가 급격히 줄어든 데에는 여성의 경제활동 참가율 제고, 여성의 교육수준 향상과 권리의식 신장 등 사회경제적 근대화가 결정적인 역할을 했지만, 정부 정책이 기여한 바도 있다. 일본정부는 2차 대전 직후 전후 베이비 붐(postwar baby boom)을 예상하면서 과잉인구가 경제복구와 발전에 장애가 될 것을 우려해 1948년 피임과 임신중절(낙태, 인공유산)을 합법화하는 우생보호법(Eugenic Protection Law)을 제정하였고, 낙태를 허용하는 '후진국'이라는 서구 국가들의 비난을 면하기 위해 1996년 모성보호법을 제정하여[2] 불가피한 사정이 없는 임신중절을 불법화했다. 그러나 대부분 국민들이 원하지 않은 아이를 낳지 않기 위해 임신중절을 선호하고 낙태 전문 의사들이 기득권을 보호하기 위해 불법적인 낙태를 해 주었기 때문에 임신중절 관행은 완전히 사라지지 않았다.[3] 이러한 일본정부의 낙태나 피임을 용이하게 행하도록 하는 제도가 뒷받침되지 않았다면 가족구조나 가구원 수의 변화는 훨씬 느린 속도로 진행되었을 것이다(Kato, 2009).

중국은 다른 농경사회와 마찬가지로 역사적으로 보다 높은 생존가능성과 복지를 보장하기 때문에 대가족을 선호했고 이는 지배적인 가족구조였다. 그러나 중국정부가 1970년부터 1979년까지 자발적인 산아제한을 독려해 온데다가 1979년 '한 가정 한 자녀' 정책을 도입하여 1980년부터 엄격히 시행한 결과,[4] 1970년대 중반부터 출산율이 떨어지

2 일본정부는 1996년 낙태를 불법화하기 위한 법을 제정하는 과정에서, 장애인인권단체의 압력으로 '우생학적인 이유'를 삭제한 뒤 '모성보호법'(Maternity Protection Law)으로 하였다.

3 일본정부는 낙태 전문의사의 반대, 약물남용 우려와 부작용, 에이즈 확산에 따른 콘돔 사용 감소 등 여러 가지 이유로 피임약을 합법화하지 않고 있다가, 낙태를 위해 일본으로 오는 서구인들이 많아짐에 따라 낙태금지를 엄격히 시행하는 서구 국가들의 비난이 빗발치자 결국 1999년에 피임약을 합법화하였다.

4 중국정부는 1950년대부터 시행해온 출산장려정책을 수정하여 1970년부터 자발적인 "늦은 출산, 자녀 사이 간격 두기, 적은 수의 자녀" 정책을 추진해 오다가, 1970년대 말 개방개혁을 통한 시장경제로의 전환을 효과적으로 추진하기 위해 1979년 '한 가정 한자녀 정책'을 도입했다. 이 정책은 농촌 거주자에게는 첫 자녀가 여아일 경우 두 번째 자녀를 허용하고 소수민족이나 인구가 적은 지역의 경우 세명까지 허용했지만, 도시거주자와 공무원들은 첫째 자녀가 장애가 있거나 부부가 모두 탄광 등 위

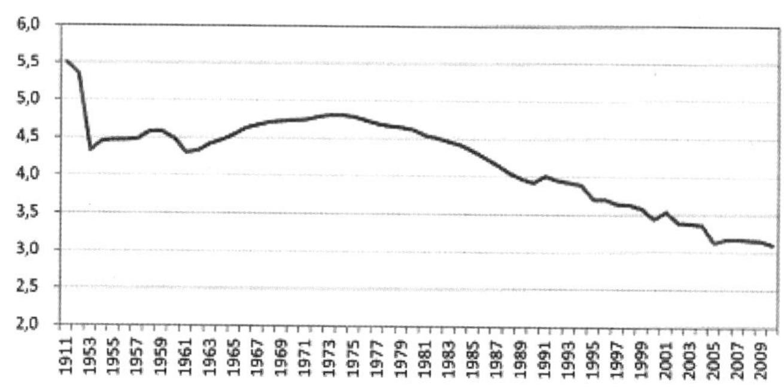

〈그림 1〉 중국의 가구당 평균 가구원수 추이 (1911 ~ 2009) (출처 : Yang(2012), 4쪽)

기 시작했고 이에 따라 가구당 평균 가구원수도 서서히 감소하기 시작했다. 그리고 1980년대부터 본격화된 시장경제에 기반을 둔 산업화는 이러한 추세를 더욱 가속화시켰다. 〈그림 1〉에서 보듯이, 1911년 신해혁명 무렵에는 전형적인 농경사회의 특징을 반영하여 가구당 평균 가구원 수가 5.5명 정도였으며, 1970년대 중반 무렵까지 약간의 오르내림은 있었으나 대체로 4.5명 내외를 유지했다. 그러나 1970년대 중반 이후 정부정책의 영향과 시장경제개혁에 따른 산업화와 도시화의 여파로 가구원 수는 지속적으로 줄어들었다. 1974년 평균가구원 수가 5명 이하였던 것이 1990년대에는 4명 이하로 떨어졌고, 2000년에는 다시 3.44명, 그리고 2010년에는 3.1명으로 감소했다.[5]

험한 산업 종사자인 경우이거나 부부가 모두 독자(녀)가정 출신인 경우를 제외하고 반드시 한 자녀만 갖도록 했다. 어길 경우 10년 동안 매년 임금 10%를 삭감하거나 벌금을 물게 하는 등 엄한 처벌을 부과했다(Hesketh, 2005).

5 다른 자료에 의하더라도 같은 결론에 도달한다. 중국인의 가구당 평균 가구원 수는 1930~1940년대 5.6명, 1953년 4.3명, 1964년 4.3명, 1982년 4.4명이었으나(Yi, 2002: 27), 1970년대 말 개방개혁을 통한 자본주의산업화와 '한가정 한자녀 정책(One Child Policy)'을 시행한 이후 점차로 줄기 시작하여 1990년 3.96명, 1995년 3.70명, 2000년 3.44명, 2002년 3.39명으로 줄었다(Xinhua News Agency, 2008). 2010년 10월에 실시한 제6차 인구센서스에서도 핵가족화의 추세는 분명히 드러나고 있다. 가구당 평균 가구원 수가 1990년 3.96명, 2000년 3.44명, 2010년 3.1명으로 줄어들었고, 베이징, 상하

이러한 가구원 수의 감소는 가족형태와 밀접한 관계가 있다. 일반적으로 중국의 전통적인 가족구조에 대해서 두 가지 해석이 있는데, 하나는 조부모와 결혼한 자녀 그리고 그 자녀 즉 손주 등 세 세대 또는 그 이상의 세대가 함께 사는 직계연합가족이 이상적이고 보편적인 가족형태였다는 입장이고, 다른 하나는 여러 세대가 함께 사는 직계가족은 이상적이긴 하나 실제로는 일부 부유층에서만 가능한 매우 예외적인 가족형태였다는 입장이다. 현대 중국에서는 직계가족은 매우 희귀하지만, 상당히 남아 있는 편이다. 구체적으로 보면, 1930년과 2010년 사이 가구형태별 구성에 상당한 변화가 있었다. 우선, 1930년과 '한가정 한자녀 정책이 시행된 지 1년이 지난 1982년까지 한 세대 가구와 두 세대 가구가 크게 늘어난 반면 세 세대 이상 가구는 크게 줄어들었다. 그 비율을 보면, 한 세대 가구와 두 세대 가구는 각각 2.5%, 48.9%에서 12.8%, 67.3%로 증가하였으나, 세 세대 이상 가구는 48.5%에서 19.7%로 크게 줄어들었다. 1982년과 1990년 사이에는 세 유형의 가구가 차지하는 비중이 각각 12%, 67%, 20% 내외로 큰 변화 없이 그대로 유지되었다. 시장경제 개혁의 효과가 본격적으로 나타나기 시작한 1990년 이후에는 다시 큰 변화가 나타나는데 세 세대 이상 가구는 18% 정도에서 거의 그대로 유지되었지만, 두 세대 가구는 전체 가구 중 2/3에서 지속적으로 줄어들어 2010년에는 50% 이하로 떨어졌다. 또한 한 세대 가구는 12% 정도에서 점차 늘어나 2010년에는 전체 가구의 1/3을 차지하게 되었다(다음 쪽의 〈그림 2〉).

끝으로, 중국의 가족형태는 부모와 자녀가 있는 핵가족, 조부모-부

이 등 대도시에서는 3인 이하 가구가 전체의 85% 가량을 차지했다. 쓰촨, 안후이 등 농촌이 많은 중서부지역에서는 3인 이하 가구가 65~70%에 그치지만, 그 비중이 점차로 늘어나고 있다. 이처럼, 중국 특히 도시에서는 부부와 자녀 1명 또는 아예 부부만으로 가구를 이루는 사례가 대세로 되고 있으며, 농민공과 타지 유학생들이 늘어나면서 1인 가구도 늘어나 하나의 새로운 흐름을 형성하고 있다. 특히 베이징이나 상하이 등 일부 대도시에서는 1인 가구가 전체의 1/5에 육박하고 있다(이철용, 2011: 25).

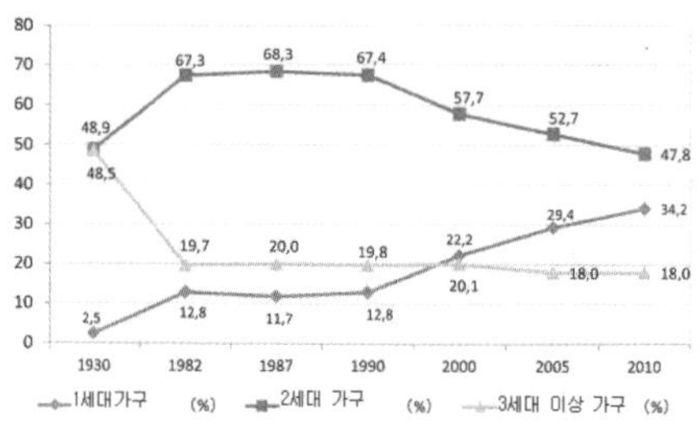

〈그림 2〉 중국의 가구형태별 분포 추이 (1930~2010)
(출처: Yang(2012), 4쪽)

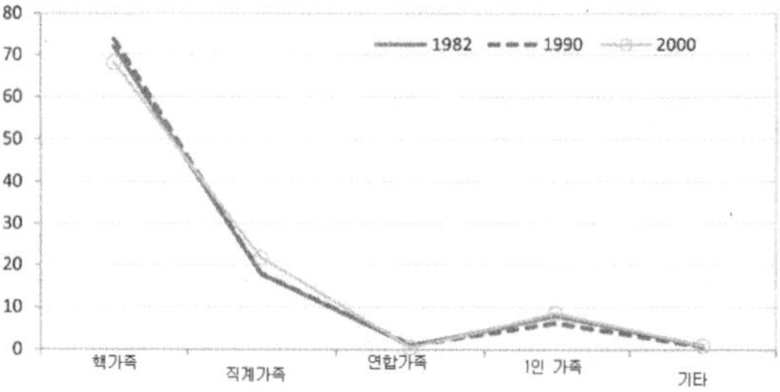

〈그림 3〉 중국의 가족형태별 비중 (1982~2000) (출처: Yang(2012), 4쪽)

부-자녀로 구성된 직계가족, 직계가족 이외의 가족이 함께 사는 연합가족, 혼자 사는 1인 가구, 기타 등으로 나누어지는데, 흥미롭게도 각 가족 형태가 차지하는 비중은 1982년과 2000년 사이 큰 변화 없이 유지되고 있다. 예를 들면, 핵가족은 전체의 2/3, 직계가족과 연합가족을 합친 비율이 1/5, 1인 가족이 6.3% 정도. 나머지 가족형태는 1%미만으로, 1982년과 2000년의 약 20년 동안 큰 변동이 없이 유지되고 있다(〈그림 3〉).

3) 여성의 경제활동 참여 증가

지속적인 산업화는 제조업과 서비스업 분야의 일자리를 크게 늘렸고, 많은 여성들을 직장으로 유인하였다. 여성의 경제활동 참여는 여성의 경제력과 권리의식을 강화하였고, 이에 따라 여성의 교육기회가 늘어나고 결혼과 직장을 양립하거나 아예 직장을 택하는 여성이 늘어나, 여성의 결혼 시기는 점차로 늦어지거나 독신이 늘어나고 핵가족이 확산되었으며, 가사분담에 대한 태도에도 영향을 미쳤다.

〈표 24〉에서 알 수 있듯이, 일본의 경우 경제활동에 참여하는 여성

〈표 24〉 여성의 경제활동참가율 (단위 : %, 만 명)

연도	일본		한국		중국	
	여성	남성	여성	남성	여성	남성
1970	49.9 (2,024)	81.8	38.4 (361.5)	74.8	-	-
1980	47.6 (2,185)	79.8	46.3 (541.2)	79.4	70.6 (33,832)	86.5 ('82)
1985	48.7 (2,367)	78.1	45.2 (597.5)	75.1	71.6 (36,606)	-
1990	50.1 (2,593)	77.2	49.9 (750.9)	76.2	73.0 (40,463)	84.7
1995	50.0 (2,701)	77.6	51.4 (841.0)	78.7	72.3 (42,883)	84.2
2000	49.3 (2,753)	76.4	52.0 (906.9)	77.1	70.9 (43,466)	82.6
2005	48.4 (2,750)	73.3	54.5 (983.5)	78.2	68.5 (43,416)	81.2
2010	48.5 (2,783)	71.6	54.5 (1,022)	77.1	67.9 (44,367)	80.2

(출처 : 일본, 총무국 통계국(總務省 統計局); 한국(1980~2010) – 한국노동연구원(2012); 중국 (1982) – ILO Labor Statistics; 중국(1985~2010) – The Globaleconomy.com(http://www.theglobaleconomy.com/China/indicator-SL.TLF.CACT.FE.ZS(2013.3.22 검색),[6] 중화인민공화국 국가통계국 통계 포탈사이트(http://www.stats.gov.cn/english/statisticaldata/yearlydata)

의 비율은 1970년 이래 50%보다 낮은 수준을 유지해 왔지만, 인원수는 1970년 2,000만 명 남짓에서 2010년 2,783만 명으로 40년 만에 35%가 증가했다. 중국의 경우에도 마찬가지로 여성의 경제활동 참가율은 70%내외로 큰 변화가 없었으나 인구증가를 감안하면 인원수는 1980년의 3억 3,832만 명에서 2010년 4억 4,367만 명으로 31% 가량 증가했다. 반면, 한국은 여성의 경제활동은 비율과 인원수 모두 크게 증가했다. 즉 1970년 경제활동에 참여한 여성은 361만 명으로 전체 여성의 1/3 정도에 지나지 않았으나, 2000년대 초기까지 꾸준히 늘어나 2000년에는 841만 명으로 1970년에 비해 2.5배 정도 늘었고, 비율도 52%로

6 중국의 경제활동 참가율(Labor participation rate) : 97.1(1978), 94.4(1979), 95.6(1980), 94.2(1981), 89.4(1982), 86.8(1983), 82.6(1984), 81.9(1985), 80.2(1986), 78.5(1987), 77.7(1988), 75.7(1989). 87.5(1990), 86.8(1991), 86.2(1992), 85.5(1993), 84.5(1994), 83.9(1995), 82.7(1996), 81.1(1997), 81.2(1998), 79.5(1999), 77.9(2000), 75.3(2001), 74.5(2002), 73.0(2003), 71.7(2004), 72.6(2005). LO, Dic. 2007. "China's economic growth and labor employment : Structural change, institutional evolution and policy issues", Report submitted to the ILO.

크게 높아졌으며, 이후에도 조금씩 늘어나 2005년에 정점을 이룬 뒤, 현재는 1,000만 명, 비율은 50%대 초반을 유지하고 있다.

4) 여성의 교육수준 제고

유교적인 전통에 힘입어 다른 문화권에 비해 상대적으로 높은 교육수준은 산업화와 소득수준의 향상으로 더욱 높아졌는데, 특히 여성의 교육수준은 더 빠르게 높아졌다. 〈표 25〉와 〈표 26〉에 의하면 55~64세, 즉 1945~1955년 출생자 중 대졸 학력 소지자는 일본, 한국, 중국이 각각 27%, 13%, 3%이나 45~54세(1955~1965년 출생자)는 45%, 26%, 3%로 일본과 한국의 경우 10년 사이에 거의 두 배로 증가했다. 이후 세대는 일본의 경우 대졸학력자가 완만하게 증가하였으나 한국은 계속 크게 늘어났고 중국은 이 세대부터 크게 늘어났다.

이처럼, 나라에 따라 시기의 차이는 있지만, 동북아 3국의 교육수준, 특히 대학졸업자의 비율은 산업화와 경제발전이 진전됨에 따라 높아졌는데, 특히 여성의 경우 남성보다 빠른 속도로 늘어났다. 유네스코의 성별 대학 등록률에 대한 자료를 보면, 일본은 1998년 남성과 여성의 대학 등록률은 각각 49%, 41%이었으나 2008년에는 그 비율이 각각 62%, 55%로 여성의 증가속도가 조금 빠르다. 한국에도 남성과 여성의 대학 등록률이 1998년 85%, 50%에서 2008년 122%, 84%로 여성의 증가속도가 훨씬 빠르다. 이는 중국도 마찬가지인데 남성과 여성 각각 2004년 19%, 17%에서 2010년 25%, 27%로 역시 여성의 대학 등록률이 훨씬 더 빠른 속도로 증가했다(〈표 27〉).

〈표 25〉 연령계층별 대졸학력 소지자 비중 (2009년) (단위: %, 1,000명)

연령계층	25~64	25~34	35~44	45~54	55~64	25~64세 인구
일본	44	56	49	45	27	29,230
한국	39	63	44	26	13	11,042
중국	5	6	5	3	3	31,137

(출처 : OECD(2011), Education at a Glance: OECD Indicators(Table A1. 3a))

〈표 26〉 교육수준 추이 (전체 인구 중 비중, %)

	교육수준	1997	1999	2001	2003	2005	2007	2009
일본	중졸 이하	20	19	17	-	-	-	-
	고졸	49	49	49	63	60	59	56
	대학 이상	31	32	34	37	40	41	44
한국	중졸이하	38	33	30	27	24	22	20
	고졸	42	44	45	44	44	43	41
	대학 이상	20	23	25	29	32	35	39
중국	중졸 이하	-	-	-	-	-	-	-
	고졸	-	-	-		-	-	-
	대학 이상	-	-	-	-	-	-	-

(출처 : OECD(2011), Education at a Glance: OECD Indicators(Table A1.4))

〈표 27〉 대학등록률(Tertiary gross enrollment)

연도	일본			한국			중국		
	전체	남	여	전체	남	여	전체	남	여
1998	48	49	41	68	85	50	6	-	-
2000	49	52	45	79	96	59	8	-	-
2002	51	54	47	86	105	65	13	-	-
2004	54	57	51	90	109	70	18	19	17
2006	58	61	54	98	117	77	21	21	21
2008	59	62	55	104	122	84	22	22	23
2010	60	63	56	103	119	86	26	25	27
2011	-	-	-	-	-	-	27	25	28

(출처 : UNESCO Statistics, Table 14: Tertiary Indicators(http://stats.uis.unesco.org/unesco/TableViewer/tableView.aspx?ReportId=167, 2013.3.23 검색))

5) 결혼과 독신

여성의 경제활동 참여가 늘어나고 교육수준이 향상됨에 따라 결혼과 가족관계와 관련된 행태가 급속히 변해 갔다. 한국과 일본의 경우 정치사회의 민주화와 여성운동의 활성화로 더욱 빠르게 바뀌어 갔다.

일본과 한국의 여성이나 남성 모두 초혼 연령이 늦어지고 있다. 일본의 여성을 보면, 1950년 23세, 1980년 25.2세, 2010년 28.8세로 지난 60년 사이 초혼연령이 5.8세나 늦어졌고, 남성의 경우 조금 덜해 이전보다 4.6년 늦게 결혼한다. 한국의 여성도 1960년만 하더라도 20세가 넘자마자 결혼했으나 1995년에는 25세가 넘었고 2010년에는 초혼연령이 거의 30세로 10년가량 늦어졌다. 한국 남성의 경우에도 1960년 25.4세에서 2010년 31.8세로 무려 6.4년이나 늦어졌다. 중국은 최근 자료가 없어 정확히 알 수 없으나, 여성의 경우 더디긴 하지만 초혼연령이 늦추어지고 있는 것은 분명하다(〈표 28〉). 특히 상하이와 같은 중국 대도시 지역 여성들은 거의 30세가 되어서야 결혼을 한다는 보도도 있다.[7]

그리고 아예 결혼을 하지 않고 홀로 사는 여성이 늘어나고 있다. 한국의 30대 여성 1인 가구가 2000년 149,278가구인데 그 중 미혼 여성 가구주가 94,115명(63.0%)이었으나 2010년에는 282,336가구 중 224,158가구(79.4%)가 미혼여성 가구주였다(통계청, 2000; 2010). 25~49세 미혼남녀 1,655명을 대상으로 실시한 여론조사에 의하면, 미혼여성 50% 이상이 혼자 사는 것이 편하다고 답했으며, 특히 결혼 적령기인 30대 여성의 경우 50.1%가 결혼하지 않을 계획이라고 답했다(전희진, 2012).

---

7 상하이지역 여성의 초혼연령은 2011년 29.9세, 2012년 30.3세다. 남성은 같은 시기 32.4세에서 32.7세로 많아졌다(Wang, 2013). 북경의 경우 남녀 전체의 초혼 평균연령은 2011년에 27세로 높아졌는데, 이는 3년 전에 비해 1년이 많아진 것이다(China Daily, 2012.2.27). 다른 통계에 의하면 도시지역 주민의 초혼연령은 남성 28세, 여성 27세다.

〈표 28〉 초혼연령

	일본			한국			중국		
	여	남	출산율	여	남	출산율	여	남	출산율
1950	23.0	25.9	3.65	-	-	-	-	-	-
1960	24.4	27.2	2.00	21.6	25.4	-	-	-	5.5
1970	24.2	26.9	2.13	23.3	27.1	4.53	-	-	5.5
1980	25.2	27.8	1.75	24.1	27.3	2.82	22.4	24.9	2.6
1990	25.9	28.4	1.54	24.8	27.8	1.57	22.1	23.8	2.3
1995	26.3	28.8	1.42	25.3	28.4	1.63	23.3	25.1	1.9
2000	27.0	29.8	1.36	26.5	29.3	1.47	23.1	24.8	1.7
2005	28.0	30.4	1.26	27.7	30.9	1.08	-	-	1.7
2010	28.8	30.5	1.39	28.9	31.8	1.23	24.9	26.7	1.6

(출처 : 일본－Japan Statistics Bureau, Statistical Handbook of Japan 2012, Chapter 2; 한국－통계청, 통계포탈(혼인); 중국－UN, World Marraige Data 2008(POP/DB/Marr/Rev2008). Department of Economics and Social Affairs, Population Division, 2010년－Xujing(2013))

일본도 30대 여성 중 1/3이 독신이고, 이 중 절반은 아예 결혼을 하지 않을 것이라고 한다. 대만의 3~34세 여성 중 37%가 독신이고, 35~39세 여성은 21%가 독신이었다. 이러한 아시아 여성들의 태도는 30대 후반 여성의 13~15%만이 독신인 영국이나 미국과도 대조적이다. 30년 전만 해도 대부분의 아시아 국가에서 2%만이 독신이었지만 지금은 일본, 대만, 싱가포르, 홍콩 등에서는 30대 미혼여성의 비율이 20% 이상이다. 대국의 경우 40대에 돌입하면서도 독신인 여성이 1980년 7%에서 2000년에는 12%로 증가했고, 일부 도시에서는 20%(방콕의 40~44세), 27%(홍콩의 30~34세)에 이른다고 한다(The Economist, 2011.8.20).

또한 여성의 사회진출 확대로 초혼연령이 늦추어지거나 독신자가 늘어날 뿐만 아니라 출산율도 떨어지고 있다. 이러한 현상은 일본이나 한국만이 아니라 중국에서도 동일하게 나타났다. 일본의 합계출산율(total fertility rate)은 1950년 3.65명에서 1980년 1.75명으로 급격히 줄었고,

2000년대에 들어서는 1.3~1.4명으로 떨어졌다. 한국도 1970년 4.53명에서 10년 만에 3명 이하로 떨어졌고, 최근에는 1.2명 정도에 지나지 않는다. 중국의 경우 1979년의 '한 가정 한 자녀'정책(One-child policy)의 영향으로 이미 1980년대에 2명대로 줄었고 이후에도 계속 줄어들어 2010년에는 1.6명이었다(Shwalb et al., 2004).

결혼으로부터의 도피

서구 보수주의자들이 '전통적인 가족이 사회의 초석'이라는 얘기를 즐겨하지만, 아시아에서는 이런 말을 더욱 자주 듣게 된다. 사실 가족은 유교 윤리의 출발점이요 초점이다. 유교의 가장 기본적인 원칙인 수신(修身, self-improvement)은 가족 내에서만 이루어질 수 있다. 싱가포르의 수상이었던 리광유[李光耀]는 1994년 어느 언론매체와의 인터뷰에서 다음과 같이 주장했다. "수천 년 동안 왕조들이 흥망성쇠를 거듭하는 가운데, 중국문화를 지탱한 것은 다름 아닌 가족이었다. 학습, 학문, 근면, 근검절약, 미래를 위한 절제 등과 같은 미덕은 가족을 통해서 유지되고 실천되었으며, 아시아의 경제발전에 밑거름이 되었다. 가족이 붕괴하면, 싱가포르의 성공도 위협을 받을 것이다". 말레이시아의 마하티르 모하마드는 1995년 일본정치인인 신타로 이시하라와 함께 저술한 저서에서 "아시아의 건전하고 굳건한 결혼제도는 결혼, 가족의 가치, 노인, 귀중한 관습에 대한 존경이 약해지고 관련 제도가 약화된 서구와 대조를 이룬다. 서구사회에는 한부모가정, 동성애, 동거 등 많은 문제를 가지고 있다. 런던 거리에서 전통적인 가족의 가치가 사라진 것은 아시아의 우월성을 입증한다."

실제로 아시아인들은 독특한 가족제도를 가지고 있다. 단순화시켜 말하면 남아시아에는 어린 나이에 중매로 결혼하고 남성이 가정을 지배하며 조부모, 부모, 손주 등 3~4대가 한 집에서 사는 확대가족이 중요한 위치를 점하는 전통을 유지하고 있다. 동아시아에도 남성지배적인 제도가 남아 있지만 최근에는 핵가족을 강조하고 중매결혼은 줄어들었다. 동남아시아에서는 여성들의 지위가 조금 더 높아 상대적으로 많은 자율성을 누리고 있다. 이러한 차이에도 불구하고, 아시아인들은 1960년대부터 서구의 가족제도에 타격을 가했던 그런 변화를 피할 수 있었다.

① 남아시아와 중국에서는 98%가 결혼은 중요한 인생의 목표라고 믿고 있다. 이와는 대조적으로 일부 서구 국가에서는 30대의 1/4 정도가 동거하거나 결혼한 적이 없고 처음 결혼한 이들의 절반 정도가 이혼한다. ② 아시아에서는 결혼이 자녀를 갖기 위한 가장 보편적인 방법이다. 일본에서는 2007년에 단 2% 정도만이 혼외 자녀출산이었다. 반면 스웨덴은 2008년에 85%가 결혼을 하지 않은 여성의 자녀이었고, 아이슬란드에서는 그 수치가 66%였다. ③ 대부분의 동아시아와 동남아시아 국가에서는 동거한다고 보고하는 사람은 거의 없다. 예외적으로 일본에서는 1970년대 출생 여성 중 약 20%가 동거했다고 답했는데 이는 커다란 변화다. 1987년과 2002년 사이의 조사에서는 1~7%만이 동거한 적이 있다고 답했다. 그럼에도 불구하고, 이는 미국과 비교하면 아무 것도 아니다. 2002년의 갤럽조사에 의하면 18~49세 기혼자 중 절반이 결혼 전에 동거한 것으로 나타났다. 많은 서구 사회에서는 만혼보다는 동

거나 이혼이 많다. ④ 아시아인의 전통적인 태도는 '여성의 행복은 결혼에 있다', '여성은 결혼을 하거나 자녀를 출산하면 직장을 그만둬야 한다', '혼전 섹스는 피해야 한다'고 생각하는 이들이 많은 데서도 알 수 있다.

하지만 아시아도 변하고 있다. 섹스나 결혼에 대한 태도는 서구와 많이 다르지만 경제적 풍요와 근대화가 가족 생활양식에 가하는 압박은 대단히 강하다. 다만, 대응하는 방식에 차이가 있을 뿐이다. 서구사회에서는 이혼과 동거(혼외 섹스와 자녀출산 포함)로 나타나고, 아시아에서는 만혼, 결혼기피, (과거에 비해 상대적으로 많은) 이혼으로 나타났을 뿐이다. 서구사회에서의 변화가 보다 극적으로 나타났지만, 서구나 아시아나 모두 여성의 역할과 전통적인 가족생활에 큰 변화가 생기고 있다.

① 첫 번째 변화는 점점 많은 사람들이 늦게 결혼한다는 것이다. 일본, 대만, 한국, 홍콩 등 아시아에서 가장 부유한 나라의 초혼 연령이 여성은 29~30세, 남성은 31~33세다. 과거보다 훨씬 늦어졌을 뿐만 아니라 서구보다도 늦게 결혼하다. 서구에서 흔한 동거를 감안하면 더욱 늦다.

② 두 번째 변화는 꽤 많은 사람들이 아예 결혼을 하지 않는다는 것이다. 2010년 조사에 의하면 일본의 30대 여성 중 1/3이 독신이고, 이 중 절반은 아예 결혼을 하지 않을 것이다. 대만의 3~34세 여성 중 37%가 독신이고, 35~39세 여성은 21%가 독신이었다. 30대 후반 여성의 13~15%만이 독신인 영국이나 미국과도 대조적이다. (…중략…) 아시아 여성들의 독신은 전혀 새로운 현상이다. 30년 전만 해도 대부분의 아시아 국가에서 2%만이 독신이었지만, 지

금은 일본, 대만, 싱가포르, 홍콩 등에서는 30대 미혼여성의 비율이 20% 이상이다. 태국의 경우 40대에 돌입하면서도 독신인 여성이 1980년 7%에서 2000년에는 12%로 증가했고, 일부 도시에서는 20%(방콕의 40~44세), 27%(홍콩의 30~34세)에 이르고 한국남성은 여성이 '결혼 파업' 중이라고 불평하고 있다. 서구와 비교할 때 특이한 점은 30대 아시아 여성들이 결혼을 하지 않고 있다기보다 아예 결혼하지도 않고 그렇다고 동거하는 것도 아니라는 점이다. 스웨덴의 경우 30대 후반 여성의 독신율은 아시아보다 높은 41%에 달하지만, 이들은 결혼제도를 신뢰하지 않고 대신 동거하면서 애기를 낳고 기른다.

③ 세 번째, 점점 많은 동아시아 여성들이 결혼을 하지 않는 것은 결혼제도의 붕괴가 아니라 결혼회피현상이다. 동시에 아시아의 결혼관계 중단, 즉 이혼도 증가하고 있다. 2000년대 중반 15세 이상 인구 1,000명당 이혼 수는 일본과 홍콩의 경우 2.5명이고, 아시아 전체 평균은 2명이다. 한국(3.5명) 등 일부를 제외하고, 대체로 서구보다는 낮은 수준이다. 그러나 최근 들어 점차로 늘어나고 있다. 중국조차도 2000년대 초반부터 높아지고 있다. 아시아 전체로 보면 1980년대의 1,000명당 1건에서 최근에는 2건으로 늘어났다.

출처 : "The flight from marriage", *The Economist*, August 20, 2011.

이러한 늦은 결혼과 적은 자녀 출산 경향은 여성의 적극적인 경제활동 참가와 교육수준 향상에 기인한 바가 크다. 자신만의 경제력도 생기고 교육수준도 높아지자 아시아 지역 여성들은 결혼을 기피하거나 자녀를 적게 출산하는 것으로 서구 여성에 비해 결혼으로 인한 구속과 자녀양육의 부담을 가중하게 부과하는 남성 우위 가부장제에 대응하고 있는 것이다(The Economist, 2011.8.20; 전희진, 2012).

6) 이혼과 재혼

여성의 사회진출 증가와 학력수준 상승, 여성운동의 활성화 등으로 여성의 권리의식이 신장됨에 따라 변화된 것은 초혼연령 상승이나 독신여성의 증가 또는 출산율 저하만이 아니다. 여성의 사회적 지위가 향상됨에 따라 한 남편만 섬겨야 한다는 일부종사(一夫從事)의 전통적인 규범이 약화되고 이혼과 재혼이 빠른 속도로 늘어나고 있다.

일본은 1980년대 후반을 제외한 나머지 기간 이혼율이 지속적으로 높아져 1970년 0.93에서 2002년 2.3으로 두 배 이상이 되었다. 그 이후 조금씩 줄어들긴 했지만, 1970년대에 비하면 여전히 두 배 수준이다. 재혼하는 여성도 1970년 이후 지속적으로 늘어났는데 6.0%에서 2010년 16.2%로 거의 세배가 되었다. 한국도 1970년대 이후 이혼율과 여성재혼율은 증가해왔는데, 1970년의 이혼율은 0.4%이었으나 2003년에 3.4%로 8배 이상 높아졌다. 그 후 조금씩 줄긴 했으나 2011년의 이혼율은 2.3%로 1970년에 비해 6배 수준이다. 여성의 재혼율은 1990년 7.1%였으나 2005년에는 21.2%로 3배 가량 높아졌다. 2011년 17.3%로 다소 감소하기는 했으나 예전에 비하면 여전히 매우 높은 수준이라 할 수 있다. 중국의 경우에도 1980년대에는 1970년대 한국과 비슷한 0.4에서 0.6 정도였으나 그 이후 계속 늘어나 2012년에는 2.29로 1980년에 비해 5배 이상이 되었다(〈표 29〉). 재혼율도 마찬가지로 늘어나, 1982년 3.1%, 1990년 4.1%, 1997년 5.1%, 2009년에는 10.5%로 10여 년 사이 3배 이상 높아졌다(〈그림 4〉, Yang, 2012: 6).

〈표 29〉 조이혼율과 여성의 재혼율

	일본		한국		중국	
	조이혼율	재혼율(%)	조이혼율	재혼율(%)	조이혼율	재혼율(%)
1970	0.93	6.0	0.4	-	-	-
1975	1.07	7.5	0.5	-	-	-
1980	1.22	9.5	0.6	-	0.42 (0.8479)	-
1981	1.32	9.6	0.6	-	0.47 (0.9345)	-
1982	1.39	9.8	0.7	-	0.50 (0.9981)	-
1983	1.51	10.0	0.7	-	0.47 (0.9395)	-
1984	1.50	10.4	0.9	-	0.44 (0.8788)	-
1985	1.39	10.8	0.9	-	0.48 (0.9615)	-
1986	1.37	11.3	0.9	-	0.51 (1.0260)	-
1987	1.30	11.6	1.0	-	0.57 (1.1326)	-
1988	1.26	11.9	1.0	-	0.62 (1.2476)	-
1989	1.29	12.0	1.0	-	0.69 (1.3804)	-
1990	1.28	11.7	1.1	7.1	0.71 (1.4193)	-
1991	1.37	11.4	1.1	7.1	0.71 (1.4295)	-
1992	1.45	11.2	1.2	7.8	0.71 (1.4223)	-
1993	1.52	11.1	1.3	8.5	0.74 (1.4811)	-
1994	1.57	11.4	1.4	9.1	0.78 (1.5548)	-
1995	1.60	11.6	1.5	10.0	0.81 (1.6285)	-
1996	1.66	11.7	1.7	10.4	0.85 (1.6989)	-
1997	1.78	12.1	2.0	11.3	0.88 (1.7540)	-
1998	1.94	12.4	2.5	12.5	0.85 (1.7091)*	-
1999	2.00	12.8	2.5	14.0	-	-
2000	2.10	13.4	2.5	14.5	0.96	-
2001	2.27	14.0	2.8	16.4	0.98	-
2002	2.30	14.8	3.0	17.2	0.90	-
2003	2.25	15.4	3.4	18.4	1.05	-
2004	2.15	15.9	2.9	20.6	1.28	-
2005	2.08	16.0	2.6	21.2	1.37	-
2006	2.04	16.3	2.5	18.0	1.46	-
2007	2.02	16.5	2.5	18.0	1.59	-
2008	1.99	16.6	2.4	19.2	1.71	-
2009	2.01	16.4	2.5	19.0	1.85	-
2010	1.99	16.2	2.3	17.6	2.00	-
2011	1.87	-	2.3	17.3	2.13	-
2012	1.88	-	-	17.3	2.29	-

* ( ) 속은 인구 1,000명당 이혼자 수 (조이혼율의 2배)
** 조이혼율은 인구 1,000명당 이혼건수, 재혼율은 여성의 전체 결혼건수 대비 재혼건수임.
(출처: 日本厚生勞動省－人口動態總覽の年次推移; 한국－통계청, 인구동태 건수 및 동태율 추이(1970～2011); 중국－1980～1998: Wang(2001), 2000～2012: 2007 民政事業發展統計報告와 2012 民政事業發展統計報告)

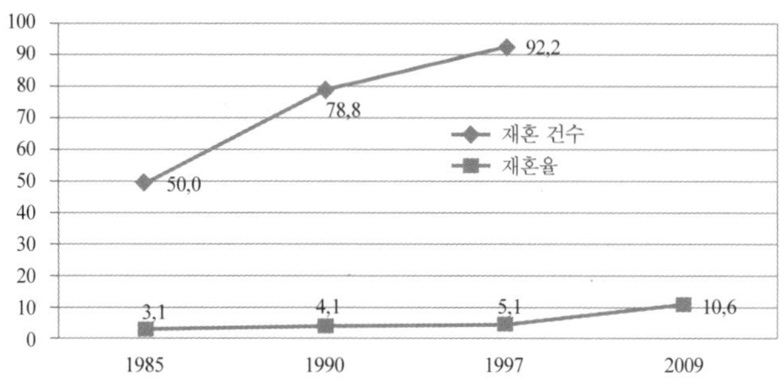

〈그림 4〉 중국인의 재혼율 (출처 : Yang(2012))

7) 국제결혼 증가

농촌지역에서는 젊은 여성들이 일자리나 교육을 위해 대거 도시지역으로 이주하고 도시지역에서는 소득이나 학력이 낮아 결혼상대를 찾지 못하는 남성들이 늘어남에 따라, 외국에서 결혼상대를 구하는 국제결혼 사례가 늘어났다. 특히 한국과 일본은 지방자치단체나 개별 정치인들이 (한국처럼) 결혼비용을 지원하거나 (일본처럼) 행정기관의 중계, 주선 형태도 지원함으로써 국제결혼이 보편화되고 확산되는데 기여했다(이주여성정책네트워크, 2007; 황달기, 1993).[8]

일본은 1970년대까지만 해도 국제결혼의 비중은 전체 결혼건수의

8 이주여성정책네트워크에 따르면, 최근 일명 '농어민 국제결혼비용 지원' 사업이 전국적으로 확산되고 있다. 이는 '3년 이상 군에 실제 거주하며 농 · 수 · 축산업에 종사하는 만 35세 이상 미혼 남성'을 대상으로 국제결혼 비용 지원의 명목으로 '국제결혼 중개업체에 대한 수수료' 500만 원을 지원한다는 것을 골자로 한다. 경상남도와 제주도는 '조례'를 제정하여 국제결혼 비용지원 사업을 명문화하고 있고, 그 외 가평, 괴산, 예천, 보령, 연기, 전주, 임실, 장수, 나주, 해남, 남해, 영덕, 문경, 울진 등의 지자체에서는 지원 사업에 예산을 편성 · 집행하고 있다. 그리고 이의 진행을 위해 사설 국제결혼중개업체와 연계하여 이 사업을 진행하고 있다고 한다(이주여성정책네트워크, 2007).

1% 미만으로 극히 미미했으나, 1980년대에 접어들면서 점차 늘어나 1980년대 말에 2%를 넘어섰고, 그 이후에도 계속 증가하여 2006년에는 4만 4,000여 건으로 전체 결혼건수의 6% 정도를 차지할 정도로 증가했다. 그 이후 줄어들어 2011년에는 2만 5,000여 건, 약 4% 정도에 머물고 있다(그림 5〉).

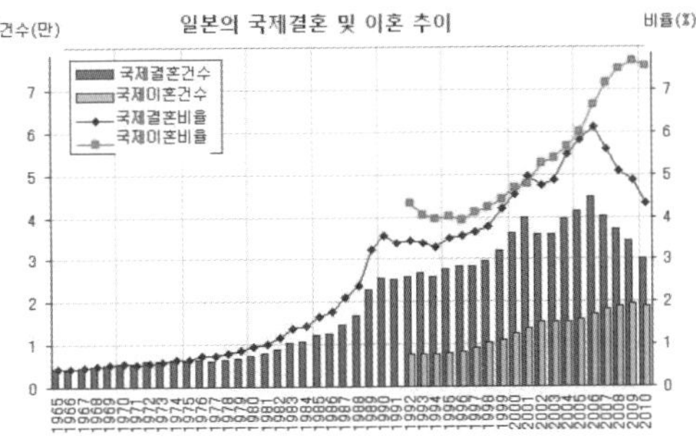

〈그림 5〉 일본의 국제결혼 및 이혼 추이 (출처 : 일본 厚生労働省, 人口動態統計)

한국은 1990년대 초반까지만 하더라도 국제결혼은 외국인 남자와 한국여성이 주를 이루었고 그 비중도 1% 남짓으로 전체 결혼건수에서 차지하는 비중은 매우 낮았다. 그러다가 1990년대 중반부터 급격히 늘어나기 시작했다. 1994년 6,600여 건(전체 결혼건수의 1.7%)이던 것이 1995년에는 1만 3,500건 정도(전체 결혼 건수의 3.4%)로 급증하였고, 2004년에는 3만 4,600여 건으로 전체 결혼건수의 10%를 훌쩍 넘어섰으며 2005년에는 4만 3,000여 건(13.6%)까지 올라갔다. 이후 감소세로 들어갔으나 최근에도 여전히 3만 명에 가까운 사람이 외국인과 결혼하고 있다(〈표 30〉).

중국은 정확한 통계는 알 수 없으나 개혁개방정책 실시 이후 국제결혼이 빠른 속도로 증가한 것으로 보인다. 한 자료에 따르면 1979년 중국 전체의 국제결혼 건수는 8,460건이던 것이, 1982년에는 14,193건으로 늘어났고, 1997년에는 5만 773건, 2001년에는 7만 9,000여 건으로 개방개혁을 시작한지 20년만에 8.3배, 연간 10% 정도로 증가했다(이정남, 2007).

〈표 30〉 국제결혼(외국인 아내와 외국인 남편, 단위 : 명, %)

연도	일본			한국		
	외국인 아내	외국인 남편	합계(%)	외국인 아내	외국인 남편	합계(%)
1965	1,067	3,089	4,156 (0.4)	-	-	-
1970	2,108	3,438	5,546 (0.5)	-	-	-
1975	3,222	2,823	6,045 (0.6)	-	-	-
1980	4,386	2,875	7,261 (0.9)	-	-	-
1981	4,813	2,944	7,757 (1.0)	-	-	-
1982	5,697	3,259	8,956 (1.1)	-	-	-
1983	7,000	3,541	10,451 (1.4)	-	-	-
1984	6,828	3,680	10,508 (1.4)	-	-	-
1985	7,738	4,443	12,181 (1.7)	-	-	-
1986	8,255	4,274	12,529 (1.8)	-	-	-
1987	10,176	4.408	14,584 (2.1)	-	-	-
1988	12,267	4,605	16,872 (2.4)	-	-	-
1989	17,800	5,043	22,843 (3.2)	-	-	-
1990	20,026	5,600	25,626 (3.5)	619	4,019	4,710 (1.2)
1991	19,096	6,133	25,159 (3.4)	663	4,349	5,012 (1.2)
1992	19,423	6,439	25,862 (3.4)	2,057	3,477	5,534 (1.3)
1993	20,092	6,565	26,657 (3.4)	3,100	3,436	6,545 (1.6)
1994	19,216	6,596	25,812 (3.3)	3,072	3,544	6,616 (1.7)
1995	20,787	6,940	27,727 (3.5)	10,365	3,129	13,494 (3.4)
1996	21,162	7,210	28,372 (3.6)	12,647	3,299	15,946 (3.7)
1997	20,902	7,349	28,251 (3.6)	9,266	3,182	12,448 (3.2)
1998	22,159	7,477	29,636 (3.8)	8,054	4,134	12,188 (3.2)
1999	24,272	7,628	31,900 (4.2)	5,775	4,796	10,570 (2.9)
2000	28,326	7,937	36,263 (4.5)	6,945	4,660	11,605 (3.7)
2001	31,972	7,755	39,727 (5.0)	9,684	4,839	14,523 (4.8)
2002	27,957	7,940	35,879 (4.7)	10,698	4,504	15,202 (5.3)
2003	27,881	8,158	36,039 (4.9)	18,750	6,025	24,775 (8.4)
2004	30,907	8,604	39,511 (5.5)	25,105	9,535	34,640 (11.4)
2005	33,116	8,365	41,481 (5.8)	30,719	11,637	42,356 (13.6)
2006	35,993	8,708	44,701 (6.1)	29,665	9,094	38,759 (11.9)
2007	31,807	8,465	40,272 (5.6)	28,580	8,980	37,560 (11.1)
2008	28,720	8,249	36,969 (5.1)	28,163	8,041	36,204 (11.0)
2009	26,747	7,646	34,393 (4.9)	25,142	8,156	33,298 (10.7)
2010	22,843	7,364	30,207 (4.3)	26,274	7,961	34,235 (10.5)
2011	19,022	6,912	25,934 (3.9)	22,265	7,497	29,762 (9.0)
2012	-	-	-	20,637	7,688	28,325 (8.7)

(출처 : 한국－설동훈 외(2005), 1990～1999, 통계청(2000～2012); 일본－厚生労働省, 人口動態調査(각 년도))

8) 국제이주민 증가

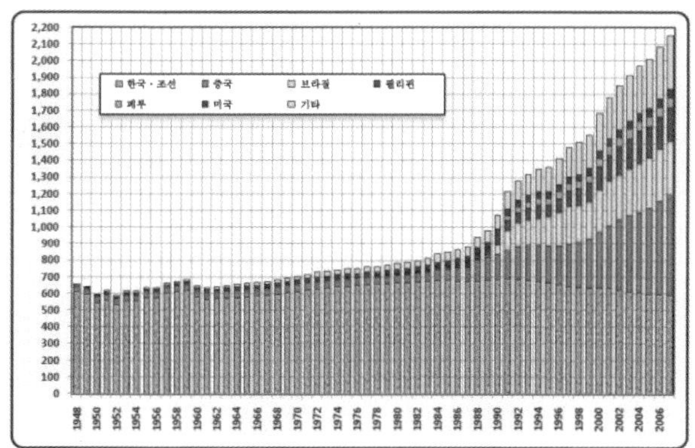

〈그림 6〉 일본의 국적별 등록 외국인 수(만 명)
(출처 : 法務省大臣官房司法法制部司法法制課, 出入國管理統計年報)

일자리를 찾아 개도국에서 한국으로 찾아오는 외국인 노동자와 한국어나 한국사회를 공부하기 위해 세계 곳곳에서 들어온 유학생 등 국제결혼이민자 이외의 국제이주민도 늘어나 다양한 목적으로 국내에 거주하는 외국인이 급속히 증가하였다. 한국은 국내에 거주하는 등록외국인이 1990년 5만 명이 채 되지 않았으나 외국인 노동자가 들어오고 국제결혼이 급증하기 시작한 1990년대 중반에는 10만 명을 넘어섰고, 그 이후에도 지속적으로 늘어나 2011년에는 100만 명 기까운 외국인이 국내에 거주하고 있다. 일본은 등록외국인이 1980년대 중반까지 60~70만 명을 유지하였고 그것도 대부분 재일동포이었다(〈그림 6〉). 그러나 1980년대 중반부터 중국인, 일본계 브라질인, 필리핀인 등을 외국인 노동자 또는 결혼이민자로 받아들이면서 급격하게 증가하여 1990년에는 100만 명을 넘어섰고 2005년에는 200만 명을 넘어섰다. 그 후 조금 줄었으나 2012년 기준 200만 명이 넘는 외국인이 거주하고 있다(〈표 31〉). 중

〈표 31〉 한국과 일본의 등록외국인 (단위 : 명)

		1990	1995	2000	2005	2010	2011	2012
한국	등록외국인	49,507	123,881	244,172	485,477	918,917	982,461	932,983
	이주노동자	21,235	128,906	285,506	224,732	557,941	595,098	529,690
	유학생	2,237	1,983	3,963	22,526	83,842	89,537	86,878
일본	등록외국인	1,075,317	1,362,371	1,686,444	2,011,556	2,186,121	2,134,151	2,078,508
	이주노동자	26만	61만	71만	85만	65만*	69만*	68만*
	유학생	41,347	53,847	64,011	121,812	141,774	138,075	137,756

* 한국의 경우, 2003년까지는 전문대학, 4년재 대학, 대학원대학 재학생이고, 2004년부터는 여기에 원격대학과 각종 학교에 재학 중인 외국인 유학생을 모두 조사한 것임.
(출처 : 한국-출입국외국인정책본부, 통계연보(각 년도), 일본-法務省大臣官房司法法制部司法法制課, 出入國管理統計年報)

국은 일찍부터 55개 소수민족이 '민족구역자치제'의 제도 하에서 살고 있다. 그러나 개방개혁 이후 투자나 유학 또는 결혼 등으로 중국에 거주하는 '새로운' 외국인이 늘어나기 시작하여 한 자료에 의하면, 2012년에는 약 60만 명의 외국 국적 소지자가 있다(WantChinaTimes, 2013.1.24).[9]

9) 노인 인구 증가

동아시아 3국은 산업화를 통해 국민소득이 많아져 식생활과 보건위생이 향상되었고 이로 인해 평균수명이 연장되고 65세 이상 노인 인구도 증가하여 노부모 부양, 노인복지, 독거노인 등 노인 관련 문제가 중요한 사회적 이슈가 되고 있다. 각 국의 평균수명을 보면 일본은 1970년에 이미 70세에 근접했고, 2000년에는 80세를 넘어섰다. 한국은 1970년

9 중국정부는 1990년부터 근대적인 인구조사를 실시해 오고 있지만, 2010년 이전까지는 외국 국적 소지자는 조사대상에 포함하지 않았다(Xinhua News Agency, 2010).

〈표 32〉 평균수명과 65세 이상 인구 비중

연도	일본		한국		중국	
	평균수명	65세 이상	평균수명	65세 이상	평균수명	65세 이상
1960	69.0	5.74	55.2	3.33	49.5	4.63
1970	73.3	7.07	62.6	3.30	63.2	4.31
1980	76.9	9.04	67.2	3.18	66.6	4.75
1990	79.5	11.99	72.2	5.00	68.1	5.57
2000	81.9	17.21	76.8	7.35	71.5	6.85
2005	82.8	19.73	78.2	9.43	72.6	7.60
2010	82.7	23.00	80.0	11.0	72.7	8.00

(출처 : 1960~2005 : 삼성경제연구소, 「통계로 비교하는 한국, 중국, 일본」; 2010－UN, "2010 World Population Data Sheet")

대 초반에 60세를 넘어섰고 2010년에는 80세가 되었다. 중국도 1970년대 초반에 60세를 넘어섰고 2000년에는 70세를 넘어섰다.

노인 인구 비중 또한, 1960년에는 일본 5.7%, 한국 3.3%, 중국 4.6%이던 것이 2010년에는 각각 23%, 11%, 8%로, 그 비율이 반세기만에 각각 4.0배, 3.3배, 1.7배로 증가했다. 전체 인구의 10%를 넘어서는 시점을 보면, 일본은 1990년, 한국은 2010년 직전이다. 중국은 아직 10%를 넘지 않았지만, 2010년에 8%에 도달하여 조만간에 10%를 넘어설 전망이다(〈표 32〉).

10) 임금과 소득 격차 확대

시점의 차이는 있지만 동아시아 3국은 모두 시장경쟁원리에 입각한 성장 우선의 산업화 전략을 추진함에 따라 임금과 소득의 격차가 확대되고 빈곤층이 확대되었다. 특히 일본과 한국은 1990년대 말 아시아 금융위기를 계기로 일본은 고이즈미 정권(하가 켄이찌, 2009; 김용복, 2011), 한국은 김대중 정권이 노동시장의 유연화를 포함한 신자유주의 제도를 대폭 도입함에 따라 청년실업과 비정규직이 급증하여 임금과 소득의 격차가 커졌다.

일본의 경우를 보자. 다음 쪽의 〈표 33〉에서 보듯이 남녀 간 격차를 보면, 1975년 대졸 이상 남성의 월 임금은 169만 9,000엔 여성의 월 임금은 124만 9,000엔으로 남성의 73.5%, 전문대졸 남성은 178만 2,000엔, 여성은 111만 8,000엔으로 남성의 62.7%, 고졸 남성은 133만 엔, 여성은 87만 엔으로 65.4%이었다. 남녀 간의 임금 격차가 모든 학력 집단에서 뚜렷하게 나타났지만 대졸 이하에서 특히 컸다. 그 후 사반세기가 지난 2011년에도 남녀 간 임금 격차는 여전히 존재하지만, 학력수준에 따른 격차의 변화 방향과 폭이 달랐다. 즉 전문대졸과 고졸 집단에서는 줄어들었는데, 특히 전문대졸 남녀 간 격차는 사반세기 전에 비해 거의 20% 줄어들었다. 이에 반해 대졸 이상 남녀의 격차는 71%로 이전에 비해 오히려 커졌다. 또한 학력 간 격차도 더 벌어졌다. 1975년 남성의 경우 대졸 이상 대비 전문대졸은 105.9%, 고졸은 78.3%이던 것이 사반세기 후인 2011년에는 각각 75.4%, 71.9%로 격차가 더욱 벌어졌다. 여성의 경우 같은 기간 전문대졸은 89.5%에서 86.6%, 고졸은 69.7%에서 70.5%로 격차가 크게 나지 않았다.

이처럼, 일본에서 학력 간 격차와 대졸 이상 노동자의 성별 임금격차가 더욱 커지게 된 것은 무엇보다도 1980년대 후반부터 약 5년간 지속된 버블경제의 붕괴와 1990년대 후반의 금융위기의 영향이 크다. 버블경제로 인한 지가와 주가 상승에도 불구하고 일본은행의 저금리 정책에 힘입어 제조업체의 설비투자가 확대되었다. 그러나 제조업의 다품종 소량생산화와 제품의 고부가 가치화로 말미암아 생산비용이 높아지고 세계화의 진전에 따라 국가 간 · 기업 간 경쟁이 치열해져 이

〈표 33〉 일본의 성별, 학력별, 연령별 임금

연령	4년제 대학 / 대학원 졸업 (1,000엔)				고등전문학교 / 전문대학 졸업 (1,000엔)				고등학교 졸업 (1,000엔)			
	남		여		남		여		남		여	
	1975	2011	1975	2011	1975	2011	1975	2011	1975	2011	1975	2011
전체	169.9	399.4	124.9	283.4	178.2	301.0	111.8	245.3	133.0	286.2	87.0	199.7
남녀 간 격차	**100.0**	**100**	**73.5**	**71.0**	**100.0**	**100.0**	**62.7**	**81.5**	**100.0**	**100.0**	**65.4**	**69.8**
학력 간 격차	**100.0**	**100.0**	**100.0**	**100.0**	**105.9**	**75.4**	**89.5**	**86.6**	**78.3**	**71.7**	**69.7**	**70.5**
20~24	95.8	221.1	93.0	212.6	90.7	195.9	85.2	193.6	92.4	190.7	79.4	169.5
25~29	121.4	257.5	110.0	235.6	115.8	226.8	98.4	214.1	115.0	218.7	86..7	182.2
30~34	161.1	312.7	136.6	276.0	148.4	260.2	118.9	231.0	141.4	249.3	92.2	192.9
35~39	203.1	374.2	160.8	314.3	171.8	300.9	142.9	251.1	157.8	283.1	94.0	208.5
40~44	232.4	456.0	182.3	364.5	196.6	345.8	167.5	266.8	170.2	307.8	100.5	210.1
45~49	267.4	518.4	202.0	373.1	234.8	387.4	183.6	278.3	178.4	339.0	112.7	211.5
50~54	**285.3**	**532.4**	**217.7**	**380.3**	**252.3**	**409.0**	**188.4**	**285.2**	**190.6**	**343.8**	**117.6**	**211.8**
55~59	268.3	503.0	207.6	388.8	240.9	413.8	178.1	288.7	163.5	344.8	111.8	211.6
60~64	204.4	407.3	181.1	398.7	165.9	285.2	142.8	260.1	132.8	244.4	101.5	184.1

(출처 : 일본 후생노동성, 『임금구조 기초조사』, 2011)

윤율은 떨어지는 결과를 초래했다. 여기에 아시아발 금융위기까지 겹치면서 1997년 말 일본의 주요 금융기관들이 줄도산함에 따라 기업들은 더욱 큰 어려움에 봉착하였다. 즉 금융위기는 기업 투자와 가계 소비를 위축시켰고, 이러한 상황에서 기업들은 매출 확대를 위해 가격인하 경쟁에 돌입함에 따라 인건비 절감과 납품가격 인하를 통한 비용 삭감 전략을 추진하게 되었다. 또한 인건비 절감을 위해서 기업들은 신규채용을 억제하고, 정규직 임금인상을 억제하며 장시간 노동을 강제하는 동시에 비정규직을 확대하였다(하가 켄이찌, 2009).[10] 이처럼 일본 기업들의 비용삭감을 위한 인건비와 납품가격 인하 전략의 부담은

10 코이즈미 정권은 규제완화와 세출억제를 골자로 하는 신자유주의 '구조개혁'을 단행하여 기업들의 인건비 절감 노력을 뒷받침했다(하가 켄이찌, 2009; 김용복, 2011).

〈표 34〉 일본의 고용형태별 피용자 수의 추이 (단위, 만 명, %)

연도	전체	정규직	비정규직	(파트타임, 파견직, 계약직)		
				파트타임	노동성 파견사업소의 파견사원, 계약사원	
					촉탁, 기타	사내파견사원
1984	3,936	3,333 (84.7)	604 (15.3)	440 (11.2)	164 (4.2)	- (-)
1985	3,990	3,343 (83.6)	656 (16.4)	490 (12.5)	156 (3.9)	- (-)
1990	4,369	3,488 (79.8)	881 (20.2)	710 (16.3)	171 (3.9)	- (-)
1995	4,780	3,779 (79.1)	1,001 (20.9)	825 (17.3)	176 (3.7)	- (-)
1996	4,843	3,800 (78.5)	1,043 (21.5)	870 (18.0)	173 (3.6)	- (-)
1997	4,963	3,812 (76.8)	1,152 (23.2)	945 (19.0)	207 (4.2)	- (-)
1998	4.967	3,794 (76.4)	1,173 (23.6)	986 (19.9)	187 (3.8)	- (-)
1999	4,913	3,688 (75.1)	1,225 (24.9)	1,024 (20.8)	201 (4.1)	- (-)
2000	4,903	3,630 (74.0)	1,273 (26.0)	1,078 (22.0)	194 (4.0)	33 (0.7)
2001	4,999	3,640 (72.8)	1,360 (27.2)	1,152 (23.0)	208 (4.2)	45 (0.9)
2002	4,891	3,486 (71.3)	1,406 (28.7)	1,023 (20.9)	383 (7.8)	39 (0.8)
2003	4,941	3,444 (69.7)	1,496 (30.3)	1,092 (22.1)	404 (8.2)	46 (0.9)
2004	4,934	3,380 (68.5)	1,555 (31.5)	1,106 (22.4)	449 (9.1)	62 (1.3)
2005	4,923	3,333 (67.7)	1,591 (32.3)	1,095 (22.2)	496 (10.1)	95 (1.9)
2006	5,002	3,340 (66.8)	1,663 (33.2)	1,121 (22.4)	542 (10.8)	121 (2.4)
2007	5,120	3,393 (66.3)	1,726 (33.7)	1,165 (22.8)	561 (11.0)	121 (2.4)
2008	5,108	3,371 (66.0)	1,737 (34.0)	1,143 (22.4)	594 (11.6)	145 (2.8)
2009	5,086	3,386 (66.6)	1,699 (33.4)	1,132 (22.3)	567 (11.1)	116 (2.3)
2010	5,071	3,363 (66.3)	1,708 (33.7)	1,150 (22.7)	558 (11.0)	98 (1.9)

(출처 : 厚生勞動省, 『勞動經濟の推移と特徵』, 2011, 21쪽)

고스란히 노동자들에게 전가되었는데, 특히 비정규직의 확대는 고용불안, 복리후생의 미비, 사회・고용보험 등 사회안전망의 보호 부재 등의 문제도 야기하지만 정규직과의 임금격차를 확대하는데 결정적인 영향을 미쳤다.

후생노동성에 따르면 버블경제가 시작되기 직전인 1984년에 전체 피용자 3,936만 명의 84.7%가 정규직이고 비정규직은 15.3%에 지나지 않

〈표 35〉 고용형태별 임금(현금급여 총액) 추이 (단위 : 엔, %)

연도	전체	일반노동자	파트타임 노동자
2001	351,335	419,480	94,074
2002	343,480	413,752	93,234
2003	341,898	414,089	94,026
2004	332,784	413,325	94,229
2005	334,910	416,452	94,514
2006	335,774	417,933	95,232
2007	330,313	413,342	95,209
2008	331,300	414,449	95,873
2009	315,294	398,101	94,783

(출처 : 厚生勞動省, 『平成22年度 勞動經濟の分析』, 2011, 40쪽)

았으나 버블경제 붕괴와 금융위기 과정을 거치면서 정규직은 줄고 비정규직은 늘어나, 2010년에는 정규직이 전체 피용자의 2/3로 줄고 비정규직은 1/3로 증가했다. 특히 비정규직 중 파견직, 계약직, 촉탁직은 비정규직의 다수를 차지하고 있는 파트타임직보다 빠른 속도로 늘어났고 심지어 사내하청 노동자들도 점차로 늘어났다(〈표 34〉)(정규직과 비정규직 간 임금격차와 노동조건 차이는 실로 크다. 상용 정규직의 생애임금은 2억 791만 엔인 반면, 상용 비정규직의 경우 그 절반인 1억 426만 엔이고 파트타임 노동자는 4,637만 엔에 지나지 않는다(風間直樹, 2007: 127. 하가 켄이찌, 2009: 240에서 인용). 후생노동성에 의하면, 상용 정규직과 상용 파트타임 간의 임금격차는 네 배 이상이다(〈표 35〉). 뿐만 아니라 비정규직 노동자는 퇴직금 등 사내 복지후생과 사회보험 혜택에서도 제외되는 경우가 많다(하가 켄이찌, 2009: 240). 조금 전에 살펴본 배경과 이유에서 발생한 비정규직의 확대는 빈부격차의 심화로 이어졌다. 1989년(平成元年) 연간소득 기준 지니계수는 0.293이었으나 2011년 (평성21년)에는 0.311로 높아졌고, 저축액과 내구소비재 기준 지니계수도 높아졌다(〈그림 7〉).[11]

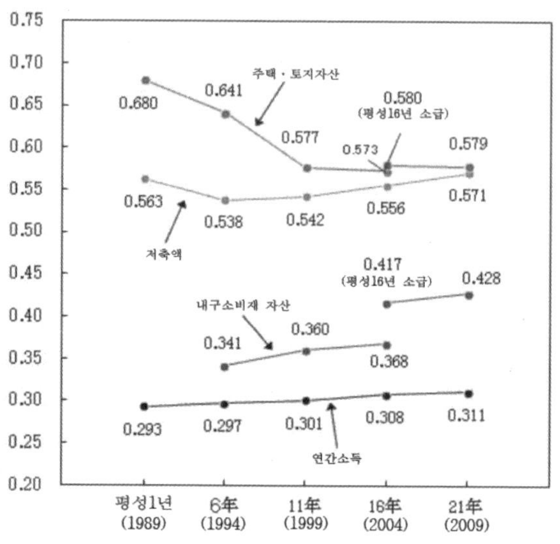

〈그림 7〉 **일본의 불평등구조** (출처 : 總務省 統計局, 『平成21年 全國消費實態調査 各種係數及び所得分布に關する結果』, 2010)

빈부격차의 심화와 더불어, 일본 1990년대 중반 이후 빈곤층도 확대되고 있다. 1인당 국민소득의 중위값 절반 이하의 소득을 버는 국민들의 비율인 '상대적 빈곤율'은 12% 정도였던 1980년대 중반 이후 계속 높아져 2000년에는 15%대를 넘어섰고 2009년에는 16%에 도달했다. 마찬가지로 아동빈곤율도 같은 기간 10.9%에서 15.7%로 높아졌고, 부부와 자녀로 구성된 정상가정의 빈곤율도 9.6%에서 12.7%로 상승했다(〈표 36〉).

이처럼 빈부격차가 커지고 빈곤층이 확대됨에 따라 국민의 90% 정

11 일본에서 빈부격차가 확대되고 빈곤층이 증가하고 있다는데 대해서는 이견이 없으나, 이를 유발하는 원인에 대한 설명은 논자에 따라 다르다. 대표적인 논자로 '신자유주의' 정책에서 찾는 다치바나키 도시아키[橋木俊昭], 고령화사회에서 찾는 오타케 후미오[大竹文雄] 등이 있다(정진성, 2011). 양준호(2007)와 이이범(2012)도 참조할 것.

〈표 36〉 일본의 빈곤율

	1985	1988	1991	1994	1997	2000	2003	2006	2009
상대적 빈곤율	12.0	13.2	13.5	13.7	14.6	15.3	14.9	15.7	16.0
아동 빈곤율	10.9	12.9	12.8	12.1	13.4	14.5	13.7	14.2	15.7
유자녀 현역세대	10.3	11.9	11.7	11.2	12.2	13.1	12.5	12.2	14.6
성인 1명	54.5	51.4	50.1	53.2	63.1	58.2	58.7	54.3	50.8
성인 2명 이상	9.6	11.1	10.8	10.2	10.8	11.5	10.5	10.2	12.7
명목소득(만 엔)									
중위값(a)	216	227	270	289	297	274	260	254	250
빈곤선(a/2)	108	114	135	144	149	137	130	127	125
실질소득(1985년 기준)									
중위값(b)	216	226	246	255	259	240	233	228	224
빈곤선(b/2)	108	113	123	128	130	120	117	114	112

주 : ① 1985년, 兵庫県 除外한 것임 / ② 貧困率은 OECD 作成基準에 의함 / ③ 성인은 18세 이상인 자, 아동은 17세 이하인 자임. 현역세대는 세대주가 18세 이상 65세 미만인 세대임 / ④ 가처분소득을 밝히지 않은 세대는 제외함 / ⑤ 명목소득은 그 해의 가처분소득, 실질소득은 1985년을 기준으로 하여 소비자물가지수로 조정한 것임

도가 자신을 중산층에 속한다고 생각하는 '1억총중류사회(1億總中流社會)'라고 자랑하던 일본이 최근에는 '또 다른 분단국가(分斷國家)의 탄생' 또는 '격차사회(隔差社會)'라는 자조적인 표현들이 회자되고 있다.[12]

한국은 일본과는 달리 남성과 여성 간 또는 학력 간 임금격차는 1980년대 이후 2010년까지 지속적으로 줄어들고 있다. 1980년 남성의 월

12 소득의 양극화로 인해 전후의 일본사회를 지탱해오던 거대 중산층이 해체되고 빈곤층이 확대됨에 따라 '자유롭다'는 '프리(free)'와 '아르바이트(arbeiter)'를 합친 '프리터족', 학생도 아니고 직장도 없고 직업훈련을 받고 있지도 않는 '니트족'(NEET, Not in Education, Employment or Training)과 같은 새로운 사회계층이 등장하고 있다. 일본에서 심화되는 소득 양극화 현상을 가장 잘 나타내주는 표현은 '록폰기 힐즈족과 프리터족의 사회'일 것이다. 이것은 도쿄 록폰기[六本木] 힐즈의 월세 220만 엔(약 2,000만 원)짜리 최고급 맨션에 살며 자가용 비행기까지 굴리고 다니는 사람들과, 예금 잔고도 없어 아르바이트로 그날그날 생계를 이어가는 사람들이 동시에 증가하고 있는 사회를 의미한다(양준호, 2007).

〈표 37〉 한국의 성별, 학력별, 연령별 임금격차 (10인 이상 비농전산업, 단위 : 1,000원)

연도	전체	지니계수	성별(비농 전 산업)		학력별			
			남 (100.0)	여 (남성 대비)	중졸 이하	고졸	초대(전문)졸	대졸 이상
1980	170	0.375	224	99 (44.2)	121 (29.5)	177 (43.2)	262 (63.9)	410
1985	314	0.350	397	190 (47.9)	226 (32.9)	303 (44.2)	393 (57.3)	686
1990	616	0.307	753	403 (53.5)	476 (45.1)	569 (53.9)	668 (63.3)	1,056
1995	1,195	0.278	1,382	823 (59.6)	958 (55.9)	1,100 (64.1)	1,193 (69.6)	1,715
2000	1,702	0.305	1,938	1,225 (63.2)	1,289 (53.7)	1,513 (63.1)	1,572 (65.5)	2,399
2005	2,439	0.323	2,837	1,778 (62.7)	1,737 (53.1)	2,061 (63.0)	2,128 (65.1)	3,271
2010	2,912	0.330	3,285	2,110 (64.2)	2,017 (54.4)	2,387 (64.4)	2,518 (67.9)	3,709

연도	연령별									
	~19	20~24	25~29	30~34	35~39	40~44	45~49	50~54	55~59	60~64
1980	77	104	177	227	250	256	264	287	299	336
1985	137	186	294	388	432	440	447	466	485	507
1990	300	400	569	702	763	777	767	739	694	663
1995	576	758	1,031	1,325	1,443	1,456	1,429	1,345	1,207	1,064
2000	762	998	1,366	1,787	2,048	2,077	2,036	1,905	1,624	1,407
2005	1,213	1,402	1,882	2,497	2,865	2,957	2,945	2,808	2,327	1,814
2007	1,369	1,521	1,976	2,605	3,115	3,285	3,333	3,309	2,795	2,112
2010	1,131	1,588	2,174	2,798	3,288	3,511	3,504	3,355	2,910	2,186

(출처 : 고용노동부, 임금구조기본통계조사 및 고용형태별근로실태조사(한국노동연구원, 2012 KLI 노동통계에서 인용))

평균 임금은 22만 4,000원인데 비해 여성은 남성의 44%인 9만 9,000원이었으나, 그 격차가 점차로 줄어들어 2010년에는 남성 328만 5,000원, 여성 211만 원으로 남성의 64%로 좁혀졌다. 1980년 대졸 노동자의 월평균 임금은 41만 원인 반면 중졸 노동자의 임금은 대졸의 30%인 12만 1,000원, 고졸은 43%인 17만 7,000원, 전문대졸은 64%인 26만 2,000원이었으나, 1995년까지 격차가 줄어들다가 그 이후 조금 커졌다. 그러나 최근에 다시 격차가 줄어 2010년에는 대졸 대비 중졸 54%, 고졸 64%, 전문대졸 68%이었다(〈표 37〉).

이처럼 한국의 경우 성별 학력별 임금격차는 다소 줄어들었다. 대

〈표 38〉 한국의 고용형태별 피용자 수의 추이 (8월말 기준) (단위: 1,000명, %)

연도	임금 근로자	정규직	비정규직			
			전체	한시적 근로	비전형 근로	시간제
2002	14,000	10,190 (72.6)	3,839 (27.4)	2,063 (14.7)	1,742 (12.4)	807 (5.8)
03	14,149	9,542 (67.4)	4,606 (32.6)	3,013 (21.3)	1,678 (11.9)	929 (6.6)
04	14,584	9,190 (63.0)	5,394 (37.0)	3,597 (24.7)	1,948 (13.4)	1,072 (7.4)
05	14,968	9,486 (63.4)	5,482 (36.6)	3,614 (24.2)	1,907 (12.7)	1,044 (7.0)
06	15,351	9,894 (64.5)	5,457 (35.6)	3,626 (23.6)	1,933 (12.6)	1,135 (7.4)
07	15,882	10,180 (64.1)	5,703 (35.9)	3,546 (22.3)	2,208 (13.9)	1,201 (7.6)
08	16,102	10,658 (66.2)	5,445 (33.8)	3,288 (20.4)	2,137 (13.3)	1,229 (7.6)
09	16,479	10,725 (65.1)	5,754 (34.9)	3,507 (21.3)	2,283 (13.9)	1,426 (8.7)
10	17,048	11,362 (66.7)	3,685 (33.4)	3,281 (19.2)	2,289 (13.4)	1,620 (9.5)
11	17,510	11,515 (65.8)	5,995 (34.2)	3,442 (19.7)	2,427 (13.9)	1,702 (9.7)
12	17,734	11,823 (66.7)	5,911 (33.3)	3,403 (19.2)	2,286 (12.9)	1,826 (10.3)

* 한시적 근로 = 기간제 + 반복갱신 + 기대불가 / ** 비전형 근로 = 파견 + 용역 + 특수형태근로 + 가정 내 근로 + 일일근로 (출처 : 한국노동연구원, 『2012 비정규직 노동통계』, 2013)

신 정규직과 비정규직의 고용행태에 따른 격차는 점차로 커졌다. 1997년 금융위기와 IMF국제금융 조건을 이행하는 과정을 거치면서 비정규직이 크게 증가하였는데, 비정규직은 2002년 전체 임금노동자의 27%인 383만 9,000명에서 2년만인 2004년에는 539만 4,000명(37%)으로 숫자는 150만 명, 비율은 전체 임금근로자의 10% 가량 증가했다. 비정규직 중 기간제와 반복갱신을 포함한 한시적 근로자가 특히 많이 늘어났다. 2004년을 정점으로 비정규직 노동자의 비율은 조금씩 줄어들어 2012년에는 33%로 안착되었으나 그 수는 계속 늘어났다. 또한 비정규직 중 한시적 근로자의 비중은 줄었으나 파견직이나 용역직 등 비전형근로자와 시간제 근로자의 비중과 수는 지속적으로 늘어나, 2002년에 각각 174만 2,000명(12.4%), 80만 7,000명(5.8%)에서 2012년 228만 6,000명(12.9%), 182만 6,000명(10.3%)이 되었다(〈표 38〉).

〈표 39〉 고용형태별 월평균 상대임금 추이 (8월 기준, 정규직=100)

	2002	2003	2004	2005	2006	2007	2008	2009	2010	2011	2012
정규직	100	100	100	100	100	100	100	100	100	100	100
비정규직	67.1	61.3	65.0	62.7	62.8	63.5	60.9	54.6	54.8	56.4	56.6
한시적 근로	71.3	65.1	69.5	67.2	68.8	71.7	68.5	59.1	61.0	62.9	63.7
비전형 근로	67.0	58.2	60.3	58.5	54.8	55.4	56.3	54.1	54.4	55.3	56.2
시간제 근로	34.3	29.8	30.4	28.3	28.9	27.9	27.0	24.3	24.6	25.3	24.7

(출처 : 한국노동연구원, 『2012 비정규직 노동통계』, 2013)

일본의 경우처럼 비정규직과 정규직 간의 임금과 복지혜택의 차이는 매우 크다. 정규직 임금을 100으로 볼 때, 비정규직의 임금수준은 2002년 67%이었고, 2009년까지 계속 격차가 벌어지다가 그 이후 약간 줄어들어 2012년에는 57%로, 10년 전에 비해 더 커졌다. 특히 파트타임 등 시간제 노동자의 임금은 2002년 정규직의 34%에서 2012년 25%로 크게 낮아졌다(〈표 39〉).

그나마 사회보험이나 사내복지 혜택은 보다 많은 비정규직 노동자들에게도 점차로 적용되고 있지만, 여전히 정규직 노동자보다는 훨씬 낮은 비율만이 혜택을 받고 있다. 비정규직의 국민연금, 고용보험, 건강보험 등 사회보험 가입율이 2002년과 2012년 사이 각각 25.7%에서 39%, 26.2%에서 42.7%, 28.8%에서 45.4%로 높아졌다. 그럼에도 불구하고 정규직에 비하면 비정규직의 사회보험 가입율은 절반 정도에 지나지 않는다. 퇴직금, 상여금, 유급휴가, 시간 외 수당 등 사내복지혜택도 비정규직은 같은 기간 각각 20.6%에서 39.6%, 19.0%에서 36.4%, 24.6%(2004년)에서 32.1%, 15.0%에서 23.2%로 많아졌지만, 정규직의 절반 이하만이 혜택을 받고 있다(〈표 40〉).

이와 같이 정규직과 비정규직 간의 임금, 사회보험, 사내복지 혜택 차이는 소득격차로 이어져 빈부격차와 빈곤의 문제를 야기하고 있다.

〈표 40〉 비정규직의 사회보험 및 사내복지 혜택 (단위 : %)

구분		2002	2004	2006	2008	2010	2012
국민연금	임금근로자	52.7	59.5	62.6	64.3	65.0	66.5
	정규직	62.9	72.5	76.1	77.2	78.4	80.3
	비정규직	25.7	37.5	38.2	39.0	38.1	39.0
	한시적	31.3	47.8	51.4	56.4	58.6	58.6
	비전형	24.4	25.7	22.0	23.6	22.3	23.0
	시간제	2.0	2.4	3.2	6.4	9.3	12.2
고용보험	임금근로자	48.0	52.1	54.6	56.8	58.6	61.2
	정규직	56.2	61.5	64.7	65.8	67.6	70.4
	비정규직	26.2	36.1	36.3	39.2	40.4	42.7
	한시적	31.8	45.5	49.0	56.0	60.6	62.0
	비전형	24.8	25.2	20.8	25.8	28.6	29.9
	시간제	3.1	3.6	3.2	6.3	10.6	14.8
건강보험	임금근로자	55.5	61.3	63.2	65.6	67.0	69.9
	정규직	65.6	73.8	76.1	78.0	79.5	82.2
	비정규직	28.8	40.1	40.0	41.5	42.1	45.4
	한시적	34.6	50.5	53.2	59.8	64.6	67.7
	비전형	28.4	29.7	25.4	28.2	28.8	32.5
	시간제	2.7	3.7	3.8	6.1	10.6	14.6
퇴직금	임금근로자	48.7	54.0	54.6	61.4	63.1	66.7
	정규직	59.3	67.4	67.9	74.5	76.6	80.2
	비정규직	20.6	31.3	30.3	35.6	35.9	39.6
	한시적	25.2	40.1	41.7	51.7	55.2	59.5
	비전형	19.9	21.4	16.2	24.3	26.1	29.7
	시간제	1.5	2.0	1.6	3.7	6.6	10.1
상여금	임금근로자	48.5	51.6	53.3	56.6	64.7	66.6
	정규직	59.6	65.8	67.5	71.2	79.3	81.8
	비정규직	19.0	27.5	27.7	27.9	35.5	36.4
	한시적	22.4	35.2	38.4	41.1	52.3	51.7
	비전형	18.6	17.8	12.6	14.9	24.4	26.4
	시간제	1.7	1.8	2.0	3.6	11.2	12.7
유급휴가	임금근로자	-	45.8	43.7	52.8	58.7	58.0
	정규직	-	58.2	55.0	65.4	71.3	71.0
	비정규직	-	24.6	23.1	28.0	33.6	32.1
	한시적	-	31.8	31.9	41.5	52.7	49.3
	비전형	-	14.3	10.8	15.5	21.7	19.9
	시간제	-	1.6	2.1	2.4	6.0	6.8
시간외 수당	임금근로자	39.3	43.4	42.4	42.4	44.4	45.2
	정규직	48.4	55.8	53.9	53.5	55.4	56.2
	비정규직	15.0	22.2	21.5	20.7	22.5	23.2
	한시적	18.4	28.3	29.6	30.2	33.0	33.8
	비전형	13.4	14.0	9.6	11.2	14.4	14.5
	시간제	3.1	1.8	2.4	2.2	5.7	6.7

(출처 : 한국노동연구원, 『2012 비정규직 노동통계』, 2013)

〈표 41〉 한국의 지니계수 추이

	도시근로자					전국민(1인 및 농가포함)			
	지니계수		상대적 빈곤율			지니계수		상대적 빈곤율	
	시장 소득	가처분 소득	시장 소득	가처분 소득		시장 소득	가처분 소득	시장 소득	가처분 소득
1990	0.256	0.256	7.8	7.1	2006	0.330	0.306	16.6	14.3
1995	0.259	0.251	8.3	7.7	2007	0.340	0.312	17.3	14.8
2000	0.279	0.266	10.4	9.2	2008	0.344	0.314	17.5	15.2
2005	0.298	0.281	13.6	11.9	2009	0.345	0.314	18.1	15.3
2010	0.315	0.289	14.9	12.5	2010	0.341	0.310	18.0	14.9

(출처 : 통계청, KOSIS(한국노동연구원, 『2012 KLI 노동통계』, 121~122쪽))

도시근로자의 시장소득을 기준으로 한 지니계수를 보면, 1990년 0.256, 1995년 0.259로 낮은 편이었으나, 1990년대 말 외환위기와 노동시장 유연화 등의 구조조정에 따른 비정규직이 확대됨에 따라 그 수치는 2000년 0.279, 2005년 0.298, 2010년 0.315로 점차로 높아졌다. 세제상의 혜택이나 이전소득 등을 포함한 가처분소득을 기준으로 할 경우 지니계수는 이보다 낮지만 여전히 빈부격차가 커지고 있다는 것을 알 수 있다. 농어민과 자영업자를 포함한 전체 국민을 대상으로 하면 지니계수는 더 클 뿐만 아니라 점점 커지고 있다(〈표 41〉). 상대적 빈곤율의 측면에서 보아도 마찬가지다. 도시근로자의 상대적 빈곤은 1990년 7~8%에서 2010년 13~15%로 높아졌고, 전체 국민의 경우에도 14~17%에서 15~18%로 높고 또한 높아지고 있다(〈표 41〉과 〈표 42〉).[13]

마지막으로 중국의 임금과 소득의 격차 그리고 빈곤의 문제를 살펴보기로 한다. 중국의 국유기업, 집체기업(集體企業), 사영기업(私營企業), 외국인투자기업 등 기업의 소유구조에 따른 임금수준을 보면, 2006년

13 중국의 기업형태에 대해서는 상자 안의 설명을 참조할 것.

〈표 42〉 빈곤율추이

구분	2003	2004	2005	2006	2007	2008	2009	2010	2011
절대적 빈곤율	6.9	6.9	7.9	7.7	7.7	7.8	8.1	6.3	6.3
상대적 빈곤율	11.1	11.8	12.4	12.1	12.6	12.6	12.2	12.1	12.3

주 : ① 농어가 가구는 제외 / ② 1인 제외, 전가구, 경상소득 기준 / ③ 중위 50% 기준 / ④ 2012년 통계는 2013년에 생산 (출처 : 한국보건사회연구원, 『빈곤통계연보』, 통계청, 『가계동향조사』 원자료)

〈표 43〉 중국의 소유구조별 평균임금 추이 (단위 : 위엔)

연도	전체		국유기업	도시집체기업(城鎮集團企業)	기타		
		재직	(100.0)			홍콩마카오·대만계	외자계
2006	20,856	21,001	21,706	12,866 (59.3)	21,004	19,678 (93.7)	26,552 (122.3)
2007	24,721	24,932	26,100	15,444 (59.2)	24,271	22,593 (86.6)	29,594 (113.4)
2008	28,898	29,229	30,287	18,103 (59.8)	28,552	26,083 (86.1)	34,250 (113.1)
2009	32,244	32,736	34,130	20,607 (60.4)	31,350	28,090 (82.3)	37,101 (108.7)
2010	36,539	37,147	38,359	24,010 (62.6)	35,801	31,983 (83.4)	41,739 (108.8)
2011	41,799	42,452	43,483	28,791 (66.2)	41,323	n.a.	n.a.

(출처 : 2006~2010년 – 中國統計年鑑 (各 年度); 2011년 – JETRO(일본무역진흥기구), 「中國 北アジア 日系企業が直面する課題」, 『人力資源·社會保障事業發展統計公報』 17(特輯 : 中國の地域別勞務環境), 2012.8, 7쪽에서 인용).

기준 국유기업 노동자의 임금을 100으로 할 때 외자기업 122, 국유기업 100, 홍콩 · 마카오 · 대만계 등 해외중국동포 투자기업 94, 도시집체기업 59 등의 순으로 높았다. 2010년에는 그 비율이 각각 109, 100, 83, 63으로 격차가 줄어들었지만 여전히 원래의 순위를 유지하고 있다(〈표 43〉).

중국의 기업 소유구조

국유기업의 명칭으로 1992년 말까지는 '국영기업'이 사용되어지다가 1993년부터 '국유기업'으로 공식명칭이 바뀌었다. 중국의 국유기업은 '소유권은 국가에게 있으나 경영권은 독립한 경영실체'로 정의할 수 있다. 국유기업이란 중앙 및 지방의 국가기관이나 사업소가 관리, 경영하는 기업이다. 이를 다른 이름으로 전민소유제기업이라고 부르는 것은 생산자재를 공유, 즉 '전인민 소유'라는 의미로 사회주의 공유제적 성격을 그대로 갖는다. 중국의 국유기업은 '一五計劃' 실행 후에는 모든 경제행위에 있어 국가의 직접적인 통제를 받게 되었다. 그 구체적인 내용을 살펴보면 아래의 몇 가지로 나누어 볼 수 있다. 첫째, 정부는 최고의 경제정책 기관으로 부상하였고 국가의 각 부처는 본래 기업이 담당하던 역할들을 수행하였다. 예를 들면 국가 재정부문이 기업 자산관리를 맡았으며 계획부문은 생산경영의 계획과 생산자원의 배치를 책임졌고 무역부분은 생산품의 판매를 담당하였다. 둘째, 모든 국유기업은 전문성과 지역분포에 따라 중앙정부의 해당 전문부문과 지방정부가 나누어 관리하도록 하였다. 끝으로, 각 기업은 정부의 계획에 따라 내부의 하부단위에 생산명령을 하달하였으며 기업이 생산품을 지정된 단위에 판매하게 하고 이로 인한 이윤은 정부의 재정부문으로 전액 귀속된 후 다시 일률적인 분배를 실시하였다. 이러한 기업의 종속적 경영방식은 기업경영자의 경영자주권을 박탈하였으나 제한된 자원을 신속히 집중, 분배함으로써 오히려 일정기간 동안은 중국경제의 회복과 발전에 도움을 주기도 하였다. 1978년 이후 국유기업에 대해서도 '경영'면에서의 개혁이 추진되어 왔다. 주된 개혁의 방향은 기업경영자의 권한 확대와 조세제도 개혁을 통한 개혁성과에 인센티브 부여로 요약된다. 1992년 이후에는 전체 경제체제 개혁의 중점을 국유기업에 두고 '경영메카니즘 전환조례'를 제정하여 현대적 기업제도의 건립을 목표로 다양한 개혁 실험을 계속 하고 있다. 1997년 9월에 열린 중국공산당 제15차 대회에서 강택민 총서기는 핵심 국유기업에 대한 주식제 도입과 국유기업의 집단화를 통한 전략적 배치를 중심으로 하는 개혁방향을 제시한 바 있다.

집체기업은 지방정부 또는 관련 경제무역기구가 공동출자・공동경영・공동책임을 지는 기업으로, 도시지역기업인 성진집체소유제기업(城鎭集體所有制企業)과 농촌지역기업인 향촌집체소유제기업(鄕村集體所有制企業)이 있다. 집체소유제기업은 생산재와 경영권이 기업에 속해 있고 손익자기부담(독립채산제)하에 경영을 스스로 책임지며, 국유기업에 비해 유연성과 비교적 높은 생산성을 갖추고 있으나 정부의 직접적인 지원이 적으며 노동자의 질과 기술수준이 기업에 따라 많이 차이난다.

사영기업(私營企業)은 개인이 소유하는 기업으로 유한책임회사, 조합기업, 개인기업이 포함되고, 종업원 8명이상은 사영기업, 8명 이하는 개체호(個體戶)로 분류한다. 2000년 기준 사영기업은 177만 개, 개체호는 3,160만 개에 달했다. 외국자본이 투입되는 기업으로 합자기업, 외자기업, 외국인투자주식회사의 4종류가 있다.

출처 : http://www.cyworld.com/j3s61qpp56/7084868 (2013.12.11 검색)

그리고 지역 간 임금격차도 매우 크다. 중국을 동서로 나누어 비교해 보면 2006년 동부의 임금을 100으로 할 때 서부와 중경지역은 76,

〈표 44〉 중국 동부와 서부 지역 간 임금격차 (단위 : 위안, %)

구분	2006		2008		2010		연평균상승률 (2006～2010)
	임금	동부대비	임금	동부대비	임금	동부대비	
전국	20,856	-	28,898	-	35,539	-	15
동부	25,338	100	34,399	100	43,149	100	14
중부	16,843	67	23,793	69	30,010	72	17
서부	19,235	76	27,283	79	34,206	79	16
중경(重慶)	19,172	76	26,640	77	34,727	81	16

(출처 : 오수균, 「한국기업의 중국 직접투자에 관한 연구」, 『관세학회지』 13(4), 2012, 201～225쪽)

〈표 45〉 중국의 업종별 임금 격차 (단위 : 위안)

고임금 3대 업종의 임금 수준		저임금 3대 업종의 임금 수준	
무선통신업, 정보처리 및 기타 컴퓨터 운영 관련업	41,445 (100)	제조업	16,937 (41)
금융 및 보험업	35,363 (85)	도매 및 소매업	16,557 (40)
전기, 가스 및 수도업	34,679 (84)	건설업	16,118 (39)
연구 및 개발업	32,640 (79)	숙박 및 요식업	15,181 (37)
공공행정	31,328 (76)	농림목축, 어업	10,000 이하 (24)

(출처 : KIEP 대외경제정책연구원 북경사무소, 『중국경제 현안 브리핑』 6～10, 2006.6.29)

중부는 67로, 중부지역 노동자들의 임금이 가장 낮고 동부의 2/3에 지나지 않았다. 이후 격차는 조금씩 줄어들어 2010년에는 각각 79, 81, 72이나, 중부지역 임금은 여전히 다른 지역에 비해 낮고, 서부와 중경 지역도 동부의 3/4 정도에 지나지 않는다(〈표 44〉).

또한 업종과 성별에 따른 차이도 매우 크다. 2006년 기준 무선통신업 · 정보처리 및 기타컴퓨터 관련업의 임금을 100으로 할 때 농 · 림 · 목축 · 어업 종사자의 임금은 24 이하로 가장 낮고, 제조업, 도소매업, 건설업, 숙박요식업 종사자의 임금도 40 정도에 지나지 않는다(〈표 45〉). 마지막으로, 성별 임금 격차를 보면 1990년 도시지역 여성의 임금은 남

〈표 46〉 중국 여성의 임금 수준

연도	1990	2000	2010
도시지역	77.5	70.1	67.3
농촌지역	79.0	59.6	56.0

제1회 : 1990년, 제2회 : 2000년, 제3회 : 2010년
(출처 : 중화전국여성연합, '중국여성의 사회적 지위 조사')

〈표 47〉 중국의 지니계수 추이

	1981	1984	1990	1993	1996	1999	2002	2005	2008	2009
지니계수 ①	29.1	27.7	32.4	35.5	36.7	39.2	42.6	42.5	42.6	42.1
	2003	2004	2005	2006	2007	2008	2009	2010	2011	2012
지니계수 ②	0.479	0.473	0.485	0.487	0.484	0.491	0.490	0.481	0.477	0.474

(출처 : ① The World Bank, GINI Index, ② 중국 국가통계국)

성의 77.5%이고 농촌지역도 이와 비슷한 79%이었으나, 2000년에는 각각 70.1%, 59.6%로 격차가 더욱 벌어졌고, 2010년에는 격차가 더 벌어져 각각 67.3%, 56%가 되었다(〈표 46〉).

개방개혁 이후 중국에서 지역이나 성 또는 기업의 소유구조에 따른 임금격차가 확대되거나 유지됨에 따라 빈부격차의 폭도 커지고 있다. 세계은행 자료에 의하면 개방개혁 직후 자본주의시장 초기인 1981년 지니계수는 29.1로 중국은 매우 평등한 사회였다. 그러나 이후 빈부격차가 확대되어 1990년 32.4, 1993년 35.4, 1996년 36.7, 1999년 39.2로 지속적으로 커져 2002년에는 42.6까지 치솟았다. 이후 조금 줄어들었으나 2009년에도 매우 높은 수준인 42.1였다. 국가통계국의 자료는 중국에서의 빈부격차는 이보다 더 심각한 것으로 나타나고 있다. 중국 국가통계국에 따르면 2003년 지니계수는 0.479이고 이후 약간의 상승과 하락이 있었으나 2012년에 0.474로 2003년 수준에서 크게 낮아지지 않았다(〈표 47〉).

중국에서는 개방개혁 이후 임금과 빈부의 격차가 확대되었다. 그럼

〈표 48〉 중국의 빈곤층 추이 (단위 : PPP US$, 100만 명, %)

	1990	1992	1993	1994	1995	1996	1997
하루 $1.25 이하	683	743	632	712	651	442	588
전체인구 대비	60.18	63.8	53.69	59.78	54.05	36.37	47.84
하루 $2 이하	960	957	926	927	893	792	870
전체인구 대비	84.64	82.19	78.6	77.82	74.13	65.06	70.78
하루 $2.5 이하	1040	1048	1018	1012.	989	930	976
전체인구 대비	91.65	90	86.47	84.99	82.09	76.4	79.36
하루 $4 이하	1112	1140	1135	1136	1138	1122	1145
전체인구 대비	98.03	97.91	96.35	95.35	94.48	92.23	93.11
	1998	1999	2002	2005	2008	2009	2010
하루 $1.25 이하	595	446	363	211	172	157	-
전체인구 대비	47.97	35.63	28.36	16.25	13.06	11.8	-
하루 $2 이하	864.	769	654	481	394	362	-
전체인구 대비	69.57	61.44	51.15	36.94	29.79	27.21	-
하루 $2.5 이하	966	898	788	636	528	486	-
전체인구 대비	77.86	71.72	61.6	48.79	39.88	36.52	-
하루 $4 이하	1144.	1111	1030	930	821	772	-
전체인구 대비	92.14	88.74	80.47	71.37	62.02	58	-

(출처 : 세계은행(World Bank), Poverty & Equity, Databank)

에도 불구하고 지속적인 고도성장에 힘입어 빈곤층은 줄어들었다. 중국 국무성 산하 중국발전연구기금회가 2007년에 발표한 보고서에 따르면, 1981년부터 2004년까지 중국의 빈곤율이 64%에서 10%로 감소하고 빈곤인구수가 전체 동아시아의 81%를 차지했다. 또한 1981년 중국의 빈곤발생율이 세계 평균보다 23.4% 높았으나 2001년에는 4.5% 낮았다.[14] 세계은행의 빈곤 데이터를 보아도 중국의 빈곤인구는 줄고 있음

14 CHINAINFOR.COM(China Business Portal) (2007). "중국, 20년간 빈곤율 64%에서 10%로 낮춰," 중국경제동향, 9월 29일. 중앙빈곤탈각활동회의에서 빈곤선을 결정하는데, 2000년에는 연간 소득 865위안에서 2010년에는 1,274위안으로 올렸고, 2011년 11월에는 다시 2,300위안으로 올렸다.

을 알 수 있다. 세계은행에서 규정하는 빈곤선인 하루 1달러 25센트 이하로 살아가는 인구와 비중은 1990년 6억 8,300만 명(60.2%), 1995년 6억 5,100만 명(36.4%), 1999년 4억 4,500만 명(35.6%), 2005년 2억 1,100만 명(16.3%), 2009년에는 1억 5,700만 명(11.8%)로 약 20년 사이에 50% 가량 더 많은 사람이 빈곤선을 넘어섰다. 하루 2달러 50센트를 기준으로 하면, 1990년 10억 400만 명(91.7%), 1995년 9억 8,900만 명(82.1%), 1999년 8억 9,800만 명(71.7%), 2005년 6억 3,600만 명(48.8%), 2009년 4억 8,600만 명(36.5%)으로 역시 크게 줄었다(〈표 48〉).

행복은 잘사는 순이 맞아요

어른들의 경쟁사회에 진입하도록 준비하는 시기, 청소년기는 사회에 깊게 뿌리박힌 경제적 수준의 격차를 온몸으로 체득하는 시기이기도 하다. 부모나 보호자들의 경제적 생활수준은 청소년들의 일상을 규정하는 가장 중요한 요인의 하나로 자리잡았다.

학교에서의 학업성적뿐 아니라 또래집단 안에서의 평가도 가정의 경제수준에 따라 달라진다. 청소년들이 자기 자신과 자신의 삶을 바라보며 느끼는 행복감까지, '돈'은 청소년기 자녀의 삶을 보여주는 가장 강력한 척도가 되어가고 있는 실정이다.

서울 동대문구의 한 중학교에 다니고 있는 민은기 군(가명 · 14)은 "사는 집에 따라 같이 노는 친구도 다르다"고 말했다. 단순히 등 · 하굣길이 같은 방향이거나 가까운 동네 친구라 친하게 지내게 된다는 뜻과는 거리가 있다. '사는 곳이 당신을 말해준다'는 어느 아파트 광고문구가 오히려 이 상황에 들어맞는다. "우리 아파트 X

××동은 임대(아파트) 사는 애들인데 초등학교 때부터 그 동 사는 애들이랑 놀지 말라는 말이 많았어요." 민군의 아파트는 지역의 주택 재개발사업으로 들어선 아파트다. 재개발 후 분양된 동이 대부분이지만, 재개발 이전 그 구역에 살던 세입자나 영세계층에 임대하는 동도 단지 한구석에 자리잡고 있다. 임대동은 분양동과는 입구도 다르고 단지 내 시설도 다르다. 초·중학생 때부터 자연스레 사는 곳의 차이를 체감할 수 있는 구조다.

민군의 말에 따르면 친구 무리가 나눠기 시작하는 때는 초등학생 때부터다. 임대동인지 분양동인지, 그것만이 유일한 기준은 아니었다. 학원에 다니는지 아닌지, 다닌다면 어느 학원에 다니는지에 따라서도 어울리는 무리가 달라졌다. 물론 민군과 친구들이 의식적으로 다른 무리와 거리를 둔 것은 아니다. "같이 있는 시간이 많으니까 더 친한 거고, 학원 마치고 놀러가는 시간도 비슷해서 자주 보는 친구하고만 보게 돼요." 같은 온라인 게임을 하더라도 노는 무리가 다르면 접속하는 시간도, 자주 가는 PC방도 다르다. 세세한 차이가 생기는 가장 밑바탕에 가정의 경제수준 차이가 자리잡고 있는 것이다.

경제적 차이 때문에 청소년들의 생활상도 달라질 것이라는 짐작은 통계를 통해 쉽게 확인할 수 있다. 하지만 생활상의 차이는 단순히 학습시간이나 성적, 사교육 여부 등에 국한되지 않았다. 잠자는 시간이나 아침식사 여부, 운동하는 시간 등 일상적인 활동에서도 경제수준이 낮은 가정의 청소년들일수록 더 필수적인 부분을 충족하지 못하는 것으로 나타났다. 한국청소년정책연구원의 '2013 아동·청소년 인권실태조사' 결과를 보면 경제수준에 따른 아동과 청소년들의 생활상의 수준 차이가 명확하게 나타났다. 160여 개 조사 항목 가운데 약 80% 이상, 대부분의 영역에서 가정의 경제적 수준이 낮아질수록 청소년의 삶의 질을 측정하는 지표도 나빠지는 양상이 확인됐다. 특히 스트레스 인지, 우울감 및 자살 생각 등 정신적·심리적 영역에서 저소득층 청소년일수록 문제가 심각했다. 쉽게 말해 못사는 집 청소년들은 스트레스도 더 많이 받고 더 우울해하며, 자신이 가치 있는 존재라는 인식은 낮았다.

이러한 양상은 종합적으로 행복한 정도를 묻는 설문에 대한 응답률에서 확연하게 드러났다. 경제적 수준이 상층에 속하는 청소년들은 '행복하다'(매우 행복·행복한 편)고 응답한 비율이 86.9%였고, 중층에선 81.3%로 나왔지만, 하층에선 65%로 나와 큰 차이를 보였다. 하층에 속하는 청소년 중 35%가 '행복하지 않다'(전혀 행복하지 않음·행복하지 않은 편)고 응답한 데 비해 상층과 중층에선 각각 응답률이 13%, 18.7%였다. 경제적 수준이 중간 아래로 내려갈수록 행복을 느끼지 못하는 청소년들의 비율이 급격하게 늘어나는 모양새다.

경제수준이 낮을수록 행복도가 낮아지는 문제의 원인은 학업성적만의 문제로 보긴 어려웠다. 행복하지 않은 이유에 대해 경제적 수준이 '상'인 청소년들에게서는 학업 부담을 이유로 꼽은 응답자가 44.8%로 가장 높게 나타났다. 그러나 경제적 수준이 '하'인 청소년들 중에선 가정의 경제적 불안 및 자신의 장래에 대한 불안 때문에 행복하지 않다고 응답한 비율이 40.3%를 차지했다. 경제적 수준이 낮은 청소년들에게선 가정의 경제 상황이 자신의 행복도에 미치는 영향이 더욱 컸던 것이다. 실태조사를 분석한 보고서에 따르면 청소년기의 행복감은 청소년들의 또래 관계나 학교 교사와의 관계에서 내려진 '평가'에 크게 좌우됐다. 평가의 방식은 크게 두 가지로 나뉜다. 학업성적이라는 객관적 평가 못지않게 외모나 복장, 취미 · 여가활동 등을 통해 이뤄지는 서로에 대한 '평가'가 청소년의 주관적 행복감에 영향을 미치는 것이다. 청소년 가정의 경제적 수준은 성적뿐만 아니라 친구를 사귀고 친구들로부터 존중과 배려를 받는 정도에도 영향을 미쳤다. 경제적 수준이 낮아질수록 친구를 사귀기 쉽고 또래와 교사로부터 존중받는다고 응답한 비율은 낮아졌다. 반면 체벌 및 욕설, 학교폭력, 학교 내 인권침해와 차별 경험 빈도는 높아진다는 사실이 통계에서도 확인됐다.

갓 중학교를 졸업하고 고교 1학년으로 진학하는 황지영양(가명 · 15)은 서로를 보는 평가 기준이 자신을 바라볼 때도 똑같이 적용된다고 말했다. 유행하는 헤어스타일을 하고, 화장품이랑 액세서리도 더 비싼 것을 쓸 땐 만족감이 높아지는데, 최소한 다른 친구들이 쓰는 수준만큼도 돈이 없어서 못따라가면 우울해진다는 것이다. 하지만 더 크게 좌절감을 맛볼 때는 따로 있었다. 황양은 "수행평가나 공모전이 있을 때 외국 갔다온 것, 비싼 전시회 갔다온 것 자랑하는 애들을 보면 정말 신분 격차가 느껴진다"며 자신이 해볼 도리가 없는 수준의 격차를 느낄 때 자신이 초라하게 느껴진다고 말했다. 황양의 말처럼 청소년들이 자신을 바라보는 시선과 태도는 경제적 수준에 영향을 받았다. 경제적 수준이 '하'인 청소년 중에서 자신에게 자랑스러운 점이 없다고 응답한 비율은 46.5%로, '상'에 속한 청소년의 응답률 21.3%에 비해 두 배 이상 높았다. 이렇듯 경제적 요인에 더 중점을 두는 경향은 학년이 높아질수록 강해졌다. '행복에 필요한 것'을 묻는 항목에 초등학교 4학년 중 3.1%만이 '돈'이라고 응답한 데 비해 고등학교 3학년들은 26%가 '돈'을 행복의 필요조건으로 꼽은 것이다.

황양 역시 나이가 들수록 경제적 여건이 중요하게 느껴진다며 어려운 경제사정 때문에 공부로라도 따라잡아야겠다고 마음먹었다고 말했다. "중3까지 같이 놀던 친구 하나가 인터넷고에 가겠다고 한 뒤로 같이 놀던 애들이 점점 멀리하는 걸 느꼈다. 나도 그 친구랑 (경제적) 사정이 크게 다르지 않은데 (일반계) 고등학교 가서 성적에서 밀려 무시 받을까봐 걱정된다." 황양은 고등학교에 가기 전에 진도를 맞춰놓지 않으면 안 된다는 조바심에 방학 동안에도 학원에 붙어 살았다. 그러나 이미 중학교에서부터 선행학습을 하던 친구들과의 차이는 좁혀지지 않았다.

최근 늘고 있는 다문화가정의 청소년들에게서도 가정의 소득수준이 낮을 경우 학교 적응에 더 어려움을 겪는 경향은 똑같이 나타났다. 다문화가정 청소년 중 가정의 경제적 수준이 '하'로 분류된 청소년들은 '하'에 속하는 전체 청소년들의 적응 정도에 비해서도 더 큰 어려움을 겪고 있었다. 반면 다문화가정 청소년이지만 가정의 소득수준이 '상'과 '중'으로 비교적 경제적 어려움이 덜한 가정에서 자랄 경우엔 일반가정 청소년들과 학교 적응 정도에 유의미한 차이가 없었다. 문화적인 차이 때문에 겪는 적응의 어려움이 경제적인 요인 때문에 더욱 심해지는 것이다.

전문가들은 성과 위주의 경쟁사회의 모습이 청소년들이 속한 학교와 생활공간에서도 재현되는 데서 비롯됐다고 분석했다. 특히 청소년들의 일상적 인간관계에서 가장 큰 영향을 미치는 학교라는 공간이 학업성적과 입시 위주로 돌아가고 있는 데서 여러 문제들이 파생된다는 것이다. 이러한 문제는 청소년들에 대한 정신적 압박으로 작용해 초등학생 7명 중 1명, 고교생 4명 중 1명꼴로 가출 및 자살 충동을 경험하고 있는 실정이다. 그 결과 한국 청소년의 행복지수 성적은 참담한 수준으로 드러났다. 경제협력개발기구(OECD)의 회원국 중 2009년부터 5년 연속 최하위를 차지한 것이다. 한국방정환재단과 연세대 사회발전연구소가 청소년의 주관적 행복지수를 집계한 23개 나라 가운데 한국은 22위인 헝가리와 큰 격차를 보이며 최하위를 기록했다. 물질적 행복과 교육 성취도 등의 항목별 지수에서 교육 성취도의 경우 1위를 차지한 반면, 주관적으로 느끼는 행복의 수준은 가장 낮았다.

경제적 격차가 청소년기의 인간관계와 정서상태에 큰 영향을 미친다는 점에 대해 청소년 인권의 차원에서 접근할 필요가 있다는 목소리가 나온다. 특히 경제수준이 차별 및 인권침해를 겪게 만드는 요인 중 하나로 거론되기 때문이다. 유성렬 백석대 교수는 "청소년 가정의 경제적 수준이 낮을수록 차별 경험은 많은 데 비해 인권에 대한 인식은 낮은 것으로 나타났다"면서 "특히 차별과 같은 경험이 청소년 인권에 미치는 영향이 크다는 점을 감안해 청소년 인권을 보호하는 시각에서 접근할 필요가 있다"고 지적했다. 김신영 한양사이버대 교수 역시 "인권에 대한 사고는 자신을 둘러싸고 있는 환경의 영향을 강하게 받는다"며 "가정이나 학교에서 청소년을 존중할 수 있는 여건을 만들어야 청소년 스스로의 인권의식 또한 기대할 수 있다"고 말했다.

출처 : 김태훈, 『주간경향』 1066호, 2014.3.11.

백만장자만 101만 명… 이게 '사회주의' 중국이다

영국의 무용가 이사도라 덩컨은 극작가 버나드 쇼에게 "우리가 결혼하면, 당신의 지성과 나의 외모를 닮은 2세가 태어날 거예요"라며 청혼을 했다고 한다. 그러자 버나드 쇼는 "내 못 생긴 얼굴에 당신의 머리를 닮은 아이가 태어날 수도 있어요"라며 청혼을 거절했다. 어쩌면 중국에서 사회주의와 자본주의의 동거는 버나드 쇼의 우려처럼 최선이 아니라 최악의 결과를 잉태하고 있는지도 모른다.

중국 공산당은 사회주의와 자본주의의 동거를 '중국 특색의 사회주의'라고 말한다. '프롤레타리아 독재', 즉 중국공산당이 '영도'하는 사회주의적 정치체제와 시장이 '지배'하는 자본주의적 경제체제의 결합이 중국식 사회주의의 '특색'이다. 하지만 지적인 남성과 미모의 여성 사이에서 못 생기고 아둔한 아이가 태어날 수도 있는 것처럼 '특색'은 자칫 '변색'이 될 수도 있다.

시장경제에 기초한 '중국 특색의 사회주의'는 중국을 단기간에 미국과 어깨를 나란히 하는 경제대국으로 성장 시켰다. 2016년이 되면 중국의 국가총생산은 미국을 넘어서게 될 것이라고 한다. 하지만 마천루의 높이와 정비례로 그림자가 커지는 것처럼 고도성장의 그늘도 점점 깊어지고 있다.

2014년 2월 25일 시난 재경대학 '중국가정금융조사연구센터'가 '2014 중국재부 관리포럼'에서 발표한 보고서에 따르며 2013년 중국 상위 10% 가정이 보유한 자산은 전체의 60%에 달했다. 소득 분배의 불평등 정도를 나타내는 '지니계수'는 무려 0.717% 였다. 일반적으로 지니계수가 0.4%이상이면 불평등한 상태를 나타내는데

0.6 이상은 심각한 불평등 상태이다. 독일 0.28, 한국 0.32, 미국 0.336보다 두 배 이상 높았다. 중국에서 상위 10%와 하위 10%의 소득격차는 1988년 1대 7.1이었지만 2007년에는 1대 23으로 3배 이상 커졌다.

'크레디트스위스'의 보고서에 따르면 2011년 홍콩과 마카오를 제외한 중국 본토에서 100만 달러 이상의 자산을 보유한 사람의 수는 101만 7,000명이었다. 크레디트스위스는 5년 안에 중국의 백만장자의 숫자가 두 배로 늘어날 것이라고 전망했다. 중국 본토에서 5,000만 달러 이상의 초고액 자산가의 숫자는 5,400명으로 미국에 이어 세계 2위를 차지했다. 전 세계 백만장자 중 중국의 백만장자가 차지하는 비중은 3.4%였지만 5,000만 달러 이상 부자는 전 세계의 6.4%를 차지해 초고액 자산가의 비중이 상대적으로 높았다.

반면 2014년 중국 '인력자원사회보장부'는 농촌을 떠나 도시에 일하는 농민공의 숫자가 2억 6,900만 명에 달한다고 발표했다. 농민공은 중국 전체 13억 6,072만 명의 20%에 달하며 이들의 월 평균 수입은 2,609위안(약 45만 원)에 불과하다. 농민공의 수입은 농민 전체 수입의 절반가량에 이른다. 여전히 중국 '인민'의 다수가 절대적 빈곤상태에 놓여 있는 것이다.

자본주의 국가라고 해도 중국의 소득 불평등은 매우 심각한 수준이다. 단지 소득 분배의 측면에서 보면 중국은 사회주의 국가라고 말하기도 어렵다. 어쩌면 중국 특색의 사회주의는 사회주의의 맹점과 자본주의의 단점이 결합된 기형적 사회주의 혹은 기괴한 자본주의 체제로 변질되고 있는지도 모른다.

지난 4월 1일 중국의 시진핑 국가주석은 벨기에 유럽대학의 강연에서 "전제군주제 종식 뒤 중국은 어디로 갈지 고민해 입헌군주제, 의회제, 다당제, 대통령제를 모두 시도했다"며 "마지막으로 선택한 것이 사회주의의 길"이라고 밝혔다. 중국 공산당은 중국 공산당 창건 100주년을 맞는 2021년까지 중국 인민들에게 '전면적인 샤오강 사회', 즉 모든 국민이 중산층 수준에 다다르는 사회를 건설하겠다고 약속했다. 하지만 사회주의는 말로 하는 것이 아니다. 만일 시진핑이 2021년까지도 인민과의 약속을 지키지 못한다면 다시 따하이의 엽총이 불을 뿜을지 모른다. 한때 중국에서는 이런 노래가 유행했다. "마오쩌둥 병사는 청렴결백하고 공정했네 / 훠꿔펑의 병사는 그저 그랬네 / 덩샤오핑의 병사는 백만장자라네." 지아장커가 〈천주정〉에서 마오쩌둥의 동상을 반복적으로 보여주는 것은 어쩌면 "청렴결백하고 공정"했던 그 시절에 대한 향수 때문일지도 모른다. 마오의 중국은 가난했지만 적어도 공정했다.

출처 : 최한욱, http://www.ohmynews.com/NWS_Web/View/at_pg.aspx?CNTN_CD=A0001978646&PAGE_CD=ET000&BLCK_NO=1&CMPT_CD=T0000

(2014.4.9 검색)

제3장

가치관의 변화

앞에서 보았듯이 동아시아 3국의 급속한 자본주의적 산업화는 일의 성격, 소득의 근원, 거주지, 인구구조, 결혼양태, 가족형태, 여성의 사회적 지위와 역할 등에 있어서 많은 변화를 초래했다. 그러면 이와 같은 거대한 사회경제적 변화가 전통적인 문화 특히 가치관에는 어떤 영향을 미쳤을까.[1]

동북아 3국의 사례를 보기 전에, 가치관을 포함한 문화의 변화와 관련된 논의부터 간단히 살펴보기로 한다.[2]

일부 학자들은 웬만한 외적 충격에도 불구하고 문화가 좀처럼 바뀌지 않는다고 주장한다. 미국과의 집중적인 접촉에도 불구하고, 캐나다인들의 가치는 근본적으로 바뀌지 않았다는 연구(Adams, 2003)도 있고,

---

1 문화의 개념과 구조에 대해서는 상자 안의 설명 참조할 것.

2 여기서 가치관은 가치(values)와 규범(norms)을 포괄하는 개념으로 사용한다. 가치와 규범의 차이에 대해서는 상자 안의 설명을 참조할 것.

에스토니아가 소비에트 사회주의 소련의 지배하에 있을 때 전체 인구의 30%가 소련계임에도 불구하고 에스토니아인들의 가치는 변하지 않았다는 연구(Berry, 2003)도 있다.[3]

반면 일정한 조건에서 문화가 바뀔 수 있다고 주장하는 학자들도 적지 않다. 전쟁과 같은 강력한 외적 충격(Barker, Halaman & Vloet, 1992; Hofstede, 2001), 기술혁신, 경제사회체제의 변화, 산업사회에서 후기산업사회로의 변화 등과 같은 주요한 사회경제적인 변화(Rotondo Fernandez et al., 1997; Inglehart, 2008; Deutsch, Welzel & Wuchpfennig, 2008), 공산주의로의 이행과 같은 정치체제의 변화(Barker, Halman & Vloet, 1992), 세계화 등에 따른 문화의 확산이나 문화 간 접촉(Berry, 2008), 세대교체와 같은 사회인구학적 변화(Barker, Halman & Vloet, 1992; Ester, Braun & Mohler, 2006) 등으로 말미암아 기존의 문화가 바뀔 수 있다는 것이다.

---

3 이와 같은 거시적인 요인은 다음과 같은 미시적인 과정을 통해 문화의 안정성을 가져온다고 볼 수 있다. 우선, 나이가 들면서 생물학적으로나 심리적으로 성숙해가는 과정의 성격과 관련된 것으로, 생물학적 심리적 기능이 발달하는 속도가 매우 빠른 생애 초기 단계에 받아들인 자극이 우선적으로 흔적을 남기게 되고 이러한 자극이 반복적으로 오랜 기간 지속되면 정서적인 애착(affective mass)이 생기게 되어 잘 변하지 않는다(Sears, 1981; Alwin et al., 1991). 가치와 규범의 안정성과 변화에 대한 다른 설명방식은 생애주기 동안 겪는 경험이나 역할의 변화와 연관을 짓는다. 이에 의하면, 개인의 가치나 규범의 변화는 초기 성인기와 은퇴 후에 나타날 가능성이 높은데, 그것은 초기 성인기에는 이전에 만나지 못했던 새로운 부류의 사람이나 준거집단(reference group) 또는 상황에 적응하는 과정에서 이전에 가졌던 가치나 규범을 바꾸어야 하기 때문이라는 것이다. 물론 이러한 설명방식에 의하면, 초기 성인기를 지나면 이러한 가능성이 줄어들기 때문에 그만큼 가치와 규범도 바뀔 가능성이 적다고 본다(Wells and Stryker, 1988; Elder and Caspi, 1990).

문화의 개념과 구조

문화는 상징물(symbols), 영웅(heroes), 의례(riturlas), 가치(values) 등 네 가지 층위로 구성되어 있다. 양파껍질에 비유하면, 가치가 가장 안쪽, 그 바깥으로 의례, 영웅, 상징물의 순서로 배치되어 있다.

상징물(symbols)은 단어, 몸놀림, 의상, 헤어스타일, 깃발, 지위를 상징하는 물체, 그림 등을 지칭하는데, 이러한 상징물은 쉽게 나타나고 사라지기도 하고 다른 문화권으로부터 상징물을 받아들이기도 한다. 이런 점에서 상징물은 문화적 요소 중에서 가장 쉽게 바뀐다고 할 수 있다. **영웅**(heroes)은 이미 죽었거나 아직 살아있는 실제 인물이든 가공의 인물이든 국민의 귀감이 되는 성품을 가진 인물을 의미하는데, 미국의 바비인형(Barbie)이나 스누피(Snoopy), 프랑스의 아스테릭스(Asterix), 네덜란드의 올리버 봄멜(Olive B. Bommel) 등도 포함된다. **의례**(rituals)는 그 사회에서는 필수적인 것으로 간주되는 바람직한 목적을 달성하기 위한 집단적인 행위를 의미하고, 인사하는 방법, 타인이나 권위에 대한 경의 표시방법, 사회적-종교적 의식(social and religious ceremonies) 등이 포함된다. 마지막으로, **가치**(values)와 **규범**(norms)은 사물이나 현상의 어떤 상태가 더 바람직한지(가치) 또는 사회적으로 받아들여지는지(규범)를 판단하는 기준이 되는데, 선과 악, 청결과 불결, 위험과 안전, 금지와 허용, 도덕과 부도덕, 품위 있는 것과 품위 없는 것, 추함과 아름다움, 자연스러움과 부자연스러움, 정상과 비정상, 궤변과 논리, 불합리와 합리 등과 같은 대립적인 항목으로 구성 된다.

이 중에서 가치의 바깥에 위치하고 있는 상징물이나 영웅 또는 의례는 행해지는 것(즉 실천, practice)이기 때문에 외부인들에 의해 관찰될 수 있지만, 그것의 의미를 부여하는 가치와 규범은 겉으로 드러나지 않기 때문에 오로지 같은 문화권 내 사람들만 파악할 수 있다(아래 그림 참조).

출처 : Hofstede, 2010: 8~9.

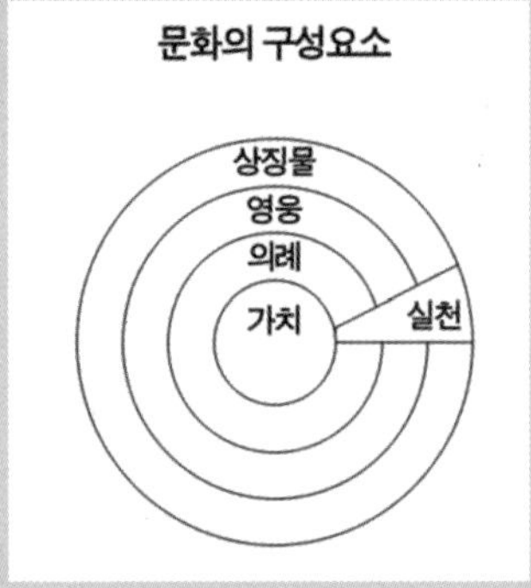

출처 : Hofstede (2010), 8쪽.

가치와 규범 = 가치관

가치는 행위의 양식, 수단, 또는 목적이 얼마나 바람직한 것인가를 평가하는 기준에 대한 신념으로, 어떤 사람, 사물, 현상이 좋거나 나쁜 정도를 결정한다(Kluckhohn, 1951; Schwartz and Bilsky,

1987). 가치의 평가적인 측면은 도덕(morality), 미학(aesthetics), 인지(cognition)를 기준으로 하여 사람이나 사물 또는 현상의 좋고 나쁨, 아름다움과 추함, 옳고 그름을 판단하게 한다. 예를 들면 남을 배려하는 자세는 도덕적인 근거에서, 깔끔함(neatness)은 미학적인 근거에서, 영리함(intelligence)은 능력이나 업적을 판단하는 인지적인 측면에서 좋은 것으로 평가한다. 가치는 특정 사물이나 사람에 대한 선호(preference)나 태도(attitude), 특정 사물이나 현상에 향해지는 관심(interest), 감정과 추동력을 포함하는 동기(motive), 어떤 가치를 획득하고자 하는 욕구(need), 행위의 목표(goal)와는 다르다(Learn Sociology, 2013).

반면 **규범**(norms)은 가치와 마찬가지로 평가와 관련된 신념(evaluative belief)이긴 하지만, 행동의 바람직함(desirability)과 관련된 가치와 달리, 행동의 허용 내지 수용(acceptability)과 관련되어 있다. 즉 규범은 어떤 행동이 얼마나 옳은지 아니면 허용되는 것인지를 기준이 된다. 규범은 행동 규칙(rule of behavior)을 포함하고 있어 마땅히 해야 할 것과 하지 말아야할 것을 제시한다. 따라서 가치가 바람직함(desirability)이나 끌림(attraction) 또는 배척(repulsion)의 감정을 유발하는 반면, 규범은 의무감을 유발한다. 또한 규범은 구체적인 상황에 따라 달라지기 때문에 가치보다 훨씬 더 구체적이고 조건부의 성격을 갖는다. 또한 규범의 정당성은 때로는 도덕적, 미학적, 인지적 가치에서 나오기도 한다. 그러나 규범은 행위자에 대한 기대를 포함하는 관습과는 다르다.

출처 : Learn Sociology, "An Insight to Human Social Relations", 2013, http://edu.learnsoc.org (2013.12.13 검색)

이들도 문화는 변화에 저항하는 힘(resilience)을 가지고 있기 때문에 청소년기까지의 사회화를 통해 사회구성원의 마음속에 내면화된 문화는 좀처럼 바뀌지 않는다는 점을 인정하면서(Moses and Susman, 1980; Sears, 1983; Alwin, 1994) 동시에 앞에서 언급한 정치・경제・사회적 변화나 외부로부터의 강한 충격이 가해지면 특히 청소년기에 그런 변화나 충격에 노출된 세대부터 바뀌기 시작하여 이들이 사회의 기성세대로 등장하면서 전체 사회의 문화가 바뀔 수 있다고 주장한다(Inglehart, 2008).[4]

이처럼 문화의 변화 가능성에 대한 논란은 많지만, 어느 한쪽이 옳다는 것을 지지하는 결정적인 증거는 아직 나오지 않고 있다. 그럼에도 불구하고 가치와 규범을 포함한 문화의 변동과 관련하여 다음과 같이 정리할 수 있을 것이다.

첫째, 촉발제가 무엇이든 간에 문화는 하루아침에 갑자기 변하지 않는다는 것이다(Williams, 1970; Kaar, Šehié, & Szabo, 2013). 둘째, 문화의 중핵을 이루는 가치(value)와 규범(norm)은 바뀌기 어렵지만, 문화의 구성요소 중 상징물, 영웅, 의례는 환경이나 상황이 바뀌면 비교적 쉽게 바뀌기도 하고 외부로부터 새로운 것을 받아들임으로 비교적 쉽게 바뀔 수 있다. 즉 문화의 중핵을 이루는 가치관 즉 가치와 규범은 부모가 어릴 때 그 부모로부터 배운 것을 다시 자식이 어릴 때 전수해준 것이어서 본인이 그것을 명확히 의식하지도 못하고 외부로부터 잘 인지할 수도 없기 때문에 좀처럼 바꾸기 어렵지만, 가치와 규범의 실천형태로서 외곽에 있는 상징물이나 영웅 또는 의례는 그 이후에 습득한 것이 많고 외부에서 관찰되기 때문에 그만큼 바꾸기도 쉽다(Hofstede, 2010: 10~20).[5] 셋째, 가치와

---

4 이외에도 어느 집단이나 사회의 주류문화와 다른 문화를 가진 어느 한 하위집단이 규모가 커지거나 하위집단 간 문화 차이나 유사성에서 변화가 생기거나 특정 하위집단이 특정의 역사적 사건에 더 민감하게 반응할 경우도 그 집단이나 사회의 문화가 바뀔 수 있고, 사회화에 특히 강한 영향력을 갖는 사회조직이 달라짐에 따라 바뀔 수도 있다(Edu.LearnSoc.org, 2013).

규범 중에서도 개인이나 집단 또는 사회의 정체성과 관련된 핵심적인 가치와 규범은 바뀌기 어렵지만, 그렇지 않은 주변적 가치와 규범은 상대적으로 용이하게 바뀔 수 있다(Rokeach, 1973; Glenn, 1980).[6] 넷째, 문화의 중핵을 이루는 가치와 규범과, 개인이나 집단 또는 사회의 정체성과 관련된 핵심적인 가치와 규범도 초기 성인기 이전의 사회화를 거치는 과정에서 거대한 역사적 사건을 경험한 세대가 기성세대를 교체하면서 바뀔 수 있다(Inglehart, 2008).

가치와 규범의 중요도 기준

각 가치와 규범의 중요도는 강도, 중심성, 범위, 조건부, 의도 등 다섯 가지 측면에서 평가할 수 있다.

가치나 규범의 강도(strength)는 그것이 가지고 있는 위력을 의미하는데, 개인이나 사회의 가치 / 규범구조에서 윗부분을 차지할수록 강도는 세다. 즉 사고나 행동에 미치는 영향력이 크다. 어떤

---

5 보다 구체적으로 문화의 요소, 보다 정확하게는 개인에게 내재화된 가치와 규범 중에서 사람들은 자기정체성(self-concept)이나 중요하다고 생각하는 것들은 변화의 압력에도 불구하고 그대로 유지하려는 경향이 있다(Rokeach, 1973; Glenn, 1980) 이와 같이 자신에세 중요한 가치와 규범은 생애주기의 초기 단계에 초기 사회화를 통해 습득하기 때문에 바깥 세상에 대한 신념(존재론적 신념)과 강하게 연결되어 있고, 바깥세상을 일어내는 정신적 모델(mental models)과 연관되어 있으며 강한 정서적 기반을 가진 인지구조(cognitive organization)의 중심요소로 뿌리를 내리기 때문에 좀처럼 변하지 않는다. 일반적으로 어떤 가치나 규범 또는 태도(예, 정치적 태도)는 초기 성인단계에 이르기까지 유동적인 상태에 있다가 그 이후 굳어진다. 이러한 초기의 가장 변형가능성이 큰 유동적인 단계 또는 형성기를 지나 중년기에 접어들면 안정적인 상태가 되고, 이러한 상태는 인생 후반기에 접어들어서도 유지되거나 쇠퇴하게 된다(Alwin et al., 1991; Alwin, 1994).

6 가치와 규범의 구조와 중요도에 대해서는 상자 안의 설명 참조할 것.

가치나 규범의 강도가 세다고 해서 특정한 시점에서 항상 그렇지는 않다. 그것은 어떤 상황에서 그 가치나 규범을 실현할 가능성이 적으면 인지부조화(cognitive dissonance)가 나타나 그것을 줄이기 위해 그것의 중요성을 약화시켜야 하기 때문이다.

중심성(centrality)은 어떤 가치나 규범이 적용되는 행위나 그 목적의 수와 종류가 얼마나 되는지에 대한 것으로, 그것이 적용되는 행위나 목적의 수도 많고 종류도 다양할수록 전체 체제가 그것을 중심으로 조직되어 있다는 것을 의미하기 때문에 그만큼 비중이 크고 중요하다. 그런 만큼 중심적인 가치나 규범이 없어지면 전체 체제의 성격이 바뀔 수 있다. 개인에게는 인생 전반의 목표나 목적과 관련된 가치와 규범이 특정한 생활영역이나 역할에 한정되어 적용되는 가치나 규범보다 더 중심적이고, 후자(특정 영역이나 역할에 한정된 가치와 규범)에도 영향을 미친다. 물질적으로 보다 풍요로운 생활, 의미 있는 가족관계와 우정 쌓기, 보다 살기 좋은 세상 만들기, 즐기기 중 어느 것을 인생 전반의 중심적인 가치로 삼느냐에 따라 결혼, 부모역할, 직장, 우정, 레저 활동과 취미, 공동체 활동, 종교활동 등에 얼마나 중요성을 둘 것이며 얼마나 많은 시간과 노력을 투자할 것인지가 달라진다.

범위(range)는 특정한 가치와 규범이 적용되는 대상 속에 포괄되어 있는 구성원(actors)의 성격 즉 그 수와 종류(복수의 개인, 조직, 사회)에 대한 것으로, 구성원의 성격은 대부분 연령(age), 성별(sex), 국적(nationality), 인종(race), 종족(ethnicity) 등과 같은 귀속적인 지위에 의해 규정된다. 광범위한 가치와 규범은 특정 대상에 속한 모든 구성원에게 적용되지만, 협소한 가치와 규범은 그 대상 중 일부 구성원에게만 적용된다. 타인의 복지에 대한 관심과 책임(concern about and responsibility for the well-being of others)은 전세계 모든 개인에게 적용되는 가치인 반면, 지혜(wisdom)는 전 세계에 적용되지만 주로 나이가 많은 사람에게 적용되는 가치다.

어떤 가치나 규범의 조건부(conditionality)는 그것이 적용되는 상황(과 그 속에 포함되어 있는 행위자)의 수와 종류에 관한 것이다. 예의(courtesy), 청결(cleanliness), 정직(honesty)은 거의 모든 상황에서 긍정적으로 평가되지만, 공격성(aggressiveness)은 전쟁이나 스포츠와 같은 특정 상황에서만 긍정적으로 평가되는 가치다. 가치나 규범의 조건부적 속성 때문에 같은 행위가 상황에 따라서 다르게 평가되는 것이다. 따라서 많은 수와 다양한 유형의 상황에 적용되는 가치나 규범일수록 조건이 적게 붙고 그만큼 중요한(또는 우선순위가 높은) 반면, 적은 수와 유형의 상황에만 적용되는 가치는 조건이 많이 붙고 그만큼 중요성이 떨어진다 (또는 우선순위에서 떨어진다).

마지막으로, 의도(intent)는 행위의 양식, 수단, 또는 목적과 관련된 특성이다. 양식과 관련된 가치(mode value)는 어떤 행위가 행해지는 방식이나 스타일의 성격으로, 행위나 행위자를 기술하는 속성(예, 지적인, 독립심이 강한, 창의적인, 책임감이 강한, 친절한, 관대한 등)이 일관되게 오래 동안 적용될 수 있을 때 보다 중심적인 것이다. 도구적 가치(instrumental value)는 다른 목적을 달성하는 데 필요한 (사용되는) 가치로, 예를 들면, 직장과 그로 해서 얻는 수입은 생명을 유지하는 데 필요한 물적 자원을 획득하는 데 필요한 수단이 될 수 있다. 목적가치(goal value)는 그 자체가 목적이 되고 만족(intrinsic satisfaction or happiness)을 주는 가치다. 여기서 주의할 점은 첫째, 규범은 행위의 목적이 아니라 양식 또는 수단에 적용되고, 어떤 목적을 달성하는 수단이나 방식(예, 공정성, 정직성)에 제한을 가한다는 점이다. 둘째, 가치와 규범이 반드시 의도의 동일한 유형에 속하지 않을 수 있다는 점이다. 예를 들면, 타인에 대한 관심을 보여주기 위한 과제를 수행하기 위한 행위의 수단은 친절하고 정중하고, 배려하는 자세이어야 한다. 셋째, 도구적 가치와 목적가치는 서로 연관되어 있어 엄격히 구분하기 어렵다는 점이다 (Learn Sociology, 2013. "An Insight to Human Social Relations", http://edu.learnsoc.org(2013.12.13 검색)).

간단히 말하면, 첫째, 강도가 셀수록, 둘째, 적용되는 행위나 그 목적의 수도 많고 종류도 다양할수록, 셋째, 적용되는 대상 속에 포괄되어 있는 구성원(actors)의 성격 즉 그 수와 종류(복수의 개인, 조직, 사회)가 많을수록, 넷째, 많은 수와 다양한 유형의 상황에 적용될수록, 다섯째, 행위(자)의 방식이나 스타일이 지속적이고 일관되게 유지될수록 어떤 하나의 가치나 규범의 중요도는 높다고 할 수 있다.

1. 동아시아의 유교적 가치

이상의 논의를 염두에 두고 동아시아 3국의 가치관과 그 변화에 대해서 알아보기로 한다. 한국, 중국, 일본 동아시아 3국은 대만, 베트남 등과 함께 유교문화권에 속하고,[7] 유교문화권에서 강조하는 핵심적인 가치는 내세보다는 현세의 삶을 중요시하는 세속주의와,[8] 하늘과 땅

7 동아시아 3국에서 유교의 형성, 전파, 정착, 발전, 쇠퇴 배경과 과정을 설명한 것으로 사와이 케이치[澤井 啓一](2009), 유상호(1997), 박민아 · 송정기(2000), 장승희(2006) 등을 참조할 것.

8 유교의 가치체계에서는 그리스도교처럼 초월적 절대자이며 창조자임과 동시에 인격적인 신을 가정하지는 않고, 현세의 삶을 중요시한다. 자로(子路)가 조상신령을 섬기는 것과 죽음에 대해 공자에게 물었을 때, 공자 왈(曰)「산 사람도 못 섬기는데 어찌 신령(神靈)을 섬길 수 있으랴」, 그리고「하물며 생(生)도 모르거니와 어찌 죽음을 알랴」는 구절에서 볼 수 있듯이, 유교에서는 영원의 문제 또는 구세주나 구원의 관념을 외면하고 어디까지나 현세를 긍정하고 현세에 치중하는 생활윤리를 강조하고 있다. "고병익(高炳翊)의 소론(所論)에 따라 유교적 가치 체제 전반에 대해 살펴보면 대체로 다음과 같다. 첫째,「현세긍정」이라는 관점에서 현세가 바로 종국적인 의미를 갖게 되고 따라서 구세주, 또는 구원의 관념이 필요 없다. 둘째,「인과 효의 도덕」으로서 명분, 염치와 예절이 중심적인 가르침으로 수치와 체면 문화를 형성시킬 요인을 안고 있다. 셋째, 현세긍정의 바탕 위에서「덕치주의」가 이상으로, 도덕군자의 자기수양과 그에 의한 적극적인 도덕정치가 강조되는 한편, 사회구성원 간의 인간관계에 있어서는 계층과 질서의 관념이 강하게 요청된다. 넷째, 인문중시의 경향으로 교육과 학문을 특히 권장 · 강조하고 있다는 것이다"(엄묘섭, 1985: 93~94; 김문조 외, 2013: 10~12). 정수복(에 의하면, 유교의 현세(적 삶)에 대한 강조는 쉽게 세속적 구복(求福)과 연결된다. "현세적 물질주의는 기본적으로 무교에서 나온 것이라고 할 수 있다. 무교에서는 '이승이 아무리 나빠도 저승보다는 낫다'고 생각한다. (…중략…) 무교와 달리 유교는 도덕적 이상주의의 요소를 가지고 있었음에도 불구하고 초월적 세계를 부정하는 현세중심적 사고였다. 유교는 현세의 삶에 중점을 둔 신념체계이며 사후세계에 관심을 기울이지 않았다. (…중략…) 유교의 현세적 삶에 대한 강조는 쉽게 세속적 구복과 연결되었다, 조선시대 이후 한국인들의 삶의 최고 목표는 입신양명(立身揚名)이라는 현세적 성공이었다. 가문의 번영을 위해 과거에 급제하고 관직에 올라 왕가나 권문세족(權門勢族)의 집안과 혼인관계를 형성하여 높은 벼슬을 하는 세속적인 성공이 입신양명의 길이고 효의 완성이라고 생각했다. (…중략…) 유교의 현세중심주의와 현실의 재앙을 없애고 건강하고 행복한 삶을 추구하는 무교가 결합하여 현세에서의 물질적 행복을 이상적 삶으로 생각하는 현세적 물

과 인간, 좁게는 나라와 가정, 집단과 집단, 개인과 개인 간의 조화(調和, harmony)에 의한 (특히 인간사회의 위계적인 질서(hierarchical order)의) 안정(stability)이다.[9] 이러한 핵심적 가치를 실현하기 위한 하위의 (도구적) 가

질주의가 형성되었다고 볼 수 있다"(정수복, 2012: 110~112)

9 "전통사회에서는 인간관계에 있어서 집합적 조화가 갈등과 인간의 조종보다 더 근본적으로 중요하였다. 개인과 집단들은, 불평등한 관계에도 불구하고, 공유하고 있는 도덕적 기대감과 문화적 전통에 의해서, 인간적인 상호연관성 속에서 서로 조화로운 관계를 이룰 수 있었다. 인간본성에 대한 주자(朱子)의 견해는 사람들 사이의 타고난 불평등을 가정하였는데, 이것은 상층계급의 특권 요구를 합리화하는, 양반 엘리트주의 이데올로기의 근거를 이룬 것으로, 불평등은 자연적인 질서를 반영한 것이었다. (…중략…) 전통사회에서의 이상적 정부는 어질고 현명한 사람들이 무지하고 열등한 대중을 도덕적 권고와 모범적 행동으로 통치하는 것이었다. (…중략…) 유교적 사회이론은 출생에 의해 이어받은 사회적 신분과 역할 및 인간 속에 있는 영원한 것, 즉 하늘로부터 받은 천성(天性)을 사회 안에서 개인이 자신을 자유로이 표현할 수 있는 선택과 의지보다 더 강조하였다"(정재식, 1985: 20~21). 이동희도 비슷한 지적을 하고 있다. "유교는 보편적인 사랑인 인(仁)을 말하였지만, 역사적으로 왕조체제에 이용되는 과정에서 신분사회를 정당화해주었다. 유교의 예(禮)가 그것에 이용되었다. 유교는 원래 자연발생적으로 사람들 사이에는 귀천(貴賤)이 있다고 생각했고, 그것을 규정하는 것이 '천리(天理)의 절문(節文)'인 예라고 보았다. 예는 구분하고 질서를 지우는 기능, 즉 인륜공동체를 유지하는 수단으로 자연스럽고 필연적이라고 보았다"(이동희, 2005: 159~160). 이러한 조화의 가치에 대한 신념체계는 삼강오륜과 같은 하위 가치를 만들어냄과 동시에, 갈등을 회피하거나 억압하는 등 독특한 갈등관리방식을 낳았고, 이는 다시 자신의 의사를 직접 정확하고 명확하게 표현하기보다는 간접적이고 우회적인 방식으로 표현하는 의사소통방식을 낳았다. "유교는 변화보다는 사회적 질서와 정치적 안정을 추구하며 차이와 갈등보다는 조화와 합의를 강조한다. 유교는 합리적 토론보다는 양보와 배려를 선호한다. (…중략…) 유교문화에서 갈등은 부정적으로 인식되기 때문에 갈등의 표출은 사전에 방지되어야 하고 갈등이 발생했을 경우 그 처리과정은 윗사람이 아랫사람을 불러서 달래는 방식이 선호된다. (…중략…) 물론 유교에서도 자식이 부모의 잘못을 지적할 수 있고 신하가 임금의 잘못을 지적할 수 있지만 최종적인 결정권은 부모와 국왕에게 있다. 유교는 갈등, 대립, 마찰은 최소화하되 그 해결은 소리 없이 조용히 할 것을 가르친다. 그렇기 때문에 유교문화권에서는 아랫사람이 윗사람에 대해 불만을 표시하거나 기존 질서의 부당성을 지적하려고 할 때 윗사람에 대해 직접적으로 반대하고 저항하기보다는 간접적으로 우회하는 방법을 선호한다. (…중략…) 갈등의 표출은 권위에 대한 도전이고 무질서를 낳는다고 생각한다. (…중략…) 불만이 있으면 혼자 속으로 해결하거나 중간에 제3자를 통하여 간접적인 방법으로 의사를 전달하여 암암리에 해결하는 것이 현명한 방법이다. (…중략…) 권위주의문화는 하극상을 용납하지 않는다. 불만과 이견이 발전하여 갈등으로 표현되면 그것은 회유의 대상이 되고 그래도 안되면 강제적

치는 가족주의, 연고주의, 가부장적 권위주의, 온정주의(또는 인정주의)라고 할 수 있다(장승희, 2006; 106; 박민아 · 송정기, 2000; 정재식, 1985: 7).[10]

또한 이러한 가치들을 실천하기 위한 규범으로 삼강오륜(三綱五倫)이 있다.[11] 삼강은 임금과 신하[君爲臣綱], 어버이와 자식[父爲子綱], 남편과 아내[夫爲婦綱] 사이에 마땅히 지켜야 할 도리를 말하고, 오륜은 "부모는 자녀에게 인자하고 자녀는 부모에게 존경과 섬김을 다하며[父子有親], 임금과 신하의 도리는 의리에 있고[君臣有義], 남편과 아내는 분별있게 각기 자기의 본분을 다하고[夫婦有別], 어른과 어린이 사이에는 차례와 질서가 있어야 하며[長幼有序], 친구 사이에는 신의를 지켜야 한다

탄압의 대상이 된다. (…중략…) 불합리한 상하관계가 상존하는 사회적 관계에서 갈등 자체를 굳이 부인하고 없는 것으로 만들면 아래 사람들의 불만이 표출될 기회가 사전에 봉쇄되고 기존의 상하관계가 그대로 유지되는 결과를 낳는다. 그래서 불만이 쌓이고 싸여 어느 날 갑자기 비합리적 형태로 표출된다. 그것은 개인의 차원에서는 범죄나 정신병으로 나타날 수 있고, 집단적 차원에서는 폭동이나 사회운동으로 나타날 수 있다. (…중략…) 공적 영역뿐만 아니라 사적 영역에서도 차이를 인정하고 합리적 토론을 통해 문제를 해결하기보다는 차이를 무마시키고 하나의 의견에 동조하도록 강요하는 상황이 연출된다. (…중략…) 갈등회피주의는 한국인의 사고하는 습관이나 말하는 습관에서도 나타난다. 한국인들은 무엇을 분명히 구별하고 그것들 사이에 차이를 밝히기보다는 차이를 없애고 두루뭉술하게 표현하는 경우가 많다. 자기의 주장을 남이 알아들을 수 있게 분명한 방식으로 표현하기보다는 이런저런 이야기를 하며 빙빙 돌리면서 자기의 의중을 간접적으로 알리는 의사표현방식을 선호한다. 상대방의 감정을 짐작하고 반응을 살피면서 거기에 맞추어 조금씩 자기의 의견을 내놓는 것이 신중하고 성숙한 태도라고 생각한다"(정수복, 2012: 148~153).

10 이와 같은 유교 문화의 특징을 위계질서의 관계중심적 집단주의 또는 간단하게 관계주의(relationalism)로 파악하여 설명하고 있는 연구로는 김봉진(1997), 김석근(1998), 김일곤(1985), 조성원(1980), 최재봉(1995), 최상진(1999), 함재봉(1994), 등이 있다. 개인주의 관계중심 집단주의(또는 관계주의), (집단 중심) 집단주의의 구분과 각각의 특성에 대해서는 이 책의 끝에 있는 「보론」을 참조할 것.

11 중국 전한(前漢) 때의 유학자 동중서(董仲舒)가 공맹(孔孟)의 교리에 입각하여 삼강오상설(三綱五常說)을 논한 데서 유래되어 중국뿐만 아니라 우리나라에서도 오랫동안 기본적인 사회 윤리로 존중되어 왔다. 우리나라에서는 1431년(세종 13) 집현전 부제학 설순(偰循) 등이 왕명에 따라 삼강의 모범이 될 만한 충신 · 효자 · 열녀를 각각 35명씩 모두 105명을 뽑아 그 행적을 그림과 글로 칭송하는 『삼강행실도(三綱行實圖)』를 편찬하였다. 이 책은 1481년 한글로 번역되어 간행되었고, 그 뒤 1511년(중종 6)과 명종 · 선조 · 영조 때 각각 중간되어 도덕서(道德書)로 활용되었다.

[朋友有信]"는 내용이다. 이 중에서 장유유서는 집안과 집밖의 양쪽에 해당되는 것으로, 집안에서는 형제의 차례를 말하고, 사회생활에서는 연장자와 연소자의 차례를 규정한다.[12]

유교문화권의 주요 가치를 각각 살펴보면, 우선 가족주의(familism)는 '가족을 준거로 해서 발현되는 일정한 사고 및 행위의 지향'으로(최우영 · 마수다 키즈미, 2013: 194), '가정(가족)을 우선적 가치로 삼는 가치관념, 가정(가족) 내부의 관계를 처리하는 윤리관념, 그리고 가정(가족)과 사회관계에 있어서 가본위적(家本位的) 사상'을 의미한다(姜青松 · 김영래, 2010: 193). 다른 말로 하면 가족주의는 가족집단의 유지, 지속, 기능을 모든 가치의 중심에 놓고, 다른 소속집단보다도 가족의 이익을 최우선시하며, 가족 내 인간관계를 규정하는 질서와 규범(예, 오륜)을 가족 외의 모든 사회로 확대 · 적용하려는 행동양식, 사회관계, 가치체계를 말한다(임헌규, 2011; 김동춘, 2002; 이승환, 2004; 박혜경, 2011: 75; cf. 김혜경, 2013).[13]

---

12 이러한 상위규범을 실천하기 위한 구체적인 규범들은 『예기(禮記)』에 자세하게 제시되었다. 여기에는 일상생활 중에 지켜야 할 소소한 규범(또는 예절)인 곡례(曲禮)와 비일상적으로 행해지는 관혼상제(冠婚喪祭)와 관련된 규범인 경례(經禮)로 구분하여 설명하고 있다(김미영, 2009). 곡례의 예로 다음과 같은 것들이 있다. "대부(大夫)가 임금을 뵐 때에는 임금이 '(찾아오느라) 욕봤다'고 치하하고, 사(士)가 대부를 뵐 때에는 대부가 '욕봤다'고 치하한다"(「곡례(曲禮)」 하편(下篇)). 또 어린 소년 · 소녀는 "첫 닭이 울면 세수하고 머리칼을 묶어 뿔처럼 하고(총각(總角)), 부모님께 아침 문안을 드리고 '무엇을 드셨는지' 여쭙는다"고 했다(제12편 내칙(內則)). 어른을 뵐 때 "진지 드셨습니까"라고 인사드리는 예법의 뿌리도 『예기』에서 찾을 수 있는 것이다. (…중략…) 『예기』에 '삼무사(三無私)'라는 말이 있다. 제자 자하(子夏)가 "그 옛날 삼왕(三王=우왕, 탕왕, 문왕)이 어떻게 해서 천지(天地)와 병립했습니까?"라고 물었을 때 공자가 답했다고 한다. "삼왕께서는 '삼무사(三無私)'를 받들어 세상을 위해 일하셨느니라"고. '삼무사'란 "하늘은 사사로이 덮는 게 없고, 땅은 사사로이 싣는 게 없으며, 해와 달은 사사로이 비춰주는 게 없다"는 것이다. 다시 말해서 하늘, 땅, 해와 달처럼 사심(私心)없이 천하를 위해 봉사하는 게 '삼무사'다(『예기』 제29 중 「니한거」편)"(정경희, 2006).

13 정수복은 가족주의를 "다른 소속집단보다도 가족의 이익을 최우선의 자리에 놓는 사고방식"으로 정의하고, "인간은 가족관계를 통해 자연스럽게 배운 순수한 사랑과 협동의 마음을 가족을 넘어 점차 넓은 세상의 '이웃'들에게 확대해나가는 심성을 가지고 있다"는 점에서 자연스럽고 긍정적이지만, "그 사랑이 가족의 울타리 안에 갇

둘째, 연고주의(緣故主義, nepotism)는 혈연(血緣), 지연(地緣), 학연(學緣)이라는 전통적 사회관계의 복합적인 그물망으로 혈연・지연 ・학연 등의 일차 집단적 연고를 가진 사람이나 집단과의 관계를 다른 사회적 관계보다 중요시하고, 이런 행동양식을 다른 사회관계에까지 확장・투사하는 문화적 특성을 의미한다(『행정학사전』, 대영문화사, 2009).[14] 연고주의는 가족관계를 규정하는 질서와 규범이 가족 바깥으로 혈연이 아닌 다른 귀속적 특성(예, 지연, 학연, 업연, 사연 등)을 매개로 확대・적용된 것이라 할 수 있으며, 이러한 연고(緣故)로 맺어진 관계나 그 집단에서도 부모와 자식, 남편과 아내, 연장자와 연하자 등의 가족 간의 명령과 순종의 수직적 상하관계를 바탕으로 한 위계서열적 지배질서를 확립시키고, 전체 유교 사회의 권위주의적 지배질서가 적용된다. 혈연을 중심으로 하는 가족의 조직원리가 지역사회와 국가의 범위로 확장되면서 가족 내의 수직적 상하관계 역시 지역사회와 국가에도 적용되고 헌신과 복종을 낳는 신분 윤리와 지배의 정당성을 유지하는 수단으로

히게 되면 그때부터 가족주의의 문제가 생긴다. 가족 간의 사랑이 문제가 아니라 자기 가족의 이익을 배타적으로 추구하는 가족이기주의가 문제"라고 지적하고 있다. 이러한 설명은 가족주의의 특성 중 첫 번째와 두 번째에만 초점을 맞춘 것으로 사회적으로 확산되어 있는 가족주의는 제외되어 있다. 이런 점에서 이명호의 시도는 의미가 있다. 그는 가족주의를 '가족을 중시하고 애착하는 보편적인 행위양식'인 가족애착주의, '가족이 개인의 생존과 생활을 유지하기 위한 기본단위로서 중요한 사회적 조건에서 나타나는 행위양식'인 가족지향주의, 마지막으로 '특정한 종류의 가족 내 결속감(즉 행위양식과 규범)이 가족의 울타리를 넘어 일반사회에 비공식적인 교환형태로 확장되어 관습화된 생활양식'인 가족중심주의, 이 세 가지 층위로 구분하고 있다(2013: 377~380). 이러한 개념정의는 가족주의의 다양한 측면을 설명하는 데 보다 유용할 수 있을 것이다.

14 일본에서는 온고주의, 중국에서는 차쉬구조[差序格局]라고 한다. 연고주의의 다른 측면은 내집단에 대한 특혜와 외집단에 대한 차별이라는 배타적 집단의식이다. 예를 들면, 핏줄을 나누거나, 같은 고향 출신이거나, 같은 학교를 나왔거나, 같은 회사에 다니거나, 여타의 같은 조직에 몸담았던 사람끼리 한 덩어리로 뭉쳐 서로 정을 나누고 돕고 특권을 나누지만, 외부인에게는 그러한 혜택을 배제하거나 심지어는 억압한다(정수복, 2012: 132~138).

제도화된 것이다(박민아 · 송정기, 2000: 5).[15] 또한 연고주의는 연고가 있는 사람이나 집단에 대해서는 혜택(온정 또는 인정)을 제공하고, 그 바깥 사람이나 집단은 혜택에서 배제하는 내집단에 대한 편애(in-group favoritism)와 외집단에 대한 차별(out-group discrimination)을 초래한다.

셋째, 가부장적 권위주의(patriarchal authoritarianism)는 유교적 가부장제의 규범이 사회 영역으로 확대 · 적용된 것이다. 가부장제(家父長制, patriarchy)는 "가장인 남성이 강력한 가장권을 가지고 가족구성원을 통솔하는 가족형태, 또는 가족구성원에 대한 가장의 지배를 뒷받침해 주는 사회체계"를 의미한다. 이러한 가부장제에서는 아버지가 가족들 즉 아내와 자식에게 복종을 요구하고 불복종에 대해서는 처벌할 수 있는 권리를 가진다.[16] 가부장제의 가족형태에서는 가족성원이 세습적 규칙에

---

15 장승희도 비슷한 지적을 하고 있다. "오늘날 기준으로 한국 유교문화의 긍정적 측면을 든다면 '경로효친' 혹은 '상부상조', 부정적인 것을 든다면, '가부장제'에 바탕을 둔 '남성우월주의'일 것이다. (…중략…) 이러한 엄격한 가부장제의 강화(외조부모와 처부모를 위한 상복 등급의 격하, 동성이본(同姓異本)으로 혼인금기 범위의 확대, 여자 개가의 전면 금지, 처첩과 적서의 엄격한 차별 등)를 통한 사회통합은 조선조 500여 년 동안 보편화되어 한국 사회 · 문화에 공고히 뿌리내렸다. 이러한 한국적 가부장제는 '가(家)' 개념과 연결되어 한국인의 사회적 성격을 규정짓는 특성이 되었다. (…중략…) 이처럼 가부장제의 확립 이후 '家'에서 자신의 존재를 확인하는 한국인에게 있어 사회적 관계의 기본 축은 개인이 아닌 '우리성(性)'이다. 한국인의 사회적 인간관계에서 개인은 독립적이라기보다는 타인과의 하나됨 형성을 지향한 '관계성 개인'이다. 다시 말하면, 한국인들은 '나'의 존재를 '관계'를 통해 이루어진 '집단'을 통해 확인한다. 따라서 한국사회는 그 '집단'들의 조화와 균형에 의해 광의의 의미인 공동체가 구성되고 운영되며, 좁게는 가족, 친구, 동호회 등 사적 집단에서 넓게는 혈연, 지연, 학연 등으로 결속되어 구성된 여러 '집단'을 형성하게 된다. 이처럼 한국사회에서 인간관계의 형태는 '나'에서 나아가 '家'개념을 통해 보다 구체화되는데, 그것이 바로 '연고주의'이고 그 구체적 현상이 '연고집단'이다. 한국사회는 '연고집단'들의 집합체이며, 한국 문화는 연고주의가 그 특성이라고 해도 과언이 아니다(장승희, 2006: 119～120).

16 고대 로마에서는 가장이 자녀에 대한 생살권(生殺權) · 매각권 · 징계권 · 혼인과 이혼의 강제권을 가지고 있었다. 여성학계에서는 가부장제를 여성에 대한 남성의 일반적인 억압체계를 가리키는 개념으로 사용하고 있는데, 이는 가부장제의 한 측면, 즉 여성에 대한 남성의 지배라는 측면만을 부각시킨 것이라고 볼 수 있다.

따라 지명된 개인의 지배를 받는데, 대개는 장남이 세습적으로 가장의 지위와 재산을 계승하여 안으로는 가족을 통솔하고 밖으로는 가족을 대표한다. 이처럼 가부장제는 남성의 여성에 대한 우위와 지배, 아버지의 자녀에 대한 지배를 정당화하는 두 가지 측면을 가지고 있다.[17] 다른

17 우리나라에서 가부장제의 발생과 변화는 수렵채취시대, 초기 국가의 성립에서부터 조선 중기까지, 조선 후기부터 민족 항일기 이전까지, 그리고 민족 항일기부터 오늘날까지로 시기를 구분하여 살펴볼 수 있다. 최근까지의 사회과학 이론에서는 초기 국가 성립 이전의 무계급사회에서는 남녀 불평등이 존재하지 않는다고 하였으나, 최근의 인류학적 연구 결과들은 이러한 이론을 부정하고 있다. 즉 수렵채취시대에도 자녀의 출산과 양육을 여성이 담당할 수 밖에 없었다는 사실은 성별 역할 분화와 이에 입각한 남성의 여성에 대한 통제를 가능하게 했다. 한편, 혼인제도는 생산에 대한 기여도가 여성이 남성보다 우월하다고 하더라도 남성에게 우월적인 소득분배 방식을 발생시켜 남성의 지배권을 확립시켰을 뿐 아니라, 여성의 성적 자유를 제한하는 장치로도 기능하였다고 한다. 이와 같은 남녀관계는 남성과 여성 사이에 소유·종속 관계를 확립시키며, 여성이 출산한 자녀들에 대한 지배권을 남성에게 부여하여 초기적 가부장권이 성립하게 된다는 것이다. 이러한 논의들이 우리나라의 수렵채취사회에도 적합하게 들어맞을 수 있는가는 아직 실증적 연구들이 부족하여 단언할 수가 없다. 초기 국가가 성립되었다는 사실은 남성이 그의 계층적 지위에 관계없이 국가에 대한 일정한 권리와 의무를 갖게 되었다는 것을 말한다. 피지배 집단의 남성도 한 가족의 대표자라는 지위를 부여받게 되며, 이에 따라 신분의 높고 낮음을 막론하고 남성들은 여성을 지배한다고 하는 공통의 관계에 입각해서 결합하게 된다. 이때, 초기적 가부장권이 확립된다는 것은 분명한 사실이지만, 이때부터 조선 중기에 이르기까지는 여성들이 가족 내에서 상당한 자율성을 지니고 있었다는 사실이 실증적 연구들을 통해 확인된다. 이 시기 여성들의 자율성은 남녀관계의 자유 개방성에서도 잘 드러나지만, 가족제도의 몇몇 특징에서 보다 명확히 드러난다. 우선, 이 시기에는 외가와 처가에 대한 관계가 매우 긴밀하여 부계친(父系親)의 일방적인 중요성이 확립되어 있지 않았고, 처가를 자기 집처럼 생각하여 장인·장모를 아버지·어머니라 부르고 친부모처럼 섬겼다. 또한 동성친(同姓親)과 이성친과의 차별이 없었으며, 족보 등의 기록에서도 딸과 외손을 차별하지 않았고, 제사 상속과 재산상속에도 아무런 차별이 없었다. 아들이 없고 딸만 있는 경우에도 양자를 들이지 않았다. 이러한 사실들에서 이 시기에는 강고한 가부장권이 성립되어 있지는 않았다는 것을 알 수 있다. 그러나 조선 후기에 오면 강력한 유교적 가부장제가 사회 저변에까지 확립되었음이 여러 가지 사실들을 통해 드러난다. 즉, 앞에서 언급한 친족제도·제사상속·재산상속·양자제도 등이 남성·동성친·장남을 집중적으로 선호하고, 여성·이성친·차남 이하를 차별하는 방향으로 짜여 진다. 이와 같은 변화는 유교 규범이 사회 저변에 정착됨에 따라 일어난 것이다. 즉 조선 초기에 국가 이념으로 등장한 유교 규범이 조선 후기에 와서야 비로소 사회 저변에 정착하게 된 것이다. 따라서 이때부터 우리나라의 가부장제는 유교적 성격을 지니게 된다. 유교적 가부

한편, 권위주의(權威主義 authoritarianism)는 "특정한 지위나 인물에 절대적인 권위나 위광(威光)을 인정하고 이에 따라 행동·평가하거나 지배자가 독단적 지배력이나 권위에 의해서 질서를 유지하려는 사상이나 행동양식"을 의미한다.[18] 유교적 권위주의는 아버지, 남편, 연장자를 권위의 준거로 삼는데, 자식의 부모에 대한 효에 대한 강조는 자기에게 은혜를 베푼 상위자에게 그가 아무리 비합리적인 행동을 해도 받아들이고 지지하는 사고방식으로 치환되고, 연하자의 연장자에 대한 존중을 강조하는 장유유서는 손윗사람에 대한 복종으로 전환되며, 남편과 아내의 차이에 대한 강조는 이미 존재하는 남녀차별적인 상황에서 남성에 대한 여성의 복종으로 치환된다. 이처럼 아버지는 (사회적) 지위 또는 권력, 남편은 남성, 연장자는 나이로 치환하여 일반적인 사회관계에서의 지배와 복종을 정당화하는 준거가 된 것이 유교적 권위주의라고 할 수 있다(이런 관점에서 볼 때, 가부장제는 권위주의의 한 유형이라고 할 수 있다).[19]

장제에서는 효라는 개념을 통하여 가장에 대한 가족구성원들의 절대적 복종이 요구되고, 여자에게는 삼종지도(三從之道)와 정조가 강제됨으로써 남성과 가족에 대한 절대적 종속이 요구된다. 여성과의 강제 이혼을 법률적으로 보장하는 칠거지악이라는 장치가 마련되고, 철저한 내외법을 시행하여 여성이 사회 내에서 주체적 행위자로서 활동할 수 있는 기회를 막아 버렸다(『한국민족문화대백과』).

18 막스 베버(Max Weber)는 권위의 근원을 전통과 관습에서 나오는 전통적 권위, 특정 인물의 신성성이나 영웅성에서 나오는 카리스마적 권위, 합의에 의해 제정된 법에서 나오는 법적·합리적 권위, 이 세 가지로 구분하였는데, 유교문화권의 권위주의는 전통적 권위에 근거하고 있다고 볼 수 있다.

19 "삼강오륜의 유교적 규범 및 그에 따른 가족관계가 한국사회의 권위주의를 낳는 중요한 기제이다. 특히 삼강오륜의 생활규범 가운데서도 부자유친으로 나타나는 효의 강조와 장유유서로 표현되는 상하질서의식, 부부유별로 나타나는 남녀차별은 한국인들의 인간관계의 기본질서를 형성하는 결정적인 역할을 한다. 부자유친·장유유서·부부유별에 깔려 있는 기본적인 인간관계의 첫째 원리는 상·하 간의 지배와 복종이라는 수직적 인간관계로 압축해볼 수 있다. (…중략…) 부자유친·장유유서·부부유별의 생활규범에 내재되어 있는 또 다른 인간관계의 핵심적 원리는 아버지(조직 / 집단의 장), 연장자(나이), 남편(남성)을 권위준거로 승인하는 것이다. (…중략…) 이렇게 아버지, 연장자, 남성에게 과도한 권위를 인정하고 복종하는 태도를 일반적인 사회관계로 확대하는 것은 권력자나 유력한 인물, 또는 현실적이고 세속적

마지막으로, 온정주의(溫情主義, paternalism)의 사전적 의미는 "아랫사람에 대(對)하여 냉정(冷情)한 이해타산(利害打算)으로만 대하지 아니하고, 원칙(原則)을 누그러뜨려 위안(慰安), 이해(理解) 따위의 온정으로 대하는 주의(主義)"이다. 온정주의는 "부친의 자식에 대한 보호와 통제 관계 속에서 인정되는 지배 패턴"에서 나온 것으로 가족 내 부자관계에서의 정서적이며 인격적인 온정관계가 같은 성씨(姓氏), 고향, 학교, 회사, 정치조직, 여타 조직 등 다른 연고집단으로 확대 · 적용된 것이다.[20] 온정주의는 권력자, 남성, 연장자가 피지배자, 여성, 연하자의 복종에 대응하여 주어지는 보상 또는 조건이라는 성격을 가지며, 내집단 편애와 외집단 차별의 근원이 되기도 하고 합리적인 의사결정과 법치주의에 반하는 측면이 강하다.

지금까지 동아시아 3국에서 공통적으로 발견되는 지배적인 가치와 규범을 살펴보았다. 여기서 주의할 점은 이들 가치와 규범이 적용되는 범위나 방법, 또는 중시되는 가치와 규범이 국가에 따라 차이가 있다는 것이다. 그것은 무엇보다도 중국에 기원을 두고 있는 유교는 특정한 시기에 한국과 일본에 외래사상으로 전파되었고, 그 과정에서 유교는 각

인 힘과 같은 권위준거에 근거한 권위를 맹신하고 의존하는 사고방식을 낳는다. (…중략…) 현실적으로 여성의 지위와 권리가 약한 사회에서 남녀 간의 구별에 대한 강조는 곧 남녀 간의 서열관계 · 차별의식으로 전환할 수밖에 없고 남성, 또는 남편을 권위자로 부각시키게 된다(이수인, 2005: 56～57).

20 유교적 질서에서 가족은 자아에서부터 가정, 국가, 천하, 우주에 이르는 모든 것을 포괄하는 통합적 개념으로 개체와 개체를 이어주는 관계의 본질로서 상정된다. 따라서 동종(同宗), 동향(同鄕), 동창(同窓) 등 다른 연고집단도 가족의 연장으로 가정한다, 이러한 관계는 인간적이고 특수적인(particularistic) 관계를 중시하는 에토스(ethos)를 형성하여 정서적인 인간관계, 조화, 정(情)을 기반으로 한 집단지향성 등의 유교문화 특유의 정서적 유대를 형성시키는데, 온정주의는 계산적이고 타산적인 이차적 관계보다는 인간적이고 정의적인 원초적 관계를 중시한다는 점에서 인정주의의 한 유형이라고 할 수 있다(박빈아 · 송성기, 2000: 142). 그러나 온정주의는 상하관계에 놓여 있는 사람들에게 적용되는 반면, 인정주의는 상하관계만이 아니라 수평관계에 있는 사람들에게도 적용된다.

국에 먼저 뿌리를 내리고 있는 사상이나 제도와 조우하면서 독특한 모습, 즉 한국유교, 일본유교로 정착되었기 때문이다(박정아 · 송정기, 2000; 사와이 케이치, 최우영 · 마수다 키즈미, 2013; 2009; 정재식, 1985; 유상호, 1997). 일본과 중국의 유교는 같은 경전에서 비롯되었으나 봉건제(封建制, feudalism)로 대표되는 일본과 가산제(家產制, patrimonialism)[21]로 대표되는 중국의 제도적 차이로 인해 일본의 유교는 충성지향적인 민족주의적 성격이 강한 반면, 중국의 유교는 신의가 중심적 위치를 차지하는 인본주의적 성격이 강하다(Morishima, 1982: 9~16). 한국의 경우 고려 말기에 권력층에 비판적인 중소지주층이 주자학을 받아들이기 시작하여 조선 초기에는 영남지방을 중심으로 사림(士林)집단을 형성하였다. 한편으로는 주자가례(朱子家禮)에 기반을 둔 생활의 실천규범으로서, 다른 한편으로는 중앙정치(왕권)에 대한 비판적 학문으로서 자리를 잡은 결과 부계혈연공동체 윤리의 성격이 강했다(사와이 케이치, 2009: 166~167).

이러한 유교적 가치의 차이는 다시 각국의 정치 · 경제 체제의 성격에 영향을 미쳤는데 중국은 가족을 토대로 하는 인본주의적 유교문화는 가족 외의 인간관계에 대한 신뢰가 약해 중소기업이 번성할 수 있는 경제체제가 형성된 반면, 일본은 에도시대부터 혈연이 아닌 사회적 차원의 신뢰에 기반을 둔 문화가 형성되어 대기업이 번성할 수 있는 경제체제가 구축될 수 있었고(Fukuyama, 1995), 한국에서는 혈연, 지연, 학연 등 연고에 기반을 둔 정(情)적인 기업문화가 형성되었다(박상철, 2006). 이처럼 동

---

21 가산제는 글자 그대로 선조로부터 물려받는 것을 말하는데, 이 말은 할러(Karl Ludwig von Haller)가 군주가 자신의 사적(私的)인 가산으로 취급하는 국가를 가산국가라고 불렀던 데서 유래하나, 가산제의 개념을 명확하게 확립한 사람은 베버(Max Weber)다. 베버의 '권위의 정당성'이론에서는 왕위세습제에서 유래하는 통치유형을 말한다. 이러한 체계에서 지배자는 모든 국사를 자신의 개인적인 업무로 취급하며, 관료들은 지배자의 가신이자 그의 독단적인 권력에 복종한다. 또한 지배자는 군사력을 좌지우지할 수 있다(이종수, 『행정학사전』, 대영문화사, 2009; 고영복, 『사회학사전』, 사회문화연구소, 2000).

일한 유교문화권에 속하지만 동아시아 3국은 독특한 전통, 역사, 제도, 체제로 말미암아 각국은 상이한 유교적 가치가 형성된 것이다.

좀 더 구체적으로 살펴보면 우선, 동아시아 3국은 가족의 구성 내지 자격요건에서 차이가 있다. 한국과 중국의 전통가족은 반드시 혈연관계가 있는 이들로 구성되지만, 일본의 전통가족은 비혈연관계에 있는 이들도 구성원이 될 수 있으며 혈연관계에 있는 이가 배제될 수도 있다.[22] 한국과 중국에서는 혈연가족을 유지하기 위해서 동성(同姓)간 결혼을 철저히 금지하고 양자를 입양할 경우에도 혈연관계가 있는 사람으로만 했다. 하지만 일본에서는 동성결혼과 비혈연자 입양은 문제가 되지 않았다(최우영 · 마수다 카즈미, 2013: 180~188). 이러한 차이가 생기는 것은 한국과 중국에서는 가족의 영속성을 혈연관계에서 찾지만, 일본에서는 가업의 영속성을 중요시하는데서 나타난다(최우영 · 마수다 카즈미, 2013: 209; 박희, 1997).

---

22 '이에'의 사전적 의미는 가산(家産)에 기초하여 가업(家業)을 운영하고 가계(家計)를 함께하며 같은 선조를 숭배하는 가정(家庭)의 단위이다. 이러한 '이에' 조직의 가장 핵심적인 특성은 연속성이다. 즉 '이에'는 그 안을 통과하는 모든 개인과는 독립적으로 존재하며, 살아있는 그 성원들의 가장 중요한 의무는 앞서 간 조상을 봉양하고 뒤를 이어갈 후손을 확보하는 것이다. 그러므로 세대의 교대에 따라 전체적인 변화가 일어나는 서구의 가족과 달리 일본의 '이에'는 과거 세대에서 미래 세대까지 지속해서 존재한다는 연속성을 강조하고 있다는 점에서 통문화적 의미의 가족과 구별된다. '이에'는 세대를 초월하여 직계적으로 존속하며 번영하는 것을 중시하기 때문에 혈연을 중시하는 것이 원칙이지만, 혈연에는 생리적 혈연뿐 아니라 비혈연에 의한 의제적(擬制的) 혈연관계도 포함된다. 일본의 '이에'는 비혈연자가 혈연자와 동등한 자격으로 가족 구성원이 될 수 있는 바, 혈연보다 계보를 상대적으로 중시한다. 즉 '이에'에 있어 혈연은 구성상의 필요조건에 지나지 않으며, 계보 또는 계보 관계야말로 '이에'를 구조화하는 필수 조건인 것이다. 이러한 점을 강조하여 아루가[賀喜左衛門]는 일본의 '이에'가 혈연 집단이기보다는 생활 집단이며 생활상의 요구에 따라 가족성원이 되는 비혈연 집단으로 보았다. 일본에서 '이에'라 할 때는 세대주의 혈연 직계가족을 정점으로 구성되는 '혼케[本家]'와 여기서 분가하였지만 경제적으로 독립하지 못한 가족, 그리고 비혈연 가족과 가구원을 포함하는 '분케[分家]'로 구성되는 '이에 연합'을 말한다. 이들은 같은 촌락에 살면서 같은 조상을 제사 · 숭배하고 혼케의 통제를 받으며 긴밀한 사회적 관계를 갖는 하나의 집단이다(조경욱, 2000: 227~228).

두 번째, 가계상속제도와 형제 간 또는 자매 간 관계와 관련된 것으로, 한국에서는 직계적남(直系嫡男) 중 장남에게 더 많은 재산을 물려주고 차남 이하의 아들에게는 더 적은 재산을 주었으나, 중국에서는 가장의 재산을 직계적남 모두에게 평등하게 분배했다(사와이 케이치, 2009: 182).[23] 그러나 일본에서는 가장인 부(父)가 일반적으로 장남을 상속자로 하지만 비혈연자도 상속자로 지명할 수 있으며, 재산은 상속자 1인에게 모두 주고 나머지 아들에게는 전혀 주지 않았다. 이와 같은 상속제도의 차이로 말미암아 한국과 일본에서는 형제 간 또는 자매 간 위계질서가 엄격한 반면, 중국에서는 형제자매 간에는 연령에 따른 상하의 엄격한 위계질서가 존재하지 않는다. 단지 중국에서 서열의식은 실제의 연령보다는 조상과 얼마나 더 가까운가 하는 세대의 차이가 중요시된다(山本久美子, 1995: 126).

세 번째, 유교에서 가장 강조하는 규범인 효가 한국과 중국, 그리고 일본에서 각기 다른 의미를 갖는다. 혈연관계를 가진 사람만이 가족이 될 수 있는 한국과 중국에서는 신체발부 수지부모(身體髮膚 受之父母)라는 효경(孝經)에서의 말처럼 자신을 낳아 준 부모에 대한 존경과 복종이라는 의미를 갖지만, 비혈연자도 가족이 될 수 있는 일본에서 가업(家業)에 대한 충성심 내지 충실한 수행이라는 의미가 더 강하다(사와이 케이치, 2009: 172).[24] 또한 일본의 이에[家]는 일반적인 의미의 가족만

---

23 한국과 중국은 집안(家)의 성격에서 차이가 있다. 조선시대의 집안은 조상제사의 대상인 4대 이내의 조상에 이어지는 사람들이지만, 중국에서는 부계종족집단인 종족(宗族, 조상의 출신지와 姓이 같은 집단) 내 방(房)이라는 불리는 분파를 구성하는 기본단위로서 부부와 자녀로 구성되어 있다(사와이 케이치, 2009: 180~182).

24 효경(孝經)에서는 효를 다음과 같이 설명하고 있다. "신체발부(身體髮膚), 이것을 부모로부터 받아 감히 상처가 나지 않도록 하는 것이 효의 시작이다. 입신행도(立身行道), 이름을 후세에 알려 부모를 나타냄은 효의 끝이다"로 시작하는 「기효행장(紀孝行章)」을 보면, 효란 "모름지기 부모(親)를 섬기는 것"을 말하는 것으로서 구체적으로 다음의 5가지 내용을 들고 있다. 이 5가지를 완전히 행하는 사람이야말로 진실로 효자라고 말할 수 있다고 한다. ① 거(居) : 이는 곧 평상시 부모를 존경하는 것에 해당한다. ② 양(養) : 이는 곧 음식이나 의복 등 일체의 부양에 있어서 부모의 마음을

이 아니라 무가사회(武家社會)의 가신단(家臣團), 도시상공인집단, 농촌 사회에도 적용되었기 때문에, 주군이나 주인 또는 당주(堂主)에 대한 충성과 효가 일치한다는 주장도 생기게 되었다.[25] 효의 실천에 있어서 가장 중요한 조상제사의 경우에도 한국과 중국 공히 사대봉사(四代奉祀)라고 하여 직계적자장손인 당수(堂主)를 기준으로 4대 위의 조상

참작하여 행하므로 부모에게 만족을 주어 기쁘게 하는 것을 말한다. ③ 병(病) : 이는 곧 부모가 병이 났을 때는 근심을 다하는 것이다. ④ 상(喪) : 이는 곧 돌아가셨을 때는 슬픔의 극을 다하는 것으로, 후에 이는 형식화되어 장례식에 대곡녀(大哭女)를 준비하기도 했다. ⑤ 제(祭) : 이는 곧 제사에는 존경을 다하여 선조를 엄숙히 모시는 것을 말한다"(조경욱, 2000: 212~213).

25 이것은 효자이기도 하고 충신이기도 하다는 것, 또는 충과 효가 모순되지 않고 양립할 수 있다는 것 이상으로, '이에'의 직업을 수행하는 일이야말로 충이고 효이기도 하다는 말이다. 이것은 무사에 한정되지 않고 상인과 농민에게도 각각의 직분을 통하여 유기적으로 연결되고 있다는 직분론(職分論)이라는 일본적인 '사농공상'론이 성립되고, 더구나 일본을 하나의 구성체처럼 보는 이해도 생긴다. 또 가직의 수행을 효라고 하는 것은 각각의 신분에 따른 정치행위와 경제행위를 유교이념에 맞는 것으로 인정하는 것이기도 하다(사와이 케이치, 2009: 189). "일반적으로 일본에서 유교는 천황에 대한 충성심을 보강하기 위해 사회 전체에 대한 정당성을 부여하는 역할을 하거나 사회의 기본적 단위로서 가족을 정당화하는 도덕적 윤리 체계로서 작용하였다고 간주된다. 특히 유교 사상은 도쿠가와[德川] 시대(1600~1867)의 봉건적 지배층에 대한 계급적 정당성을 뒷받침하고 상위자에 대한 충성심을 이끌어 내기 위한 하나의 이데올로기적 성격으로 출현했다고 한다. (…중략…) 일본 봉건 시대 주종 관계에서 주군(主君)에 대한 가신(家臣)의 보은을 '충(忠)'으로 설명하는 이론적 주장에 비추어 볼 때, 부모에 대한 보은으로서 효의 권장은 간접적으로 '충'을 촉진하는 결과를 가져왔다. '충'도 '효'도 하위자의 상위자에 대한 보은으로 관념화될 경우, 효 도덕이 약해지면 충의 관념도 필연적으로 약해질 수밖에 없는 것이다. 이는 군신간의 개인적 의무와 보은이라는 상호성 위에 구축된 봉건 사회의 와해를 불러일으키는 결과를 가져온다. 도쿠가와 시대에 일본 사회에서 효의 권장이 요란하게 설명되거나 불효자를 처벌하고 효행자를 포상하는 정책을 펼쳤던 것은 간접적으로 봉건적 주종 관계의 고정화, 나아가서는 봉건 사회의 안정을 꾀하기 위한 것이었다. (…중략…) 중세 시대 각 계층에서 도(道)로 생각했던 것을 살펴보면, 무가(武家)에서는 지행(知行)을 펼치는 것, 상가(商家)에서는 가업을 넓혀 가산을 불리고 '분케'에 해당하는 이에를 무수히 많게 하여 집의 번영을 꾀하는 것, 그리고 농가에서는 전답(田畓)이라는 가산을 증식시켜 번창시키는 것으로 분화되어 있었다. 요컨대 계층은 달라도 선조에 대한 보은은 선조로부터 물려받은 가산이나 가업을 완수하여 자손에게 건네주고 가명을 영원히 전달하는 것이었으며, 이것이 곧 올바른 도(道, 즉 효)의 실천이었다"(조경욱, 2000: 219・222・231).

의 신주(神主)를 사당(祠堂) 또는 집안의 대청에 안치하고 명절 때마다 제사를 지내지만, 근세 일본의 조상제사 대상에는 '이에'의 역대 당주는 물론, 다른 '이에'에 시집간 여성과 분가하거나 다른 '이에'에 양자로 간 남성을 제외한 자녀들과 '이에'에 공헌한 비혈연관계의 구성원도 포함되어 있다. 이처럼, 일본에서는 조상제사에서도 혈연의 원리는 문제가 되지 않았다.[26]

네 번째, 신하의 군주에 대한 충(忠)의 성격이 일본과 한국-중국 사이에 차이가 있다. 근세일본 무사의 주종관계에서 요구되는 충은 그 당주에 대한 절대적인 복종을 의미하는 반면, 한국과 중국의 군신관계에서 요구되는 충은 의(義)와 도리(道理)로서 맺어지는 의합(義合)에 근거해 있다(사와이 케이치, 2009: 188). 군신관계(君臣關係)의 에토스(ethos)를 백이형(伯夷型), 이윤형(伊尹型), 공자형(孔子型)으로 구분할 경우,[27] 조선

---

26 한국의 조상제사는 동아시아에서 가장 엄격하게 주자가례를 적용한 것으로 평가되고 있다. 4대 위의 조상의 신주(神主)를 사당(祠堂) 또는 집안의 대청에 안치하는 것은 한국과 중국이 동일하지만, 제사를 지내는 회수가 다르다. 중국에서는 일년에 한 번(12월)이지만, 조선에서는 설날, 추석의 차례(茶禮)를 비롯하여 각 계기(기일, 생신 등)에도 조상제사를 지낸다. 또한 이러한 가제(家祭) 이외에도 5대 이상의 중요한 조상에 대한 묘제(墓祭, 10월, 시제(時祭)라고 불림)도 지낸다(사와이 케이치, 2009: 182).

27 백이형(伯夷型)은 자신이 보아서 섬길만한 군자라는 생각이 들어야 비로소 섬기며, 부릴만한 백성이라는 생각이 들어야 비로소 부린다고 생각한다. 그리고 잘 다스려지면 그대로 계속 남아 있지만 잘 다스려지지 않으면 과감하게 물러선다. 이런 군신관계는 일종의 의리(義理)로 맺어지는 관계, 즉 군신의합(君臣義合)의 관계라 할 수 있다. 이런 관계에서는 도리나 의리로써 군주를 섬기는 것이지 군주 개인의 사사로운 의지나 명령에 그대로 따르지 않는다. 자신에 중요한 것은 군주의 의지나 명령 혹은 자신의 개인적인 영달이 아니라 자신이 옳다고 생각하는 일과 그 뜻을 실천하는 것이다. 이윤형(伊尹型)은 어떤 임금이라도 충분히 섬길 수 있으며 또 어떤 백성이라도 충분히 다스릴 수 있다고 생각한다. 정치사회에 어떠한 모순, 불합리성 그리고 변동의 소용돌이가 치더라도 개의치 않으며 결코 물러서지 않고 적극적으로 정치에 관여하며 자신이 옳다고 생각하는 바를 간언하는 선각자의 자세를 취한다. 따라서 유교적인 정치질서의 기본인 '군주는 군주다워야 하고, 신하는 신하다워야 하고, 아비는 아비다워야 하고, 자식은 자식다워야 한다'는 계서적인 관계에서 군주가 군주답지 못한 경우에도, 즉 의(義)로서 연결되는 관계가 무너지더라도 정치사회에서 은퇴하기보다는 적극적으로 간언하는 쪽을 택한다. 마지막으로, 공자형(孔子型)은 자신이

(과 중국)은 군주와 신하 사이의 관계가 일종의 의리(義理)로 맺어지는 근신의합(君臣義合)의 관계를 중요시하기 때문에 군주와 신하를 연결해 주는 의(義)라는 매개체가 없으면 군신관계를 중단하고 물러나는 백이형에 가깝다. 반면, 근세 일본은 군주와 신하를 연결해주는 의가 없어지더라도 군주에 대한 절대적인 충성과 복종을 중요시하는 이윤형에 가깝다고 했다. 군주에 대한 절대적인 충성을 강조하는 일본의 충 개념에 대해서 요시다 쇼오인(吉田 松陰, 1830~1859)은 다음과 같이 설명했다(김석근, 1995: 117에서 인용).

> 공자와 맹자가 자신들이 태어난 나라[生國]을 버리고 다른 나라에 가서 섬기는 것은 무척 유감스러운 일이다. 무릇 군주와 아버지는 그 의리가 한 가지인 것이다. 우리가 군주를 어리석고 어둡다고 하여 태어난 나라를 버리고 다른 곳에 사는 군주를 구하는 것은 우리가 아버지가 완고하고 어리석다고 하여 집을 나와서 이웃집의 노인네를 아버지로 삼는 것과 같다. 공자와 맹자가 이런 의리를 잃어버린 것은 아무리 해도 변명할 수가 없다. 중국의 신하들은 예를 들면 반년만 떠나는 노비와 같다. 그 군주의 선악을 가려서 옮아 가는 것은 원래부터 그런 것이다. **우리나라(일본) 신하는 후다이의 신하라면 주인과 생사고락을 같이 하여, 죽음에 이른다고 할지라도 군주를 버리고 가는 도리는 결코 없다.** (『강맹여화(講孟余話)』「서설(序說)」. 강조-인용자)

이러한 충의 개념에 대한 차이는 다음과 같이 요약할 수 있을 것이다.

생각하기에 벼슬할 만하면 하고 그만둘 만하면 그만두며, 있을 만하면 있고 가야할 만하면 떠나버린다. 자신이 처해 있는 때와 장소에 맞게 그때그때 적절하게 대응한다는 유연성을 가지고 있다. 군신관계에서 의리를 중요시한다는 점에서 백이형과 유사하나, 자신이 생각하는 이상정치를 펼 수 있는 다른 정치사회(군주)를 찾아 떠난다는 점에서 정치세계에서 물러나 은둔해 버리는 백이형과 차이가 있다(김석근, 1995).

에도(江戶)시대 일본의 경우 지배층으로서의 사(士)가 유학자(선비) 관료가 아니라 무사들(사무라이)에 해당된다. (…중략…) 거기서는 부시도오(武士道)에 내재되어 있는 군신관계의 에토스, 즉 "군주가 설령 군주답지 않더라도 신하는 어디까지나 신하다워야 한다"는 논리가 군신관계를 강하게 규정하고 있었으며, 또 군주와 신하들이 지닌 윤리의 핵심을 이루고 있었다. (…중략…) (세 가지 유형 중에서) 이윤형에 가장 가깝다고 할 수 있다. 그러나 부시도오의 윤리에서는 이윤형과는 달리 군주에 대한 신하들의 절대적인 복종이 강조되고 있다. 그렇다고 해서 신하들의 주장이나 주관이 완전히 무시되었다고 할 수는 없지만, 궁극적으로는 결국 군주에게로 귀착되는 그런 군신윤리인 것이다. 따라서 조선조의 의(義)와 도리(道理)로써 맺어지는 '군신의합(君臣義合)'의 관계라기보다는 신하는 군주로부터 결코 떠날 수 없다는 운명공동체적 성격을 지닌 '군신천합(君臣天合)'의 논리가 개입되어 있는 것이다. 군주와 신하의 관계가 어버지와 자식의 관계와 같은 것으로 유추되고 있는 것이다. 하늘이 맺어준 아버지와 아들의 관계〈父子天合〉와 같은 '천합(天合)'의 논리, 운명공동체적 관계가 정립된 위에서 신하들이 취하는 태도는 적극적으로 간언(諫言)하는 태도를 취하게 된다(김석근, 1995: 116~117).

다섯 번째, 동아시아 3국은 유교의 핵심적인 규범인 충과 효 중에서 어느 것을 더 중시하느냐에 있어서도 차이가 있다. 조선(과 중국)은 효에 중점을 둔 반면, 일본은 충에 중점을 두었다고 할 수 있다. 조선과 중국에서 유교 교범으로 삼고 있는 효경(孝經)에서는 "우리의 몸은 부모로부터 받은 것이므로 감히 훼상치 않는 것이 효의 시작이다. (…중략…) 무릇 효는 부모를 섬기는 데서 시작하여 군주를 섬기는 데서 가운데 이르며, 입신하는 데서 끝난다"(김석근, 1995: 118에서 인용). 여기서 군주를 섬기는 것, 즉 충은 그 자체로서 궁극적인 목표가 아니라 입신하는 것, 즉 입신하여 그 이름을 후세에 드날리는 것이 궁극적인 것이라는 것을 알 수 있다. 국난을 당해도 부모의 삼년상(三年喪)을 치르기 위해서 물러나는 예나, 구한말 의병장인 이인영(李仁榮)이 서울진공작전을 지휘하다가 부친상을 당하자 상을 마친 후에 다시 거사하겠노라고 한 것은 바로 그런 사실을 말해준다 할 수 있다.[28] 이에 비해 일본에서는 군주와 아버지에 대한 도리가 동일한 의리로 볼 수 있지만, 효는 사사로운 일로 은애(恩愛)이나 충은 공적인 의리로 대의(大義)라고 했다. 다시 말하면, 일본에서는 효의 윤리는 최고의 덕인 충이라는 덕목의 다음 자리를 차지하고, 근본적으로 통합가치로 보기보다는 정치적 가치인 충을 강화하기 위한 것이었다. 야마자키 안사이(山崎闇齊, 1618～1682)의 『대화소학(大和小學)』에서는 아버지가 반역했을 때는 아버지를 주군에게 고발해야 하며, 사적인 은혜(恩惠) 때문에 공적인 의리를 저버릴 수는 없다는 논리를 펴고 있으며, 야마가 소코오(山鹿素行, 1618～1682)도 '무릇 사무라이[士]의 직분이라는 것은. (…중략…) 주군을 얻어서 그를 받드는 충성을 다하고. (…중략…) 혼자 있을 때에도 몸을 삼가하여 의리를 오로지하는데 있다'고 했다. 큐우슈우[九州] 히젠[肥前]의 나베시마[鍋島] 한[藩]에서 18세기 초엽에 편찬된 무사도의 입문서인 『엽은(葉隱)』에서는 에도시대의 군신관계의 성격을 알 수 있는

---

28 노병만(2003: 73～74)에 의하면, 공자와 증자가 말한 충효관념은 자발적 공경의 의미를 가진 것이었으나, 맹자가 증자의 효 논리를 순종, 불거역의 효 관념으로 확대발전시키고 이를 다시 충의 관념으로 의제하여 적용시킴으로서 군주의 효치에 의한 도덕적 지배와 왕도정치를 구현하고자 했다는 것이다. 즉 공자와 증자의 자발적 공경의 표현으로서의 충효관념이 맹자에 이르러 왕도정치 구현을 위한 종속적 충효관념으로 확대되었다는 것이다. 또한 조선은 이러한 확대된 효관념을 기초로 하는 주자학적 유교 왕도정치이념에 입각하여 위계질서화된 유교 권위주의로 사회질서를 규율하고자 했다. 더욱이 조선의 충효관념은 여기서 더 나아가 삼강오륜의 부위자강(父爲子綱)을 만들고 여필종부(女必從夫)와 삼종지도(三從之道)라는 규범을 형성하여 남녀관계까지도 위계질서화하고, 나아가 사제(師弟), 장유(長幼)의 관계까지도 권위적으로 서열 지웠다.

다음과 같은 행동지침이 나온다. "산속 깊이 또는 땅속 깊이 묻혀 있어도 우리는 언제 어디에 있더라도 우리의 의무는 주군(主君)의 이익을 지키는 것이다. 이는 모든 나베시마번 사무라이들의 의무다. 이것이 우리 신념의 중추이며 변하지 않는 진리이다. 나는 이제까지의 생애 속에서 우리 군(君), 우리 주(主)의 마음을 넘어서 자신의 생각을 한 일이 없다. 앞으로는 나의 전 생애를 통해 결코 그러한 일은 하지 않을 것이다. 나는 설령 죽는다 하더라도 '주군의 가문을 지키기 위해서는 일곱 번도 더 살아날 것이다." 여기에 덧붙여 효와 인애(仁愛)와 같은 덕목들이 부차적으로 들어가 있다(김석근, 1995: 118~119).

마지막으로, 동족집단 내 가족 (구성원) 간 연결과 확장의 방식에서 동아시아 3국간 차이가 있다. 한국과 중국의 가족은 개인을 네트워크로 결속하는 단위라고 한다면, 일본의 이에는 개인을 어떤 테두리 안에 포괄해버리는 단위이다. 즉 일본의 가족은 공간적으로 분리된 지역에 거주하면 혈연관계의 친족이라도 도오조꾸[同族]의 성원이 될 수 없지만, 한국의 문중은 혈연을 최우선적으로 했기에 문중 구성원 개개인의 공간적 위치는 아무런 문제가 되지 않는다. 이 때문에 일본에서는 혈연관계에 있는 원방의 사람보다는 지금 여기에 있는 사람, 예컨대 호오코닌[奉公人]과 같은 사람이 보다 더 가족으로 인정받을 수 있었다. 또한 한국과 중국의 전통사회의 가족은 동족촌락을 근거로 하되 공간에 상관없이 혈연자들이 네크워크로 연결되어 공간에 구애받지 않기 때문에 혈연을 좇아 어디로든 뻗어나갈 수 있지만, 바로 그 이유 때문에 다른 가족이나 여타 사회조직(학연, 지연, 사연집단)으로의 침투력이 약하다. 반면, 일본의 전통 이에는 근린성을 기반으로 여러 개의 '소(小)이에'가 '대(大)이에'로 통합되고 이 '대(大)이에'들이 다시 더 큰 '이에'로 통합되는 구조이기 때문에 다른 사회조직으로의 침투력이 강하다. 바로 이런 이유에서 일본의 가족주의를 국가 가족주의 혹은

〈표 49〉 한국, 일본, 중국의 전통가족과 군신관계 비교

	한국	일본	중국
가족 구성 원리	혈연	가업의 계승	혈연
가족유형	방계가족(중간적)	직계가족 (자식 한명만 동거)	복합가족 (복수 자식과 동거)
상속제도	장남우선의 분할상속	장남 단독 상속	아들 간 균등분할 상속
가족 내 우월적 지위	아버지-장남	아버지-계승자 어머니-계승자	아버지-아들들
효와 충	부모에 대한 존경과 복종	가업의 충실한 수행 효와 충의 중첩	부모에 대한 존경과 복종
조상제사의 대상	4대 이하의 조상 5대 이상(묘제)	역대 당주, 집안 잔류 자녀, 이에 공헌자	4대 이하의 조상
효	부모에 대한 존경과 복종	가업의 충실한 수행 효와 충의 중첩	부모에 대한 존경과 복종
충	의리(義理)에 근거한 조건부 복종	군주에 대한 절대적인 복종	의리(義理)에 근거한 조건부 복종
충과 효의 우선순위	효 우선	충 우선	효 우선
가족의 범위와 확장	네트워크 제한적	테두리	네트워크 제한적

(출처 : 최우영·마수다 카즈미(2013), 199쪽을 참조하여 재구성)

집단 가족주의라고도 한다(최우영 · 마수다 카즈미, 2013: 209~212). 지금까지 살펴본 것을 요약하면 위의 〈표 49〉와 같다.

2. 유교적 가치의 변화

지금까지 살펴본 한국, 중국, 일본의 전통적인 가치와 규범이 근대화 이후 얼마나 달라졌는지 알아보기로 한다. 2차 대전 직후부터 급속한 경제성장을 거듭해 온 일본 역시 큰 변화가 있었다. 한국이나 중국

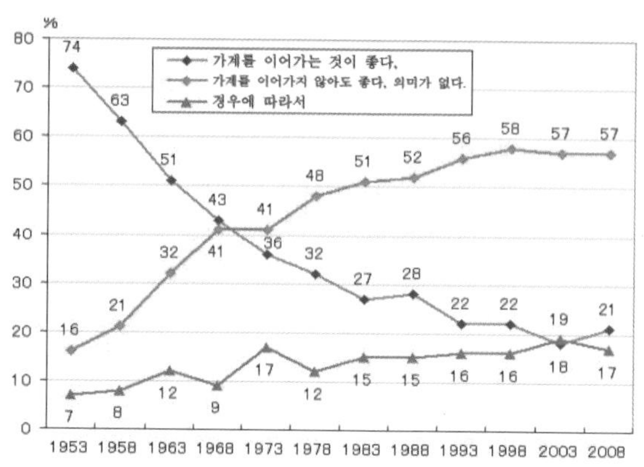

〈그림 8〉 일본인의 "이에" 의식의 변화 (출처 : 社會實情データ圖錄 (2010.6.4))[30]

과 비교할 때 일본의 가치체계는 가장 서구화되어 있으며 합리적이고 현재지향적인 가치성향을 보이고 있다(한국청소년개발원, 1997: 29~31; 박민아 · 송정기, 2000: 8~9). 우선 전통적인 일본사회의 가장 기본적인 가치였던 '이에[家]'에 대한 인식이 크게 달라졌음을 알 수 있다. 자녀가 없을 경우, 혈연관계가 없는 타인의 아들을 양자로 들여서라도 '이에[家]'를 이어가는 것이 좋다고 생각하는가 라는 질문에 대해서 전통적인 '이에' 개념에 맞게 해야 한다는 응답자는 1953년 74%에서 점차로 떨어져 고도성장기가 시작되는 1960년대 초반에 절반 이하로 떨어졌고, 2003년에는 19%로 줄어들었다. 2008년 조사에서 약간 늘어나긴 했으나 과거에 비하면 매우 낮은 비율의 일본인들이 전통적인 '이에' 개념에 맞게 행동하려고 한다(〈그림 8〉).

이러한 '이에' 의식의 변화는 노후생활방식에 대한 태도의 변화로 이어졌다. 〈표 50〉은 1973년과 2008년 사이의 노후생활방식에 대한 태도

29 "자녀가 없을 경우, 혈연계가 없는 타인의 아들이라고 하더라도 양자로 들여 가(家)를 이어가는 것이 좋다고 생각하는가?"에 대한 응답별 비율 ("기타"와 "잘 모르겠다"는 응답의 비율은 표시하지 않았음)

〈표 50〉 노후생활 (단위 : %)

	1973	1978	1983	1988	1993	1998	2003	2008
자식 · 손주와 함께 화목하게 산다	37.9	36.4	34.6	31.2	27.3	23.9	24.2	27.6
부부만 함께 정답게 산다	10.0	8.7	11.1	13.5	16.1	17.1	17.5	19.9
취미생활을 하면서 여유롭게 산다	19.8	22.4	22.2	25.2	29.1	31.8	33.2	28.6
다른 노인들과 함께 떠들썩하게 지낸다	2.2	2.8	3.3	4.0	4.6	5.0	4.2	5.2
젊은 사람들과 만나 젊게 산다	7.7	6.9	6.1	6.6	6.5	6.1	5.8	4.7
가능하다면 직업생활을 계속한다	20.4	21.6	21.7	18.3	14.8	15.0	13.0	12.3

* '기타', '잘 모르겠다', 무응답은 표시하지 않았음. (출처 : 河野 啓 · 高橋幸市, 「日本人の意識変化の35年の軌跡(1)」, 『放送と調査』, 2009.4. 이하 〈표 59〉까지의 출처는 같은 자료에 의한 것임을 밝힘)

〈표 51〉 결혼과 자녀에 대한 태도 (단위 : %)

	1993	1998	2003	2008
사람은 당연히 결혼을 해야 한다	44.6	38.0	35.9	35.0
반드시 결혼할 필요는 없다	50.5	57.9	59.4	59.6
결혼을 하면 반드시 자녀를 가져야 한다	53.5	47.8	43.9	44.8
자녀를 갖지 않아도 된다	40.2	47.3	49.8	48.4

* 주 : '잘 모르겠다'와 무응답은 표시하지 않았음.

변화를 보여주고 있다. 여기서 자식과 함께 또는 자식에게 의존하여 노후를 보내는 전통적인 대가족제도를 선택하는 응답자는 줄어들고 있음을 알 수 있는데, 대가족제도를 지지하는 응답자는 1973년 37.9%에서 2008년에는 27.6%로 줄었다. 반면, 자식이나 손주에게 의존하지 않고 부부끼리 노후를 살겠다는 응답자나 취미생활을 하면서 살겠다는 응답자 등 핵가족제도에 맞는 방식을 택하는 응답자는 늘어나고 있다.

전통적인 '이에' 의식의 변화는 결혼이나 자녀에 대한 태도에서도 찾아볼 수 있다. 〈표 51〉에서 보듯이, '누구나 결혼은 당연히 해야 한다'는 질문과 '결혼을 하면 자녀를 가져야 한다'는 질문에 대해서 긍정

〈표 52〉 혼전 성관계에 대한 태도 (단위 : %)

	1973	1978	1983	1988	1993	1998	2003	2008
결혼하기 전까지는 안된다	58.2	50.3	46.5	38.7	32.3	25.6	24.2	22.6
약혼했다면 상관없다	15.2	19.5	21.2	22.6	22.8	22.5	22.7	22.7
애정이 있다면 상관없다	19.0	23.1	25.2	30.9	35.1	42.8	43.7	44.2
어떤 경우든 상관없다	3.3	3.8	4.0	3.6	5.1	4.8	4.6	4.4

* 주 : '잘 모르겠다'와 무응답은 표시하지 않았음.

적으로 답한 응답자가 1993년에 각각 44.6%, 53.5%이던 것이 2008년에는 35.0%, 44.8%로 약 10% 정도 줄어들었다. 또한 결혼이나 약혼 이전의 성관계를 보면, 결혼하기 전에는 성관계를 가져서는 안된다는 전통적인 태도는 1973년 58.2%가 가졌으나 그 이후 줄어들어 1980년대 초반에 이미 절반 이하로 낮아졌고 2008년에는 22.6%만이 그런 사고를 가지고 있다. 반면 애정을 가지고 있다면 상관없다는 응답자는 같은 시기 19.0%에서 25.2%, 44.2%로 크게 늘어났다(〈표 52〉). 이러한 조사결과는 '이에'를 이어가야 한다는 전통적인 가치관의 영향력이 약화되고 있다는 것으로 해석할 수 있다.

현대 일본인의 성의식

현재 일본 사회는 성의 저연령화, 매매춘과 원조교제 등 성을 둘러싼 여러 가지 문제에 직면해있다. 성에 관한 인식과 행동이 세대에 따라 다양하게 나타난다는 것은 쉽게 상상할 수 있을 것이다. 예를 들면 40~60대의 중장년층보다는 16세~30대의 젊은층이 성에 대해 관대한 태도를 보이고 있으며, 현실적으로도 성에 대해 적극적이라고 할 수 있다. 그렇다고 해서 이것이 곧 '성의 개방화'가 진행되고 있는 것이라고 단정 지을 수만은 없다. 성에 대한 인식과 행동이 나이를 먹을수록 변화한다는 것은 어쩌면 자연스러운 현상일 수도 있기 때문이다. 예전에는 성에 대해 개방적이던 젊은이가 어른이 되어 보수적으로 변하는 것은 흔히 있을 수 있는 자연스러운 변화이기 때문이다. (…중략…) 혼전 성관계에 대해서는 젊은 세대가 관대하다. 중장년층에서는 혼전 성관계에 대해 비허용적인 태도를 보이고 있고, 더욱이 남자이냐 여자이냐에 따라 혼전에 성관계를 갖는 것에 대해 다른 태도를 보인다. 즉 젊은 층이 남녀를 불문하고 그다지 대수롭지 않게 생각하는 것에 비해 중장년층은 부정적인 반응을 보이며, 게다가 남자는 그렇다 하더라도 여자는 혼전 성관계를 가져서는 안 된다는 비율이 높다. (…중략…) 젊은 층의 성에 대한 태도 중에서 눈에 띄는 것이 일탈적 행동에 대해 관용적이라는 것이다. '돈을 지불하고 성행위를 한다(매춘)'는 것에 대해 '개의치 않는다'라고 대답한 비율이 남성 젊은층 36.1%, 남성 중장년층 19.4%, 여성 젊은층 11.6%, 여성 중장년층 2.7%로 나타났다. 이에 비해 중장년층의 성에 대한 태도의 특징 중의 하나는 혼전성교를 남자가 하는 경우, 여자가 하는 경우의 허용에 관해 젊은 층에서는 거의 같은 비율로 차이가 없는데 비해, 중장년층 남성에서는 남자가 하는 경우 59.8%, 여자가 하는 경우 46.3%, 중장년층 여성에서는 남자가 하는 경우 40.1%, 여자가 하는 경우 30.8%라는 남성보다는 여성 쪽이 혼전성교에 대해 허용하는 비율이 낮다고 하는 특징을 보인다. 첫 성교 경험에 대한 연령도 점점 낮아지고 있는데, 세대별로 보면 남성 젊은층 18.8세, 남성 중장년층 20.7세, 여성 젊은층 19.2세, 여성 중장년층 22.2세로 나타나며, 전체 평균 20.6세로 '성의 저연령화' 현상이 두드러지고 있다고 할 수 있다.

출처 : 정형, 『사진 통계와 함께 읽는 일본 일본인 일본문화』, 다락원, 2011.

〈표 53〉 이상적인 가정에 대한 의견

	1973	1978	1983	1988	1993	1998	2003	2008
夫唱婦隨	21.9	20.7	23.0	20.2	17.4	12.6	13.2	12.7
役割分擔	39.2	37.6	29.2	25.0	19.9	16.7	14.7	15.5
夫婦自立	14.5	16.0	16.1	17.5	19.0	22.6	23.0	19.5
家庭內協力	21.2	22.9	29.3	34.5	41.1	45.3	45.8	48.4

* 주 : 夫唱婦隨－아버지는 가정의 주인으로서의 위엄을 가지고 어머니는 내조를 잘하여 마음으로부터 최선을 다한다; 役割分擔－아버지는 직장 일에 최선을 다하고 어머니는 가정을 잘 지킨다; 夫婦自立－아버지와 어머니 모두 각자의 일과 취미를 가지고 열심히 살아간다; 家庭 內 協力－아버지도 여러모로 가정의 일에 신경을 쓰고 어머니도 따뜻한 가정을 만들기 위해 노력한다.

두 번째, 전통적인 가부장적 권위주의, 특히 남성과 여성의 관계에 대한 전통적인 규범이 약화되어 여성의 지위가 높아졌다. 1973년부터 2008년까지 이상적인 가정에 대한 설문조사결과를 보면, 전통적으로 이상가정으로 여겼던 '아버지는 가정의 주인으로서의 위엄을 가지고 있어야 하고 어머니는 내조를 잘하여 마음으로부터 최선을 다해야 한다'는 부창부수(夫唱婦隨)의 관계와 '아버지는 직장 일에 최선을 다하고 어머니는 가정을 잘 지킨다'는 역할분담의 관계는 각각 21.9%에서 12.7%, 39.2%에서 15.5%로 크게 줄었다. 반면에 현대적인 이상가정에 해당되는 '아버지와 어머니 모두 각자의 일과 취미를 가지고 열심히 살아야 한다'는 부부자립의 관계와 '아버지도 여러모로 가정의 일에 신경을 쓰고 어머니도 따뜻한 가정을 만들기 위해 노력해야 한다'는 가정 내 협력의 관계는 각각 14.5%에서 19.5%, 21.2%에서 48.4%로 늘어났다. 특히 가사노동과 육아에 있어서 남편의 참여를 선호하는 사

〈표 54〉 가사와 육아

	1973	1978	1983	1988	1993	1998	2003	2008
남편은 가정의 대들보이므로 요리를 하거나 육아에 간여해서는 안된다	38.0	33.1	28.1	21.9	17.7	12.0	9.6	9.7
부부는 서로 도와주면서 살아야 하기 때문에 남편도 요리와 육아를 도와야 한다	53.2	59.6	67.4	72.3	76.6	84.4	86.1	86.3

* '잘 모르겠다'와 무응답은 표시하지 않았음.

〈표 55〉 여성의 직장·가사·육아

	1973	1978	1983	1988	1993	1998	2003	2008
결혼하면 가사에 전념해야 한다	35.2	30.1	28.6	23.9	18.3	13.4	12.6	12.0
자녀가 생길 때까지는 직장을 가져도 좋다	42.0	40.5	39.8	39.4	41.0	37.8	34.9	36.6
자녀가 생긴 이후에도 직장을 다니는 것이 낫다	20.3	27.1	29.3	33.3	37.1	45.5	48.5	48.1

* '기타', '잘 모르겠다', 무응답은 표시하지 않았음.

람들이 1973년에는 20% 남짓이었으나 2008년에는 전체 응답자의 절반을 차지할 정도로 크게 늘어났다(〈표 53〉). 이러한 변화는 가사와 육아에 있어서 남편의 참여에 대한 찬성과 반대를 묻는 질문에서도 확인할 수 있다. 〈표 54〉에 의하면, '남편은 가정의 대들보이므로 요리를 하거나 육아에 간여해서는 안 된다'는 전통적인 남편관을 가진 사람은 1973년의 38.0%에서 2008년 9.7%로 극소수로 줄어든 반면, '부부는 서로 도와주면서 살아야 하기 때문에 남편도 요리와 육아를 도와야 한다'는 현대적인 남편관을 가진 사람은 같은 시기에 53.2%에서 86.3%로 주류적인 사고방식으로 자리 잡게 되었다. 여성의 가정과 직장에 대한 문항도 이를 확인해 준다. 〈표 55〉에 의하면 여성은 결혼하면 가사에 전념해야 한다는 응답자는 35.2%에서 12.0%로 크게 줄었고, 자녀가 생길 때까지는 직장을 가져도 좋다는 응답자는 42.0%에서 36.6%로 약간 줄었으며, 자녀가 생긴 이후에도 직장을 다니는 것이

〈표 56〉 아들과 딸의 교육

자녀 교육 뒷바라지		1973	1978	1983	1988	1993	1998	2003	2008
아들	중학교	0.5	0.3	0.3	0.1	0.3	0.6	0.3	0.7
	고등학교	17.1	14.6	15.4	11.4	11.5	13.6	11.4	11.8
	단대·고등전문학교	8.7	9.2	9.7	8.5	8.9	10.0	9.2	8.7
	4년제 대학	64.1	67.5	68.0	72.2	70.0	67.1	67.7	67.9
	대학원	6.1	5.9	4.5	5.3	5.7	5.7	7.7	7.0
딸	중학교	1.0	0.5	0.5	0.2	0.3	0.4	0.3	0.6
	고등학교	42.3	33.6	30.2	20.8	18.4	17.8	13.9	13.3
	단대·고등전문학교	30.0	38.5	43.3	43.9	39.8	34.1	30.3	27.0
	4년제 대학	21.7	23.6	22.8	31.0	35.4	41.1	47.7	51.7
	대학원	1.4	1.3	1.1	1.7	2.4	3.1	3.9	3.6

* '기타', '잘 모르겠다', 무응답은 표시하지 않았음.

났다는 응답자는 20.3%에서 48.1%로 크게 증가하였다.

전통적인 남녀관계에 대한 규범이 약화되고 여성의 지위가 향상됨에 따라 전통적인 남아선호사상도 많이 바뀌었다. 1973년과 2008년 사이 아들과 딸의 교육을 대학년까지 뒷바라지해주어야 한다는 응답자의 비율을 보면, 아들의 경우 64.1%에서 67.9%로 큰 변화는 없으나, 딸의 경우에는 21.7%에서 51.7%로 많이 늘어났다(〈표 56〉).

그러나 부모와 자식의 관계나 나이에 따른 서열의식(연장자에 대한 존중)은 크게 변하지 않았다. 이상적인 부자관계에 대한 태도를 보면, '아버지가 모범을 보여 자식이 배우게 해야 한다'는 전통적인 사고방식과 '아버지가 인생의 선배로서 자식에게 충고와 조언을 하는 관계이어야 한다'는 다소 전통적인 사고방식이 여전히 과반을 차지하고 있으며, '아버지와 자녀는 대등한 관계이어야 한다' 또는 '아버지는 자식을 믿고 자식이 하는 일과 결정에 간섭해서는 안된다'는 현대적인 사고방식은 1973년 47.1%에서 2008년 43.6%로 오히려 조금 줄었다(〈표 57〉). 같은 맥

〈표 57〉 아버지와 자녀의 관계

	1973	1978	1983	1988	1993	1998	2003	2008
스스로 모범을 보여 배우게 함	8.3	9.6	9.2	6.7	6.6	5.5	5.0	5.9
인생의 선배로서 충고와 조언을 함	41.0	44.2	45.0	43.0	41.6	41.3	44.9	47.8
같은 인간으로서 가까운 사람 사이처럼 대함	32.1	29.7	27.3	28.3	27.7	29.0	25.6	22.1
자녀를 신뢰하여 간섭하지 않음	15.0	13.9	16.4	19.6	21.8	22.0	21.7	21.5

* '잘 모르겠다'와 무응답은 표시하지 않았음.

〈표 58〉 연상과 연하에 대한 태도

	1973	1978	1983	1988	1993	1998	2003	2008
연상에게는 경어와 공손한 표현을 사용해야 한다	84.2	86.8	88.8	87.9	86.3	86.9	87.2	87.9
연상과 연하 모두 똑같은 표현을 사용하는 것이 낫다	13.7	11.7	10.0	9.8	11.2	11.3	10.0	9.3

* '기타', '잘 모르겠다', 무응답은 표시하지 않았음.

락에서 나이나 근무연수(勤務年數)의 차이에 따른 서열의식도 거의 바뀌지 않았다. 연장자에게 경어와 공손한 표현을 써야 한다는 응답자가 1973년 84%가 조금 넘었는데, 2008년에는 거의 90%가 되었다(〈표 58〉). 이러한 조사결과는 현대 일본인들에게도 나이나 지위에 따른 위계질서에 대한 인식이 여전히 강하게 남아 있음을 말해준다.

연령계제제(年齡階梯制)

(일본에서) 사회구성원을 연배에 따라 구분하여 동년배들을 계층화・집단화함과 동시에 집단 간에는 상하서열에 입각한 지휘와 복종의 관계를 설정함으로써 사회 전체의 통합을 꾀하는 제도이다.

예를 들어 초등학교 정도의 나이부터 고도모쿠미, 쓰카이파시리(중고생), 세이넨쿠미(혹은 쓰카이아가리, 결혼 전), 쇼추로(결혼 후), 주로(30대 초반), 가시라와키(30대 중반), 오야가타(40대), 겐로(50대), 도시요리(60대 이상) 등으로 나뉘어 연중행사 등에 있어서 각각의 의무를 다한다.

이에 비해 한국의 경우 사회적 인간관계에 있어서 상대적 연령이 중시되는 경향이 있다. 어느 사회이건 개개인의 연령에 걸맞는 사회적 행동양식이 요구되는 것은 보편적 현상이다. 즉 연령이라는 것은 당해 사회의 문화적 가치관이나 인간관계의 양상에 따라 연령의 생물학적 의미는 사회적 의미로 변하게 된다. 한국의 경우는 자기를 중심으로 상대를 동년배, 연상, 연하 등의 상대적 연령을 기준으로 인간관계를 형성해나간다. 즉 자신을 기준으로 하여 상대방 연령의 상하관계로부터 사회적 인간관계를 형성해가는 상대적 연령서열제라 할 수 있다.

이에 비해 일본의 경우 전통적인 촌락사회의 고정적 연령계제제를 제외하고는 일반적으로 자격에 의한 인간관계가 연령의 상하관계에 우선하는 경향이 있다. 또한 조부, 부모, 자식, 손자라는 세대를 중심으로 일정한 사회적 규범을 설정하는 세대서열제도 또 하나의 사회적 인간관계를 규정하는 중요한 요소이다.

출처 : 공의식 외, 『새로운 일본의 이해』, 다락원, 2005.

선후배 관계

일본 사회에 있어서 '선배-후배' 관계는 교사-학생 관계와 마찬가지로 대등성과 상호성을 상실하고 있는 학교를 무대로 한 비대칭적 인간관계이다. 학교뿐만 아니라 일본 사회에서는 어떤 공동체에 입문하게 되면 반드시 '선배-후배' 관계가 형성된다. "한 솥의 밥을 먹고 지낸 사이" 중 하루라도 먼저 입문한 사람은 선배이며, 뒤에 참가한 후배는 모든 면에서 선배를 받들어 모시거나 따르지 않으면 안 된다. 학교에 있어서 '선배-후배' 관계는 동창회를 통해 면밀하게 이어져간다. 특히 취직활동에서는 후배는 동문 선배를 방문하여 알선을 의뢰한다. 이렇게 해서 기업이나 관청에 '선배-후배' 관계에 기초한 학벌이 형성되어 학연에 의한 사회가 재생산되어가는 것이다. '선배-후배' 관계라는 종적(縱的) 관계의 특징은 개개인의 능력이나 개성에 관계없이 연령이나 입학 또는 입문 연차에 따라 관계가 결정된다는 점이다. 따라서 누구라도 언젠가는 선배로서 상위에 설 수 있는 것이 약속되어 있으며 아무리 불합리하고 무리한 선배의 요구나 명령이라 할지라도 후배가 참고 견뎌낼 수 있는 것은 그와 같은 자동적인 상승이 준비되어 있기 때문이다.

이와 같은 '선배-후배'의 인연은 특히 학교에 있어서 스포츠 계통의 동아리에서는 더욱 강한데, 그것은 마치 은혜와 봉사에 의해 성립된 봉건사회의 주종관계와도 견줄 만하다. 그러나 학교뿐만 아니라 정치나 경제계, 스포츠 예능의 세계에까지 확대되고 있는 '선배-후배' 의식은 귀속의식이 강한 일본 사회에 있어서 지배구조를 상징하는 것일지도 모른다.

출처 : 공의식 외, 『새로운 일본의 이해』, 다락원, 2005.

연공서열

연공서열이라는 것은 근무연한이 오래됨에 따라 급료가 오르고 지위가 상승해간다는 일종의 사회적 관행이다. 일본 사회에서는 예로부터 연장자를 존중하는 관습이 있다. 기업에 있어서도 근무연한이 오래됨에 따라 능력도 향상되고, 기업에 대한 공헌도 증가한다는 사고방식이 지배적이다. 그러나 능력이 없는데도 불구하고 누구나 마찬가지로 지위가 올라가는 것은 아니다. 지위가 높아지면 높아질수록 같은 근속자 중 능력이나 업적으로 보답하기보다는 그 사람의 재직기간 전체를 통해 보답한 사고방식이 지배적이다. 또한 개인의 능력이나 기능도 물론 평가하긴 하지만, 그것보다는 그룹 전체의 멤버십이 가장 우선시된다. 이와 같은 사고방식에 입각하여 행해지는 승진, 승력급 등 인사관계의 제반사항이 연공서열적 운영에 의해 이루어진다. 특별히 '연공서열제'라는 제도가 따로 마련되어 있지는 않다. 연공서열적 운영 하에서는 남보다 뛰어난 능력이 있다 하더라도 소정의 최저근무연한이 아니면 승진할 수 없다. 일부 우수한 인재들에게 있어서는 불만적 요소들이 없지 않지만, 총괄적인 직무권한과 탄력적 운영에 의해 능력의 발휘가 저해되는 일은 거의 없다. 오히려 대부분의 사람들에게는 안심감과 직장에 대해 안정감을 주게 되어, 기업에 대해 신뢰감을 가지게 할 수 있다. 경영자 계층으로의 승진도 이 제도에 따라 행해지므로 경영자 계층의 후보자를 젊었을 때부터 특별히 대우하는 일은 없다. 오랜 말단 생활부터 경험을 쌓아 점차로 선발되어 승진해가기 때문에 대기업의 경영자 계층은 아주 젊은 경우 40대 후반, 통상은 50대 후반에서 60대가 많다.

출처 : 공의식 외, 『새로운 일본의 이해』, 다락원, 2005.

〈표 59〉 친척 · 이웃 · 직장사람과의 관계 (다음과 같은 사람과는 어떻게 지내는 것이 바람직하다고 생각하는가)

		1973	1978	1983	1988	1993	1998	2003	2008
친척	인사만 하는 사이	8.4	8.6	9.9	12.5	15.8	17.3	20.0	21.6
	가끔 왕래하는 사이	39.7	40.1	45.2	45.3	46.5	46.4	46.8	42.8
	문제가 생기면 상의하고 도움을 주고받는 사이	51.2	50.5	44.3	41.2	36.6	35.6	32.2	34.8
직장동료	업무와 직접 관련된 경우에만 만나는 관계	11.3	10.4	13.6	15.1	17.8	20.3	21.7	24.1
	일과가 끝난 뒤에도 대화하고 노는 관계	26.4	31.4	32.3	37.6	38.8	38.9	37.5	34.3
	문제가 생기면 상의하고 도움을 주고받는 사이	59.4	55.3	52.3	44.6	40.4	38.3	37.8	38.9
이웃	만나면 인사하는 사이	15.1	15.1	19.6	19.2	19.8	23.2	25.2	25.6
	가끔씩 대화를 나누는 사이	49.8	52.5	47.5	53.4	54.2	53.3	54.0	53.7
	어려운 문제를 상의하고 도움을 주고받는 사이	34.5	31.9	32.4	26.8	24.9	22.8	19.6	19.4

* '기타', '잘 모르겠다', 무응답은 표시하지 않았음.

마지막으로, 친척 · 직장동료 · 이웃과의 이상적인 관계에 대한 태도를 통해서 집단주의성향의 변화를 보면, 자신이나 가족을 중심으로 하는 개인주의로 변하고 있음을 알 수 있다. 〈표 59〉에서 보듯이, 1970년대만 하더라도 (직계)가족 이외의 다른 집단 특히 친척이나 직장동료와 깊고 밀접한 관계를 맺어야 한다는 사람이 과반이었으나, 해가 갈수록 그 비율이 줄어 2008년에는 35~40%에 지나지 않았다. 이웃과의 관계도 1973년에 비해 2008년에는 긴밀한 관계를 맺고 살아야 한다는 사람이 크게 줄었다.

학벌 네트워크

학벌이란 출신교를 공유하는 자가 동창이라는 이유로 상호간에 비호(庇護) 또는 원조(援助)하기 위하여 형성하는 파벌을 의미한다. 학벌의 형성은 학력주의의 결과이긴 하지만 그렇다고 완전히 서로 중복되는 것은 아니다. 학력사회가 진행되면서 어떤 직업이나 조직의 성원이 동일한 학력 취득자에 의해 점유되면 그 직종이나 조직 내부에서 동일 학력자 사이에서의 경쟁이 격화된다. 단순히 대학을 나온 것만으로는 충분하지 않고 어느 대학의 출신인가 하는 것이 취직이나 승진에 커다란 의미를 가지게 된다. 학력이 관료의 임용시험이나 의사, 교원 등 전문직의 국가시험제도와 연관되는 한 학력주의는 사회의 근대화와 일치하지만, 개인의 능력이나 실력, 업적과 상관없이 출신학교가 같다는 이유 하나만으로 특정학교 출신자는 우대하고 다른 사람을 배제하는 학벌=학교 출신주의는 매우 비합리적이면서 전근대적 사고의 산물이라 할 수 있다.

역사적으로 보면 일본 사회에 학벌이 무엇인가를 말해주는 것은 행정관료, 의사, 교원집단에서 두드러진다. 중앙관청의 관료를 도쿄제국대학・도쿄대학 출신자가 독차지하게 된 것은 주지의 사실이며 중등교원의 세계에서는 도쿄고등사범학교(이후의 도쿄교육대학)의 메이케이바쓰[茗溪閥]나 히로시마고등사범학교(이후의 히로시마대학)의 쇼시바쓰[尙志閥], 도쿄제국대학의 아카몬바쓰[赤門閥]가 커다란 발판을 마련해왔다. 또한 양성기관이 다층적이며 다양하던 예전 의사들의 세계처럼 의과대학 출신자는 관청이나 큰 병원을, 관립의전 출신자는 각각의 지역블록의 지방병원이나 의사회를 좌지우지하는 식으로 학벌간의 영역 싸움이 경쟁을 피해 공존하는 경향을 나타내기도 한다. 그 후 많은 사립대학이 설립되어 제2차 세계대전 이후의 학교제도 개혁을 거치면서도 학벌의 네트워크는 여전히 막강한 힘을 유지해왔다. 사립명문인 와세다대학 파벌은 신문·잡지 등의 저널리즘 세계나 정계에, 게이오대학 파벌은 경제계에 많은 졸업생이 진출함에 따라 오늘날까지 막강한 파워를 형성하고 있다.

출처 : 공의식 외, 『새로운 일본의 이해』, 다락원, 2005.

집단주의적 국민성

많은 사람들이 지적하고 있는 일본 국민성의 특징 중 몇 가지를 예로 들어보도록 하자. 첫째, 일본인은 몇 명쯤 모이게 되면, 가령 연령이라든지 사회적 지위 등 어떤 형태로든 기준에 의해 서로 서열을 의식하며, 그것에 따른 행동양식도 영향을 받게 된다. 또한 일본어는 우리말보다 훨씬 복잡하게 경어가 발달되어 있는데, 이와 같은 것들은 일본인이 상하관계를 매우 중요하게 여기는 데 그 원인이 있다. 둘째, 일본인은 일반적으로 자신의 입장과 동떨어진 행동을 취하는 사람을 좋아하지 않는다. 그러므로 자신의 행동을 결정하는 데 있어서, 자신이 어떻게 행동하면 좋을까, 혹은 내가 이렇게 행동하게 되면 남들이 나를 어떻게 생각하는가에 대해 신경을 쓰거나 또는 영향 받거나 하는 경우가 많다. 셋째, 서양 사람들은 자신의 의지나 의견을 직접 상대방에게 강하게 주장하는 데 반해, 일본인은 상대방의 기분이나 입장을 충분히 고려하여 발언하거나 행동하는 경향이 강하다. 또한 상대방도 그와 같이 행동해주기를 기대한다. 더구나 일본인에게는 좋고 싫음을 분명하게 표명하지 않는 애매모호한 경향이 있는데, 이것은 일본인이 단일동질민족이며 상호마찰을 피하려는 전통 때문에 비롯된 것이라 한다. 이와 같은 일본인의 특이한 행동양식은 타인에 대한 어리광(응석)과도 관련이 있다.

출처 : 공의식 외, 『새로운 일본의 이해』, 다락원, 2005.

일본식 집단주의문화 – 수치의 문화

수치는 어떤 비교기준에 기인하는 열등의 관념이며, 또 그와 같은 열등의식이 주위의 다른 사람 앞에 노출되었을 때의 감정이기도 하다. 집단에 상식적인 수준을 벗어난 행동은 남들로부터 비난을 사게 되므로 집단 성원은 일반적인 수준에 맞추어 행동하는 경향이 있다. 그래서 집단은 수치의 감정을 이용하여 구성원의 행동을 통제하고 질서를 유지해나간다. 이런 통제방법이 일본 사회에 널리 퍼져 있다는 점에 착안하여, 루스 베네딕트는 일본 문화를 가리켜 '수치의 문화'라고 규정했다. (…중략…) 일본인은 집단의 일원이 되면 상상을 초월한 강한 힘을 발휘하지만, 개개인의 힘은 별것 아니라고들 말한다. 일본인이 가장 두려워하는 것은 집단으로부터 소외당하는 것이다. 그러므로 집단 내에서 강하게 자신의 주장을 펴기보다는 주위와 항상 조화를 이루고자 노력한다. 즉 자기자신의 생각을 강하게 피력하여 남들에게 두드러지기보다는 남의 생각에 동조하여 평균화하고자 힘쓴다. 이와 같은 배경 속에서 일본인은 자신의 행동에 대한 남의 비평에 항상 신경을 쓴다. 남에게 바보 취급을 당하거나 무언가 거부되었을 때, 특히 그것이 남 앞에서 발생했을 때 강한 수치심을 느낀다.

출처 : 공의식 외, 『새로운 일본의 이해』, 다락원, 2005.

일본사회의 어두운 병폐 – 이지매

우리나라에서도 미운 오리 새끼처럼 따돌림을 당하거나 놀림감이 되는 '왕따' 라는 말이 생길 정도로 집단 따돌림이 심각한 수준에까지 이르고 있다. 일본에서는 우리나라보다 일찍 이러한 현상이 나타나 지금은 사회 문제로까지 대두된 이지메가 있다. 이 '이지메'란 일본 사회의 독특한 용어 중 하나이다. 사전에서는 자기보다 약한 입장에 있는 자를 육체적・정신적으로 괴롭히는 것이라고 정의한다. 이것은 또래들이 집단을 이루어 잘 어울리며 지내는 곳에 새로 들어오거나 마음이 맞지 않으면 그 아이를 따돌리고 여러 가지 방법으로 괴롭히고 놀림으로써 견디지 못하게 하는 것이다.

이지메는 집단주의에 익숙한 일본 국민성의 한 단면이다. 즉 이지메는 하나의 집단, 하나의 테두리에서 내몰린 사람에 대한 가혹한 차별이라고 할 수 있다. 혹자는 일본인들이 이지메를 통해 집단의식을 체득하고 이지메당하는 외톨이가 되지 않기 위해 언제나 집단 속에 끼여 있으려고 안간힘을 쓰는 것이며, 이지메는 집단주의의 혹독한 훈련과정이라고 말하기도 한다. 생각을 달리해서 이지메가 좋은 의도를 가지고 있다 해도 한 사람을 자살로까지 내몰게 한다는 것은 너무나 잔인하다. 그리고 어느 세계에서나 있음직한 현상이라 하더라도 발생빈도가 너무 많다.

출처 : 공의식 외, 『새로운 일본의 이해』, 다락원, 2005.

언어행동의 특징

일본인의 의식과 언어행동에 대해 알아보자. 먼저 일본인은 자기의 생각을 잘 나타내지 않는다. 즉 직접적인 말을 피하고 간접적이고 우회적으로 말한다. 그래서 일본인은 가능한 한 '아니오'라는 말을 하지 않는다. 남의 생각이나 부탁을 거절하는 일에 대해 일본인은 강한 심리적 저항을 느낀다. 어떤 사람의 의견이나 의뢰에 대해 'NO'라고 말하는 것은 그 사람의 인격을 부정하는 것이며, 결과적으로 그 사람과의 인간관계를 손상시키는 것이라고 느끼기 때문이다. 일본인들은 거절할 일이 있을 때 "좀", "~지도 모른다", "생각해 본다", "~하고는 싶은데" 등의 애매모호한 표현 형식을 쓴다. 이러한 첨가 표현이나 중립적인 표현은 부정을 암시하며 화자의 거절 의사를 완곡한 표현으로 바꿔주는 것이다.

또 일본인은 공적인 자리이거나 소속 집단 이외의 사람과 인간관계를 맺을 때는 집단 논리에 의해 다테마에(建前, 의례적인 태도)로 대하고, 동일 집단 내의 친한 사이일 때는 혼네(本音, 속마음)로 대한다. 일본인은 상대방에게 폐를 끼치지 않는 것을 중요한 행동규범으로 삼고 있으며, 고맙다 혹은 미안하다 등의 인사말을 자주 사용한다. 한국인은 감사해요라고 간단히 말로 표현해버리면 마음 속에 가지고 있던 감사의 마음이 줄어드는 느낌이라고 한다. 그러나 일본인은 윗사람에게나 친하지 않은 사이, 친구 사이 혹은 가족 간에도 감사하는 마음을 확실히 말로 전달하고자 노력한다.

지하철이나 버스 안에서 서로 부딪혀서 민망할 경우, 한국인들은 서로 얼굴을 쳐다보면서 미소를 지으면 그것으로 미안하다는 의미가 미소 속에 내재되어 있음을 암시하는 결과가 되어 굳이 말로 표현하지 않고서도 충분히 사과의 뜻이 전달된 것으로 생각한다. 그러나 일본인들의 경우 미안하다는 말을 하지 않을 경우 무엇인가 어색하고 상대방의 기분을 상하게 한다고 생각하여 말로써 미안한 마음을 표현한다.

또한 일본인들은 자신에게 무엇인가를 해준 사람에게는 불만스러운 점이 있어도 가만히 있는 것이 예의라고 생각한다. 만약 식사 초대를 받아서 음식을 먹을 경우 상대방이 만들어준 음식맛은 함부로 평가하지 않는 것이 예의라고 생각하는 것이다. 흔히 일본인은 자기 쪽 사람을 낮추어 표현하는 상대경어를 사용하며, 우리보다 맞장구 표현을 자주 사용한다. 일본어 표현에서 맞장구는 중요하다. 일본인의 맞장구는 열심히 듣고 있으니 이야기를 계속하세요라는 신호 같은 것이다. 따라서 듣는 사람이 맞장구를 치지 않으면 이야기를 하는 일본 사람은 불안해한다. 그러나 한국인은 일본인보다 맞장구를 중요시하지 않는다. 그것은 말하는 사람의 이야기가 끝날 때까지 묵묵히 잘 들어주는 것이 예의라고 생각하는 사람이 많기 때문일 것이다. 마지막으로, 일본인은 다소의 이론(異論)이 있을지라도 가급적 만장일치로 의견을 모으려는 경향이 있다.

이러한 일본인의 성격은 말할 때 시선을 고정하여 주시하는 것보다는 시선을 피하는 경향이 자연스러운 태도로 인식되기도 한다. 그 내면에는 상대에게 폐를 끼치지 않고자 하는 남을 배려하는 마음이 있으나 이를 잘 이해하지 못하는 외국인들은 가끔 당혹스럽게 생각하는 경우도 있다.

출처 : 공의식 외, 『새로운 일본의 이해』, 다락원, 2005.

한국을 보자. 한국도 일본과 시기는 다르지만, 1960년대 본격적인 산업화를 시작한 뒤 일본과 마찬가지로 가치와 규범에 있어서 많은 변화가 나타났다. 특히 1960~1970년대의 급속한 도시화, 공업사회화, 중산층 사회화 등과 같은 급격한 질적인 변화는 인본주의와 집단주의를 바탕으로 하는 전통 유교 가치의 변화를 초래하였다. 지역공동체와 혈연집단의 결속력이 약화되면서 개인주의적 가치가 확산되었다. 이와 동시에 아이러니하게도 전통적인 연대의 해체로 탈집단화된 개인은 원초적인 연고에 기반을 둔 관계인 혈연과 학연 등의 사적 연줄망을 중심으로 한 집단주의 가치성향을 더욱 강화하였다(한국청소년개발원, 1997: 22).

조선 말기부터 1960년대 말까지 한국을 다녀간 외국이 본 한국인의 가치, 신념, 태도 및 행동을 정리한 논문에서 조선말기 이후 1970년대까지의 지난 100년 사이 변화된 한국인의 가치와 행동을 다음과 같이 정리했다.

舊韓國에 보인 주요 가치는 20개로서 학문, 권력, 관직, 아들, 효, 위계, 금전 또는 부, 조상, 자연, 자손번창, 과언(寡言), 백색(白色), 우애 내지 정, 청결, 무사안일, 자연과의 조화, 평화, 대식(大食), 대음(大飮), 장생(長生), 반운(反運)과 죽음의 기피, 그리고 의지(依持)가 있다. (…중략…) 행동에서 두드러진 것 몇 가지를 들면 손님에게 후하게 대접하고 어려운 처지의 사람을 잘 돕고, 친절하고, 개방적이며, 감정이 격하기 쉽고, 낭비벽이 있고, 게으르다. 웃사람에게 잘 복종하지만 버릇이 없고 거짓말을 잘하며 이득에 밝다와 같은 것들이 보인다. 일제기에 들어와서 변한 것을 보면, 상문(尙文, 학문)의 가치가 약해지고 무사안일의 가치도 약해졌다. 신념과 태도 면에서 변한 것은 애호심이 높아지고 노동천시 사상이 줄고, 일에 대한 혐오가 줄고 돈의 경시풍조가 줄었다는 것이다. 그밖에 반일감정이 격화되었다. 행동 면에서 변한 것을 보면 백의착용이 줄고 기독교에서 탈퇴하는 경향이 나타나고 양반도 노동에 종사하기 시작하고, 노력하는 버릇이 생겨났다. 또 사업경영능력을 보이기 시작했다. 제3기인 해방 후 새로운 가치가 나타나는데, 자유, 애국, 그리고 안정이다. 그리고 아들에 대한 가치는 약화되었다. 이 시기에 들어와 변한 신념과 태도는 15종이 되는 데 대가족주의, 보수주의, 상하의식, 지방색, 남존여비사상 등이 약화되고 그 대신 사고사상(思考思想), 개인주의사상, 이기주의사상, 질서존중사상, 그리고 물질숭배사상이 상승했다. 또 인생관이 슬픈 것에서 명랑한 것으로 바뀌고 자신의 문명에 대한 새로운 자신감과 의지가 높아졌다. 특히 1960년대 이후부터 열등감이 없어졌고 자기중심주의적 민족관에서 탈피하게 되었다. 행동 면에서는 예의가 없어지고, 인심이 고약해지고 주부들이 게을러졌으나, 한편 전반적으로 부지런했고 진취적으로 되었고, 일부 층에서는 부를 과시하는 풍조가 보이기 시작했다. 사람들의 의복이나 행동 면에서 서구화되었고 특히 젊은 층에서 그러하고 이성 간의 관계가 더 대등해지고 이성적 교제가 보다 공개적으로 이루어지게 되었고, 여성의 행동 면에서의 해방이 돋보이게 되었다. 또 1960년대 후반부터 새로 나타난 행동 경향을 보면, 그 전에는 동성끼리의 계모임이나 기생노름이 있었으나 그 후부터는 가족동반의 외식이 생겨나고 1960년대 후반부터 자유연애가 급증하고, 1970년대 후반부터 파티에 초대될 때 부부동반으로 나오는 일이 많아졌고, 그 무렵부터 미신적 사고가 후퇴하고, 회사들이 대학졸업자를 채용함에 있어 일류교 출신자만 뽑는 일이 없어지게 되었고, 직장에서 하급자가 상급자 앞에 정면으로 자기주장을 내세우는 일이 일어나게 되었다. 위에서 든 변화는 정도의 차이를 말하는 것이고 대부분의 주요 가치, 신념, 행동경향은 오늘날까지도 그대로 변연히 계속되고 있다. 그러나 서구의 영향에 따라, 또 주어진 정치, 경제, 사회적인 주변상황에 따라 한국인의 가치, 신념, 태도 및 행동이 변한 것은 분명하고, 위 결과에서 그 변화의 성질과 방향도 대체로 드러난다. 이런 최근의 변화의 방향은 현재 살고 있는 한국인들의 세대 간 태도 차이의 비교에서 나온 결론과 일치하는 것이다(차재호, 1981).

좀더 자세히 살펴보기로 하자. 1960년대와 1980년대 사이에 발간된 설문조사결과를 중심으로 정리한 이동인(1987)의 글을 통해 알아본다. 자신이 중요하게 생각하는 가치에 대해서, 1964년의 조사에서 대학생들은 83.0%가 기능보다도 인격이 중요하다고 했으며, 인생을 보람 있게 만들어 주는 것은 권력·금력(13.4%)보다는 학식·인격(78.5%)이라고 답했고, 1979~1980년의 조사에서 일반인 중에서 '80년대에 개인이 가장 중요시해야할 가치'로 자기완성(69.8%), 돈(12.5%), 학력(6.3%), 권력(1.4%) 등의 순으로 답했다. 1974년 조사에서는 응답자의 45.1%가 자녀들에게 힘들여 가르쳐야 할 교훈으로 원만하고 완전한 인격의 소유자라고 했으며, 1977년 조사에서도 일반인 81.5%가 가장 행복한 사람으로 마음이 평안하고 덕이 높은 사람이라고 답한 반면 재산이 많은 사람이라고 답한 사람은 1.7%에 지나지 않았으며, 최고의 가치를 부여하는 항목으로 명예(46.5%), 돈(34.7%), 권력(18.8%) 등의 순으로 답했다(이동인, 1987: 325). 또한 1979년 조사에서도 현대사회에서 가장 중요시되는 가치로 돈이라고 답한 응답자는 13.9%로, 자기완성 50.1%, 건강 18.5% 등보다 적었으며, 1979~1980년 조사에서는 12.9%로, 자기완성(69.8%)에 비해 턱없이 낮았다(이동인, 1987: 330).[30] 1964년 대학생 대상 조사에서 응답자의 78.5%가 바람직한 인생을 위한 조건으로 금력과 권력보다는 학력과 인격을 선호했으며, 1979년과 1979~1980년 일반인 대상 조사에서는 응답자의 13.9% 내지 12.9%만 돈을 현대사회에서 가장 중요시되는 가치로 인정했다. 1975년 대학생 대상 조사에서는 가장 절실하게 원하는 바로 풍족한 물질생활이라고 한 응답자는 0.6%, 1979년 조사에서는 3.4%에 지나지 않았다(이동인, 1987: 336). 이처럼, 1970년대까지만 하더라도 대부분의 한국인들은 돈이나 물질적 풍요를 가장 중요한 가치로 여기지 않았다.

반면 전통적인 규범인 충효에 대한 인식은 조금씩 변하고 있었다. 효에 대한 인을 보면, 전통적인 유교사회에서 효는 부모에 대한 자녀의 도리를 나타내는 말로써 유가제일의 덕목으로 간주되어 왔었다. 1966년 조사에서는 '갑은 전통적인 효를 다하지 않았지만 경제적으로 성공하였고, 을은 전통적인 효를 위해서 경제적으로 발전할 수 있는 기회를 놓치고 가난하게 농촌에서 살았다면, 어느 사람이 더 훌륭하게 산 사람인가?'에 대해서 갑이라고 한 응답자 14.9%, 을이라고 답한 응답자 73.3%, 모두 나쁘다는 응답자 5.3%, 모두 좋다는 응답자 6.5%였다. 그러나 1974년 일반인 대상 조사에서 현대인으로서의 부모님에 대한 효도는 '자신이 건전하게 사는 것' 46.0%, '부모님을 잘 봉양하는 것' 16.0%, '자신의 입신출세' 13.3%, '부모님 말씀 잘 듣는 것' 13.5%,

30 1964년 일반인 대상 조사에서 직업선택의 중요 요인으로 수입을 든 응답자가 40.5%인 반면, 안정성을 든 응답자는 34.1%였던 점, 1971년 일반인 대상 조사에서 아무리 돈을 잘 벌 수 있더라도 천한 직업은 갖기 싫다는 주장에 대해 64.5%가 반대한 반면 찬성은 33.5%였던 점, 그리고 1975년과 1979년 대학생 대상조사에서 명예직 보다는 수입이 많은 직업을 택한 응답자가 각각 43.8%, 32.7%였다는 점은 실제로 (지금 당장) 자신이 직업을 선택할 때에는 금전적인 측면을 좀더 많이 고려한다는 것을 시사한다. 그럼에도 불구하고, 40% 정도의 보수지향성은 자본주의사회의 생리에 비추어 결코 높은 것은 아니며, 1960년대부터 1980년대까지의 기간 동안 큰 변화는 없었던 것으로 보인다(이동인, 1987: 336).

'국가사회에 봉사하는 것' 8.8%였다. 1977년 일반인 대상 조사에서 사람의 도리 중 효도가 제일 중요한가하는 질문에 대해서 '오늘날에도 맞는 이야기이다' 73.6%, '옳은 얘기지만 효도보다 더 큰 도리가 있다' 24.1%, '낡은 생각이다' 2.3%였으며, '부모 도리를 다 못하는 부모에게 효도해야 하는가' 라는 질문에 대해서 '바람직하다' 53.2%, '옳은 일이나 실천하기 어렵다' 39.7%, '바람직하지 못하다' 7.1%였다.

또한, 1977년 일반인 대상 조사에서 '부모는 자녀의 장래에 대한 책임을 지고 자녀들은 부모의 말씀에 순종한다'는 의견에 대해서는 39.7%, '서로 동등한 입장에서 이해하고 돕는다'는 의견에 대해서는 58%, '자녀가 스스로 해결하도록 부모는 간섭하지 않는다'는 의견에 대해서는 5.5%가 찬성했다. 1981~1982년 일반인 대상 조사에서도 '부모와 생각이 다르더라도 자식은 부모에게 복종해야 한다'는 의견에 대해 47%가 찬성하고, 48%가 반대했다. 결혼에 대한 결정을 누가 하느냐에 대해서도, 1971년 일반인 대상 조사에서 '부모가 최종결정을 해야 한다'는 주장에 대해 57.5%가 찬성하고, 39.5%가 반대했다. 1980년 서울거주 주부 대상 조사에서는 '자녀의 배우자를 부모가 선택해야 한다'고 믿는 사람은 39.2%(아들의 경우), 46.5%(딸의 경우)에 지나지 않은 반면, 그 반대로 자녀가 선택하도록 해야 한다는 의견을 가진 사람은 61.4%(아들의 경우), 53.5%(딸의 경우)였다(이동인, 1987: 339).

이처럼 1970년대 말에 이미 부모의 말씀과 결정에 무조건 순종해야 한다는 전통적인 효의 방식을 고수하는 사람은 줄어들고, 자녀의 자율권도 강화되고 효를 실천하는 방식도 근대산업사회에 적합하게 바뀌고 있었다. 이러한 변화는 유교사회의 또 하나의 중요한 효의 실천인 상례와 제례에 대한 태도에서도 나타났다. 1966년 일반인 대상 조사에서 부모가 돌아가셨을 때 3년상을 지내는 것에 대해서 꼭 그래야 한다는 응답은 37.3%에 지나지 않고, 49%는 1년 정도로 줄이고 좀 간단히 해야 한다는 의견을 가졌으며, 5.8%는 다 필요 없고 돌아가신 날에 제사만 지내면 된다고 했고 나머지 1.7%는 제사가 아예 필요 없다고 했다. 1980년 전국 주부 대상 조사에서는 45.9%가 친부모 제사만 지내는 것이 좋다고 했고, 54.1%가 3~4대까지는 지내야 한다고 했다. 이상의 조사결과만 보더라도, 1960년대 이후 국민들의 의식은 효의 중요성은 그대로 인정하면서 효의 실천방안은 변하고 있었으며, 상례와 제례에 관해서는 옛날 방식을 그대로 따를 것이 아니라 시대의 상황에 맞게 바꾸어야 한다는 인식이 강해졌다는 것을 알 수 있다(이동인, 1987: 339~340).

대학생들의 경우에는 효의 실천방안 내지 바람직한 부모와 자녀 관계에 대한 인식이 더욱 빠른 속도로 전통적인 유교적 효에서 벗어나고 있다는 것을 알 수 있다. 1964년 조사에서 '부모가 정해주는 혼처가 마음에 들지 않으면 일단 반대하는 것도 좋다. 그러나 부모가 끝까지 그 결혼을 고집한다면 역시 그 명령대로 하는 것이 옳다'는 주장에 대해서 10.4%만 찬성하고, 82.6%가 반대했다. 같은 조사에서 늙은 부모를 두고 멀리 유학을 떠나는 것은 자식의 도리가 아니라는 의견에 대해서 9.0%만 찬성하고, 84.5%가 반대했다. 아들을 낳지 못하여 가계의 대가 끊기게 하는 것은 조상에게 대하여 죄송스러운 일이라는 의견에 대해서 23.0%가 찬성하고 68.6%가 반대했다. 또한 부모의 친상(親喪)을 3년으로 하는 것은 과하고 1년상으로 해도 된다는 의견에 대해서 67.9%(반대 19.2%)가 동의했다(이동인, 1987: 341).

현대 한국인의 효에 대한 태도는 일반인이나 청년들이 모두 전통적인 개념 이나 실천방안에서 거리가 멀어져갔다. 즉 자기 자신이 발전하는 것이 효의 으뜸가는 요소라는 생각과 부모에 대해서 무조건 복종하지 말고 대등한 인격체로서 서로 상의하고 타협하는 것이 바람직하다는 생각이 점점 널리 퍼져나가고 있었던 것이다(이동인, 1987: 342).

한편 집단주의 특히 국가주의적 집단주의 의식도 점차로 약화되고 있었지만 여전히 국민의 절반 정도에서 나타나고 있었다. 국가나 사회의 발전을 위해서는 개인의 희생은 불가피하다는 주장에 대해서 1970년대 후반에 감소되었다가 1980년대 초반에 다시 증가하는 추세를 보였는데, 개인희생불가피론은 1966년과 1975년 조사에서 각각 59.7%, 51.0%에서 1979년과 1979~1980년 조사에서는 36%, 31.8%로 줄어들었다가 1981년에는 다시 72%로 높아졌다가 1986년 조사에서는 53.5%로 나타났다. 이러한 차이는 설문과 표본의 차이에서 생겨났을 수도 있지만, 집단주의적 성향이 국민의식 속에 여전히 강하게 자리 잡고 있음을 보여준다(이동인, 1987: 329).

대략 1980년대까지 한국인들에게 강하게 남아 있던 비물질주의적 가치지향성과, 아버지-자녀관계와 나이에 따른 서열의식은 1980년대 중반이후의 급속한 경제발전과 민주화의 영향으로 1990년대부터 약화되기 시작했다. 심인섭(2012)의 유교가치관 조사결과를 보면, '전혀 그렇지 않다' 0점, '반드시 그렇다' 5점으로 할 때 가장 약한 유교가치관은 부부관이다. '가사와 자녀교육은 여자의 몫이다'는 2.25점으로 가장 약하고, '가정의 중요한 사안은 가장이 결정해야 한다'는 2.98점으로 중간보다 약간 강하고, '남자는 바깥일을 하고 여자는 집안일을 하는 것이 옳다'는 2.41점으로 중간보다 약간 약하게 나타났다. 전체적으로 가정 내 남편과 아내의 관계와 역할분담에 대한 생각이 서구화되었다고 할 수 있다. 앞에서 본 것처럼, 1970년대 말에 이미 변화된 모습을 확인할 수 있는 상례와 제례에 대한 태도는 2010년대에도 확인할 수 있다. 반면 부자관계와 연장자-연하자 간의 관계에 관련된 가치는 2010년 조사에서도 여전히 강하게 남아 있다. '효도가 최고의 덕목이므로 가장 먼저 실천해야 한다'는 주장에 대해서 3.91점으로 대체로 '그렇다'는 입장이고, '나는 부모님을 생각하면 매사에 최선을 다하게 된다'와 '나는 매사에 나 자신보다 부모님을 먼저 생각한다'는 주

〈표 60〉 유교적 가치관

문항		평균*
부부관	남자는 바깥일을 하고 여자는 집안일을 하는 것이 옳다	2.41
	가사와 자녀교육은 여자의 몫이다	2.25
	가정의 중요한 사안은 가장이 결정해야 한다	2.98
장유관	어른에게 예의를 갖추어 행동해야 한다	4.40
	어른을 공경하고 나이에 맞게 대접해 드려야 한다	4.29
	어른과 아이 사이에는 서로 양보하고 상호 간에 질서가 있어야 한다	4.38
세계관	나는 돌아가신 조상들의 영혼이 자손들을 내내 보살핀다고 믿는다	2.69
	간편하게나마 조상에 대해 제사는 계속 지내야 한다	3.56
부자관	나는 부모님을 생각하면 매사에 최선을 다하게 된다	3.98
	효도가 최고의 덕목이므로 가장 먼저 실천해야 한다	3.91
	나는 매사에 나 자신보다 부모님을 먼저 생각하고 산다	3.44
붕우관	친구 사이에는 믿음이 무엇보다 중요하다	4.36
	나는 친구와의 약속은 반드시 지킨다	4.02
	진정한 친구라면 서로 끝까지 믿고 이해해 주어야 한다	4.31

* 주 : 전혀 그렇지 않다=0점, 반드시 그렇다=5점 (출처 : 심경섭 외, 「유교가치관 척도 개발연구」, 『일반』 31(2), 한국심리학회, 2012, 465~491(476쪽에서 발췌))

장에 대해서도 '그렇다'는 입장이 강한 편이다. 나이에 따른 서열에 대해서는 이보다 더 전통적인 입장에 가까워, '어른에게 예의를 갖추어야 한다', '어른과 아이 사이에는 서로 양보하고 상호 간에 질서가 있어야 한다', '어른을 공경하고 나이에 맞게 대접해 드려야 한다' 등의 주장에 대해서 각각 4.40점, 4.38점, 4.29점으로 '매우 그렇다'에 가까운 입장을 보이고 있다(〈표 60〉).

비슷한 시기에 발표된 다른 설문조사 분석결과를 보면, 한국인의 전통적인 가치관이나 규범 중에서도 비물질주의적 가치관, 여성의 지위와 역할을 포함한 남녀관계, 충효사상, 조상제사에 대한 인식은 크게 변하였으나 아버지와 자녀의 관계나 나이나 지위에 따른 서열의식은 표현방식은 다를지 몰라도 그 자체의 가치에 대해서는 여전히 긍

〈표 61〉 1979년과 2010년 사이 가치관의 변화

	1979	1998	2010
돈은 꼭 있어야	68.35	76.50	79.38
인생은 풍부하게	35.85	50.05	70.25
정조 지키지 않아도	**12.00**	**28.85**	**61.63**
결혼한 여자 가정 안	**60.50**	**34.35**	**36.38**
시집과 친정 동등하게	**36.65**	**66.85**	**89.88**
자신과 가족 떠받들기	41.30	71.75	89.13
충효사상 중요치 않다	19.65	25.35	38.50
출세가 효도	47.00	43.30	64.25
순종보다 책임감이 더 중요	**66.80**	**69.70**	**65.38**
상하구별보다 직능 구분이 더 중요	**27.15**	**30.40**	**41.25**
윗사람 틀린 점 지적	**74.00**	**86.95**	**76.88**
인내보다 시정요구	**64.50**	**66.10**	**76.13**
겸손보다 실력과시	**34.50**	**20.70**	**20.75**
전통풍습 도움 안됨	21.00	22.40	39.13

(출처 : 나은영·차유리, 「한국인의 가치관 변화 추이 – 1979년, 1998년, 및 2010년의 조사결과 비교」, 『사회 및 성격』 24(4), 한국심리학회, 2010, 63~93(70쪽에서 발췌)

정적인 입장이 강하게 남아 있음을 알 수 있다. 돈과 같은 물질적 가치를 중시하는 한국인이 1970년대 말 이후 계속 늘어 2010년경에는 80% 가까이 되었고, 인생은 물질적으로 풍부하게 살아야 한다는 사람은 같은 기간 36%에서 70%로 급증했다. 여성의 지위와 역할에 대한 태도는 더욱 급격히 바뀌었는데, '여성은 정조를 지키지 않아도 된다'는 주장에 대해서 1979년과 2010년 사이 12%에서 62%로 증가했고, '결혼한 여성은 가정에 있어야 한다'는 주장에 대해서 61%에서 37%로 급감하였으며, '시집과 친정에 똑같이 해야 한다'는 주장에 대해서 37%에서 90%로 역시 급증했다(〈표 61〉).

청소년의 동거에 대한 의식

청소년 100명 중 58명이 동거에 찬성하는 것으로 나타났다. 2일 통계청이 발표한 '2013 청소년 통계'에 따르면 지난해 13세~24세 청소년의 58.4%가 '남녀가 결혼을 하지 않더라도 함께 살 수 있다'고 생각했다. '결혼하지 않고도 자녀를 가질 수 있다'고 응답한 비율은 25.9%, '외국인과 결혼해도 상관없다'는 비율도 73.4%에 달했다. '결혼생활은 당사자보다 가족 간의 관계가 우선해야 된다'는 비율은 46.5% 였다.

출처: 이혜원, 「〈청소년통계〉 10명 중 6명이 혼전 동거 '찬성'」, '뉴시스', 2013.5.2, http://news.naver.com/main/read.nhn?mode=LSD&mid=sec&sid1=101&oid=003&aid=0005123604 (2014.2.27 검색)

다른 어느 집단보다 자신과 가족을 중시하는 태도는 강해지고 충효사상의 중요성에 대한 인식도 약화되었으나 '효' 자체를 부인하기보다는 효를 실천하는 방식이 크게 달라졌다. 즉 자신이 출세하는 것도 효라는 생각을 가진 사람이 1979년 절반 정도에서 2010년 2/3정도로 늘어난 것이다. 조직 내 상하관계에 대한 태도를 보면, '효'의 경우와 비슷하게 그 자체의 가치는 인정하나 표현하는 방식이 사람보다 업무를 중시하는 입장으로 바뀌었다. '윗사람에게 순종하는 것보다 책임감이 더 중요하다', '윗사람의 틀린 점은 지적해야 한다', '잘못된 것이 있으면 인내보다 시정을 요구해야 한다' 등과 같은 주장에 대해서 찬성하는 사람이 1979년과 2010년 사이 각각 67%→65%, 74%→77%, 65%→76%로 2/3 이상으로 조금씩 늘어나고 있다. '상하구별보다 직능 구분이 더 중요하다'는 입장을 가진 사람이 27%에서 41%로 늘어난 점은 바로 상하관계를 사람보다는 업무를 기준으로 바라보는 사람이 많아지고 있다는 증거일 것이다. 그럼에도 불구하고, 겸손하기보다 실력을 과시하는 것이 낫다는 주장에 대한 찬성이 35%에서 21%로 줄어들었다는 것은 전통적인 겸손의 미덕, 또는 다른 가치(예, 원만한 인간관계 유지)을 강조하는 사람이 훨씬 더 많다는 것을 의미한다. 상하구별보다 직능구분이 중요하다는 주장에 대한 찬성이 늘어나고 있음에도 불구하고 반대가 더 많다는 것도 전통적인 서열의식, 겸손, 또는 인간관계를 여전히 중시한다는 것을 의미한다고 할 수 있다.

즉 충효, 조상숭배, 아버지나 연장자의 권위 존중 등과 같은 전통적인 가치나 규범 그리고 이에 근간을 둔 관습 중 남존여비 등 남녀관계와 관련된 것은 완전히 바뀌었지만, 나머지는 가치나 규범 그 자체보다는 그것을 실천하는 방식이 변하고 있다고 할 수 있다.

이와 같은 한국인의 가치관 양상은 규범적으로는 옳다고 생각하면서 실제 행동에서는 달라지거나 자기나 자기와 가까운 사람 또는 집단과 그렇지 않은 사람 또는 집단(즉 외집단)을 평가할 때 상반되는 기준을 들이대는 이중성을 보이는 것과 무관하지는 않다.

많은 한국인들이 물질주의를 비판하면서 동시에 돈은 많으면 많을수록 좋지만 겉으로는 그렇지 않은 것처럼 한다거나, 혈연・학연・지연과 같은 연고에 근거한 태도나 행동은 사회발전에 저해가 된다면서 자신은 연고를 가진 사람에게 더 잘해주거나 실력보다는 연고를 만들기 위해 좋은 대학을 가야 한다거나, 정이 많아야 한다면서 동시에 정이 많으면 불필요하게 주변 일에 얽히게 된다고 생각하거나, 권위와 위계를 내세우는 것은 비민주적이라고 하면서 후배가 버릇이 없다고 한다하거나, 우리나라에 애착과 자부심을 가져야 한다면서 기회가 되면 외국에 살고 싶다거나, 솔직하고 공개적으로 자신의 의견을 표현하

〈표 62〉 한국인의 이중적 특성

	문항	문항내용	그렇다고 응답한 비율(%)	
			청소년	성인
가치와 행동 간의 괴리 (표리부동)	1	사람은 솔직한 것이 좋다	87.3	89.9
		'싫다'고 말하기보다 '한번 생각해 보죠'라는 말을 더 많이 사용한다	69.6	80.1
	2	공개적인 토론 자리에서 자신의 의사를 적극적으로 펼치는 것이 중요하다	89.6	79.1
		묻어가는 것이 좋다	50.1	53.3
	3	타인의 잘못된 행동에 대해서도 자기의 생각을 솔직하게 표현하는 것이 좋다	81.6	68.5
		관계가 껄끄러워질까봐 웬만하면 좋은 말만 한다	60.9	62.5
	4	물질이 전부는 아니므로 돈을 쫓아 살 필요는 없다	52.2	71.0
		돈이야 많으면 많을수록 좋지만 겉으로는 아닌 척한다	53.6	53.0
	5	약속을 지키지 못하면 솔직하게 사과해야 한다	96.9	96.5
		지각을 하거나 약속시간에 늦으면 미안하다는 말 보다 변명을 늘어놓는다	28.2	19.2
이중적 가치관, 판단기준 (이중 잣대)	6	겉으로 보여 지는 것보다 그 알맹이가 더 중요하다	84.2	91.8
		이왕 하는 결혼이니 남부럽지 않게 해야 한다	60.9	35.6
	7	한국에 대한 애착과 자부심을 가져야 한다	90.4	93.0
		기회만 된다면 다른 나라에 살고 싶다	67.1	46.5
	8	학벌보다 실력이 중요하다	83.5	87.7
		성공하기 위해서는 좋은 대학에 꼭 가야 한다	46.1	43.8
	9	연고주의는 사회발전을 더디게 한다	69.8	81.0
		우리 학교 후배가 들어오면 그래도 내가 잘 봐줘야 한다	42.1	63.4
	10	권위와 위계를 앞세우는 것은 비민주적인 생각이다	78.8	75.3
		요즘 후배들은 선배를 우습게 안다	66.6	66.1
	11	정이 많아야 사람 사는 맛이 난다	91.1	87.3
		정이 많으면 주변에 얽매이기 마련이니 많을 필요는 없다	27.8	43.6
	12	한국인은 '우리'라는 공동체 의식이 강해서 위기 시에 똘똘 뭉쳐 헤쳐나가는 모습이 자랑스럽다	86.6	86.4
		한국인은 뭉치는 것을 너무 좋아하고 집단을 지나치게 강조한다	68.2	76.3

(출처 : 김윤명, 「청소년과 성인이 지각하는 한국인의 특성 – 집단주의-개인주의 문화차원에서」, 『청소년문화포럼』 21, 2009, 10~44)

는 것이 좋다고 하면서 인간관계가 나빠질까봐 돌려서 말하거나 좋은 말만 한다는 이중적인 태도를 가지고 있는 것이다(〈표 62〉). 이러한 조사결과는 많은 한국인들이 규범적으로는 서구적인 개인주의와 합리주의가 옳다고 믿지만, 실제 상황에서는 전통적인 가치와 규범을 버리지 못하거나 자신이 속하지 않은 다른 집단이나 그 구성원에 대해서는 자신이나 자신이 속한 집단에게 유・불리에 따라 서구적인 가치나 규범을 적용하기도 하고 전통적인 유교적 가치나 규범을 적용하기도 하는 일종의 과도기적 상태에 놓여 있다는 점을 의미한다고 할 수 있다.

마지막으로 중국을 보자. 1949년 사회주의체제 수립과 1960년대의 문화대혁명, 1978년 개방・개혁을 거치면서 중국인의 전통적인 유교적 가치관과 규범은 많이 변하게 되었고, 개방・개혁 이후의 자본주의 시장경제 도입과 급속한 경제성장으로 이러한 추세는 가속화되었다.

1990년대 초반까지 상황은 1975년에 일본아동교육진흥재단 부설 일본청소년연구소를 설립하여 한국, 일본, 중국, 미국 등 여러 나라의 청소년 의식과 생활실태를 조사・연구해온 검사출신 센고쿠 다모쓰[千石保]와 1985년부터 연구소 유학생으로 있는 북경대학 출신 딩치엔[丁謙]이 1992년 10월에 펴낸 『중국인의 가치관—중국인의 내면세계와 행동양식』에 잘 정리되어 있다. 이 저서에서 사회주의국가 수립 이후 문화대혁명을 거치고 개방개혁을 겪은 중국인의 가치관이 가지고 있는 특징을 여섯 가지로 정리하고 있다.

첫째, '양다리 걸치기'의 처세술이다. 특히 문화대혁명을 젊은 시절에 직접 겪은 40대의 장년들은 '우측을 향해서는 충성을 맹세하고, 좌측을 향해서는 복종을 가장한다.' 천안문 사건을 목격한 뒤에는 가족을 포함한 주변사람과 권력기관에 대한 불신감과[31] 함께 '양다리 걸치

---

31 가정과 혈족주의의 친척 상호 간의 신뢰에 대해서 노년층은 60%대가 반대했다. 이 반대는 이들의 인생관과 일치한다. 당에 대한 신뢰, 동지에 대한 신뢰가 우선하여 가정의 신

기'주의가 아니면 생존할 수 없다는 것을 절감한 세대다. 이들 문혁세대의 가치관은 복잡하고, 개방개혁세대인 청년층이나 혁명세대인 노년층과도 다른 가치관을 가지고 있다.

둘째, 가정이 가장 안전한 안식처가 되고 있다. 1989년 6월의 천안문 사건 이후 많은 중국인들은 생존을 위해 가정이라는 안식처로 피신하여 사회나 정치에 대해서 일절 발언도 행동도 하지 않으려는 태도가 강화되었다. 가정 이외에는 강한 불신감을 가지고 있으며, 극단적으로 자기 자신을 드러내 보이지 않으려고 한다. 친구도 예외가 아니며, 자기의 이익을 실현하기 위한 수단이라는 태도가 강화되었다.[32]

뢰 앞에 있다. 따라서 당에서는 말할 수 있어도 가정에서는 말을 할 수 없는 것이다. 강한 혁명적 신념이라고 할 수 있다. 청년층에서는 찬성이 적었다. 결혼하지 않는 이들의 대부분이 친척보다는 친구와 교제할 기회가 많기 때문일 것이다. 문혁 세대인 중년층은 3명 중 1명이 이 질문에 찬성한다고 답했다. 마음을 털어놓을 수 있는 것은 친척이나 아내 또는 남편뿐이라는 뜻이다. 농촌이나 산촌으로 하방되어 본 경험이 있기 때문이다. 또한 이들 중에는 가정도 못 믿는다는 사람도 많다. 남편을 고발한 아내, 자기 몸의 소중함만을 알고 아버지를 비판한 아이를 보았기 때문이다, 1989년 천안문 사건 때, 탱크 앞을 가로막고선 청년이 있었다. 그는 북경에서 결국 체포되었다. 그의 여동생에 의해 밀고된 것이다. 비록 육친, 형제라 해도 믿을 수 없다고 생각하는 중국인이 결코 적지 않다. 청년층, 중년층, 노년층의 60%에서 80% 전후의 사람이 비록 육친이나 부부 간이라고 마음속에 있는 모든 것을 털어 놓지 않는다고 응답했다(센고쿠 다쓰모 · 딩치엔, 1992: 197~198).

32 (1989년 총무청 청소년 대책본부가 정리한 세계 청소년 의식조사를 보면) 친한 친구가 있다고 응답한 사람이 중국에서는 브라질 다음으로 적고, 반대로 15%의 중국 청년은 친한 친구가 없다고 응답했던 것이다. 조사 대상은 18세에서 24세까지의 젊은이다. 즉 친한 친구가 없고, 붕우가 없다고 하는 사람이 11개국 중에서 두 번째로 많았던 것이다. (…중략…) 친한 친구를 가지고 있는 사람에게 그 친구를 사귄 계기가 무엇인지를 물었다. 중국에서는 일본 등 외국 여러 나라와 마찬가지로 '학교에서'라고 응답한 사람이 가장 많았다. (…중략…) 그러나 일본에서는 90%, 미국에서는 80%, 영국이나 프랑스에서는 70%나 학교에서 친구를 사귀었다고 말하는 반면, 중국에서는 세계에서 가장 적은 60% 남짓이었다. 혈족주의의 국가답게 친척이라고 하는 사람이 상대적으로 많기는 했지만, 길거리에서, 여행하는 곳에서, 학교 이외의 클럽이나 그룹에서라고 응답한 사람이 극단적으로 적었다. (…중략…) '친구와의 관계에 만족하는가'라는 질문에 중국 사람들은 44.4%만이 그렇다고 응답했다. 중국 사람들이 친구와의 관계에 만족하는 것 같지 않음을 보여주고 있다. 참고로 영국 83.6%, 스웨덴 82.5%, 미국 81.9%, 브라질 79.0%. 프랑스 76.0%, 싱가포르 71.4%, 서독 69.5%, 한국 64.8%, 오스트레일리아 64.5%, 일본 54.1%였다(센고쿠 다쓰모 · 딘치엔, 1992: 173~174). 고민되는

셋째, 아노미 현상의 확산이다. 천안문 사건 이후 중국 사회의 모토는 경제성장과 정치사회적 안정이다. 이외의 가치나 이데올로기는 전면에 나타날 수 없다는 점에서 정치적인 아노미라 할 수 있다. 특히 혁명이나 이데올로기 등에 대해서는 극단적인 경계심과 강한 불신감을 보인다. 또한 중국인들의 가치관 특히 성에 대한 태도가 급격히 변하고 있다. 애정이 없으면 이혼해야 한다, 결혼 전에 동거경험을 가지는 것이 좋다, 결혼하기 위해서는 상대방의 정치적 신념도 고려해야 한다는 등, 연애나 성에 대한 태도가 급격히 바뀌고 있다. 그러면서도 동시에 남성들의 경우 여전히 보수적인 여성관(처녀성에 대한 요구)을 가지고 있는 것을 보면, 도덕적 아노미 상태라 할 수 있다.[33]

일이 있을 때, 누구를 의논 상대로 하는가 라는 질문에 대해, 중국에서는 '어머니'를 선택한 사람이 가장 많았지만, 11개국 중에서는 가장 낮다. '아버지'라고 응답한 사람이 20%지만, 다른 나라와 비교하여 높은 것은 아니다. 혈연관계를 중요시하는 중국이지만, '형제'라고 응답한 사람도 불과 6.7%여서, 다른 11개국과 비교하면 매우 낮다. '가까운 곳이나 학교의 친구들'이라고 응답한 사람이 20%이지만, 이것은 가장 적은 것이다. (…중략…) 20% 가까이가 침묵하면서 아무런 응답도 하지 않았고, 또 다른 20%는 '누구와도 상의하지 않는다'고 응답했다. 타인 불신의 인간관계이기도 하고, 중국의 젊은이가 고독하다고 생각되는 결과다(센고쿠 다쓰모・딩치엔, 1992: 176).

33 중국 남성이 신부에게 요구하는 '처녀성', 여성이 요구하는 '동정성'이 일본에서는 거의 무시되고 있다. 결혼상대에게 처녀성이나 동정성을 요구하는 것은 혼전 성교가 엄격하게 금지되고 있음을 전제로 하는 것이다. 일본에서도 불과 10년 전에는 순결교육이라는 이름하에 처녀성이 강하게 요구되었지만, 남녀의 자유로운 교제가 행해지게 됨에 따라 순결의 요구가 갑자기 약해졌다. 그러나 중국에서는 순결의 요구가 여전히 뿌리 깊게 남아 있다. 일본보다 중국 젊은이가 중요시하고 있는 것은 '성실성', '장래성', '좋은 부모가 될 능력'이고, 그 밖에 '교육수준', '같은 취미', '신체적 매력' 등도 일본 청년보다도 중요시하고 있다. (…중략…) 배우자를 선택할 때 '처녀성'이 "매우 중요하다"는 일본 남성은 5.9%였지만, 중국은 그 10배에 가까운 47.8%였다. '동정성'을 요구하는 일본 여성은 2.4%인데 비해, 중국의 경우 40%였다. (…중략…) 혁명은 봉건적 남녀 불평등을 비판하지만, 일, 남녀, 성에 관해서는 여전히 금기였다. (…중략…) "애정이 없으면 이혼하는 것이 당연하다"에 대해 50%가 긍정하는 반면, 80%에 가까운 사람이 "결혼생활을 계속하기 위해서는 부부가 서로 인내하는 것이 필요하다"고 하는 전통적인 태도를 보여주고 있다. (…중략…) 세계청년의식조사에 의하면, 중국에서는 혼전관계를 "어떤 경우에도 피해야 한다"고 응답한 사람이 40%, "서로 애정이 있으면 상관없다"가 20%, "무응답"이 35%였다. 11개국 중 무응답자의

〈표 63〉 결혼 전의 성관계 – 국제비교

국가	결혼 전의 성관계는			
	어떤 경우에도 피해야 한다	애정이 있으면 상관이 없다	애정이 없어도 상관이 없다	무응답
싱가포르	60.1	33.5	2.1	4.3
중국	40.5	22.6	2.0	34.9
한국	34.4	59.6	4.6	1.4
미국	18.9	69.7	10.8	0.6
브라질	14.8	71.2	13.2	0.8
오스트레일리아	11.7	65.4	20.6	2.2
일본	9.3	70.5	4.5	15.6
영국	6.3	71.1	20.7	1.9
스웨덴	5.9	73.3	19.8	1.0
서독	3.8	71.6	15.4	9.2
프랑스	3.3	73.1	22.5	1.1

(출처 : 일본 총무청 청소년대책본부, 「세계청년과의 비교로 본 일본의 청년」, 『세계청년의식조사 (제4회) 보고서』, 1989; 센고쿠 다쓰모 · 딩치엔(1992), 232쪽 〈도표 21〉을 재정리함)

비율이 가장 높고, 혼전관계를 수긍하는 응답자의 비율은 최저였다. (…중략…) 중학생의 연애 (즉 조기연애), 혼전 성관계, 불륜에 대해서 조사한 결과, 세대에 따라 커다란 격차가 있음을 알 수 있다. 노년층은 일관되게 성해방을 반대하지만, 청년층과 중년층에서는 '애정에 의한 혼전 관계는 허용되어야 한다', '불륜은 이해할 수 있다'고 주장하는 사람이 40% 이상이었다. 수천 년의 역사를 가진 봉건사회에서 태어난 사회주의 중국의 청년들이 엄청난 변화를 보이고 있는 것이다. (…중략…) 이혼에 대한 사고방식은 각 연령층에 따라 다르다. 혁명세대인 노년층은 아직도 전통적인 가치관을 고수하여 이혼을 해서는 안된다고 보지만, 문혁세대, 개혁세대인 중년층, 그리고 청년층은 이혼에 대해 허용적이다. 청년층과 중년층의 80%가 애정이 없으면 빨리 이혼하는 것이 좋다는 견해를 가지고 있다. (…중략…) 연장선상에서 성생활이 원만하지 못할 경우 이혼해야 한다는 생각을 한다. 전통적인 가치관을 방기한 문혁세대의 중년층은 서구문화와 접촉하면서 성장하는 청년층보다 더 급진적인 태도를 보여주고 있다. 결혼이든 이혼이든 남의 이목을 생각하지 않으면 안된다는 의견에 찬성하는 중년층과 청년층이 각각 32%, 38%에 지나지 않는다. 반면 노인층에서는 그 비율이 거의 60%에 이른다. (…중략…) 불륜에 대해서도 마찬가지다. 중년층과 청년층에서는 40%이상이 이해할 수 있다고 했다(센고쿠 다쓰모 · 딩치엔, 1992: 227~238).

〈표 64〉 연애와 결혼에 대해서 – 세대 간 비교

항목		세대	찬성	반대	무응답
연애·혼전관계·불륜	애정에 의한 혼전관계는 허용되어야 한다	청년층	42.8	50.0	7.2
		중년층	41.9	49.1	9.0
		노년층	13.2	65.7	21.1
	중학생의 연애는 허용되어야 한다	청년층	29.9	64.0	6.1
		중년층	16.5	75.4	8.1
		노년층	5.0	75.2	19.8
	결혼 전에 잠깐 동거하면 결혼의 성공률이 높아진다	청년층	22.9	69.8	7.3
		중년층	21.1	69.7	9.2
		노년층	5.4	74.8	19.8
	불륜은 이해할 수 있다	청년층	45.7	47.8	6.5
		중년층	40.5	50.0	9.5
		노년층	12.8	64.9	22.3
이혼	애정이 없으면 빨리 이혼하는 것이 좋다	청년층	78.0	16.5	5.5
		중년층	78.0	12.2	9.8
		노년층	51.7	26.4	21.9
	성생활이 원만하지 못할 때는 이혼해야 한다	청년층	48.7	41.0	10.3
		중년층	58.4	31.8	9.8
		노년층	42.6	28.9	28.5
	결혼을 하든 이혼을 하든 남의 이목도 생각하지 않을 수 없다	청년층	31.6	62.0	6.4
		중년층	38.4	55.0	6.1
		노년층	58.3	20.7	21.0

(출처 : 일본 청소년 연구소, 「중국에 있어서의 가치관의 연구」, 1989; 센고쿠 다쓰모 · 딩치엔, 1992, 235쪽, 〈도표 22〉를 재정리함)

중국 청소년의 혼전 성관계에 대한 인식

지금까지 도덕적으로 질책을 받아온 혼전의 성관계가 중국의 청소년들에게 갈수록 보편화 되고 있으며, 그 연령이 갈수록 낮아지고 있는 추세로 나타났다. 현재 일부 청소년들의 성(性)이 매일 먹는 식사와 같이 쉽게 행해지고 있다면 사람들은 믿지 않을 지도 모른다.

그러나 중국 전국 각지를 대상으로 조사한 결과에 의하면, 중국 청소년들의 성관념이 갈수록 개방화 되고 있다는 것을 알 수 있다. 2001년 북경시 정부의 조사에 의하면, 48.8%의 중학생이 혼전 성관계를 인정한다는 태도였고, 심지어 첫 눈에 반하면 성관계를 가질 수도 있다고 한 학생이 그 중 9.9%나 되었다. 뿐만 아니라 일부분의 학생은 금전으로 성을 나눌 수도 있다는 생각을 가지고 있었다. 동시에 32.8%의 학생은, 고등학교 2학년이 지나도 이성 친구가 없으면 친구들로부터 놀림을 받는다고 하였다. 청소년들의 성관념에 대한 이런 변화와 함께 혼전관계의 연령이 갈수록 낮아지고 있는 것이다.

이에 대해 전문가는 이런 혼전관계 연령의 저령화는 결혼의 연령이 늦어지고 결혼을 위한 교재의 기간이 연장되게 하는 한 요인이 되고 있다고 보고 있다. 성에 성숙해 가는 지금의 추세 연령이 60년대와 70년대에 비해 2~3살이 당겨지고 있으며, 결혼의 연령은 반대로 2~3년으로 늦어지고 있다. 이런 추세와는 달리 청소년들의 결핍된 성교육으로, 미혼녀, 미혼녀의 유산, 성병, 에이즈 등의 문제가 사회적인 문제로 대두되고 있는 실정이다. 2002년의 중국 정부에 보고된 HIV(에이즈 보균자)와 ADIS(에이즈 환자)의 전염된 세가지의 경로 중에서 8.1%가 청소년과 장년층이 주를 이루는 성관계가 주 원인이며, 연령은 20~29세가 53.6%를 차지하고 있다. 모 산부인과 의사의 말에 따르면 문의하는 대부분의 환자는 대학생과 고정직이 아닌 일을 하는 젊은 여성이며, 불건전한 성관계를 한 20세 미만의 여성들이 성병으로 찾는다고 한다.

출처 : 新華网山東頻道, 2003.10.21. http://cafe.naver.com/jalan/40 (2014.2.27 검색)

성에 관해 개방적인 중국인의 면모를 여실히 보여주는 중국판 '킨지 보고서'가 처음으로 출판됐다. 화제의 보고서는 중국인민대학 사회학연구소가 1999년 8월부터 1년간 20~64세 남녀 4,842명을 무작위 추출해 실시한 성 관념 조사를 토대로 작성된 것으로 최근 한 토론회에서 발표됐다. 보고서에 따르면 중국의 기혼 여성 70%는 부부관계에서 남편보다 더 능동적으로 섹스를 즐긴다고 응답해 중국의 전통적인 여권 강세를 입증했다. 결혼 유무를 막론하고 '지속적 관계를 맺고 있는 섹스 파트너가 다수 있다'고 응답한 비율이 30~34세의 연령층에서 남자 45.8%, 여자 17.7%인 것으로 나타났다. 특히 이 연령대에서는 기혼 남자의 36%와 기혼 여자의 19.4%가 다수 섹스 파트너와의 혼외 정사를 갖고 있다고 답했다. 40대 이상의 남녀에서는각각 20.8%와 5.5%였다. 25~29세 미혼남녀 중 성 경험이 있다고 답한 비율은 남성 72.2%, 여성 46.2%였으며, 남성의 매매춘 경험은 25~29세 16.7%, 40세 이하 11.3%, 40세 이상 6.4%로 조사됐다. 다른 아시아국과 달리 매매춘 경험자들이 의외로 적은 것은 중국의 성 개방 풍조 때문이라고 보고서는 분석했다. 낙태 문제도 예사롭지 않아 40세 이하 여성의 49.1%가 유산을 1회 이상 경험했다고 응답했다. 보고서는 또 변태나 동성애자로 추정되는 비율이 1~4%에 이르며, 섹스와 결혼은 별개라고 생각하는 관념이 광범위하게 퍼져가고 있다고 덧붙였다.

출처: 황유성, 「「중국판 킨지 보고서」 中 20대男 72% 女46% "혼전 성경험"」, '동아일보', 2002.10.30, http://news.naver.com/main/read.nhn?mode=LSD&mid=sec&sid1=104&oid=020&aid=0000159077 (2014.2.27 검색)

중국인의 혼전 성관계에 대한 인식

중국인의 80% 이상이 혼전 성관계를 가졌다는 조사가 나왔다. 홍콩의 사우스차이나 모닝 포스트는 24일 리인허[李尹河] 중국 사회과학원 교수가 최근 중국 성인남녀 3,000명을 대상으로 실시한 설문조사 결과 이같이 나타났다고 밝혔다. 이는 리교수가 1980년대 3,000명을 대상으로 실시한 설문조사에서 15% 미만이 혼전 성관계를 가졌다고 밝힌 것과 비교하면 엄청난 '성 혁명'이 일어나고 있는 셈이다. 특히 대도시는 혼전 성관계가 86%를 넘는 것으로 나타났다.

리교수는 "사회의 급격한 변화, 특히 여성들의 의식 변화로 혼전 성관계가 크게 늘고 있다"고 분석했다. 요즘 젊은 여성들은 상대가 기혼자여도, 사랑하지 않는 사람이어도 관계를 맺는데 큰 거부감이 없다는 것이다. 남부 지방의 명문인 저장[浙江]대학 학생들을 상대로 한 조사에서는 응답자의 60% 이상이 동성애를 이해한다고 했으며 남성의 62%는 상대여성이 처녀인지 여부가 중요하지 않다고 응답했다.

이같은 의식 변화에 따라 처녀막 재생 수술이 크게 줄고 있다. 쓰촨성[四川省] 청두[成都]의 한 병원은 수술비를 3,000위안(45만 원)에서 최근 500위안으로 내렸으나 손님이 없다고 울상을 짓고 있다고 리교수는 전했다.

출처 : 홍인표, 「80% 이상 혼전 성관계…중국인 '性혁명'」, '경향신문', 2003.6.24, http://news.naver.com/main/read.nhn?mode=LSD&mid=sec&sid1=104&oid=032&aid=000021692 (2014.2.27 검색)

중국 우시[無錫]시 휘이샨[惠山]구 부녀연합회와 가족계획부문은 따궁메이(打工妹, 타지에서 온 여성 임시 노동자)들의 결혼 전 성 경험 여부에 대해 조사했다. 조사에 따르면 공장에서 일하는 타지역의 젊은 여성들 중 40%가 결혼 전 이성과 성관계를 가진 바 있으며, 특히 서비스 분야에 종사하는 따궁메이의 경우 혼전 성 관계 비율이 50%를 넘는 것으로 확인됐다. 또한 따궁메이들은 거주 환경과 근무환경에 따라 이성과 성 관계를 맺는데, 일정한 차이가 있는 것으로 밝혀졌다. 공장에서 일하는 따궁메이들은 동시에 여러 섹스 파트너를 가지고 있는 현상이 드물었다. 이들은 사랑과 결혼을 분리시켜 생각하기 시작한 것으로 나타났다. 또 대부분 자신의 성적 욕구와 결혼하여 자녀를 낳는 일을 별개로 생각하고 있었다. 이 같은 추세는 다수의 따궁메이들이 연인들에게 실연을 당하면 주저하지 않고 곧바로 다른 이성을 찾는다는 사실에서도 확인할 수 있었다. 이런 현상에 대해 중국의 관련 전문가들은 "여성 유동인구의 성 보건에 대해 전면적인 관리시스템을 구축하고 폭넓은 홍보를 통해 건강한 결혼관과 연애관 등을 수립해야 한다"고 강조했다.

출처 : 설정환, 「중국, 아가씨들 혼전 성 경험 40%이상」, '오마이뉴스', 2002.10.14, http://news.naver.com/main/read.nhn?mode=LSD&mid=sec&sid1=102&oid=047&aid=0000014138 (2014.2.27 검색)

사회심리청서(社會心理青書) 보고서

7일 오전, 중국 사회과학원 사회학 연구소에서 '사회심리청서'를 발표하였다. 전국 각 지역 출신 3만 1,345명의 온라인 구혼자를 대상으로 한 통계 조사 결과에 따르면 '재력있는 남성과 뛰어난 외모의 여성'이 여전히 현재 중국 미혼자들의 우선적 배우자 기준이 되고 있는 것으로 나타났다. 이와 함께 시대가 흐르면서 정조 관념과 대를 이어야 한다는 의식이 약해졌으며, 사업적인 성공보다는 가정의 행복을 중시하는 경향이 나타났다. 또한 배우자와의 공감대 형성을 중시하는 성향도 보이는 것으로 드러났다. '사회심리청서'에서는 현재 온라인에서의 배우자 찾기가 온라인 시대의 다원화된 사회에서 결혼 대상자를 찾는 일반적인 형태가 되고 있다고 분석하였다. 통계에 따르면 2009년에 중국 온라인 결혼 사이트 등록 고객 수가 이미 1억 4,000만 명에 달한 것으로 나타났다. 연구소에서는 2005~2010년 바이허[百合] 웹사이트에 등록한 18~40세의 남녀 고객을 조사 대상으로 분석을 진행하였다.

분석 결과에 따르면 여성은 배우자의 경제적 상황(수입, 학력, 주택 소유 유무)에 더욱 까다로웠던 반면 남성 구혼자들은 여성의 사회 경제적 지위는 크게 신경 쓰지 않으나 자기보다 나이가 어린 배우자를 선택하려는 경향이 강한 것으로 나타났다. 또한 구혼자들은 자신의 조건에 맞춰 배우자의 조건을 따지는 '비슷한 집안끼리의 결혼'을 선호하는 것으로 분석되었다. 선택 기준에 있어 남녀 차이는 있었지만 자신의 수입, 학력, 연령, 키 등과 비교하여 유사한 수준의 배우자를 선택하기를 희망한다는 것이다. 그 외에도 남녀 간에도 배우자 선택에 있어 차이를 보여 2005년부터 2010년까지, 남성 구혼자들은 자신의 사회 경제적 상황(특히 학력)이 맞는 배우자를 찾는 경우가 늘어나고 있는 것으로 보인다. 이러한 경향은 남녀 평등 관념이 높아지고 여성의 사회 참여 기회가 늘어나면서 증가하고 있는 것으로 풀이된다.

청서에서는 또한 성 의식, 양육 관념, 경제 관념, 가정-사회 역할에 대한 기대, 인생에 대한 목표 및 관계에 대한 기대 등 6개 부분과 관련하여 배우자 선택 가치관에 대해 분석을 진행하였다. 우선, 성 의식 부분에서 남성은 일반적인 혼전 성관계 인식에 대한 수용도는 높았으나 배우자의 혼전 성관계에 대한 수용도는 비교적 낮게 나타났다. 여성의 경우는 반대로 일반적인 혼전 성관계 인식은 개방적이지 않은 반면, 미래 배우자의 혼전 성관계에 대해서는 비교적 관대한 편으로 나타났다. 양육관의 경우, 대부분의 구혼자들은 결혼 후 아이를 원하나 바로 갖고 싶어하지는 않는 것으로 나타났는데 이는 아마도 도시 젊은이들의 경제적인 부담이 커지고 있고 대를 이어야 한다는 인식이 약화되었기 때문으로 풀이된다.

출처 : 정연두, 「〈인민망을 통해 본 금일중국〉 中, 온라인 구혼자 1억 4천만 명…男재력, 女미모」, '아주경제', 2013.1.9, http://www.ajunews.com/common/redirect.jsp?newsId=20130109000143

중국인의 절반 이상은 혼전 섹스를 용인하는 것으로 조사됐다고 로이터통신이 신화통신을 인용, 13일 보도했다. 중국 런민대가 베이징과 상하이를 포함한 10개 지역에서 다양한 연령대와 직업, 교육 수준을 가진 5,951명의 중국인을 대상으로 벌인 설문조사에 따르면, 32.7%의 응답자는 혼전 섹스는 남녀가 서로 사랑하는 한 비난받아서는 안 된다고 답했다. 또 29%의 응답자는 혼전 섹스란 사생활의 문제일 뿐이라고 답했다. 또 12.8%는 혼전 섹스를 '비도덕적'

으로 본다고 답했지만 이해할 수 있는 행동이라고 답해 사실상 용인하는 태도를 보였다. 특히 20~29세 계층에서는 단 7%만이 혼전 섹스가 비도덕적인 것이라고 본다고 답했다. 혼전 섹스는 비도덕적이며 강력하게 금지해야 한다고 답한 응답자는 15.26%에 불과했다.

이번 조사를 한 런민대 관계자는 "젊은 중국인들은 혼전 섹스에 대해서 더욱 개방적"이라고 말했다. 그러나 "남자는 짐승이 아니며 사랑은 순수한 섹스가 아니다"며 "섹스에 대한 과도한 탐닉은 젊은이들을 해칠 뿐만 아니라 결혼과 가족의 개념을 약화시킬 수 있다"고 우려했다. 로이터는 중국인들의 섹스에 대한 태도는 십여 년 전부터 개방적으로 변하기 시작했으며, 최근에는 혼외정사 붐이 일어나 중국 공산당이 "서구에서 부르주아적 풍습이 점점 더 많이 유입되고 있다"고 비난하고 있다고 전했다.

출처 : 이문환, 「중국인 2명중 1명은 "혼전섹스OK!"」, '헤럴드경제', 2010.4.4, http://www.heraldbiz.com/SITE/data/html_dir/2007/06/14/200706140267.asp (2014.5.14 검색)

넷째, 친구나 이웃을 포함한 인간관계에 대한 불신감과 관계 중시의 태도다. 문화대혁명 시대는 아니라고 하더라도 언제, 누구에게 밀고 당할지 모른다는 불안감으로 친구라 할지라도 체제 비판은 금물이다. 천안문 사건으로 소요를 일으킨 오빠를 누이동생이 고발한 사례도 있다(〈표 65〉 참조). 가족을 포함한 타인에 대한 불신이 강하지만, 그렇다고 해서 타인과 관계를 맺지 않고 살 수는 없기 때문에 중국인들에게는 '관계학(關係學)'을 중요시한다. 연고를 이용하여 보다 쉽게 돈벌이도 하고 외국 유학도 간다.[34]

다섯째, 개인주의와 집단주의, 온정과 봉사와 같은 인간관계를 잣대

〈표 65〉 연대감 대상 (천안문 사건 전과 후의 비교)

문항	연도	친척	동향	이웃	친구	동료	상사	회사	정부·국가·정당·사회	자신	기타
생활하는데 가장 필요하다	1987	21.6	0.5	1.1	34.3	4.0	0.9	3.8	9.4	21.2	3.0
	1990	5.6	0.0	2.2	15.2	3.4	1.2	7.0	4.4	35.5	15.4
가장 신뢰할 수 있다	1987	16.6	0.9	0.9	19.4	4.8	2.3	2.2	12.0	38.7	2.3
	1990	11.6	0.2	0.0	15.6	5.6	4.2	1.2	2.4	45.1	14.0
가장 잘 이해해준다	1987	14.4	0.5	0.7	25.3	5.8	2.2	2.3	8.5	37.2	3.1
	1990	12.2	0.6	0.2	19.0	7.0	3.6	0.4	1.2	40.9	14.8
이해관계가 가장 일치한다	1987	11.7	0.5	0.3	12.9	11.6	1.6	22.0	11.2	21.0	7.2
	1990	13.0	0.4	0.8	10.2	7.8	4.0	14.4	5.8	26.8	19.6
가장 진력해 준다	1987	6.8	0.2	0.3	8.4	2.7	0.9	15.9	43.4	17.7	3.7
	1990	13.8	0.4	0.6	22.0	6.4	1.4	15.4	6.8	16.4	16.4

(출처 : 딩치엔丁謙, 「중국에 있어서의 가치관과 가정 교육」, 『家庭教育研究所概要』 13, 財團法人小平記念家庭教育研究所, 1991; 센고쿠 다쓰모 · 딩치엔, 1992: 201에서 재인용)

로 재어 볼 때 중국인은 미국인에 가깝다. 중국인은 미국인 이상으로 개인주의적이고 또는 이기주의적이라고 할 수 있다. 그렇다고 해서 중국인이 미국인처럼 공동체의 사람들에게 소위 이웃사람을 사랑하는

34 관계학이라는 말은 신중국에서 탄생했다. 세계 어디에도 '관계학'이라는 속어는 없다. (…중략…) '저 사람이 관계학이 능란하다'고 하는 것은 유력한 연줄을 잡은 사람을 두고서 하는 말이다. 능력주의가 아닌 권력 관계 사회이기 때문에 뇌물성을 띤 인간관계가 발달해 간다. (…중략…) 자기의 목적을 달성하기 위하여 능란한 수단을 사용하여 사람을 이용한다. 또 이용당하는 쪽도 명백히 알고 있다. (…중략…) 관계학에서의 인간관계는 친구 관계가 아니다. 통제되고 있는 사회에서 윤리관을 상실했을 때 발생한다. 사회주의 사회에 깊은 뿌리를 내린 인간관계라고 할 수도 있다. (…중략…) 일본에서는 성실한 인간도 유력한 연줄이 있는 인간도 친구의 요소로서 평가받지 못한다. 재미있고 유머가 있는 명랑한 인간이 친구로서 평가받는다. 일본에서는 진실한 맛이 없는 외관만의 친구가 되어버릴 염려가 있다. 그러나 유력자를 알고 있어도 실력이 없으면 대학에 합격할 수 없다. 일본 사회에서도 연줄이 없는 것은 아니지만, 관계학은 무용하고, 능력이 거의 모든 것을 결정한다. 그러나 중국에서는 사정이 다르다. 관계학이 능숙한 사람은 외국에도 나가고 좋은 직장에도 취직하고 여러 가지 물건도 사기도 한다. 여간해서 들어갈 수 없는 기숙사에도 들어갈 수 있고 장학금도 받을 수 있다(센고쿠 다쓰모 · 딩치엔, 1992: 189～191).

것 같은 자발적인 의식이나 행동을 취하는 것도 아니다. 그리고 가까운 사람에 대해서 일본인처럼 상호의존적인 심정을 가지고 있는 것도 아니다(센고쿠 다쓰모, 1992: 178)[35] 중국인은 결코 일본인이나 한국인과 같은 집단주의자는 아니다. 적어도 소집단 내에서 서로 자기희생을 다하고, 집단의 화목을 중요하게 생각하는 일본식의 내집단은 중국에서는 찾아 볼 수 없다. 일본적 내집단은 소집단의 이익을 우선하는 나머지 공적인 영역의 것에는 무관심하여 때로는 공공의 이익을 침해하더라도 소집단의 번영을 위한 행동이 정당하다고 생각한다. 이 때문에 공공의 보다 넓은 영역에서 공정이나 정의를 이념으로 하는 구미 여러 나라와 갖가지 마찰을 낳고 있다. 그러나 중국인은 미국인 이상으로 개인주의적이라고 생각된다. 그러나 동시에 미국 이상으로 사회나 공공 이익에 대해서 정의나 공정함을 가지고, 전혀 알지 못하는 타인을 도와주려고 하는 인간관계는 찾아볼 수 없다. 교육을 받고 있는 중국의 젊은이들에게서 내집단 사회에서의 자기희생도 볼 수 없고, 그렇다

35 슈(F. Sue)에 의하면, 중국인과 일본인은 농밀한 상호의존관계에 있다는 것이 된다. 그러나 이것은 잘못이다. 일본청소년연구소가 1990년에 실시한 일본, 미국, 중국의 중학생 생활의식 조사에 의하면, 일본의 중학생과 중국의 중학생이 친구관계에 대한 생각이 전혀 다르다는 결과가 나왔다. (…중략…) 일본과는 달리 미국 중학생 사이에서는 서로의 마음을 털어놓는 것이 당연시되어 있고, 강한 상호 부조를 볼 수 있다. 그러면서도 서로의 사생활에 간섭하지 않는다. 이런 점에서는 미국 중학생과 일본 중학생은 비슷하다. 그러나 미국 중학생들은 서로 간섭하지 않으면서 서로가 희생적으로 되고 상호 의존하는 것이 좋은 것으로 생각하고 있다. (…중략…) 서로의 의존, 희생은 미국에서는 긍정적으로 받아들여지고 있지만, 일본에서는 부정적으로 받아들여지고 있고, 거기에 일본의 신-구 문화의 혼란 상태가 있다고 할 수 있다. 미국에서는 사생활을 구분하는 선은 일본 이상으로 분명하게 그어져 있지만 상호 협조성이 강하게 요청되고 있다. 이런 미국과 비교하면 일본은 사생활을 구분하는 선이 약간 애매한데다가 상호협조가 좋은 친구 관계로서 강조되지 않는다. 중국 문화는 같은 동양인 일본보다 오히려 미국 문화에 가까운 것 같다. 이 조사에서도 일본보다는 미국의 그것에 가깝다는 결과가 나왔다. 서로의 사생활에 간섭하지 않는다는 점에서는 거의 미국과 같고, 서로의 의존을 부정하고 자기 혼자서 살아가려고 하는 자세가 보인다. 하지만 '마음을 털어놓는다', '희생을 한다'는 면에서는 일본이나 미국보다도 많다(센고쿠 다쓰모・딩치엔, 1992: 181~182).

고 해서 눈 앞 강에 빠진 사람을 구조하는데 사례를 얼마나 해야 하는가를 논쟁한 사례가 있는 것처럼, 미국과 같은 개인주의와 공정이나 정의의 이념도 볼 수가 없다. '국사, 가사, 천하사, 관아비사(國事, 家事, 天下事, 菅我庇事)'. 국가의 일, 가정의 일, 천하의 일 따위가 자기와 무슨 관계가 있다고 하는 것인가. 최근 중국에서 유행하고 있는 이 말은 젊은이의 세태를 잘 반영하고 있다(센고쿠 다쓰모 · 딩치엔, 1992: 191~193).

여섯째, 강한 배금주의(拜金主義)다. 예로부터 전해오는 중국 전통문화에서는 '적은 돈에 신경을 쓰는 것은 부끄럽다'는 것이며, 의젓하게 해야 하며, 각자 부담도 하지 않았다. 이러한 전통적인 돈에 대한 태도에

〈표 66〉 금전관 – 세대 간 비교

항목	세대	찬성	반대	무응답
돈은 무엇보다도 중요하다	청년층	36.0	59.0	5.0
	중년층	48.0	43.6	8.4
	노년층	16.9	62.4	20.7
돈은 소비하기 위한 것이지 저축하기 위한 것이 아니다. 따라서 돈이 있으면 자꾸 써야 한다	청년층	47.6	48.6	3.8
	중년층	48.8	42.8	8.4
	노년층	14.0	67.8	18.2
지금 세상은 돈만 있으면 무엇이라도 할 수 있다	청년층	54.6	41.7	3.7
	중년층	65.0	28.3	6.7
	노년층	29.3	54.1	16.6
어떻게 해서라도 돈을 많이 벌 것을 생각해야 하고 절약하려고 고생하지 않아도 된다	청년층	68.0	28.0	4.0
	중년층	67.3	24.6	8.1
	노년층	24.8	55.4	19.8
금전은 모든 죄악의 근원이다	청년층	44.9	51.5	3.6
	중년층	55.2	36.4	8.4
	노년층	60.3	22.7	17.0
적은 돈에 신경을 쓰는 (문제 삼는) 것은 부끄러운 일이다	청년층	70.5	25.7	3.8
	중년층	73.7	19.1	7.2
	노년층	77.7	6.2	16.1
돈에 신경쓰지 않고 학문에 몰두하는 사람은 고상하다	청년층	35.5	60.9	3.6
	중년층	47.7	43.4	8.9
	노년층	76.4	8.7	14.9

(출처 : 일본 청소년연구소, 「중국에 있어서의 가치관의 연구」, 1989; 센고쿠 다쓰모 · 딩치엔(1992), 248쪽, 〈도표 25〉를 재정리함.

대해서 노인층은 물론 중년층과 청년층도 70% 이상이 찬성했다. 그렇다고 해서 금전에 대해서 완전히 대범해 진 것은 아니다. 청빈은 옛말이 되어버렸다. '돈에 신경 쓰지 않고 학문에 전념하는 사람은 고상하다'는 의견에 대해서 노인층에서는 여전히 각광을 받지만(76.4% 찬성), 중년층(47.7%)과 청년층(35.5%)에서는 그 위력을 크게 잃었다. 또한 중년층과 청년층에서는 '돈은 무엇보다도 소중한 것이다', '돈이 있으면 자꾸 써야 한다', '지금 세상은 돈만 있으면 무엇이라도 할 수 있다', '어떻게 해서라고 돈을 많이 벌 것을 생각하고, 절약하려고 고생하지 않아도 된다'는 생각을 가진 이들이 매우 많다(〈표 66〉, 센고쿠 다쓰모·딩치엔, 1992: 247~249).

주류가치관의 재구성

TV 〈진심이 아니면 나서지마〉(중국 장쑤위성TV, 2010.1.15.~)

안후이[安徽]위성TV의 〈내 인연은 너[緣來是㑊]?〉, 저장[浙江]위성TV의 〈사랑을 향해 돌진[爲愛向前沖], 상하이동방[上海東方]위성TV의 〈백 중 하나 고르기[百里挑一]〉 등이 신설되었고, 또한 산둥[山東]위성TV의 〈사랑이 왔네[愛情來敲門]〉, 후난위성TV의 〈우리 데이트해요[我們約會吧] 등 기존에 방영하던 연예 프로그램들 또한 〈진심이 아니면 나서지마〉를 모방하여 서바이벌 형식으로 바뀌기에 이르렀다. 이처럼 짝짓기 프로그램이 물밀 듯 쏟아져 나오는 현상을 통해서 방송국 체제의 시장화로 인해 각 성·시급의 방송국들이 치열한 경쟁을 벌이고 있다는 사실도 가늠해볼 수 있다. 한편 짝짓기 프로그램이 요원의 불처럼 퍼져나가는 동안 프로그램 속 '배금주의', '재력 과시남', '부자2세' 등의 인물들이 사회적 이슈로 떠올랐다. "자전거 뒤에 타서 웃느니 차라리 BMW에 타서 우는 게 낫다"고 말했던 BMW녀, "나는 남자친구와만 손을 잡는다. 다른 사람이라면 한 번에 이십만 위엔은 줘야한다"던 호화주택녀(〈진심이 아니면 나서지마〉), "돈이 없으면 아는 체 하지 마라"던 올트라 배금녀, 그리고 잘 생기지 않았지만 람보르기니를 몰고 100만 위엔의 월수입을 과시하던 재력과시남(〈사랑을 향해 돌진〉) 등을 그 예로 들 수 있다. 이러한 배금주의적, 물질주의적 언사는 즉시 관련 당국의 주의를 끌었다. 6월 초 광전총국(국가광파전영전시총국(國家光播電影電視總局))에서 「연애 짝짓기류 TV프로그램의 관리 강화에 대한 광전총국의 통지」 등 두 건의 공문을 잇달아 내놓으면서, 상반기 TV브라운관에서 폭발적으로 늘어가는 짝짓기 프로그램에서 나타난 신분 속이기, 출연자들의 저속하고 배금주의적인 언사 등에 제동을 걸기 시작했다. (…중략…) 당국의 비판은 이번이 처음이 아니다. 하지만 관련 당국의 비판에 이어 『인민일보(人民日報)』, '신화통신(新華通信)', CCTV 등 주요 매체가 비판에 동참하는 것은 보기 드문 현상이다. (…중략…) 〈진심이 아니면 나서지마〉의 남녀 출연자는 대부분 도시에 거주하는 이삼십 대 화이트칼라 출신이다. 이들은 '남자는 돈, 여자는 미모'라는 성별화된 편견과 더불어 보수적인 중산층 핵가족 모델을 기초로 한 연애관과 가족관을 보여준다. 그런데 최근 중국사회 내부의 계급의 분화에 대응하여 집권당은 과학 발전관, 사회화합 등의 이데올로기적 구호를 내세우며 중산층을 모델로 하는 사회적 상상을 통해 주류 이데올로기를 통합하고자 했다. 특히 2006년 17대 보고서에서는 '사회주의 핵심 가치관'의 건설이라는 목표가 제기되기도 했다. 허나 홍미로운 점은 중국 내 매체들 대부분 '핵심 가치관'보다는 '주류 가치관'이라는 말을 주로 사용한다는 것이다. 주류사회, 주류 가치관에 대한 논의는 기본적으로 자원봉사, 시민의 권리, 환경보호 의식, 기부 등의 부르조아적 윤리를 기초로 하기 마련인데, 바로 이러한 측면에서 중산층의 '삼속'적인 가치를 추구하는 〈진심이 아니면 나서지 마〉가 주류 가치관에 위배된다는 비판을 받은 것이다. 그러나 이러한 비판은 중산층의 가치관과 주류 가치관 사이의 모순을 드러낸다기보다 오히려 주류 가치관과 중산층 모델이 미묘한 타협의 단계에 있음을 보여준다.

출처 : 짱웨이위 · 김정수, 「주류 가치관의 재구성」, 『플랫폼』 23호, 인천문화재단, 2010, 44~47쪽.

지금까지 센고쿠 다쓰모와 딩치엔의 저서(1992)를 통해서 1990년대 초반까지 중국인 가치관이나 규범이 어떻게 변했는지를 살펴보았다. 이제는 보다 최근의 변화를 살펴보기로 한다. 1996년 7월, 한국방송공사, 일본 『마이니치신문(每日新聞)』, 아시아연구기금의 후원으로 한 · 중 · 일 3국 수도에서 진행된 국민의식 설문조사 결과에 의하면,[36] 조상제사에 대한 인식은 세 나라 모두에서 여전히 강하게 남아 있으나, 장자중심의 가족관은 크게 약화되었다. '조상의 산소에 성묘해야 한다'는 주장에 대해서 한국(91.1%), 일본(87.3%), 중국(61.1%)의 순으로 모두 과반에 이른다. 반면, '대를 잇기 위해서는 아들이 꼭 필요하다'는 주장에 대해서는 일본(35.8%), 한국(32.7%), 중국(17.9%)의 순으로 3국 모두 1/3 이하로 소수에 지나

36 김병호, 「전통가치관과 국민성」, 『사회발전연구』 2, 연세대 사회발전연구소, 1996, 91~105쪽.

지 않는다. 특히 중국은 그 비율이 20%도 되지 않을 정도로 약화되었다.

효와 관련된 항목을 보면, 장남의 부모 부양 의무나 부모의사 존중 태도는 이전에 비해 약해지긴 했으나, 여전히 적지 않은 사람들이 동의하고 있다. 이 둘에 대해서 동의하는 응답자가 세나라 모두 40% 이상이다. 특히 장남의 부모부양 의무에 대해서 대부분의 중국인의 태도가 전통적이다. '노후 누구와 함께 살기를 원하는가'라는 질문에 대해서도, 한, 중, 일 세 나라 모두 '자녀와 따로' 살겠다는 응답자가 절대다수를 차지하고 있고(한국 75.7%, 중국 63.4%, 일본 55.8%). 자녀와 살겠다는 응답자가 소수이지만, 한국인 가운데 '아들과 함께' 살겠다는 비율이 상대적으로 많고, 중국인과 일본인 가운데는 '딸과 함께' 살겠다는 응답자가 상대적으로 많다(각각 18.6%, 16.6%).[37]

남편과 아내의 관계와 역할분담에 대한 태도는 크게 서구화되었다. '아내는 남편에게 복종해야 한다'는 주장에 대해서 한국(36.5%), 일본(30.0%), 중국(24.4%)의 순으로 소수에 지나지 않는 가운데, 중국이 가장 많이 남녀평등 지향적이고, 한국이 가장 적다. 가정 내 역할분담에 대해서는 한국과 일본에서는 3/4이 넘는 절대다수가 여성의 사회활동을 지지하는 반면, 중국에서는 아직도 40%가 넘는 사람이 '남편은 바깥일, 여성은 가사와 육아'의 성역할분담을 고수하고 있다. 또한 이혼에 대해서도 매우 개방적인 자세로 바뀌었다. '경우에 따라 이혼할 수 있다'는 주장에 대해 중국 90.4%, 일본 84.7%, 한국 59.6%가 찬성하였다. 한국인의 경우 40.4%가 '이혼해서는 안된다'고 답해 상대적으로 보수적이다.

마지막으로, 나이에 따른 서열의식은 한국이나 일본에서는 크게 약화되었음에도 불구하고 아직도 적지 않은 사람들이 그런 의식을 가지

37 중국인 가운데 장남이 부모님을 모셔야 한다는 응답자가 과반수를 차지하면서 동시에 자녀와 따라 살겠다는 응답자가 과반수인 점은 얼른 이해하기 어렵지만, 아마도 따로 살되 주로 장남이 책임지고 챙겨줘야 한다는 의미가 아닐까 싶다.

〈표 67〉 전통적인 가치관에 대한 긍정의 비율

전통적인 가치관	한국	중국	일본
조상의 산소에 성묘해야 한다	91.1	61.1	87.3
대를 잇기 위해 아들은 꼭 필요하다	32.7	17.9	35.8
장남이 부모님을 모셔야 한다	46.1	71.6	41.9
부모님이 반대하는 결혼은 하지 않는다	40.1	41.1	36.8
아내는 남편에게 복종해야 한다	36.5	24.4	30.0
남자는 바깥에 나가 일하고 여자는 집안일에 전념해야 한다	24.6	41.3	22.6
연장자의 의견은 반드시 따라야 한다	36.6	72.6	36.9

고 있으며, 중국에서는 70%가 넘는 사람이 나이에 따른 서열의식을 가지고 있다(이상 〈표 67〉).[38]

미, 월간 『대서양(The Atlantic)』 중국 남녀평등의 현주소

중국에서 남녀평등의 실현은 아직 요원해 보인다. (…중략…) 남녀 성별역할에 대한 중국인들의 고정관념은 뿌리가 깊다. 젊은 중국 여성들은 성장하면서 '잘 배운 것이 시집 잘 간 것만 못하다'란 의식을 알게 모르게 주입받는다. 여전히 큰 힘을 발휘하는 유교적 가치관은 남편이 월급 및 학력 면에서 아내를 능가해야 한다는 통념을 낳고, 이는 결국 결혼시장에서 고학력 여성들의 주가하락으로 연결된다. 페이스북 최고운영책임자 셰릴 샌드버그(Sheryl Sandberg)의

38 1996년 조사에서 '국가를 위해서라면 자신의 이익보다 국가를 먼저 생각해야 한다'는 주장에 찬성하는 응답자가 중국 78.1%(반대 3%), 한국 65.6%, 일본 13.2%(반대 49%)로 나타났는데, 이를 집단주의나 개인주의 성향을 파악하는 지표로 보기는 어렵다. 특히 1990년대 한국이나 중국은 아직도 국가에 대한 충성이 규범으로 되어 있었기 때문이다.

방중 전부터 중국 각지에서는 그녀의 저서 '일보전진(Lean in, 向前一步)'에 호응하여 많은 풀뿌리[草根]모임들이 결성됐다. 그 중 한 단체는 "주변 남성들의 지지를 얻을 때 비로서 여성들은 '일보전진' 할 수 있다. 주변남성이란 남편, 직장동료, 상사 및 잠재적 멘토 등 이다"라는 것을 자신들의 입장이자 목표로 내걸기도 했다. 여성들의 사회활동 내지 커리어의 성공여부는 항상 결혼보다 덜 중요한 것이 중국의 현실이다. 중국 국가통계국 자료에 따르면 38세 이상의 중국 여성 중 미혼자는 겨우 2%다. 결혼이 그녀들에게 중요한 사회적 압력으로 작용하고 있기 때문이다. 최종적으로 자기의지를 관철할지 떠밀려 결혼을 선택할지는 별개의 문제지만 현대적인 중국여성들은 자신의 커리어에 배우자나 연인의 응원을 얻으려 애쓰고 있다. (…중략…) 베이징의 한 직장여성은 "차라리 결혼해서 애엄마가 된 젊은 여성들의 직장찾기가 더 쉽다. 중국의 출산제한 정책 하에서 적어도 이런 여성들은 더 이상 출산휴가를 낼 필요가 없다고 고용주들이 확신하기 때문"이라고 말했다. "중국 여성들은 평등한 관계를 유지할 배우자를 찾는데 어려움이 많을 것 같다. 남아선호 사상이라든가 부부 간에 남성이 여성보다 성공해야 한다는 뿌리깊은 사고방식의 영향 때문으로 보인다" 셰릴 샌드버그가 방중일정 끝무렵에 밝힌 소감이다. 그녀가 자신의 책에서 지적했듯 "남성의 성공은 늘 좋은 일이지만 여성의 성공은 복합적으로 이해되고 심지어 나쁜 일로 간주되기도 한다. 전세계 여성들을 속박해온 문화다."

출처 : 『중국』(인민화보 한국판 잡지), 2013.12.18.

중국에 선후배 문화가 없는 이유

중국에서 생활하다 보면 한국처럼 선후배 사이의 '격'이나 '예의'가 그리 엄격하지 않다는 것을 느낄 수 있다. 중국이 유교사상의 발상지가 맞나? 라는 의문까지 생길 정도다. 술자리에서 선배와 후배가 격이 없이 대작을 하고 맞담배를 피운다. 직장에서 상사하고 논쟁도 하고 심각한 경우 다투기도 한다. 이는 한국에서 상상하기 힘든 일이다. 중국 친구들의 얘기를 들어보면 이 문제에 대한 여러 가지 해석이 있다. 전형적인 해석은 **중국의 문화혁명 때문**이라는 것이다. 즉 문화대혁명 기간 공자사상 비판, 가정윤리 파괴, 지식층과 지도층 등 일체의 권위 타도 등 과정을 거치면서 사람들의 마음 속에서 삼강오륜이나 장유유서 개념이 사라졌다는 것이다. 당시 부부가 서로 '잘못'을 폭로하고 심지어는 아들이 아버지의 사상을 공격했다. 상사나 교수가 자기 편이 아니면 거리에 끌고나와 비판했다. (…중략…) 문화대혁명 이전에 **한국과 비슷한 선후배관계**가 있었다고 주장하는 사람도 있다. 즉 회사나 공장에 먼저 입사한 사람은 신입을 가르치고 도와주어야 했다. 특히 기술자의 경우에는 '사부를 모시는' 전통이 있었다고 한다. 신입 입문식을 통해 사부-제자 관계를 맺어야 사부의 기술을 배울 수 있었다. 물론 입문시기에 따라 사형이 있고 서열에 따라 호칭하고, 앉는 자리도 순서대로 배치했다. 제자는 사부에 공손해야 하고 담배 심부름까지 해야 했다. 그 대신 사부는 자기가 갖고 있는 노하우를 남김없이 전수하고 사형도 힘껏 지도했다. (…중략…) 또 다른 해석은 **중국공산당이 주장하는 '평등'**이 현재의 결과를 낳았다고 한다. 중국 공산당은 '남녀평등',

'관병(官兵)평등'을 주장한다. 1955년 이전에 군인의 계급을 나타내는 견장까지 없앴다고 한다. 이런 '평등' 관념은 (개방개혁 이후의) 신중국 성립 후에도 계승해 모든 사람들은 '동지'라고 불렀다. 물론 오늘날에 '동지'라고 잘못 불렀다간 자칫 동성애자로 오해받을 수도 있다. 현재도 일부 국가기관에서 나이 많은 사람은 이름이나 성 앞에 '라오[老]'를, 젊은 사람은 '샤오[小]'를 붙여 부를 뿐 직위를 부르지 않는다. (…중략…) (마지막으로) 현재 중국의 선후배문화가 거의 없는 것은 서양 문물을 받아들이면서 **'경쟁', '평등' 관념**도 받아들였기 때문이라고 주장하는 사람도 있다. 즉 직장에서 상하관계는 일시적인 것이고, '언젠가 나도 그 자리를 차지한다'는 경쟁의식이 강하기 때문이라는 것이다. 특히 나이나 입사시기가 비슷하거나 큰 차이가 없는 경우 서로 보살피거나 돕는 관계가 아니라 경쟁관계가 더 뚜렷하게 나타난다. 물론 중국에서 선후배 문화가 전혀 없는 것은 아니다. 특히 나이나 계급 차가 큰 경우 후배는 선배에 대한 공경이나 예의는 당연한 일이다. 다만 엄밀히 말해서 이는 권위에 대한 것이지 선배에 대한 것으로 해석하기 어렵다. 또한 영토가 넓은 중국은 지방에 따라 그 풍습도 다르다. 산둥[山東]과 같은 유가문화의 영향이 짙은 지역에서 선후배 문화를 포함한 유가윤리가 상당히 남아 있다. 한편 최근에는 국학에 대한 중국사람들의 향수가 다시 살아나면서 옛 윤리와 도덕풍습을 되찾고 있다.

출처 : 김선희, 「중국에 선후배 문화가 없는 이유」, 『중국』(인민화보 한국판 잡지) 제5호, 2012.

중국인이 본 한국의 선후배 문화

한국 드라마를 보다 보면 한국인의 선후배 문화에 깊은 인상을 받게 된다. 후배는 반드시 공손한 태도를 취해야 하고 직장에서 선배가 지시하면 후배는 그대로 따라야 한다. 존댓말이 발달해 있는 한국에서 선후배 관계는 나이를 바탕으로 하되 학교 입학 및 회사 입사 등 순서와 관계가 있다. 예를 들어 먼저 입사한 사람이 선배고 나중에 입사한 사람이 후배가 된다. 가끔은 난처한 상황이 발생한다. 대학 때는 갑이 먼저 입학해 선배고 을이 나중에 입학해 후배였지만, 구직 과정에서 을이 먼저 입사하고 갑이 나중에 입사를 한다면 어떻게 해야 하는가? 갑은 어쩔 수 없이 을을 선배로 공손하게 대해야 한다. 이런 경우가 발생하면 당사자들은 당연히 곤혹스럽다. 업무 중에 을이 갑에게 일을 시키는 경우가 자주 발생해 갑이 이에 대해 언짢은 기분을 느끼더라도 참아야 한다. 그러나 개인적인 장소의 경우, 예를 들면 두 사람이 술집에서 술을 마신다면 갑은 농담 반 진담 반으로 을에게 "이 자식, 내 머리 꼭대기에 앉았네"라며 호통을 칠 수도 있다. 이때 을은 웃는 얼굴로 술을 한 잔 권하면서 다시 갑을 선배로 존중할 수도 있지만 다음 날 술이 깨고 회사에 도착하면 을은 다시 선배가 된다.

선후배 문화가 형성된 이유에 대해서 전문가들은 역사를 거슬러 올라가 유교 문화의 상하, 존비(尊卑), 장유의 질서와 관계가 있다고 한다. 그러나 일상생활에서 봤을 때 한국 가정이 미치는 영향이 매우 크다고 생각한다. 한국은 산아제한을 하지 않기 때문에 보통 부부가 아이를 2~3명을 낳는다. 일반적으로 부모는 첫째 아이 교육에 큰 힘을 쏟는다. 첫째가 동생을 이끌도록 하고 동생에게는 첫째의 말을 잘 들어야 한다고 가르친다. 옛날 부모는 좋은 것을 먹이고 입히는 것으로, 요즘은 좋은 교육기회를 주는 것 등으로 첫째 아이에게 많은 특권을 준다. 또한 공개적으로 자주 첫째를 칭찬함으로써 위신을 세워준다. 이런 행동은 첫째가 잘 커야 동생들이 뒤따라 잘 클 수 있다는 생각 때문이다. 어려서부터 길러진 이런 생활습관이 학교나 직장에 들어간 후 선후배 문화와 자연스럽게 맞물리게 되는 것이다.

출처 : 왕위안타오[王元濤], 「중국인이 본 한국의 선후배 문화」, 『중국』(인민화보 한국판 잡지), 2012.5.

가장 최근 자료는 중국인민대학 윤리도덕연구소가 2005년 12월 북경, 상해, 정주, 대련, 중경, 남창, 곤명 등 10개 도시 거주자 5,900여 명을 대상으로 실시한 설문조사로, 그 결과가 2010년 『당대중국 공민도덕상황조사(當代中國 公民道德狀況調査)』(인민출판사)로 간행되었는데, 그 내용을 보자.

가정 도덕에서 가중 중요한 것이 무엇인가에 대해서 연장자와 윗사람을 존중하는 것이라고 한 응답자가 47.27%로 가장 많고, 다음으로 부부 간에 화목하게 지내는 것 36.7%로, 이 둘이 절대다수를 차지한다. 나머지는 이웃과 화목하게 지내는 것과 후대후손을 사랑하고 보호하는 것으로, 각각 7.59%, 6.19%이다. 이로 볼 때, 21세기 중국인들은 가족중심주의와 나이·지위에 따른 서열의식을 강하게 가지고 있다고 볼 수 있다. 남녀 간의 성애(性愛)에 대한 태도를 보면, 많은 중국인들이 개방적임을 알 수 있다. 결혼 전에 성관계를 갖는 것에 대해서 15.26%만이 절대 용납할 수 없다는 입장이고, '부도덕하지만 이해할 수 있다'(12.77%)는 입장을 포함하더라도 도덕적으로 비난받아야 한다는 응답자는 30%가 채 되지 않는다. '서로 사랑한다면 관계없다' 32.68%, '사생활이기 때문에 남이 뭐라고 할 수 없다' 28.83%, '당사자가 합의한다면 사랑하지 않아도 성관계를 맺을 수 있다' 3.43%로 허용적인 응답자가 60% 이상이다. 20대 청년들의 경우 일반인보다 더 개방적이다. 그러나 결혼한 뒤 배우자가 아닌 이성과의 성관계에 대해서는 대다수가 부정적이다. '부도덕하기 때문에 절대 안된다' 46.75%, '이해할 수는 있지만 받아들일 수 없다' 26.35%로 부정적인 응답자가 70% 이상이다.

부모와 자식 간의 관계 또는 효의 실천방식에 대해서는 대를 잇는 것 0.72%, 부모의 의견에 절대 복종하는 것 1.65%로 전통적인 방식을 고수해야 한다는 중국인은 거의 없다. 반면, '부모의 건강과 일상생활에 관심을 갖는 것' 36.68%, '성공하여 부모의 은혜를 갚는 것' 28.62%로 2/3 정도가 현대적인 방식에 동의하였으며, '부모와 같이 살거나 자주 부모님 집을 방문하는 것' 25.81%, '자기의 의사대로 행동하되 부모에게 대들지 않는 것' 6.03%로 현대적인 방식보다는 상대적으로 더 전통을 존중하는 응답자가 1/3정도를 차지했다.

효도는 여전히 중국 도덕의 중심

원(元)나라 복건(福建) 출신의 학자 곽거경(郭居敬)이 편찬한 『이십사효(二十四孝)』는 스테디셀러다. 아직도 꾸준히 출판되고 중국의 각 대형서점에서 판매되고 있다. 그러나 최근 '이십사효'에게 새로운 경쟁자가 나타났다. 올해 8월 중국정부가 현대사회의 효행장려를 위해 '이십사효'의 새 기준을 발표한 것이다. '신이십사효

(新二十四孝)' 기준을 제시한 '전국 심계(心系) 시리즈 활동조직위원회'는 정부가 출자한 기관이다. 이 기관의 리리[李力] 대변인에 의하면, "새 버전은 옛 버전의 의미는 물론 새로운 사회환경도 반영"했을 뿐만 아니라 "지난 2년 동안 노인들에게 청취한 '노인들 자신이 원하는 것'을 많이 채택"했다. "옛 버전을 그대로 실천할 수 없는 시대이므로 업그레이드가 필요하다고 판단했다"는 것이다. 원조 '이십사효'는 부모를 위한 자녀들의 영웅적인 이야기로 가득하다. 여덟 살 난 사내아이가 모기로부터 부모를 보호하기 위해 모기에게 자신의 피를 빨게 하는가 하면, 어떤 남자는 꽁꽁 언 강을 체온으로 녹여 신선한 잉어를 잡아다가 의붓어머니를 봉양한다. 어떤 며느리는 자신의 젖으로 이가 없는 시어머니를 먹이기도 한다. 현대판 '이십사효'는 현대적 삶의 조건을 반영하고 있다. 새 기준은 다음과 같다. 부부가 자녀와 함께 각자의 부모님 찾아뵙기, 휴가나 명절은 최대한 부모님과 보내기, 부모님 생일잔치 해드리기, 부모님께 직접 밥 해드리기, 매주 부모님께 전화하기, 부모님께 두둑이 용돈 드리기, 부모님께 '신용카드' 만들어 드리기, 부모님의 과거얘기 잘 들어주기, 부모님께 인터넷 가르쳐 드리기, 부모님께 사진 찍어드리기, 부모님께 사랑한다고 말하기, 부모님 마음 풀어드리기, 부모님이 취미 갖도록 하기, 홀로 되신 부모님 재혼시켜 드리기, 정기적으로 건강검진 해드리기, 부모님께 적합한 보험 가입하기, 부모님과 흉금 털어놓기, 부모님과 중요행사에 가기, 내 직장에 부모님 모셔가기, 부모님과 여행 또는 예전에 살던 곳 방문하기, 부모님과 운동하기, 부모님의 활동에 참여하기, 부모님과 부모님 친구분 찾아뵙기, 부모님과 함께 옛날영화 보기. 정부는 이미 행동에 나섰다. 부모존

중을 법률에 포함시켜 전국인민대표대회에 노인권익보장법 초안 심의를 제청했고 자녀의 부모방문을 강제했다. 600년 동안 자식들은 경전이나 민간고사집을 읽으며 어떻게 부모를 존중하는지 배웠다. 효도는 중국의 주요 종교와 신앙체계에 편입했고 여전히 '도덕 나침반'의 중심이다. 대다수 중국인이 곽거경의 저서를 통해 전해지는 모범적인 이야기들을 알고 있다. 오늘날에도 이 에피소드들은 묘비에 새겨지고 아이폰 응용프로그램으로도 출시될 정도다.

출처 : 영국 데일리 텔레그라프(The Daily Telegraph), 「효도는 여전히 중국 도덕의 중심」, 『중국』(인민화보 한국판 잡지) 제10호, 인민화보, 2012.

이웃과는 사이도 좋고 서로 돕고 사는 관계인 사람이 절반 정도이고, 40% 정도는 대체로 사이좋게 지낸다고 했다. 이로 볼 때, 대부분의 중국인들은 이웃과 화목하게 지내려고 하거나 그렇게 지내고 있다는 것을 알 수 있다(〈표 68〉).

마지막으로, '연구소'가 상해와 산동성에 거주하는 15~82세 사이 주민 558명(분석대상 538명)을 대상으로 실시한 조사결과를 보기로 한다. 아들이나 딸이 많은 이성의 친구를 가지는 것과 자녀가 결혼 전에 동거하는 것에 대해서 절반이 조금 넘는 응답자가 절대 반대 의사를 표하고 있으나, 찬성하는 이도 1/4이 넘고 이러나저러나 상관없다는 이도 20% 가까이 된다. 즉 결혼 전 남녀관계에 대해서 개방적인 중국인이 결코 적지 않다는 것을 알 수 있다. 그러나 혼외정사나 미혼모 또는 동성애에 대해서는 여전히 보수적인 태도가 강하다(〈표 69〉).

부모와 자식 관계, 고부관계, 교사와 학생 관계, 개인과 집단 관계도 전통적인 가치관에서 벗어나고 있는데, 특히 시어머니와 교사의 권위가 많이 약해졌다. '부모가 자녀에게 불합리한 요구를 하더라도

〈표 68〉 중국인의 가족과 남녀관계에 대한 규범

질문	응답	비율	
가정도덕에서 가장 중요한 것은 무엇인가	후손·후대를 사랑하고 보호하는 것	6.08	
	부부 간에 화목한 것	36.06	
	연장자·윗사람을 존중하는 것	46.45	
	이웃과 화목하게 지내는 것	7.46	
	잘 모르겠다	3.95	
	인원	100.00 (5,942)	
결혼 전에 성관계를 갖는 것에 대해서 어떻게 생각하는가*	부도덕하기 때문에 절대 반대한다	15.26	6.99*
	부도덕하지만 이해할 수는 있다	12.77	10.48
	서로 사랑한다면 비난할 수 없다	32.68	38.98
	두 사람이 합의하면 사랑이 없어도 괜찮다	3.43	3.49
	사생활에 관한 것이기 때문에 답할 수 없다	28.83	33.51
	잘 모르겠다	7.03	6.54
	인원	5,945	2,232
혼외 정사에 대해서 어떻게 생각하는가	부도덕하기 때문에 절대 반대한다	46.75	
	이해할 수 있지만 있어서는 안된다	26.35	
	감정의 문제이기 때문에 인정해야 한다	4.39	
	사생활에 관한 것이기 때문에 비난당하지 않아야 한다	15.07	
	잘 모르겠다	7.44	
	인원	100.00 (5,944)	
효 중에서 가장 중요한 것은 무엇인가	부모의 건강과 일상생활에 관심을 갖는 것	36.68	
	부모와 같이 살거나 자주 부모님 집을 방문하는 것	25.81	
	대를 잇는 것	0.72	
	자기의 의사대로 행동하되 부모에게 대들지 않는 것	6.03	
	부모의 의견에 절대 복종하는 것	1.65	
	성공하여 부모의 은혜를 갚는 것	28.62	
	잘 모르겠다	1.58	
	인원	100.00 (5,951)	
이웃과의 관계는 어떠한가	긴장관계이고 가끔 말다툼을 함	0.84	
	냉담하고 서로 왕래하지 않음	5.62	
	대체로 사이좋게 지냄	40.65	
	사이좋고 서로 도움	52.89	
	인원	100.00 (5,943)	

* 앞의 수치는 국민 전체, 뒤의 수치는 20～29세

(출처 : 吴潜涛 等,『当代中国公民道德状况调查』, 北京 : 人民出版社, 2010, 148～187, 第5章)

〈표 69〉 현대 중국인의 문화가치관 개방성

항목	찬성	절대 반대	상관없음 / 기타
아들이나 딸이 많은 이성(異性) 친구가 있다	27.5	52.2	20.3
자녀가 결혼 전에 동거한다	26.8	53.9	19.3
자녀나 부모가 혼외 정사를 갖는다	5.9	81.8	12.3
미혼여성이 애기를 갖는다	7.9	83.4	8.7
자녀가 동성애를 한다	9.6	81.5	8.9

(출처 : 戴元光 · 韓瑞霞, 「傳播對當代中國人文化價值觀變遷的影響」, 人民網, 2013.12.17.)

〈표 70〉 현대 중국인의 전통문화가치관 지지도 – 상해와 산동성

항목	지지	반대	기타, 모름
부모가 자녀에게 불합리한 요구를 하더라도 따라야 한다	54.4	14.8	30.8
시어머니와 며느리 간 갈등이 생기면 시어머니가 잘못되었다 하더라도 아들은 며느리를 설득하여 시어머니에게 순종하게 해야 한다	44.3	20.6	35.1
학생이 선생님의 권위에 도전해서는 안된다	45.3	29.7	25.0
개인의 이익을 국가의 이익에 종속시킨다	57.4	21.6	21.0
개인의 이익을 집단 / 단체 / 직장의 이익에 종속시킨다	52.7	24.1	23.2
개인의 이익을 가정의 이익에 종속시킨다	68.6	7.9	23.5

(출처 : 戴元光 · 韓瑞霞, 「傳播對當代中國人文化價值觀變遷的影響」, 人民網, 2013.12.17.)

따라야 한다'는 주장에 대해서 절반 정도인 54.4%만 지지하고 나머지는 반대하거나(14.8%) 대답하기 어렵다(30.8%)고 답했다. 고부갈등이 시어머니가 잘못되어서 발생했다고 하더라도 시어머니에게 순종해야 한다는 주장에 대해서는 44.3%, 학생이 선생님의 권위에 도진해서는 안된다는 주장에 대해서는 45.3%만이 찬성했다. 나머지는 반대(각각 20.6%, 29.7%) 또는 답하기 어렵다(각각 35.1%, 25.0%)고 했다. 이러한 조사 결과는 점점 많은 중국인들이 부모나 시어머니 또는 선생님의 권위에 더 이상 맹목적으로 복종하지는 않겠다는 뜻일 것이다. 그나마 부모의 권위는 상대적으로 나은 편이다.

자신의 이익과 자신이 속한 집단(가족, 국가, 이외의 집단이나 조직)의 이

익이 충돌할 때 과반이 자신의 이익을 희생하겠다고 하는 가운데, 그러한 자세를 가진 응답자의 비율은 가정(68.6%), 국가(57.4%), 가정이나 국가 이외의 집단이나 단체(52.7%)의 순으로 높다. 특기할 점은 국가와 일반집단・단체・직장의 경우에 자신의 이익을 희생하지 않겠다는 응답자가 20%가 넘고, 여기에 답하기 어렵다는 응답자를 포함할 경우 그 비율이 거의 50%에 육박한다는 점이다(〈표 70〉). 이것은 가정을 제외한 다른 집단이나 단체의 경우 개인주의가 강해지고 있는 것으로 볼 수 있다. 물론 영미권이나 서유럽 국가와 비교하면, 중국인은 여전히 집단주의적 성향이 강하다.[39]

지금까지 살펴본 중국인의 가치관 변화를 정리하면 다음과 같다. 중국의 전통적인 유교적 가치는 1978년 이래 경제개혁과 대외개방을 거치면서 빠른 속도로 변하고 있다. 중국 국가는 최대 목표인 현대화와 경제발전을 이루기 위해서는 생산력의 발전을 저해하는 이념이나 제도, 정책에 대한 과감한 개혁을 단행할 수밖에 없었고, 일반국민들은 자신의 생존과 번영을 위해 시장경제의 도입과 그에 따른 사회경제구조 변화에 적응하지 않으면 안되었다. 이러한 과정에서 남녀평등과 개인의 권리 등을 중시하는 서구의 개인주의적 가치가 가부장적 권위주

---

39 중국진출 한국기업에서 일하는 중국인 노동자를 대상으로 실시한 전통적인 가치관과 시장・개인주의적 가치관을 설문조사한 이경아(2008)은 중국인 노동자들의 가치관을 다음과 같이 요약했다. "중국노동자의 의식 속에 여전히 전통적 가치관과 사회주의적 가치관이 내재해 있다는 점은 분명하다. 그러나 시장경제가 확산되어감에 따라, 전통적 가치 혹은 사회주의적 가치와 개인의 경제적 이익이 충돌할 경우 시장경제적 가치로 경도되는 경향이 있다. 또 중국노동자들은 전반적으로 복지의 확대와 빈부격차 감소를 희망하고 있으나 집단주의적 사고와 개인주의적 사고가 충돌할 경우 후자를 선택할 가능성이 높다. 이는 중국노동자들의 시장경제에 대한 긍정적인 태도라든지, 개인의 능력향상과 보상을 중시하며 시장경제의 흐름에 발맞추고자 노력하는 데서도 엿볼 수 있다. 이와 같이 중국노동자는 시장경제적 가치관의 영향을 가장 크게 받지만, 상황에 따라 전통적 가치관과 사회주의적 가치관 등을 복합적으로 드러내고 있다."(이경아, 2008: 585)

의를 핵심으로 하는 유교적 가치를 대체하기 시작했고, 가족주의 가치도 엄격한 상하관계에서 평등주의 차원으로 변화하고 있는 것이다.

한·중·일 세 나라의 갈등관리방식으로 넘어가기 전에 21세기 한·중·일의 가치관을 비교하면서 정리해 보자. 〈표 71〉은 한국, 중국, 일본, 대만, 싱가포르, 홍콩 등 동아시아 주요 지역의 성인들을 대상으로 2002~2005년 사이에 실시한 설문조사결과를 정리한 것이다. 여기에는 조상, 혈연, 가부장, 장남, 부부, 남녀역할분담 등을 묻는 질문이 포함되어 있다. 결론부터 말하면, 거의 대부분 항목에서 한국, 대만, 싱가포르가 일본이나 중국 도시보다 더 보수적이고, 일본과 중국을 비교하면 일본이 중국보다 더 보수적이다.

우선 '조상을 잘 모셔야 한다'는 주장에 대한 찬성률을 보면, 한국 87.9%(적극 찬성 24.6%, 다소 찬성 63.3%)로 가장 낮고, 다음으로 일본(92.0%, 적극 찬성 34.7%, 다소 찬성 57.3%), 중국(95% 내외, 단 곤명은 93.3%), 싱가포르(95.5%), 대만(99.3%) 등의 순이다. 한국이 덜 보수적인 부분은 여기뿐이다. 두 번째, '가계를 이어가기 위해서는 자녀가 있어야 한다'는 주장에 대해서는 대만을 제외한 모든 지역에서 과반이 반대하는 가운데, 그 중에서도 한국은 찬성률이 41.2%로, 싱가포르(41.8%)와 비슷하고 일본(28.1%)이나 중국(20% 이하, 단 홍콩은 31.7%)보다 훨씬 높다. 세 번째, 부부관계와 역할분담과 관련해서도 한국은 일본이나 중국보다 보수적인 사람이 훨씬 더 많다. '아내는 남편에게 복종해야 한다'는 주장과 '남자는 바깥일을 하고 여자는 집안일을 해야 한다'는 주장에 대해서 한국은 각각 64.3%, 35.1%인 반면, 중국은 둘 다 15% 이하(단 홍콩 39.8%, 24.5%), 일본은 32.2%, 23.1%로 한국이 대만보다는 덜 보수적이지만 중국이나 일본보다는 더 보수적이다. 네 번째, 부모부양에 대한 장남의 책임과 관련해서는 대만과 홍콩이 가장 보수적이고, 다음으로 중국(50% 내외), 한국(45.1%), 싱가포르(41.1%) 일본(31.3%) 등의 순으로 한국은

〈표 71〉 유교 전통적 가치관에 관한 동아시아 3국 비교 (단위 : %)

조사연도		2002	2002	2002	2003	2002	2002	2003	2003	2004
표본수		787	1062	1053	1018	911	1057	732	1006	1037
질문	국가 / 도시명	일본	북경	상해	昆明	항주	홍콩	대만	한국	싱가포르
조상을 잘 모셔야 한다	적극 찬성	34.7	41.1	53.8	39.7	47.9	44.7	46.9	24.6	45.3
	다소 찬성	57.3	54.8	43.2	53.6	46.3	52.4	52.7	63.3	50.2
	다소 반대	5.2	3.2	2.6	4.7	4.1	2.3	0.3	10.1	2.1
	적극 반대	1.4	0.2	0.2	0.3	0.3	0.2	-	1.4	1.3
가계를 이어가기 위해서는 자녀가 있어야 한다	적극 찬성	4.8	1.6	1.4	2.4	2.9	5.7	9.2	7.8	10.5
	다소 찬성	23.3	13.0	9.7	12.5	14.1	24.0	43.4	33.4	31.3
	다소 반대	54.3	68.4	66.2	67.7	68.2	56.7	40.8	45.6	50.3
	적극 반대	15.4	15.5	21.8	13.2	11.2	12.4	5.5	12.5	6.4
장남은 부모를 모셔야 한다	적극 찬성	6.6	13.2	14.8	15.1	18.4	24.6	22.1	9.0	14.0
	다소 찬성	24.7	36.3	36.0	35.5	40.7	39.2	45.2	36.1	27.1
	다소 반대	54.6	45.5	42.8	42.1	36.6	32.4	28.8	46.2	51.6
	적극 반대	11.9	3.6	5.5	2.8	2.0	3.0	3.3	7.7	5.4
아내는 남편에게 순종해야 한다	적극 찬성	5.1	1.9	2.1	2.2	2.5	8.0	9.4	9.6	17.8
	다소 찬성	27.1	10.4	8.9	12.6	11.0	31.8	45.5	54.7	47.0
	다소 반대	51.5	66.0	64.9	67.6	65.9	50.7	38.9	30.5	28.4
	적극 반대	14.4	20.8	23.8	14.0	17.0	7.9	4.8	4.1	4.1
남자는 바깥 일을 하고 여성은 집안 일을 해야 한다	적극 찬성	3.7	1.6	2.4	1.7	2.6	4.9	6.0	6.1	6.1
	다소 찬성	19.4	10.7	11.8	14.3	9.0	19.6	40.3	29.0	22.7
	다소 반대	55.1	63.7	59.4	64.9	67.6	57.0	44.8	48.4	56.4
	적극 반대	20.2	22.7	25.9	16.3	18.1	17.5	7.9	15.8	13.0
부모가 반대하는 결혼은 해서는 안된다	적극 찬성	3.0	0.4	0.5	0.7	1.0	1.6	2.2	4.1	4.1
	다소 찬성	19.1	2.9	5.1	4.6	5.4	4.9	16.0	27.8	20.4
	다소 반대	57.1	68.1	64.5	67.6	71.2	53.5	56.0	56.2	60.6
	적극 반대	15.9	28.4	29.6	25.1	19.5	39.6	24.2	9.4	8.3
연장자의 의견에 따라야 한다	적극 찬성	3.7	2.8	3.7	2.3	3.2	6.1	10.5	4.1	6.5
	다소 찬성	39.0	34.0	36.3	27.6	28.8	43.0	57.0	57.6	39.0
	다소 반대	45.4	57.0	49.1	56.9	56.6	43.9	28.6	32.6	45.2
	적극 반대	7.6	3.3	7.3	5.2	4.4	4.7	1.8	4.3	3.3

(출처 : 요시노 료죠[吉野諒三], 「富國信頼の時代へ : 東アジア價値觀國際比較調査における「信頼感」の統計科學的解析」, 『行動統計學』 32(2), 2005, 147~160쪽)

일본보다는 중국과 비슷하여, 일본이 가장 덜 보수적이다. 다섯 번째, 부모에 대한 효의 경우에도 부부관계와 남녀역할분담과 마찬가지로 한국이 가장 보수적이다. '부모가 반대하는 결혼은 해서는 안 된다'는 주장에 대한 한국의 찬성률은 31.9%로 일본(22.1%)이나 중국(6% 이하)보다 훨씬 더 보수적이다. 마지막으로, 연장자와 연하자 간의 위계질서와 관련해서 보면, '연하는 연장자의 의견에 따라야 한다'는 주장에 대한 한국의 찬성률이 61.7%로, 대만(67.5%)을 제외하고 가장 높고, 일본은 42.7%, 중국은 30~40%에 지나지 않는다. 요약하면, 조상을 모시는 것과 장남이 부모를 모시는 것을 제외한 나머지 유교적 가치(부부유별, 장유유서, 혈통상속 등)에 있어서는 한국이 가장 보수적이다. 이런 점에서는 한국은 대만과 비슷하고, 일본이나 중국과는 많은 차이가 있다.

한국이 가족과 관련하여 일본이나 중국보다 전통적인 또는 보수적인 가치관을 더 강하다는 것은 은기수 · 이윤석(2005)의 분석을 통해서도 알 수 있다. 이들은 2002년 국제사회조사프로그램(ISSP, International Social Survey Program)과 2003년 제1회 한국종합사회조사(Korean General Social Survey)의 두 자료를 이용하여 한국인의 가족 관련 가치를 국제적으로 비교하였다. 이에 의하면, 첫째, 한국인의 결혼에 관한 가치가 필리핀과 함께 세계적으로 가장 전통적이다. 헝가리, 체코, 폴란드 등 동유럽국가들이 비교적 전통적인 가치를 가지고 있으며, 미국도 비교적 전통적이다. 그러나 일본이나 대만은 한국은 물론 미국보다도 덜 전통적인 것으로 나타났다. 둘째, 동거에 대해서도 한국은 필리핀과 함께 세계적으로 매우 강한 전통적인 태도를 지니고 있다. 일본은 필리핀이나 한국, 대만보다도 동거에 대해 더 높은 관용도를 보여주고 있다. 그러나 전반적으로 한국, 필리핀, 대만, 일본 등 아시아 국가에서는 상대적으로 동거에 대한 용인도가 유럽이나 아메리카 대륙의 다른 국가보다 낮다. 셋째, 이혼에 관해서는 아시아 국가들이 비슷하게 매우 보수적인 태도를 보이고 있다. 필리핀이 가장 보수적이지만, 한국이나 일본 또는 대만은 필리핀보다 조금 덜 전통적이지만 통계적으로 유의미한 차이가 아닐 정도로 비슷한 정도로 보수적이다. 비아시아 국가 중에서는 미국이 가장 전통적인 태도를 보이고 있다. 넷째, 가족 내 성역할에 관해서는 필리핀이 가장 전통적인 성역할의 가치를 지니고 있고, 아시아 국가 중에서는 대만이 필리핀 다음으로 전통적이며 그 다음으로 한국, 일본의 순이다. 한국보다 더 전통적인 가족내 성역할 가치를 가진 나라는 헝가리, 체코, 폴란드 등이고, 스웨덴, 노르웨이, 독일, 핀란드 등이 가족 내 성역할에 대해 가장 부정적이다. 이처럼 한국은 경제적으로 선진국의 대열에 선 지 오래지만, 결혼, 동거, 이혼 및 가족 내 성역할 등의 가족가치에 관한 한 동아시아 세 나라 중에서는 가장 전통적이다(은기수 · 이윤석, 2005: 116~121).

방금 살펴본 두 자료는 다소 시간이 오래된 것이므로 2010년대 상황을 정확히 파악하는 데는 한계가 있다. 따라서 청소년을 대상으로 한 것이라 또 다른 한계가 있지만 2008년부터 매 2년마다 한 · 중 · 일 세 나라의 중 · 고등학생(2012년에는 초등학교 5~6년 포함)을 대상으로 실시한 '청소년 가치관 국제비교' 중 가장 최근에 이루어진 '2012년 청소년 가치관 국제비교'(여성가족부, 한국청소년정책연구원 분석)를 통해 가장 최근의 가치관 현황을 살펴보기로 한다(〈표 72〉).

첫째, 일본 청소년의 경우 가족을 중시하는 태도가 한국과 중국보다 낮은 편이지만, 한 · 중 · 일 청소년 모두 90% 또는 그 이상이 가족을 중요시하고 있고 가족을 신뢰하고 친밀감을 느끼는 정도도 한 · 중 · 일 청소년 모두 다른 어느 집단보다 높다. 이로 볼 때 한 · 중 · 일 청소년들은 모두, 특히 중국 청소년들은 강한 가족중심 사고를 가지고 있다.

둘째, 한 · 중 · 일 청소년 중에는 조부모-부모-형제자매가 한집에서 사는 대가족제도를 선호하는 비율이 매우 높다. 중국의 경우 거의 60%가 대가족이 바람직하다고 믿고 있으며, 일본의 경우도 그 비율이

〈표 72〉 한·중·일 청소년 가치관 비교

	한국	중국	일본
가족 중요도	95.9	98.0	89.8
동성친구 중요도	88.3	87.8	87.6
이성친구 중요도	69.1	72.1	71.8
이웃 중요도	58.6	55.5	54.2
가족 신뢰도	92.0	92.4	86.1
친구 신뢰도	70.1	79.4	76.2
학교 선생님 신뢰도	64.8	71.8	55.8
학원 선생님 신뢰도	51.8	55.5	58.0
이웃어른 신뢰도	41.1	53.8	46.5
국가정상 신뢰도	32.4	65.2	29.4
정치인 신뢰도	27.7	51.7	27.8
가족과의 친밀감	83.5	89.3	74.2
형제와의 친밀감	68.6	86.3	65.8
형제자매보다 친구가 좋음	57.0	52.8	67.2
삼대가 한집에 함께 사는 것이 바람직하다	41.8	59.5	54.6
제사는 지내야 한다	59.8	84.0	60.3
장남은 재산을 더 많이 상속받아야 한다	35.4	34.8	38.7
가정에서 아버지의 권위는 어떠한 경우도 존중되어야 한다	57.0	55.6	36.5
학교 선생님을 존경해야 한다	71.7	91.6	51.7
여성이 결혼한 후에도 직장생활을 하는 것은 당연하다	64.3	79.1	53.2
맞벌이 부부의 가사분담은 당연하다	82.4	90.0	78.9
남편의 역할은 돈을 버는 것, 아내의 역할은 가정을 돌보는 것이다.*	38.7	51.2	53.9
여자는 사회적 성공보다는 좋은 남자를 만나는 것이 더 중요하다	42.6	51.7	41.4
결혼은 반드시 해야 한다	66.2	70.0	47.3
혼전 성관계 수용도	29.4	32.2	49.3
혼전 동거 수용도	30.0	33.4	63.4
미혼모 수용도	26.8	21.0	43.7
이혼 수용도	28.5	31.6	34.8
동성애 수용도	23.9	37.1	42.5
낙태 수용도	17.2	21.2	28.9
입양 수용도	54.6	65.4	51.7
능력있는 사람이 대우받는 것은 당연하다	53.6	62.3	53.4
집단의 이익을 위해 나의 이익을 희생할 수 있다	58.3	69.9	47.0
나라의 발전이 곧 나의 발전이다	65.6	72.6	46.9
나라가 위급한 상황이라면 나라를 위해 무엇이든 하겠다	57.5	74.4	40.3
권력 중요도	64.9	62.8	57.2
돈 중요도**	81.0	67.9	81.5
부자는 존경의 대상이다	40.1	39.2	33.3

* 자녀를 가질 경우 선호성별을 보면, 중국은 남자든 여자든 상관없다는 응답자가 58.4%, 남자와 여자 각각 21.2%이고, 일본은 상관없다 47.4%, 남자와 여자 각각 26.3%, 26.2%로 두 나라는 선호성별에서 차이가 없으나, 한국은 상관없다 48.6%, 남자와 여자 19.9%, 31.5%로 딸을 더 선호한다.

** **직업 선택**에서 경제적 수입을 고려한다는 응답자의 비율은 한국 43.9%, 일본 43.9%, 중국 37.2%로 한국의 경우 자신의 능력(47.0%), 중국의 경우 자신의 적성(50.0%) 다음으로 많다. 일본의 경우 경제적 수입이 가장 많고, 자신의 능력(42.0%)이 다음으로 많다. 그리고 **배우자 선택**에서 가장 중요하게 고려하는 것은 한·중·일 모두 성격(80% 내외)이 가장 많고, 다음으로 많은 것은 한국의 경우 경제력(41.0%), 중국의 경우 장래성(24.4%, 경제력 0%), 일본의 경우 외모·성적매력(31.3%, 경제력 24.1%)이다.

(출처 : 임희진 외, 「2012 청소년 가치관 국제비교 조사」, 여성가족부·한국청소년정책연구원, 2012)

55% 정도로 높은 편이다. 한국의 경우 42% 정도만 대가족이 바람직하다고 보아 다른 두 나라에 비해 상당히 낮은 편이다.

셋째, 조상제사에 대해서도 삼국 청소년 모두 높은 비율로 '제사는 지내야 한다'고 생각한다. 세 나라 중에서는 중국이 84%로 한국이나 일본(60% 내외)보다 월등히 많다. 이상에서처럼 중국 청소년들의 전통적인 가족가치에 대한 태도가 한국보다 강하고, 일본이 가장 약하다는 것을 알 수 있다.

넷째, 장남우대의 재산상속제도에 대해서는 세 나라 청소년 모두 1/3이 조금 넘는 정도가 지지할 뿐이다. 이것은 형제자매 간의 평등의식이 강해졌다는 것을 의미한다. 가정에서 아버지의 권위는 어떠한 경우에도 존중되어야 한다는 주장에 대해서는 한국의 경우 57.0%, 중국 55.6%, 일본 36.5%가 지지하는 것으로 나타나, 세 나라 중에서는 일본 아버지의 권위가 가장 약하다. 한국과 중국의 아버지 권위도 이전에 비해 많이 약화된 것으로 보인다. 학교 선생님을 존경해야 한다는 주장에 대한 찬성 응답은 한국, 중국, 일본이 각각 71.7%, 91.6%, 51.7%다. 이러한 조사결과는 가정 내에서 아버지와 연장자의 권위가 크게 약화되었다고 볼 수 있다. 특히 일본의 경우 가장은 물론 선생님의 권위도 전통사회에 비교할 바가 되지 않을 정도로 약해졌다. 뒤집어 보면 일본의 가정과 학교가 더 평등하다고 할 수도 있다.

다섯째, 남편과 아내의 역할분담과 여성의 지위에 대한 태도는 형제자매 간의 관계만큼 전통적인 가치에서 크게 벗어나 있다. 여성이 결혼한 뒤에도 직장생활을 하는 것이 당연하고, 맞벌이 부부가 가사를 분담하는 것도 당연하다는 청소년이 세 나라 모두 과반이다. 특히 그 비율이 중국의 경우 다른 두 나라에 비해 월등히 높다. 전통적인 가치 중에서 가장 많이 변한 부분이다. 그럼에도 불구하고, '남자는 바깥일, 여자는 집안일'이라는 전통적인 분업체계와 '여자는 사회적 성공보다는 좋은 남자를 만나는 것이 더 낫다'는 식의 여성관을 가진 청소년들이 적지 않다. 전통적인 분업체계를 지지하는 청소년은 각각 한국 38.7%, 42.6%, 중국 51.2%, 51.7%, 일본 53.9%, 41.4%에 달한다.

여섯째, 남녀 간 사랑과 결혼에 대한 태도는 이전과 비교하면 덜 보수적이나, 특히 한국과 중국의 청소년들은 아직도 여전히 보수적인 입장이 압도적으로 많고 일본의 청소년들이 가장 서구화되었다. '결혼은 반드시 해야 한다'에 대해서 한국 청소년의 66.2%, 중국 청소년의 70.0%가 찬성한 반면 일본 청소년은 절반이 안 되는 47.3%만이 찬성했다. 혼전 성관계, 혼전 동거, 동성애 수용도에 있어서도 일본 청소년은 각각 49.3%, 63.4%. 42.5%가 찬성하여 성에 대해서 가장 개방적이고, 한국의 청소년은 이보다 훨씬 낮은 비율(각각 29.4%, 30.0%, 23.9%)이 찬성하여 성에 대한 태도에 있어서 세 나라 청소년 중 가장 폐쇄적이고 보수적이다. 중국의 청소년은 일본보다 조금 낮고 한국보다는 조금 높은 비율(각각 32.2%, 33.4%, 37.1%)이 찬성하여, 성 개방성에 있어서 일본과 한국의 중간 수준이다. 낙태나 이혼에 대한 태도는 세 나라 모두 보수적인 청소년이 압도적으로 많은 가운데, 일본이 개방적인 청소년이 상대적으로 많다. 따라서 세 나라 청소년의 대다수는 성과 결혼에 대해서 보수적인 입장을 가지고 있지만, 일본의 청소년 가운데 개방적인 태도를 가진 청소년이 상대적으로 많다고 할 수 있다.

일곱째, 능력이나 업적에 따른 보상이라는 서구 근대적인 원칙을 지지하는 청소년이 세 나라 모두 과반 정도이지만 아직도 적지 않은 청소년들이 이 원칙을 선호하지 않는다.

여덟째, 개인주의-집단주의의 축에서 볼 때 세 나라 모두 집단주의자가 아닌 청소년이 상당수 있지만, 아직까지는 집단주의자로 불릴 수 있는 청소년이 과반에 가깝거나 과반을 차지하고 있다. 예를 들면, '집단의 이익을 위해 나의 이익을 희생할 수 있다'는 주장에 대해서 찬성 입장을 가진 청소년은 중국이 69.9%, 한국이 58.3%로 과반을 차지하고, 일본은 47.0%로 과반에 가깝다. '나라의 발전이 곧 나의 발전이다', '나라가 위급한 상황이라면 나라를 위해 무엇이든지 하겠다'는 주장에 대한 찬성률을 보아도 중국과 한국에서는 과반을 훨씬 넘고, 일본은 과반에 가깝다. 즉 한・중・일 청소년은 아직도 집단주의성향이 강하게 남아 있다. 다만 일본의 청소년은 한국이나 중국에 비해 집단주의가 약하다고 할 수 있다.

아홉째, 한・중・일 세 나라의 대다수 청소년들은 권력과 돈이 중요하다고 생각하면서, 동시에 현실에서 권력이나 돈을 가진 사람에 대한 존경심이나 신뢰감은 거의 없다. 돈이 중요하다고 생각하는 청소년의 비율은 일본과 한국이 각각 81.5%, 81.0%로 일본과 한국의 거의 모든 청소년들이 돈이 중요하다고 생각하고 있다. 중국의 경우 67.9%로 일본이나 한국보다 낮지만 절대다수다. 권력이 중요하다고 생각하는 청소년은 이보다는 훨씬 낮지만 여전히 과반을 차지하고 있다. 그러나 현실의 부자에 대한 존경심은 세 나라 모두 바닥 수준이고 권력자인 국가정상이나 정치인에 대한 신뢰감도 특히 한국과 일본에서는 거의 바닥 수준이다. 어찌 보면 세 나라 청소년들은 돈과 권력의 중요성을 인정하면서 현실에서 돈과 권력을 가진 사람을 불신하는 이중성을 가지고 있는 것이 아닌가 싶다. 어쨌든 한・중・일 청소년 대다수는 내세보다는 현세, 정신적 가치보다는 물질적 가치를 중시하는 현세적인 물질주의자라고 할 수 있다.

물론, 일본이나 중국이 한국보다 유교적 가치가 상대적으로 약한 편이지만, 미국이나 서유럽국가와 비교하면 훨씬 더 유교적이다. 특히 자녀가 부모를 공경하고 보살피는 것은 서양도 크게 다르지 않다. 그러나 그 내용을 보면 동아시아의 경우 정서적인 밀착 내지 결속이 강한 반면, 미국이나 서유럽의 경우 서로 독립된 인격체로서의 결합

〈표 73〉 동양적 전통가치와 서양 근대적 가치

패턴		A	B	C	D	E	F
		(가)+(나)	(가)+(다)	(가)+(라)	(나)+(다)	(나)+(라)	(다)+(라)
동아시아	일본(2002)	47.2	13.5	18.8	4.8	8.1	7.6
	북경	51.0	21.8	14.9	3.8	1.8	6.6
	상해	51.5	25.7	12.3	3.3	1.3	5.8
	홍콩	35.6	16.3	29.1	4.1	5.7	9.2
	곤명	49.8	20.6	17.1	4.4	2.9	5.1
	항주	48.6	22.5	16.1	4.5	2.6	5.8
	대만	56.7	19.5	14.2	3.2	2.8	3.6
	한국	45.2	21.7	19.2	4.0	3.4	6.5
	싱가포르	50.3	25.5	15.2	2.9	1.2	4.8
미국과 유럽	이탈리아	23.7	29.2	26.3	4.4	2.5	14.0
	프랑스	19.3	13.7	20.4	8.4	11.4	26.8
	서독	8.8	28.0	19.3	3.6	3.4	37.0
	네덜란드	11.6	30.1	26.3	2.7	1.1	28.2
	영국	31.8	20.4	12.5	11.3	8.0	16.1
	미국	19.5	39.4	12.5	6.3	2.8	19.6
	일본(1988)	47.4	13.7	19.5	4.8	6.9	7.8

주: (가) 효도(부모에 대한 사랑과 존경), (나) 부모가 베풀어준 것에 대한 감사와 필요시 도움 주는 것, (다) 개인의 권리를 존중하는 것, (라) 개인의 자유를 존중하는 것.

(출처 : 요시노 료조[吉野諒三], 「富國信頼の時代へ : 東アジア價値觀國際比較調査における「信頼感」の統計科學的解析」, 『行動統計學』 32(2), 2005, 147~160쪽.

이라는 측면이 강하다. 한국, 중국, 일본에서의 효는 부모에 대한 사랑과 존경을 표현하고 부모가 베풀어준 것에 대한 감사의 표현으로서 필요시 도움을 준다는 의미가 강한 A유형의 효개념을 가진 사람이 한국 45.2%, 일본 47.2%(2002년) 또는 47.4%(1988년), 중국 50% 내외(단 홍콩 35.6%)인 반면, 이러한 A유형의 효개념을 가진 미국인이나 서유럽인은 30%를 넘지 않고 개인의 자유나 권리라는 측면에서 부모와 자녀 관계를 보는 사람이 대부분을 차지한다(〈표 73〉).

이처럼 한국, 중국, 일본은 급격한 산업화과정을 거치면서 전통적인 유교 가치의 상당 부분이 약화되거나 사라졌음에도 불구하고, 북미나 서유럽과 비교하면 여전히 집단주의 (또는 관계주의) 성향이 강하게 남아 있다. 여성은 결혼하면 가정을 지켜야 한다, 혼전순결을 지켜야 한다, 이혼을 하면 안된다, 전통 · 관습을 그대로 지킬 필요가 있다 등과 같은 전통적인 유교가치는 크게 약화되었으나, 국가나 사회에 대한 책무를 다해야 한다, 부모에 대한 무조건적인 사랑과 존경을 표해야 한다, 나이가 많거나 직위가 높은 사람의 의사를 존중해야 한다, 자신과 가까운 사람과의 관계를 조화롭게 유지하는 것이 중요하다는 등과 같은 전통적 유교가치는 여전히 강하다(〈표 73〉).[40]

40 이처럼 동아시아 사회에 집단주의, 권위주의 등 전통적인 유교가치가 강하게 남아 있는 것에 대해서 홍콩의 중국대학(Chinese University of Hong Kong) 하마무라(Takeshi Hamamura) 교수는 문화유산(cultural heritage)과 기능적 자율성(functional autonomy)이라는 개념으로 설명하고 있다. 문화유산은 과거로부터 물려받은 가시적 · 비가시적 문화유산과 자연유산을 포함하는 것으로, 잉글하트 등은 근대화 등과 같은 근본적인 사회변동에도 불구하고 문화적 전통은 오랫동안 유지되는 경향이 있음을 밝혔다(Inglehart and Baker, 2000). 하마무라는 이러한 연구결과에 주목하여, 문화적 전통이 유지되는 매카니즘을 대중교육, 광고, 인식의 기능적 자율성으로 보았다. 대중교육의 경우 근대화가 시작되면서 주로 서구의 교과내용(예, 기술)을 가르치게 되지만 교육방법은 유교의 전통적인 방식(근면, 자기개발, 실용적인 접근방법 등)을 고수하고, 대중광고의 경우 광고디자인이 전통문화에서 습득한 취향에 호소하며, 사회구성원들이 그 사회의 문화를 사회화과정을 통해 습득한 시각으로 주관적으로 해석 또는 인식하고 소통하며 법제화되어 있기 때문에, 전통적 유교가치가 아직도 강하게 남아 있다는 것이다(Hamamura, 2012).

제4장

갈등관리

한·중·일 세 나라는 지난 20세기 중반 이후 짧은 시간에 산업사회를 실현하여 일본과 한국은 오래 전 또는 최근에 서구 자본주의사회의 발전수준을 따라 잡았고, 중국도 머지않아 선진국을 따라 잡을 것으로 많은 사람들이 예상하고 있다. 영국, 프랑스, 미국 등 선발자본주의사회가 300년 정도 걸려 달성한 경제발전의 수준을 동아시아 3국은 불과 30년 만에 따라 잡은 만큼 경제구조, 사회구조와 제도, 가치관과 규범 등도 급속하게 변했고, 사회문제와 갈등도 압축적으로 경험할 수밖에 없었다. 한·중·일이 이미 겪었거나 현재 겪고 있는 주요 사회변동은 다음과 같다.

첫 번째, 급속한 산업화는 자신과 가족의 노동력에 의존하여 생계를 유지하는 농민과 도시 자영업자(구멍가게 등) 그리고 가족종사자가 줄어드는 대신, 자신과 가족의 생계를 위해 타인에게 고용된 임금노동자나 봉급생활자가 늘어났다. 이에 따라 동북아 3국에서 시장의 영향을 받는 사람이 점점 늘어났다.

두 번째, 도시 인구가 급속히 증가했다. 도시에는 경제성장을 주도하는 제조업이나 서비스업이 집중되어 있기 때문에 산업화가 진전됨에 따라 도시 인구도 자연스럽게 증가할 수밖에 없다.

세 번째, 산업화와 도시화의 진전으로 가족 형태가 점차 변했다. 전통적인 조부모-부모-자녀의 3세대 가구가 사라지는 대신 1세대 가구와 1인 가구가 늘어나고 있다.

네 번째, 지속적인 산업화로 제조업과 서비스업 분야의 일자리가 크게 늘어 많은 여성들을 직장으로 끌어들였고, 유교적인 전통의 영향으로 다른 문화권에 비해 상대적으로 높게 유지된 교육수준은 산업화와 소득수준의 향상으로 더욱 높아졌다. 특히 여성의 교육수준은 더 빠르게 향상되었다.

다섯 번째, 여성의 경제활동 참여가 많아지고 교육기회가 늘어남에 따라 권리의식이 강화되었고, 다른 한편으로는 결혼과 직장을 양립하거나 아예 직장을 택하는 여성이 늘어났다. 이에 따라 여성의 결혼 시기는 늦어지거나 독신이 늘어나고 가사분담에 대한 태도에도 영향을 미쳤다.

여섯 번째, 여성의 사회진출 증가와 학력수준 상승, 여성운동의 활성화 등으로 여성의 권리의식 신장에 따른 변화는 초혼연령 상승이나 독신여성의 증가 또는 출산율 저하만이 아니다. 한 남편만 섬겨야 한다는 일부종사(一夫從事)의 전통적인 규범이 약화되고 이혼과 재혼도 빠른 속도로 늘어나고 있다.

일곱 번째, 농촌지역에서는 젊은 여성들이 일자리나 교육을 위해 대거 도시지역으로 이주하고 도시지역에서는 소득이나 학력이 낮아 결혼상대를 찾지 못하는 남성들이 늘어남에 따라, 외국에서 결혼상대를 구하는 국제결혼 사례가 늘어났다. 또한 일자리를 찾아 개도국에서 찾아오는 외국인 노동자와 한국어 · 일본어 · 중국어나 한국 · 일본 · 중국 사회를 공부하기 위해 세계 곳곳에서 들어온 유학생 등 여타의 국제이주민도 늘어나 동아시아 3국에 거주하는 외국인이 급속히 증가하였다.

여덟 번째, 산업화를 통해 국민소득이 많아져 식생활과 보건위생이 향상되었고, 이로 인해 평균수명이 연장되고 65세 이상 노인 인구도 증가하여 노부모 부양, 노인복지, 독거노인 등 노인 관련 문제가 중요한 사회적 이슈가 되고 있다. 또한 동아시아 3국은 모두 시장경쟁원리에 입각한 성장 우선의 산업화 전략을 추진함에 따라 임금과 소득의 격차가 확대되고 빈곤층이 확대되었다.

아홉 번째, 이러한 사회경제구조의 변화로 전통적인 생활방식, 가족의 기능과 구조, 가사분담 등 다양한 사회변화가 수반되었다. 가정과 지역공동체에서 인간관계가 갖는 비중이나 중요성은 줄어드는 대신 작업장이나 사무실에서 인간관계가 갖는 비중이나 중요성이 커졌다. 다시 말하면 산업화 이전에는 대가족 중심의 가정이나 공동체가 생산의 단위인 동시에 일상생활의 주 무대였으나, 산업화 이후 특히 직장과 거주지가 분리되고 대부분의 일과가 직장에서 이루어지면서 대가족제도는 붕괴하기 시작했으며 가정이나 지역공동체의 주 기능도 소비와 휴식을 제공하는 것에 한정되었다.

그럼에도 불구하고 급속한 산업화가 진행되는 동안에도 대가족제도는 크게 약화되었으나 비록 부모와 미혼자녀의 핵가족 형태이기는 하나 전통적인 가족구조는 유지되었다. 1990년대 중반까지만 하더라도 서구에서는 국가가 임금노동자화로 인한 위험부담(risk)으로부터의 보호 기능을 맡았으나, 일본이나 한국에서는 주로 민간기업(고용안정-평생직장, 연공제에 기반을 둔 임금인상, 사내 복지혜택 등)이 담당했다. 이로 인해 대가족 또는 3세대 직계가족 구조는 붕괴되었으나 생활 책임자로서의 가장의 권위와 이에 기반을 둔 가족관계(부부, 부모와 자녀)는 어느 정도 유지되고 있었다. 그런데 1980년대 말 1990년대 초 사회주의권의 붕괴와 시장경제체제로의 전환, 우루과이라운드와 WTO체제의 출범으로 표상된 신자유주의의 확산, 1997년 동아시아 외환위기 등 일련의 사건으로 말미암아 직장이 고용안정과 소득을 더 이상 보장하지 않는 체제가 나타나면서 전통사회의 핵심 제도인 가족은 구조와 성격에 치명적인 타격을 입어, 한부모가정, 미혼모가정, 독신가구 등 비전통적인 가구들이 늘어나고 있다.

이처럼 급격한 산업화로 가족구조가 변하고 사회근대화로 개인주의와 경쟁원리가 전사회로 확산됨에 따라 가족과 가정 바깥에서의 인간관계와 관련된 가치관과 규범이 바뀌고 있다. 조상제사는 계속 하되 점차로 간소화되고, 장자의 권리와 의무에 대한 인식이 약화되었다. 평등사상의 확산과 여성의 사회진출 확대로 가장인 아버지 · 남편의 권위가 약화되는 대신 어머니 · 아내와 자녀들의 발언권이 강화되는 전통적인 가부장제의 약화 현상도 목격되고 있다. 성과 결혼에 대한 생각이 개방되어 결혼의 필요성을 느끼지 않거나 혼전 성관계나 동거 또는 이혼에 허용적인 사람들이 늘어났다. 전통적인 농촌사회에서 강한 위력을 발휘했던 지역공동체 전체 이익을 앞세우는 집단주의는 혈연 · 학연 · 지연 · 사연 등 연고에 기반한 관계주의 즉 연고주의나 경쟁에 따른 배분이라는 경쟁원리로 대체되고 있다. 전통 유교사회에서 중요한 덕목이던 도덕이나 명예 등 정신적 가치보다는 부의 축적과 같은 물질적 가치가 중요시되고 있다.

1. 갈등현황

한·중·일 세 나라는 서구에 비하면 지극히 짧은 시간에 압축적으로 산업화와 근대화를 겪었기 때문에 근대적인 가치와 제도가 자리를 잡은 서구사회나 전통적인 가치와 제도가 여전히 위력을 발휘하고 있는 저개발국보다 더 격렬하고 많은 갈등을 겪을 수밖에 없다.

그것은 무엇보다도 상당 기간 전통과 근대가 공존하게 되고 세대·학력수준·지역 간에 가치관의 격차도 생겨 안정적인 사회에서는 찾아보기 어려운 전통적인 가치관과 규범을 유지하고 있는 사람과 근대적인 가치관과 규범을 가진 사람 간의 갈등이 생기기 때문이다. 이것은 주로 본격적인 산업화·근대화 단계에 들어선 중국에 해당되지만, 아직도 전통적인 가치가 완전히 사라지지 않았고 근대서구적 가치관이 지배적이지 못한 한국도 해당된다. 일본의 경우 1960~1970년대에 이러한 현상이 많았지만, 21세기에 접어들면서 '일본식 경제발전모델'이 '신자유주의모델'로 바뀌면서 중국이나 한국과 비슷한 가치관 갈등이 발생하고 있다. 즉 1997년 금융위기 이후의 한국처럼, 일본도 21세기에 접어들면서 복지국가체제(주로 기업복지)가 약화되고 대신 시장에서의 경쟁 원리가 의료·교육·정치 등 비시장의 영역으로 확산되어 전 사회가 경쟁의 원리에 의해 운영되기 시작했다.

법치주의가 뿌리를 내린 일본과 달리 한국이나 중국, 특히 중국은 법치주의 또는 서구적 합리주의가 뿌리를 내리지 않아 분배나 결정의 공정성에 대한 시비가 끊이지 않기 때문에 부패도 심각하고 사회갈등도 심하다. 미국 변호사협회(American Bar Association) 회장인 윌리엄 뉴콤(William H. Neukom)이 21개 단체의 지원을 받아 2006년에 설립하고 2009년에 비영리단체로 등록한 '세계정의프로젝트(The World Justice Project)'가

〈표 74〉 법치지수

국가(97개국)	제한정부		청렴도		질서안전		기본권		열린정부		규제집행		시민사회정의		형사적 정의	
	점수	순위	점수	순위	점수	순위	점수	순위	점수	순위	점수	순위	점수	순위	점수	순위
독일	0.82	9	0.82	11	0.86	13	0.80	12	0.73	16	0.73	15	0.80	3	0.76	9
일본	0.80	10	0.84	10	0.89	7	0.78	17	0.82	9	0.87	2	0.77	8	0.68	23
프랑스	0.80	11	0.80	13	0.84	18	0.79	14	0.75	14	0.76	13	0.68	18	0.69	22
영국	0.79	13	0.80	15	0.84	17	0.76	16	0.78	12	0.79	11	0.72	11	0.75	11
미국	0.77	17	0.78	18	0.83	22	0.73	25	0.77	13	0.70	19	0.65	22	0.65	26
싱가포르	0.73	21	0.91	7	0.93	1	0.73	26	0.67	19	0.80	10	0.79	4	0.87	3
홍콩	0.73	22	0.89	9	0.93	2	0.71	31	0.82	10	0.75	14	0.71	17	0.76	8
한국	0.66	28	0.74	25	0.82	25	0.76	20	0.74	15	0.67	21	0.72	14	0.76	10
중국	0.36	86	0.52	40	0.78	32	0.35	94	0.42	69	0.41	81	0.43	82	0.54	39

* 주: 제한정부(limited government powers), 청렴도(absence of corruption), 질서안전(order & security), 기본권(fundamental rights), 열린정부(open government), 규제집행(regulatory enforcement), 시민사회 정의(civil justice), 형사적 정의(criminal justice).

(출처 : Mark D & Agrast et al., "The World Justice Project : Rule of Law Index", *The World Justice Project*, 2013)

2010년부터 매년 조사・발표한 '법치지표보고서(The Rule of Law Index Report)' 중 2012~2013년도 보고서에 의하면, 일본은 형사적 정의(Criminal justice)와 기본권(Fundamental rights)을 제외한 나머지 분야에서 비교적 높은 'B'급의 법치를 기록하였다. 반면 한국은 시민사회(Civil justice)와 형사적 정의를 제외한 나머지 분야에서 'C' 내지 'D'급의 법치 수준을 보이고 있으며, 중국은 한국보다 훨씬 나빠 질서・안전(Order and Security) 분야에서 'C'급을 받은 것 이외 다른 모든 분야에서 'F'급을 받았다(〈표 74〉).

국제투명성기구(Transparency International)가 조사・발표한 '부패인식지수(Corruption Perception Index)'를 보면, 한・중・일 세 나라 중에서 중국, 한국, 일본의 순으로 부패가 많은 것으로 인식하고 있음을 알 수 있다(〈표 75〉). 뿐만 아니라 한국은 2001년 이래 4.2→5.0→5.4→5.5, 중국은 3.5→3.2→3.5→4.0으로 조금씩 나아지고 있음에도 불구하고, 여전히 'F'등급에 머무르고 있다. 일본은 서구와 비교하면 좋은 편

〈표 75〉 부패인식지수

국가	2001		2005		2010		2013	
	점수	순위(91)	점수	순위(159)	점수	순위(178)	점수	순위(174)
싱가포르	9.2	4	9.4	5	9.3	1	8.6	5
영국	8.3	13	8.6	11	7.6	20	7.6	14
홍콩	7.9	14	8.3	15	8.4	13	7.5	15
미국	7.6	16	7.6	17	7.1	22	7.3	19
독일	7.4	20	8.2	16	7.9	15	7.8	12
일본	7.1	21	7.3	21	7.8	17	7.4	18
프랑스	6.7	23	7.5	18	6.8	25	7.1	22
대만	5.9	27	5.9	32	5.8	33	6.1	36
한국	4.2	42	5.0	40	5.4	39	5.5	46
중국	3.5	57	3.2	78	3.5	78	4.0	80

(출처 : Transparency International, "Corruption Perception Index", 각 년도)

은 아니지만, 2001년 이래 계속 'C'등급을 유지하고 있어 한국이나 중국보다 부패정도가 훨씬 덜하다.

오스트레일리아 기업인 스티브 킬레리(Steve Killelea)의 주도로 코피 아난(Kofi Anan) 등 세계적인 저명인사들이 설립한 경제평화협회(Institute for Economics and Peace)가 폭력, 범죄 등과 같은 국내적 요소와 군사비, 전쟁 등 외부적 요소를 고려하여 2007년부터 매년 작성한 '세계평화지수(Global Peace Index)'[1]를 보면, 한・중・일 세 나라 중에서 일본이 가

1 세계평화지수를 계산하기 위해 포함한 변수는 총 22개로, 대내외 분쟁 / 갈등 횟수, 외부조직과 관련된 갈등으로 인한 사망자 수, 국내의 조직이 관련된 갈등으로 인한 사망자 수, 국내 조직이 관련된 갈등 수준, 주변국과의 관계, 범죄수준에 대한 국민의 인식, 전체 인구 중 난민 비중, 정치적 불안정 수준, 테러활동 수준, 정치적 테러 수준, 인구 10만 명당 살인범죄 수, 중대범죄 수준, 폭력시위 확률, 인구 10만 명 수감자 수, 인구 10만 명당 안전요원(security officers) 수, GDP 대비 군사비, 군대수, 인구 10만 명 주요 재래식 무기 수입 규모, 인구 10만 명 주요 재래식 무기 수출 규모, 유엔평화유지비용분담금 규모, 핵무기와 중화학무기 능력, 소형의 경무기 접근성 등이다(Institute for Economics and Peace. Global Peace Index. http://economicsandpeace.org/research/iep-indices-data/global-peace-index(2014.4.9 검색)). 세계평화지수에는 다른 나라와의 전쟁 등 외부와의 갈등

〈표 76〉 평화지수

국가	2013		2012		2011		2010		2009		2008	
	점수	순위	점수	순위	점수	순위	점수	순위	점수	순위	점수	순위
일본	1.293	6	1.320	7	1.298	5	1.260	5	1.243	4	1.230	4
독일	1.431	15	1.451	18	1.440	18	1.440	18	1.443	17	1.410	15
싱가포르	1.438	16	1.434	16	1.482	20	1.500	21	1.439	18	1.460	21
대만	1.538	26	1.543	24	1.552	25	1.580	25	1.644	33	1.660	40
영국	1.787	44	1.731	41	1.729	42	1.740	43	1.710	41	1.740	48
한국	1.822	47	1.838	51	1.868	60	1.760	45	1.716	42	1.660	40
프랑스	1.863	53	1.826	50	1.840	55	1.720	41	1.779	52	1.750	50
미국	2.126	100	2.182	102	2.201	102	2.200	107	2.195	104	2.170	100
중국	2.142	101	2.154	98	2.157	96	2.160	101	2.045	83	2.030	82

* 주 : 점수가 낮을수록 평화를 유지할 조건을 잘 갖추었음을 의미함.
(출처 : Institute for Economics & Peace, "Global Peace Index", 각 년도)

장 평화적이고, 다음으로 한국, 중국 순이다(〈표 76〉).

이를 염두에 두고 각국의 사회갈등 현황을 살펴보기로 한다.[2] 먼저 가족갈등은 남편과 아내 간, 부부와 그들의 부모 간, 부모와 자녀 간에 발생할 수 있다. 이 중에서 가장 대표적인 것은 부부갈등일 것이다. 부부갈등의 원인에는 성격, 친척(예, 양가 부모)의 간섭, 경제적인 문제(낭비, 저소득), 자녀문제, 가사분담, 의사소통, 애정표현 및 성문제 등 여러 가지가 있을 수 있다. 이런 이유로 발생한 부부갈등은 개인적 또는 상호 간의 노력에 의해 회복할 수도 있지만 제대로 해결하지 못하면 자칫 이혼으로 발전할 수 있다(이영자 · 장영태, 2002). 여기서는 이혼율을

도 포함되어 있기 때문에, 국내의 갈등 수준을 정확히 알 수 없다. 그럼에도 불구하고 각국의 사회갈등 수준을 비교할 수 있는 유일한 지표로 사용할 수는 있을 것이다.

2 여기서는 '갈등(葛藤, conflict)'은 '자신의 목표를 달성하는데 있어서 공존할 수 없는 목표, 희소한 자원, 타인으로부터의 간섭을 인지하고 있는 최소한 두 명 이상의 상호 의존적인 개인 간의 표출된 다툼(struggle)'이라는 의미로 사용하기로 한다(Wilmot & Hocker, 2010).

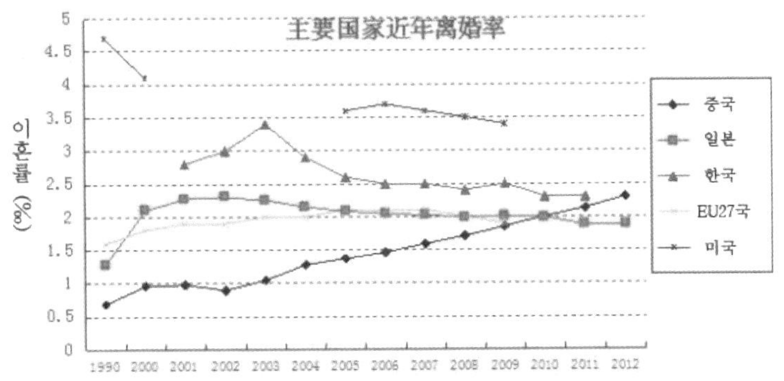

〈그림 9〉 주요 국가의 최근 이혼율

기준으로 한・중・일 세 나라의 부부갈등 정도를 가늠하고자 한다.

일본의 경우 1980년대 후반을 제외한 나머지 기간 이혼율이 높아져 1970년 0.93에서 2002년 2.3으로 두 배 이상이 되었다. 그 이후 조금씩 줄어들긴 했지만, 1970년대에 비하면 여전히 두 배 수준이다. 한국도 1970년대 이후 이혼율은 증가해왔는데, 1970년의 이혼율은 0.4이었으나 2003년에 3.4로 8배 이상 높아졌다. 그 후 조금씩 줄긴 했으나 2011년의 이혼율은 2.3으로 1970년에 비해 6배 수준이다. 중국도 이혼율이 1980년대에는 1970년대 한국과 비슷한 0.4에서 0.6 정도였으나 그 이후 계속 늘어나 2012년에는 2.29로 1980년에 비해 5배 이상이 되었다(〈그림 9〉, 〈표 77〉). 이러한 통계수치를 통해 세 나라 모두 부부갈등이 심각해지고 있음을 알 수 있다.[3]

3 이혼을 초래하는 문제(이혼사유)는 한국과 일본 모두 '성격 차이'가 가장 많다. 다음으로 많은 것은 일본의 경우 남성의 입장에서는 아내의 이성(異性)관계(불륜), 시부모 등 시댁 가족과의 불화, 특이한(괴팍한) 성격, 정신적 학대, 성생활 불만, 낭비벽, 부모 모시는 것 등의 순이고 여성의 입장에서는 폭력, 이성관계, 생활비 부족, 정신적 학대, 가정일에 대한 무관심, 낭비벽, 과음 등의 순이다(イ-グルアイ調査事務所. 離婚原因トップ10, http://eagleeye-japan.com/rikontop.html(2014.4.10 검색)). 한국은 경제문제, 배우자 부정(이성관계 또는 불륜), 양가부모 등 가족 불화, 정신적・육체적 학대 등의

〈표 77〉 한·중·일 조이혼율

	일본	한국	중국
1970	0.93	0.4	-
1975	1.07	0.5	-
1980	1.22	0.6	0.42 (0.8479)
1981	1.32	0.6	0.47 (0.9345)
1982	1.39	0.7	0.50 (0.9981)
1983	1.51	0.7	0.47 (0.9395)
1984	1.50	0.9	0.44 (0.8788)
1985	1.39	0.9	0.48 (0.9615)
1986	1.37	0.9	0.51 (1.0260)
1987	1.30	1.0	0.57 (1.1326)
1988	1.26	1.0	0.62 (1.2476)
1989	1.29	1.0	0.69 (1.3804)
1990	1.28	1.1	0.71 (1.4193)
1991	1.37	1.1	0.71 (1.4295)
1992	1.45	1.2	0.71 (1.4223)
1993	1.52	1.3	0.74 (1.4811)
1994	1.57	1.4	0.78 (1.5548)
1995	1.60	1.5	0.81 (1.6285)
1996	1.66	1.7	0.85 (1.6989)
1997	1.78	2.0	0.88 (1.7540)
1998	1.94	2.5	0.85 (1.7091)*
1999	2.00	2.5	-
2000	2.10	2.5	0.96
2001	2.27	2.8	0.98
2002	2.30	3.0	0.90
2003	2.25	3.4	1.05
2004	2.15	2.9	1.28
2005	2.08	2.6	1.37
2006	2.04	2.5	1.46
2007	2.02	2.5	1.59
2008	1.99	2.4	1.71
2009	2.01	2.5	1.85
2010	1.99	2.3	2.00
2011	1.87	2.3	2.13
2012	1.88	-	2.29

* ( ) 속은 인구 1,000명당 이혼자 수 (조이혼율의 2배)

** 조이혼율은 인구 1,000명당 이혼건수, 재혼율은 여성의 전체 결혼건수 대비 재혼건수임.

(출처 : 日本厚生勞動省 – 人口動態總攬の年次推移; 한국 – 통계청, 인구동태 건수 및 동태율 추이(1970~2011); 중국 – 1980~1998: Wang(2001), 2000~2012: 2007 民政事業發展統計報告와 2012 民政事業發展統計報告)

가족갈등에는 부부간에만 있는 것은 아니다. 부나 모와 자녀 간에도 있고 부부의 어느 한 편이 상대방의 부모 간에도 있을 수 있다. 특히 고부(姑婦) 간 갈등은 종종 부부 간 갈등과 가정폭력을 야기하고 심할 경우 이혼 등 가정해체로 이어지기도 한다. 고부갈등은 어느 시대, 어느 나라에서도 있지만, 한국은 엄격한 제사문화나 어머니와 아들 간의 지나친 애착관계로 인해 그 정도는 심한 것으로 알려져 있다.[4]

`명절의 가족갈등

각자의 생활을 꾸리는데 바빠 자주 만나지 못하던 가족들과 얼굴을 마주하고 단란한 정을 확인해야 할 명절. 하지만 서로를 배려하고 존중하는 태도를 갖추지 못하거나 스트레스를 적절히 관리하지 못하면 '즐거운 명절'이 가정불화로 오히려 '불쾌한 명절'이 된다.

A씨는 결혼한 지 10년이 넘었지만 한 번도 명절에 친정을 방문한 적이 없었다. 어머니가 돌아가신 뒤 혼자 사시던 아버지가 늘 마음에 걸렸지만 남편은 명절 내내 시댁에만 머물다 집으로 돌아오길 원했다. 더욱이 남편은 시댁을 방문할 때마다 고향으로 명절을 쇠러 온 친구들과 매번 술을 마시는데 대부분의 시간을 할애했다. 시댁 식구들은 A씨에게 음식 준비나 손님맞이를 전부 일임한 채 전혀

순이다(통계청, 이혼사유별 이혼, http://kosis.kr/statisticsList/statisticsList_01List.jsp?vwcd=MT_ZTITLE&parentId=A#SubCont(2014.4.10 검색)).

4 Bullpen (2013). "일본이나 중국도 고부갈등이 있나요?" 와 일본, 중국도 고부갈등 있냐는 말에 여친에게 물어봤습니다."(http://mlbpark.donga.com/mbs/articleV.php?mbsC=bullpen&mbsIdx=1814914; http://mlbpark.donga.com/mbs/articleV.php?mbsC=bullpen&mbsIdx=1815029 (2014.4.17 검색))

5 직장생활 4년차인 A(37, 여)씨는 이번 설 근무 표를 보고는 실망을 감출 수 없었다. 설

도와주지도 않았다. 지난해 추석에도 같은 일이 반복되자 더 이상 끓어오르는 화를 참을 수 없었던 A씨는 남편에게 이혼을 요구했다. 남편이 "여자가 시집을 왔으면 당연히 해야 할 일"이라고 대응하면서 갈등의 골은 더 깊어져만 갔고, 결국 이혼위기에 놓였다. 이렇듯 즐거워야 할 명절이 불화와 갈등의 근원이 되는 이유는 다양하다.

지난 2011년 이혼한 신모(43) 씨와 · 권모(39 · 여) 씨도, 시댁 위주의 명절 문화 때문에 갈등을 겪었다. 명절을 항상 시댁에서 보내는 바람에 추석 다음날과 설 다음날에 있는 친정아버지의 생신과 할아버지 제사에 참석하지 못하는 것이 권씨의 불만이었다. 엎친 데 덮친 격으로 사소한 오해로 인해 시아버지와 사이가 나빠지자 아내 권씨는 2009년부터 시댁에 가는 것을 거부했다. 이 일로 두 사람은 명절 때마다 심하게 다퉜고 결국 이혼소송을 냈다. 담당 재판부는 "명절 연휴를 시댁과 친정, 어디서 주로 지낼 것인지 등은 쉽지 않은 문제로 서로 애정과 인내를 갖고 대화와 타협을 통해 합리적인 방안을 제시하는 등으로 문제를 해결했어야 했다"며 이혼에 대한 두 사람의 책임이 대등하다고 봤다.

명절에는 재산이나 양가 어른들께 드릴 용돈, 선물 등 금전 문제를 놓고도 갈등이 표출되곤 한다. 2005년 9월 정모(38, 여) 씨는 남편과 추석명절 양가 어른들께 드릴 용돈 문제로 심한 말다툼을 벌였다. 용돈 문제로 심하게 다투던 중 아내 정씨는 "시집에 가지 않겠다. 그까짓 거 안가면 그만"이라며 시댁에 전화를 걸었다. 하지만 남편이 이를 막자 격분해 남편을 손톱으로 할퀴고 주먹으로 마구 쳐 상처를 입혔다. 한 변호사는 "설이나 추석이 지나면 가족들 사이 폭력이나 재산문제로 법정까지 오는 경우를 종종 보게 된다"

며 "묵은 감정이 폭발하는 경우가 많아 해결이 쉽지 않은 경우도 많다"고 말했다.

끙끙 묵혀온 불만과 극심한 스트레스는 끔찍한 사건을 불러오기도 했다. 지난해 3월 김모(21) 씨는 흉기와 수갑 등을 챙겨 작은 아버지의 집에 침입한 뒤 할머니와 고모, 작은아버지, 사촌동생들에게 마구 흉기를 휘둘렀다. 김씨가 휘두른 흉기에 맞아 작은아버지가 그 자리에서 쇼크로 숨졌고 다른 가족들도 다쳤다. 원인은 가족간 해묵은 갈등이었다. 평소 명절 등 가족모임이 있을 때면 김씨는 자신의 어머니와 작은 아버지가 말다툼을 하는 모습을 자주 목격했다. 어머니의 하소연을 들으며 작은 아버지 가족에 대한 적대감은 갈수록 커졌고, 분노와 스트레스가 잘못된 방법으로 터져버린 것이다. 법원은 김씨에 대해 무기징역을 선고했다.

서울가정문제상담소 김미영(61, 여) 소장은 "남녀차별이나 종교적인 이유, 역할 갈등 등 다양하고 복합적인 이유로 발생한 스트레스가 명절 가정불화의 원인이 되는 경우가 많다"고 설명했다. 김 소장은 "가족들이 오랜만에 모이면 그들이 안고 있던 표출되지 않았던 갈등들까지 다 모이는 것"이라면서 "시댁 중심의 가부장적인 인식과 서로에 대한 배려 부족 등으로 불화가 많이 일어난다"고 말했다. 또 "요즘에는 남녀 모두가 명절 스트레스를 많이 받는다. 대화와 공감을 통해 서로의 짐을 덜어주려는 노력이 필요하다"고 지적했다.

출처 : 박초롱 , 「결혼생활 10년간 명절 때마다 친정 못 가게 하더니…」, 'CBS노컷뉴스', 2014. 1. 31, http://www.nocutnews.co.kr/news/1176251 (2014. 2. 1 검색)[5]

두 번째, 학교에서의 갈등을 보자. 가족갈등과 마찬가지로 동아시아 세 나라 모두에서 학교 구성원 특히 학생 간 갈등도 해가 갈수록 심각해지고 있다. 일본은 1970년대 말부터 학교폭력이 사회문제로 등장한 이

날 당일 근무자에 자신의 이름이 없었기 때문이다. 업무 특성상 명절 중 하루는 반드시 근무를 해야 하는데, 결혼 3년차인 주부 A씨 입장에서는 '시 월드'에 가야 하는 당일에 근무를 하고 싶었던 것. A씨는 지난 해 추석에는 당일에 근무가 잡혀 시댁에 가지 않았던 경험이 있기 때문에 더 진한 실망이 들었다고 했다. A씨는 "어차피 연휴에 직장에서 일해야 한다면 시댁에 가야 하는 명절 당일에 일을 하고 싶었다"면서 "명절 당일에 시댁에서 일하나 회사에서 일하나 마찬가지이기 때문"이라고 아쉬워했다. "명절 일을 피하려는 것은 아니다"라는 A씨는 "시댁에서 음식을 많이 하지는 않아 몸이 많이 힘들지는 않지만 시댁에서는 말이나 행동이 조심스러워 정신적으로 스트레스가 크다"고 하소연했다. A씨는 명절 당일은 물론 전날에도 시댁에 가서 일해야 하는 '암묵적인' 규칙이 불합리하다고 느꼈다. 친정에는 명절에 음식을 많이 해서 일손이 많이 필요하기 때문에 최소한 명절 전날에는 친정에 가서 일손을 돕는 게 합리적이라고 생각했다. 결혼 뒤 지켜본 시부모님들도 생각이 열려 있고 합리적이라고 판단해 조심스럽게 이런 '제안'을 했지만 오판이었다. A씨는 "합리적으로 의사소통될 거라고 생각해 말씀드렸는데 시어머니가 무척 당황하시는 모습을 보고 충격을 받았다"고 토로했다. A씨처럼 명절 당일 근무를 바라는 '직장 주부'들은 주로 주부들이 모이는 인터넷 커뮤니티를 중심으로 쉽게 찾을 수 있었다. '장남의 처이지만 명절 당일에 당직을 서 몇 년 째 안 간다. 당직을 서면 임금도 두 배', '시집에서 무급 노동을 하느니 차라리 당직 유급 노동을 하겠다', '아이를 가지라는 시어머니의 압박을 피해 특근을 자처했다' 등 다양한 글들을 찾을 수 있었다. 한 주부는 "시어머니에게 미리 전화해 '직장 근무로 어쩔 수 없으니 이해해 달라'고 하면 어느 정도 이해를 해주시는 것 같아 마음이 놓인다"며 "다른 이유라면 받아들이기 쉽지 않지만 직장은 이유가 된다"고 적었다. 하지만 이런 명절 당일 근무 사유도 '뒷담화'의 소재가 되기도 한다. 손아래 동서 때문에 스트레스를 받는다는 한 주부는 "첫 명절에 동서가 일을 나가기에 그런가 보다 했는데 매년 명절마다 반복된다"면서 "일은 일대로 해 고생은 내가 다 하고 동서는 생색만 내 시댁에 가는 게 도살장에 끌려가는 기분이다"고 분통을 터뜨렸다. 반면 직장 때문에 명절에 내려가지 못하게 된 주부는 "며칠 전 손윗동서가 전화해 '일부러 그러는 거 아니냐'며 비꼬듯 말했다"면서 "남편이 당직으로 못 가면 바쁜 거고 며느리가 당직서서 못 가는 건 일부러 그러는 것이냐"고 반문했다. 서울가정문제상담소 김미영 소장은 "명절 스트레스는 불평등한 대우와 노동으로 생기는 부당한 감정이 가족 간 갈등이 모이는 명절에 복합적으로 작용해 생기는 것"이라고 분석했다. 김 소장은 "차별대우나 시댁에 먼저 가는 등 불합리한 요소를 차차 고쳐나가고 남성과 여성의 고정적인 역할을 분담해야 한다"면서 "명절은 가족 간 갈등이 모이는 고통스러운 날이 아닌 즐거운 날이 돼야 한다"고 강조했다(이대희 (2014). "'시 월드 무급 노동할 바엔…' 특근 자처하는 며느리들," 'CBS노컷뉴스', 2014.1.30, http://www.nocutnews.co.kr/news/1176198 (2014.1.30 검색)).

후 1980년대 중반까지 지속적으로 증가하다가, 그 이후 줄어들었으나 2000년대 접어들면서 다시 증가하고 있다.[6] 1997년에는 학생 1,000명당 폭력건수가 1.9건이었으나 2007년에는 3.7건으로 두 배 가량 증가했다. 이후에도 계속 늘어나 2009년에는 4.3건으로 최고치를 기록한 후 약간 주춤해졌지만 2011년 4.0건으로 14년 전에 비해 두배에 달한다(〈표 58〉). 각급 학교별로 보면 사춘기에 접어든 중학생들 가운데 가장 많고 다음으로 고등학생과 초등학생의 순이다.[7] 특기할 점은 최근 들어 초등학생 사이의 폭력이 늘어나고 있다는 것이다. 2004년까지만 해도 1,000명당 0.2건에 지나지 않던 초등학생 사이의 폭력 건수가 2005년부터 급격히 늘어나 2009년에는 1,000명당 1건으로 증가했다(〈표 78〉).

이러한 학생 간 폭력은 한국이나 중국에서도 비슷한 경향을 보이고

---

6 일본에서 학교폭력(일본에서는 교내폭력(こうないぼうりょく, 校內暴力))이 사회문제로 등장한 것은 폭력 건수가 최고치를 기록했던 1970년대 말부터다. 1980년에는 TV드라마 〈3학년 B반 긴파치 선생(さんねんビーぐみ きんぱちせんせい, 3年B組金八先生)〉 제2편에서 교내폭력을 주제로 다루었다. 또한 '동경도(東京都)'에서는 중학생들이 칸도반쵸우랜고우(クァンドンばんちょうれんごう, 關東番長聯合(憂誠會))라고 하는 폭력단을 결성하여 세상을 놀라게 했다. 1985년을 지나면서 교내폭력은 수그러들었지만, 대신 전대미문의 이지매 현상이 증가하는 등 새로운 문제가 나타났다. 교내폭력이 줄어든 것은 학교의 철저한 관리에 기인한 것이지만 교사(주로 체육계 출신)에 의한 학생 폭력이라는 새로운 문제를 야기했다. 1990년대에는 각급 학교의 수업(교실)이 붕괴하여 아동・학생 간의 학력 차가 문제로 부각되었고, 2000년대 후반부터는 초등・중학교 폭력이 증가하여 괴물아동(Monster children)이라는 문제가 나타나고 있다('일본 위키피디아'(Japan Wikipedia), 校內暴力, http://ja.wikipedia.org/wiki/%E6%A0%A1%E5%86%85%E6%9A%B4%E5%8A%9B (2014.4.20 검색).

7 "중학생 정도가 되면 또래집단 안에 지배질서가 뚜렷해집니다. 폭력이나 위력이 위계질서, 즉 서열의 기준이 됩니다. 아주 중요한 생존 조건이기 때문에 무시할 수 없습니다. 그래서 이 나이 또래 아이들은 말을 거칠게 하고 신체적 위력을 과시하려고 듭니다. 야수의 시절이라고 할 수 있습니다. 약한 자를 짓밟아 자신의 위력을 과시하는 아주 비인간적 행동도 서슴지 않습니다. 비열한 행위임을 모르지는 않는데 우선 세력 확장에 골몰하다 보니 그렇게 되는 겁니다. 어른들의 지배질서도 본질적으로 이와 다르지 않다고 할 수 있습니다. 그래서 우리는 힘있는 자들을 비웃는 겁니다. 약자를 불쌍히 여기고 도와주려는 마음은 인간다움의 기준이라고 할 수 있으니 그들의 동물적 욕심은 비웃어 마땅합니다."(이한수 (2011). 이한수의 교육이야기, 3월 18일, http://blog.daum.net/2hansu/8848584 (2014.4.19 검색))

〈표 78〉 일본의 학교폭력

연도	소학교		중학교		고등학교		전체	
	건수	1,000명당	건수	1,000명당	건수	1,000인당	건수	1,000인당
1997	1,432	0.2	21,585	5.1	5,509	1.8	28,526	1.9
1998	1,706	0.2	26,783	6.5	6,743	2.3	35,232	2.4
1999	1,688	0.2	28,077	7.1	6,833	2.3	36,578	2.6
2000	1,483	0.2	31,285	8.2	7,606	2.6	40,374	2.9
2001	1,630	0.2	29,388	7.9	7,213	2.5	38,231	2.8
2002	1,393	0.2	26,295	7.3	6,077	2.2	33,765	2.5
2003	1,777	0.2	27,414	7.9	6,201	2.3	35,392	2.7
2004	2,100	0.2	25,984	7.7	5,938	2.3	34,022	2.6
2005	2,176	0.3	25,796	7.7	6,046	2.4	34,018	2.6
2006	3,803	0.5	30,564	8.5	10,254	2.9	44,621	3.1
2007	5,214	0.7	36,803	10.2	10,739	3.2	52,756	3.7
2008	6,484	0.9	42,754	11.9	10,390	3.1	59,618	4.2
2009	7,115	1.0	43,715	12.1	10,085	3.0	60,915	4.3
2010	7,092	1.0	42,987	12.0	10,226	3.0	60,305	4.3
2011	7,175	1.0	39,282	10.9	9,442	2.8	55,899	4.0

* 주 : 1997년부터는 공립학교를 대상으로 하였고, 교외폭력도 포함함. 2006년부터는 국립과 사립학교도 포함하였고, 중학교에는 중등교육 학교 전기(前期) 과정도 포함함. (출처 : 日本 文部科學省 初等中等教育局 兒童生徒課 (2012). 平成23年度「兒童生徒の問題行動等生徒指導上の諸問題に關する調査」)

있다. 한국은 2009년과 2011년 사이 학생 간 폭력이 급격히 증가하는데, 특히 중학생과 초등학생 사이의 폭력이 2배 내지 3배 증가하였다(〈표 79〉).[8] 폭력의 유형을 보면 단순폭력, 금품갈취, 성폭력 등의 순이

8 최근 3년간 전국 초·중·고등학교의 학교폭력 가해학생이 두 배로 늘었다. 특히 지난해 학교폭력 문제를 일으킨 초등학생은 3년 전보다 3배가량 증가한 것으로 나타났다. 민주당 안민석 의원이 전국 시·도 교육청에서 받아 25일 공개한 '최근 3년간 학교폭력 가해학생 조치 현황'을 보면 지난 2010년에서 2012년(매년 3월 1일~이듬해 2월 28일 기준) 학교폭력 가해학생은 92.8% 증가했다. 연도별로 보면 전체 가해학생은 2010년 1만 9,949명에서 2011년 2만 6,925명, 2012년 3만 8,466명으로 계속 늘었다. 학년별로는 특히 초등학교에서 가파른 오름세를 보였다. 초등학교 가해학생은 지난해 2,390명을 기록했다. 2010년 657명의 3.6배로 증가한 것이다. 같은 기간 중학

〈표 79〉 한국의 학교폭력 건수

구분	2009	2010	2011	2012
가해학생수 (여학생수)	14,605 (4,961)	19,949 (6,209)	27,021 (12,700)	17,866 (5,305)
초등학교	325	657	1,199	1,047
중학교	10,627	14,179	20.077	12,137
고등학교	3,653	5,113	5,647	4,660
특수학교 / 기타	-	-	96	22

(출처 : 권오걸, 「학교폭력예방 및 대책에 관한 법률의 적용과 문제점」, 『법학논고』 43, 경북대 법학연구원, 2013, 79～102에서 인용[9])

생은 1만 4,179명에서 2만 6,622명, 고등학생은 5,113명에서 9,453명으로 각각 1.8배로 늘었다. 가장 흔한 학교폭력 유형은 '폭행'이었다. 지난해 발생한 학교폭력 1만 9,058건 중 53.0%가 폭행이었고, 공갈(금품갈취) 9.3%, 협박 6.1%, 강요 · 강제적인 심부름 4.5%, 명예훼손 · 모욕 4.4% 등이 뒤를 이었다. 가해학생 선도방법은 서면 사과가 1만 893건(21.2%)으로 가장 많았고, 특별교육 이수 · 심리치료 9,852건(19.2%), 학교 봉사 8,936건(17.4%), 사회봉사 6,237건(12.2%) 순으로 나타났다. 전학을 보내거나 퇴학 처분을 내린 학생은 각각 2,923명과 171명이었다. 학교폭력 가해학생은 매년 급증하고 있지만, 교내 전문 상담교사를 배치한 학교는 10개교 중 1개교꼴에 불과했다. 지난 3월 기준 전국 1만 1,360개 초 · 중 · 고교에 배치된 전문 교사는 1,581명으로, 배치율이 13.0%에 그쳤다. 강원(7.4%), 전북(7.4%), 전남(7.7%), 제주(8.2%), 세종(5.09%) 등 5개 지역은 전문상담교사 배치율이 한자리에 그쳤다. 안 의원은 "대통령이 학교폭력을 성폭력 · 가정폭력 · 불량식품과 함께 '4대 악'으로 규정했지만 학생 · 학부모의 불안감은 여전히 높다"며 "학교폭력 예방을 위해 전문 상담사를 증원하고 효율적인 활용방안을 모색해야 한다"고 말했다(고은지 (2013). "학교폭력 가해학생 3년간 두배로…초등생 '급증'", '연합뉴스', 2013.8.25, http://news.naver.com/main/read.nhn?mode=LSD&mid=sec&sid1=102&oid=001&aid=0006445375 (2014.4.19 검색)).

교육부는 지난 9월부터 10월 중순까지 전국 초등학교 4학년에서 고교 2학년 454만명과 학부모를 대상으로 실시한 올해 2차 학교폭력 실태조사 결과를 28일 발표했다. 학교폭력 피해를 당한 적이 있다고 응답한 학생은 7만 7,000명으로 피해응답률은 1.9%로 집계됐다. 올해 1차 2.2%에 비해 0.3%포인트 감소했다. 분석결과 금품갈취나 강제심부름 등 쉽게 드러나는 학교폭력은 감소추세에 있지만 사이버 폭력은 증가추세에 있는 것으로 나타났다. 유형별로 보면 사이버폭력 비중은 지난해 2차 조사에서 7.3%였으나 올해 1차 조사에서 9.1%로 증가한 데 이어 이번 2차 조사에서 9.7%로 또다시 높아졌다. 또 사이버공간에서 피해를 당했다는 응답은 지난해 2차 조사 당시 5.7%였으나 올해 1차 조사에서 7.2%, 2차 조사에서 7.9%로 나타났다. 특히 여학생의 사이버 공간 피해 비율이 16.4%로 남학생 2.2%보다 크게 높은 것으로 조사됐다. 학교급별로 보면 중학생의 사이버 공간 피해 비율이 9.9%로 가장 높았고 초등학생 6.6%, 고등학생 6.5% 순이었다. 학교폭력대책자치위원회의 사이버 폭력 심의 비

〈표 80〉 한국의 초·중·고 학교폭력 검거현황

연도	합계	단순폭력	금품갈취	성폭력	기타
2007	21,710	14,368	5,584	298	1,460
2008	25,301	16,295	6,961	413	1,632
2009	24,825	16,039	6,017	381	2,388

(출처 : 교육과학기술부 국정감사 자료(2010))

다(〈표 80〉, 〈표 81〉).[10] 청소년들의 폭력은 단순히 교내에서 다른 학생에

중도 지난해 1학기 530건이었으나 올해 1학기 598건으로 증가했다. 피해학생의 정서적 고통이 큰 사례를 보면 집단 따돌림 83.8%, 사이버 괴롭힘 82.3%, 스토킹 79.7%로 나타났다. 피해유형 응답 건수는 모두 16만 1,000건으로 언어폭력, 집단따돌림, 폭행·감금, 사이버 괴롭힘 순으로 많이 발생했다. 학교폭력 피해 응답자 중 5만 5,000명의 학생이 힘들었다고 응답했다. 여학생이 81.4%로 남학생 65% 보다 많았다. 학교폭력 피해 후 가장 많이 든 생각은 '학교 가기 싫었다'가 가장 많았고 '우울하고 슬펐다', '상대방을 괴롭히고 싶었다' 순으로 집계됐다. 다른 학생을 학교폭력 등으로 괴롭힌 적이 있다고 응답한 학생은 3만 8,000명으로 가해응답률은 1.0%였다. 올해 1차 조사에 비해 0.1%포인트 감소했다. 다른 학생을 괴롭힌 주된 이유는 '장난으로'가 29.7%로 가장 많았고 '피해학생이 맘에 안들어서'가 23.9%로 뒤를 이었다. 학교폭력을 목격했을 때 '모른 척 했다'라고 응답한 학생은 23.9%로 여전히 방관하는 비율이 높은 상황이다. 학부모들은 학교폭력의 주된 원인으로 인터넷 등 대중매체의 영향을 들었다. 또 학교폭력이 발생할 경우 교사와 학교에 먼저 알리겠다고 답했다. 교육부는 유형별 비중이 지속적으로 증가하고 있는 사이버폭력과 높은 비중을 차지하는 언어폭력, 집단따돌림에 대한 맞춤형 대책을 강화할 계획이라고 밝혔다(최승진(2013), 「학교 가기 싫다. 우울하고 슬프다」, 'CBS노컷뉴스', 2013.11.28).

9 청소년폭력예방재단의 보고서에 의하면, 학교폭력 피해율은 2006년 17,3%, 2007년 16.2%, 2008년 10.5%, 2009년 9.4%, 2010년 11.8%, 2011년 18.3%로 평균 피해율은 13.9%로 나타났으며, 가해율은 각각 12.6%, 15.1%, 8.5%, 12.4%, 11.4%, 15.7%로 평균 가해율은 12.6%였다. 결국 학교폭력에 관련된 학생수는 가해자와 피해자를 합쳐 전체 학생 수의 약 25% 내외에 이르는 것으로 볼 수 있다(장준오, 「학교폭력의 가정·학교 요인과 단기대응방안」, 『학교폭력 위기 단기 대응방안』, 경제·인문사회연구회, 2012, 10쪽).

10 학교폭력이 학기 초, 월요일에 가장 많이 발생한다는 분석결과가 나왔다. 이는 모두 학생들이 방학이나 휴일 직후 학교 가는 것에 스트레스를 받고 있는 것으로 해석할 수 있어 주목된다. 4일 한신대 산학협력단(연구책임자 강남훈 교수)이 경기도교육청 의뢰로 작성한 '학교폭력 패턴' 연구보고서에 따르면 경기도에서 2007년 3월~2013년 6월 발생한 학교폭력 1만 64건을 분석한 결과 학교폭력이 가장 많은 달은 3월(15.3%, 1,538건), 4월(14.5%, 1,459건)이었다. 이후 점차 줄어 여름방학인 7월(6.6%, 6,65

〈표 81〉 학생범죄자의 유형별 현황 - 한국 (1997 ~2006)

연도	계		폭력범		절도범		강력범		기타	
	인원	1,000명당	인원	1,000명당	인원	1,000명당	인원	1,000명당	인원	1,000명당
1997	104,248	15.61	39,556	5.92	20,438	3.06	1,835	0.27	42,419	6.35
1998	102,912	15.39	37,077	5.54	23,571	3.53	2,151	0.32	40,113	6.00
1999	101,330	15.31	40,693	6.15	18,820	2.84	1,632	0.25	40,185	6.07
2000	109,058	16.69	44,015	6.73	19,919	3.04	1,535	0.23	43,589	6.67
2001	100,696	15.74	40,367	6.31	14,911	2.33	1,161	0.18	44,191	6.91
2002	96,163	15.04	33,363	5.23	17,269	2.70	1,520	0.24	43,911	6.87
2003	89,544	14.04	29,969	4.70	16,632	2.61	1,744	0.27	41,199	6.46
2004	79,602	12.37	24,354	3.78	16,255	2.52	1,442	0.22	37,551	5.83
2005	71,408	10.60	23,011	3.42	17,185	2.55	1,332	0.20	29,880	4.18
2006	72,731	11.10	19,863	3.00	19,892	3.00	1,659	0.30	31,317	4.62

(출처 : 법무연수원, 『범죄백서』, 2007)

대해서만 일어나는 것은 아니다. 학교 밖 길거리에서도 어른을 상대로 폭력을 행사하는 청소년도 가끔 있다.[11]

건), 8월(5.2%, 520건) 감소했다가 2학기가 시작되는 9월(10.3%, 1,040건) 반짝 증가했다. 요일별로도 월요일이 2,065건으로 가장 많았다. 시간대별로는 점심시간인 정오와 오후 1시가 각각 1,255건(12.5%)과 1,282건(12.7%)으로 최대를 이룬다. 이어 학교를 마친 오후 3시와 4시에 각각 1,008건(10.0%), 1,119건(11.1%)으로 다시 증가했다. 연구팀은 "학기 초, 월요일과 금요일, 점심시간 직전과 종례시간에 학교폭력 예방교육을 하는 것이 효과적"이라고 예측했다. 중2가 제일 무섭다는 말도 입증됐다. 초·중·고별 학생 1만 명당 학교폭력 수는 초 5.0건, 중 155.5건, 고 55.7건이었다. 중2가 동급생에게 가해한 경우가 1,694건으로 가장 많고 중1이 동급생에게 가해한 경우가 1,425건으로 그 다음이었다. 육체적으로 부쩍 성장했으나 정서적으로는 불안정한 사춘기인 중2 때 폭력성이 심해지는 것으로 보인다. 전체 가해자의 12.4%는 이전에 가해 경험이 있어 특별한 관심이 요구되고 있다. 유형별로 보면 폭행 6,574건(68.3%)이 압도적이었고 금품 2,043건(21.2%), 모욕 554건(5.8%), 성추행 310건(3.2%) 순이었다. 이번 분석은 교육행정정보시스템(나이스·NEIS) 자료를 토대로 이뤄졌다(김도영 (2014). "학교폭력, 학기 초·월요일 가장 많다…시간대별로는 정오·오후 1시", '국민일보', 2014.2.5, http://news.kukinews.com/article/view.asp?page=1&gCode=kmi&arcid=0008002003&cp=nv (2014.4.19 검색)).

11 대한민국이 참지 못하고 있다. 툭하면 이어지는 '묻지마 범죄'가 곳곳에서 벌어지고, 참을성이 상실되면서 스스로를 통제하기 힘든 '분노사회'로 변하고 있다. 길거리에

서 담배를 피우는 청소년을 훈계하는 노인들이 폭력에 휘둘리고 다른 사람의 행복한 삶이 보기 싫다며 흉기를 휘두르는 '분노 보편화 사회'가 되고 있다. '머니투데이'는 '인내실종사회'로 가고 있는 현 실태를 되짚어보는 기획을 마련했다. 개인의 분노가 사회 집단에 미치는 영향 등을 살펴보고 대안과 해결책을 모색할 예정이다. 지난달 12일 오후 5시쯤 경기도 평택시 평택동 이면도로. A씨(42)는 자신의 승용차로 길을 가던 B씨(68, 여) 일행을 덮쳤다. A씨는 이들을 치고도 십여 미터를 더 나간 뒤에야 차를 세웠다. 이 사고로 B씨가 숨지고 4명이 다쳤다. A씨는 지난 6월 19일에도 횡단보도를 건너는 C양(14) 등 4명을 차로 들이받았다. C양은 전치 14주 중상을 입었다. 지난 7월 6일에는 평택동에서 지나는 D씨(42)를 차로 치어 전치 5주의 상해를 입혔다. A씨는 채 한 달이 안 되는 시간동안 4건의 '묻지마 범죄'에서 1명을 숨지게 하고 11명을 다치게 했다. 피해자들은 A씨와는 일면식도 없는 사람들이었다. 검찰조사에서 A씨는 "건강하고 활기찬 사람들이 무리지어 가는 것을 보면 차로 들이받아 버리고 싶은 충동을 느낀다"고 말했다. 2013년 대한민국은 인내가 실종된 충동사회다. '욱하는' 개인적 충동장애가 사회의 탓으로 돌려지면서 내면에서 원인을 찾기보다 밖으로 이유를 돌리고 있다. '내 탓이오'보다는 '네 탓때문'이라는 피해의식이 전반적으로 확산된 경향이 두드러지고 있다. 내면적 갈등은 해결되지 못하고, 분노는 폭발해 범행으로 이어지고 있다. 양심이라는 우발적 동기가 걸러지지 않고 살인과 방화로 이어지고 있다. 지난 5월 대검찰청이 발표한 '2012 범죄분석'에 따르면 2011년 발생한 범행동기 분석 결과 '우발적'인 이유가 압도적인 수준을 차지하는 것으로 확인됐다. 별다른 이유없이 우발적으로 "△폭행 66.4% △상해 67.5% △살인 45.6% △방화 43.1%" 등 폭력·강력범죄가 저질러진 셈이다. 참지 못한 분노는 일상에서 다반사로 일어난다. 얼마 전 편의점 앞에서 고등학생 일행에게 "침을 뱉지 말라"고 훈계하던 A씨는 이들에게 맞아 쓰러지며 아스팔트에 머리를 부딪쳤다. 병원에서 치료를 받던 A씨는 6일 만에 숨을 거뒀다. 훈계에서 시작된 시비는 사망이란 끔찍한 결과를 낳았다. 인터넷상에서 번진 싸움이 현실에서 실현되는 '현피'도 잘못된 분노의 표현이라는 지적이다. 지난 7월 부산에서는 인터넷 갈등이 '현피'도 모자라 살인으로 연결된 일도 있었다. '디씨인사이드 정치사회갤러리(정사갤) 살인 사건'으로 유명해진 사건은 서로 현실에서는 알지 못한 남녀가 게시판을 통해 성적 비하와 고소협박 등을 겪으며 일어났다('현피'는 '현실'의 '현'자와 인터넷 게임에서 '플레이어를 죽인다(Player Killing)'는 용어 가운데 영문자 'P'의 발음 '피'를 합쳐 만든 속어임). 전문가들은 범죄부터 일반 생활까지 퍼진 참지 못한 분노의 표출에 대해 '갈등' 해결법을 학습하지 못한 사회에서 이유를 찾고 있다. 전우영 충남대 심리학과 교수는 "한국 사회는 인간 관계의 갈등이나 문제에 맞닥뜨릴 때 그것을 해결하는 방법에 대한 훈련과 학습이 부족한 사회"라고 분석했다. 전 교수는 폭력적 의사소통 배경에 대해서는 '참음'보다는 '주장'이 미덕으로 여겨지는 사회 분위기 탓도 있다고 지적했다. "과거에는 억울한 일이 있어도 참는 사람이 좋게 평가됐지만 최근에는 조그만 일에도 손해 보거나 이득을 취하는 경우 자기 주장을 하는 것이 미덕으로 여겨진다"며 "또 그렇게 아이들을 가르치고 있다"고 답했다. 그는 "갈등 해결을 위해서는 상대방의 입장에서 바라볼 수 있는 관점이 필요하지만 훈련되지 않은 사람들이 많아 '폭력'이라는 의사소통법이 일상화됐

〈표 82〉 중국의 성별, 학년별 학교폭력 발생 현황

구분		조사인원	가해자 수	발생율(%)
성별	남	696	151	21.7
	여	718	85	11.8
학년	1	101	13	12.9
	2	125	20	16.0
	3	142	10	7.0
	4	176	44	25.0
	5	198	29	14.6
	6	208	30	14.4
	7	187	31	16.6
	8	144	24	16.7
	9	133	35	26.3
합계		1,414	236	16.7

(출처 : 薛玲·庞淑兰·王僑秀·崔立华·盟麗娜, 「唐山市中小學校园暴力發生及影響要素分析」, 『中國公共衛生』 26(6), 2010)

〈표 83〉 중국의 중학 1년생 교내 폭력 상황

유형	피해자	가해자
신체폭력	146(13.7)	127(11.9)
심리폭력	194(18.2)	100(9.4)
위협	93(8.7)	50(4.7)
중상·비방	144(13.5)	58(5.5)
금전·물품 갈취	61(5.7)	41(3.9)
성폭력	50(4.7)	29(2.7)
성희롱	43(4.0)	27(2.5)
외설·성희롱·강간 등의 성범죄	34(3.2)	22(2.1)
물건 파손	156(14.8)	44(4.1)

(출처 : 陳海珍·池桂波·李文立, 「广州市中學生校园暴力發生現象及危險要素分析」, 『現代豫防醫學』 25(12), 2008, 2274~2277)

다"며 "더 심각한 것은 다른 관점을 학습할 기회조차 없는 '여유'없는 사회 분위기"라고 분석했다(박상빈 (2013), 「"훈계 좀 했더니 주먹질이"… '욱하는' 대한민국」, '머니투데이', 2013.9.5, http://news.mt.co.kr/mtview.php?no=2013082917524139864&type=1).

중국은 자료가 없어 과거 사례는 알 수 없지만, 최근의 조사를 보면 학교 폭력이 심각한 듯하다. 중국 하북성(河北省) 당산시(唐山市) 소학교 학생을 대상으로 실시한 조사결과에 따르면 가해자 수 기준 학교폭력 발생률이 16.7%로 매우 높다. 특히 4학년과 9학년의 경우 25%가 넘는다(〈표 82〉). 폭력의 유형은 신체폭력과 심리적 폭력이 주를 이루고 있다(〈표 83〉).[12]

중국 학생 폭력

중국에서 여중생이 쇠파이프를 들고 폭행을 가하는 동영상이 인터넷에 공개돼 논란을 낳고 있다. 2일 중국 인터넷에는 '중학교 여학생들이 쇠파이프를 휘두르며 싸우는 현장'이라는 제목의 29초 길이 영상이 공개돼 중국인들에게 충격을 주고 있다. 영상을 최초로 공개한 네티즌에 따르면 이 사건은 광둥[廣東]성 레이저우[雷州] 모 중학교 밖에서 벌어진 일이다. 공개된 영상에는 반팔 교복을 입은 여학생들이 사복을 입은 몇몇 여학생들을 상대로 손에 든 쇠파이프를 마구잡이로 휘두른다. 사복을 입은 학생들이 이를 피해 도망가면 끝까지 쫓아가 쇠파이프와 손으로 폭행을 가한다. 쇠막대를 휘두르고 던지는 등 위협을 가하는 모습이 조직폭력배를 방불케 한다. 한편 이들의 싸움을 구경하는 듯한 남학생들이 보이지만 누구도 이를 말리지 않는다. 쇠파이프를 동원한 살벌한 패싸움은 결국 한 성인 남성이 등장해 말리면서 중단됐다. 영상은 각종 동영상 사이트와 온라인 커뮤니티 게시판, SNS 등으로 빠르게 확산됐다. 또 다른 학교 폭력

---

12 한국 · 중국 · 일본의 학교폭력 현황과 대책 비교는 203쪽에서 205쪽까지의 자료를 참조할 것.

의 현장을 본 네티즌들은 "부모도, 학교도 모두 잘못이다" "무서워 아이들 학교 보내겠나" "정말 살벌하네" 등 댓글로 오늘날의 교육 현실에 안타까움을 드러냈다. 한편 최근 중국 인터넷에는 청소년 폭행 동영상이 여러 차례 등장해 학교 폭력에 대한 우려를 낳았다. 지난 2월에는 여중생 10여 명이 동급생 2명을 폭행한 후 기념사진을 찍어 논란이 일었으며, 3월에는 여중생들이 가위바위보를 해 뺨을 때리는 놀이가 담긴 동영상이 인터넷에 공개돼 충격을 줬다.

출처 : 박설이, 「중국 여중생 쇠파이프 난투극…도 넘은 학교 폭력」, '스포츠서울', 2012.6.5, http://news.sportsseoul.com/read/life/1045714.htm (2014.4.20 검색)

필자는 학교폭력이 최근에 이르러 더욱 심각해지고 지속적인 괴롭힘에 의한 자살 등으로 큰 사회적 문제가 되고 있다는 언론보도를 접하고 그 해결책을 고민하여 혹시나 하는 마음에 중국의 학교폭력 실태를 살펴보던 중 깜짝 놀라게 되었다. 중국은 우리나라와 비교할 때 학교폭력이 심한 편이 아님에도 불구하고 그 대책 마련을 위한 다양한 법적 제도를 구비하고 있는 것을 발견하였기 때문이다.

출처 : 노정환, 「중국의 학교폭력대책과 관련 법제도」, '법률신문', 2012.1.26, http://www.lawtimes.co.kr/LawSeries/SeriesNews/ScmnNewsContents.aspx?kind=ba09&page=3&serial=61888 (2014.4.20 검색)

중국과 일본의 학생폭력 해결방법

이웃나라인 중국 일본에선 학교폭력이 얼마나 문제가 되고 있을까. 한국처럼 중국 일본도 학교폭력이 사회문제로 인식되고 있었지만 두 나라의 해결 방법은 보다 체계적이었다. 27일 대안학교 두레재단 주최로 서울 중구 프레스센터에서 열린 청소년 사회문제와 학교폭력 관련 국제 심포지엄에선 한중일 교육 관계자들이 각 국의 학교폭력 해결책을 발표했다. 일본은 2006년 이후 학교폭력이 지속적으로 증가해 2009년 한 해 6만 1,000건이 발생했다. 중・고교생들 사이에서 친구를 심부름꾼처럼 부리며 따돌리는 '빵셔틀'이 사회 문제로 인식되고 있었다. 그러나 학교폭력과 왕따 문화의 원조 격인 일본은 문제가 심각한 만큼 대책도 치밀했다. 가나하라 순스케 나가사키 웨슬리언대 현대사회학부장은 "일본에서는 학교폭력 실태 조사를 1년에 3번 한다"며 "교실에서 직접 설문조사를 하고 바로 회수하는 방법으로 회수율이 100%"라고 전했다. 최근 교육과학기술부의 학교폭력 설문조사 응답률이 25% 정도에 불과했던 한국과는 차이가 있었다. 또 일본에서는 학교폭력 설문조사 결과를 공개하지 않아 불필요한 논란도 차단하고 있다. 순스케 교수는 "조사 결과는 교사들의 학생 생활지도용으로만 사용하며 학생의 사생활을 보호하기 위해 절대 일반에 공개하지 않는다"고 강조했다. 데츠야 와타나베 일본 나가레야마남부중학교 교장은 "학교폭력의 책임도, 해결책도 교사에 있다"며 "교사는 학생들의 기분, 학습 태도, 말투 등 모든 것을 놓치지 말고 기록하는 노력을 해야 하고 이것만으로도 학교폭력은 미연에 방지될 수 있다"고 설명했다.

중국의 학교폭력 대응책도 체계적이었다. 양징 중국 상하이 공강초급중학교 교장은 "한 직업 중학교 학생을 대상으로 조사한 결과 19.5%의 학생들이 동급생을 괴롭혔다는 결과가 나올 정도"라며 "중국에서는 학생의 심리정신 상태에 주목해 학교폭력 예방활동을 벌이고 있다"고 소개했다. 그는 특히 "학교폭력 긴급팀을 운영하고 있는데 법률고문팀, 의료구조팀, 가정연락팀, 심리치료팀 등 8개 팀으로 구성돼 역할을 분담했고 처벌보다는 심리적인 상담에 초점을 맞추고 있다"고 덧붙였다.

범정부 학교폭력 대책위원으로 활동했던 이은수 울산 온산중 교장은 "최근 개정된 초중등교육법 덕분에 학교 차원에서 자체적인 학교폭력 근절 대책을 만들 수 있게 됐다"면서도 "학교폭력을 쉬쉬하려는 학교장과 교사들은 반드시 퇴출돼야 한다"고 강조했다. 한때 학교폭력으로 홍역을 앓아왔던 온산중은 종례시간에 매일 그날의 학교폭력 내용을 교내에 방송하는 등 적극적인 공개와 해결노력으로 학교폭력을 잡아 모범사례가 된 중학교다. 그는 대구 중학생 자살 사건을 언급하면서 "학교의 명예가 훼손될까 교내에 만연해 있는 학교폭력 문제를 눈 감았던 결과"라며 "교사들은 학생들의 다툼을 사소하게 생각하는 온정주의를 버리고 폭력 문제를 사회 문제로 인식해야 한다"고 목소리를 높였다.

출처 : 김현빈, 「中 "학교폭력 처벌보다 교화", 日 "책임도 해결책도 교사에"」, '한국일보', 2012.4.27, http://blog.daum.net/kdh5029/8289893 (2014.4.20 검색)

세 번째, 직장갈등을 대표하는 노사분규에 대해서 살펴보기로 한다. 한국, 중국, 일본은 시기에서 차이가 있지만 경제가 급속히 발전하고 국민소득이 크게 높아지는 시점에 노사분규도 급증하였다. 일본

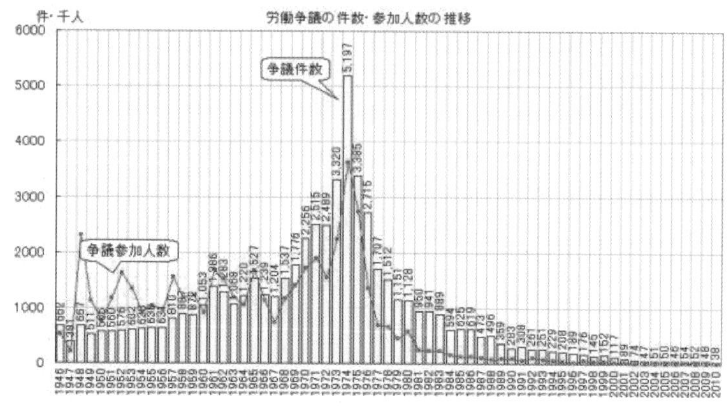

〈그림 10〉 일본의 노사분규 건수와 참가자 수(1946~2010)

은 1961년부터 1970년까지 추진한 '소득배가운동(所得倍加運動)'에 힘입어 연간 10% 내외의 고도성장을 기록하여, 국민소득도 1960년 약 4,000불에서 1970년에는 1만 불, 1980년에는 1만 3,000불로 크게 높아졌다(〈표 13〉). 국민소득이 향상되면서 노사분규도 빈도수도 잦아지고 참여인원도 많아졌는데, 1960년 각각 2,222건, 약 700만 명이던 것이 1970년에는 5,551건 900만 명, 1973년 10,462건 1,450만 명으로 늘어났다. 이후 1979년까지는 줄어들어 4,026건 4,500만 명으로 떨어졌다가, 1981년 다시 7,660건 1,000만 명으로 높아졌다. 이후 일본의 노사갈등은 지속적으로 줄어들어 최근의 일본 노사관계는 다른 어느 나라보다 안정적인 수준을 유지하고 있다(〈표 84〉). 이를 통해서 일본의 노사갈등은 고도성장기인 1960년대와 1970년대 특히 후자의 기간 동안 가장 심했다는 것을 알 수 있다(〈그림 10〉).

한국은 해방이후 1980년대 중반까지는 노사분규의 무풍지대라 할 만큼 노사갈등이 거의 없었다. 1960년대 초반에 시작된 경제개발5개

〈표 84〉 일본의 노사분규 건수 및 참가자 수

연도	쟁의		연도	쟁의	
	건수	참가자 수		건수	참가자 수
1946	920	2,722,582	1980	4,376	5,455,560
1947	1,035	4,415,390	1981	7,660	10,413,718
1948	1,517	6,714,843	1982	7,477	5,356,949
1949	1,414	3,307,407	1983	5,562	4,063,680
1950	1,487	2,348,397	1984	4,480	3,652,004
1951	1,186	2,818,688	1985	4,826	3,249,173
1952	1,233	3,683,435	1986	2,002	1,497,814
1953	1,277	3,398,667	1987	1,839	1,085,127
1954	1,247	2,635,426	1988	1,879	1,239,687
1955	1,345	3,748,019	1989	1,868	1,401,708
1956	1,330	3,371,918	1990	2,071	2,026,232
1957	1,680	8,464,384	1991	1,292	1,289,191
1958	1,864	6,362,407	1992	1,138	1,655,693
1959	1,709	4,682,002	1993	1,084	1,330,334
1960	2,222	6,952,911	1994	1,136	1,321,087
1961	2,483	9,043,628	1995	1,200	1,206,733
1962	2,287	7,129,007	1996	1,240	1,183,327
1963	2,016	9,034,682	1997	1,334	1,296,200
1964	2,422	7,974,224	1998	1,164	1,185,728
1965	3,051	8,975,083	1999	1,102	1,134,060
1966	3,687	10,946,667	2000	958	1,117,493
1967	3,024	10,913,842	2001	884	1,071,916
1968	3,882	11,757,687	2002	1,002	1,004,833
1969	5,283	14,483,409	2003	872	1,152,562
1970	4,551	9,137,473	2004	737	710,242
1971	6,861	10,828,634	2005	708	646,291
1972	5,808	9,630,133	2006	662	627,413
1973	9,459	14,549,455	2007	636	612,974
1974	10,462	14,319,303	2008	657	176,853
1975	8,435	10,261,209	2009	780	115,371
1976	7,974	7,177,558	2010	682	110,664
1977	6,060	6,160,283	2011	612	58,495
1978	5,416	5,350,888	2012	596	125,992
1979	4,026	4,540,003			

(출처 : 日本 厚生労働省, 労働争議統計調査 時系列表(2013.10.13 공포))

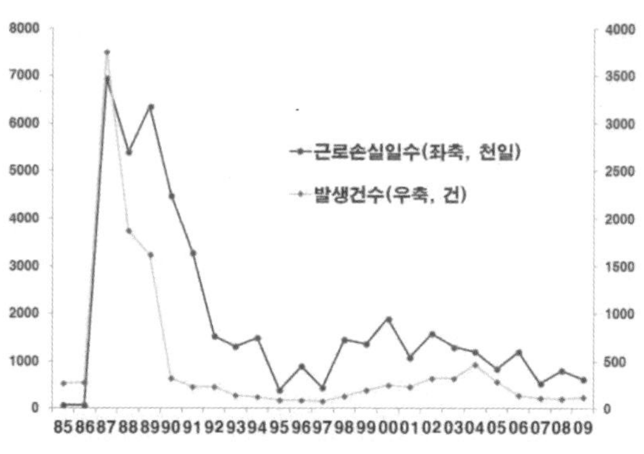

〈그림 11〉 한국의 노사분규 추이

년계획 시행으로 1960년대 말부터 급속한 경제성장이 이루어지고 국민소득도 높아졌지만,[13] 1980년대 중반까지 권위주의정권의 노동억압정책과 두세 차례의 경제위기로 노사분규는 억제되고 있었다. 그러나 1987년 민주화로 노동운동이 활성화되고 1980년대 중반부터 경제가 다시 급속한 성장을 하면서 노사분규도 급격히 증가했다. 1986년까지 노사분규는 300건을 넘은 적이 없고 참가자 수도 10만 명 이하였으나, 1987년 민주화로 이행하면서부터 노사분규는 봇물 터지듯 건수와 참가인원 모두 폭발적으로 증가하여 1987년 2,749건의 분규가 발생하여 100만 명이 넘는 노동자들이 참가했다. 이러한 노사분규의 폭발적인 추세는 2년 더 지속되었다. 그리고 이후에는 줄어 2000년대 이후 대체로 안정적인 노사관계가 유지되고 있다(〈표 85〉). 즉 한국도 일본과 마찬가지로 고도성장기인 1980년대 후반부터 1990년대 중반까지 노사갈등이 가장 격심했다고 할 수 있다(〈그림 11〉).

중국의 노사분규를 노사분쟁조정기구인 지방노동중재원에 접수된

13 1인당 국민소득이 1950년 854불에서 1960년 1,226불, 1980년 4,114불로 거의 5배가 증가했고, 이후에도 계속 올라가 1990년 6,704불, 2000년 14,375불이 되었다(〈표 12〉).

〈표 85〉 한국의 노사분규 발생 건수 및 참가자 수

연도	발생 건수	참가자 수 (1,000명)	연도	발생 건수	참가자 수 (1,000명)
1945	1	308	1990	322	134,000
1946	170	57,434	1991	234	175,000
1947	134	35,161	1992	235	105,000
1949	-	-	1993	144	109,000
1952	-	-	1994	121	104,000
1953	9	2,271	1995	88	50,000
1954	26	26,896	1996	85	79,000
1956	-	-	1997	78	44,000
1957	45	9.394	1998	129	146,000
1958	41	10,031	1999	198	92,000
1959	95	49,813	2000	250	178,000
1960	227	64,335	2001	235	89,000
1961	81	16,208	2002	322	94,000
1963	-	-	2003	320	137,000
1965	-	-	2004	462	185,000
1970	4	1,000	2005	287	118,000
1975	52	10,000	2006	138	131,000
1980	206	49,000	2007	115	93,000
1985	265	29,000	2008	108	114,000
1986	276	47,000	2009	121	81,000
1987	3,749	1,262,000	2010	86	40,000
1988	1,873	293,000	2011	65	33,000
1989	1,616	409,000	2012	105	-

(출처 : 한국노동연구원, 「KLI노동통계」, 2013)

노사분쟁건수를 기준으로 할 때, 경제가 급속히 성장하고 국민소득이 급격히 높아지는 1990년대에 폭발적으로 증가했음을 알 수 있다. 중국의 1인당 국민소득은 개방 · 개혁 직후인 1980년에 1,061불에 지나지 않았으나 시장경제 도입 등 개혁 · 개혁의 기초가 마련되는 1990년에

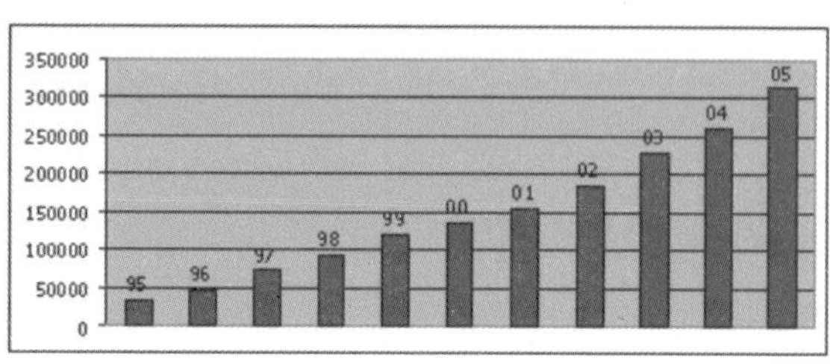

〈그림 12〉 중국의 노사분규 건수 (1995~2005)
(출처 : 이장원 외, 「중국 노사관계 변화와 중국진출 한국기업의 실태연구」, 『한국노동연구원 연구보고서』, 2008, 14쪽)

〈표 86〉 중국의 노사분규 추이 (2005~2009)

연도	2005	2006	2007	2008	2009
발생건수	310,000	320,000	350,000	690,000	680,000
전년 대비 증감	20.5	1.1	10.4	98.0	-1.3

(출처 : 중국 국가통계국, 중국노동통계연감, 2009: 「2009년 인력자원화사회보험발전통계공보발표」, 『中國新聞綱』, 2010.5.21, http://www.chinanews.com/cj/news/2010/05-21/2298095.shtml (권혁재, 「중국 노동환경 변화와 기업의 대응전략」, 『Issue Paper』, 삼성경제연구소, 2011.1.13에서 인용))

는 1,871불, 이후 시장경제가 본격적으로 작동하여 10%내외의 경제성장률을 기록하면서 2000년에는 3,421불, 2011년에는 8,387불로 크게 올라갔다(〈표 12〉). 노사분규 추이를 보면 고도성장기인 1995~2000년 사이 매년 적게는 30%에서 많게는 50%의 증가율을 기록하였다(〈표 86〉). 2000년대 초반 이후 증가율은 다소 감소했으나 여전히 연평균 17.43%의 높은 증가율을 보이고 있다(〈그림 12〉).[14]

14 중국의 노사분규 통계에서 '노사분쟁'은 파업 건수가 아니라 지방노동중재원에 중재를 위해 접수된 분쟁의 건수를 의미한다. 또한 파업권이 인정되지 않아 파업에 관한 공식 통계 '발표'는 없다(이장원 외, 2008: 13).

중국의 노사분규

1978년 개혁개방으로 중국식 '사회주의 시장경제' 가 성공함으로 세계 500대 기업 중에 480개가 중국에 공장을 갖고 있으며 중국 경제의 고도성장을 이끌어왔다. 고도성장과 경제발전의 이면에는 빈부격차, 불균형적인 성장, 불공평한 사회구조로 인하여 노동자들의 상대적 박탈감은 노동자들을 분노하게 하고 극단적인 자살, 또는 파업으로 폭발하고 있다. 저임금과 잦은 야근, 열악한 노동환경에 대한 노동자들의 불만은 정부의 보호막이 약한 외국기업을 중심으로 급속히 확산되고 있다. 애플의 아이폰을 생산하는 광동성 심천의 폭스콘(중국명 : 富士康) 에서 1월 23일 투신자살을 시작으로 이 공장의 근로자들이 15차례나 자살을 시도하여 그 중 12명이 숨졌으며 5월 27일엔 15명의 직원들이 한꺼번에 집단 투신자살을 시도하여 2명이 목숨을 잃었다. 폭스콘은 대만의 홍하이[鴻海]그룹의 계열사로, 이사건 이후로 '자살 공장', '피땀 공장' 이라고 별명이 불리는데, 노동자 들의 월급여는 최저임금 수준인 900위안 (한국 돈으로 16만 2,000원 정도)이었다. 또한 과중한 근무와 30분 가량의 점심시간, 한 달에 2일의 휴일이 주어지는 열악한 노동환경에 처해 있었다. 이에 다급해진 홍하이 그룹에서는 30% 급여를 인상하여 최서 급여 1,200위안을 보장하자 노동자들은 이에 자극을 받아 주지앙[珠江]삼각주, 창지앙[長江] 삼각주 연안의 공업지역에서 전국적으로 노동운동이 확산될 것으로 보여진다.

5월 17일부터 광동성 포산[佛山]의 일본 자동차 혼다의 부품공장에서 "월급이 너무 낮다. 끝까지 투쟁하자"는 어느 한 근로자의 외침을 신호로 수백 명의 노동자가 파업에 돌입하였다. 5월 28일은 북경 순의(順義)의 베이징현대자동차의 협력업체인 북경성우 하이텍에서 1,000여 명이 파업하였다. 자동차 범퍼와 도어를 납품하는 이 공장의 파업으로 현대자동차의 생산이 3일간 멈춰야 했고, 이보다 조금 앞서서 샤프전자의 상하이 공장, 니콘카메라의 우시공장에서 파업이 있었다. 뿐만 아니라 지난 8일에는 장쑤성[江蘇省] 쿤샨[昆山]에서 대만계 노동자 2,000여 명이 임금인상을 요구하며 거리행진에 벌이다 경찰과 충돌하여 50여명이 중경상을 입기도 하였다. 이밖에도 선전시의 메이뤼[美律]전자제품공장, 광동성 후이조우[惠州]의 한국계 기업 야칭[亞成] 등의 전자제품공장, 등 끊이지 않고 대규모 노사분규가 발생하고 있다. 어찌보면 우리나라의 70~80년대에 있었던 노동자들의 분신자살, 파업을 연상케 한다.

파업이 발생하면 중국정부에서 '임금인상'을 서둘러 수용하고 발표하여 지난 몇일 간의 임금인상폭이 지난 10여 년간의 상승을 능가하기도 하는데 이는 중국의 국내기업에까지 파급효과가 클 것으로 여겨진다. 여러가지로 원인을 분석할 수 있는데, 소득의 불균형으로 인한 빈부의 격차가 사회 갈등을 야기시켰으며, 특히 '빠링허우[80後]'인 중국의 신세대농민공(新生代農民工)들은 그들 부모들과는 다르며 교육을 받은 세대이다. 그들은 자신들이 처한 환경에서 느끼는 상대적 빈곤감과 박탈감을 호소하고 있는 것이다. 이러한 사회적 변화를 관찰하여보면, 중국은 저임금 노동에 의지하여 온 경제발전 모델은 변경이 불가피할 것이며, 머지않아 노동자 투쟁이 폭발할 것'이라고 인민대학 창카이 노동관계 연구소장이 전망하고 있다.

3주째 이어지고 있는 혼다의 파업, 외자기업에서 시작된 노동자 파업은 중국기업에 이르기까지 번지고 있는 상황은 공공질서와 사회안정을 위협할 수도 있다. 노사분규와 파업이 이어지는 현실에 대해 이창휘 국제노동기구(ILO) 베이징사무소 선임자문위원은 "중국 정부는 소득격차 해소가 중국경제의 지속성장 및 사회안정을 위한 중요한 조건이라고 생각하고 정책 우선순위를 부여해야 할 것이다. 중국정부에선 이런 과정을 통하여 단체협상을 제도화 하여야 할 것이다"라고 전망하고 있다. 중국의 노동운동이 한국의 70~80년대 노동운동과는 다르게 진행될 것으로 전문가들은 예측하고 있는데, 중국은 공산당의 일당 독재체제가 유지되고 있으며, 중국노동계는 종교계나 지식인들, 정치세력과의 연대가능성은 없으며 중국정부의 묵인 하에 노동운동이 진행되고 있고, 노동운동을 통한 '민주화 운동'으로 발전하기에는 아직은 요원하다고 전망된다.

그러나 중국사회가 변화하고 있으며 신세대농민공의 등장, 빈부격차, 임금격차로 인한 계층간의 사회갈등의 심화, 사회적 불평등과 불공정을 참을 수 없으며, 더욱이 인터넷의 발달로 정보의 공유 및 신속성은 고학력 신세대 농민공에겐 커다란 무기가 될 수도 있으며 사회에 공개적으로 고발할 수 있는 통로가 될 수 있다. 2008년부터 시행되는 '노동계약법'이 시행됨으로 기업에 대하여 고소, 고발을 할 수 있으며, 인터넷을 통한 고발의 위력은 진화하는 노동운동으로 중국에서 어떻게 진행될 지 지켜보게 될 것이다. 중국 사회는 경제성장으로 인한 사회갈등이 이미 시작되고 있으며 중국 정부에서는 어떻게 사회적 갈등을 해결하여 21세기 강대국으로 성장할 것인지 지켜보는 것도 흥미진진할 것 같다.

출처 : 한강우, 「중국의 사회갈등 어떻게 해결하여 갈 것인가? -근로자의 연쇄 자살, 장기 파업을 어떻게 해결할 것인가?」, '문화일보 global focus', 2010.6, http://cafe.daum.net/hufszhongguo/IqDp/27?q=%C1%DF%B1%B9%20%BB%E7%C8%B8%B0%A5%B5%EE (2014.4.21 검색)

〈표 87〉 중국의 집단시위

연도	집단시위 건수
1993	8,700
1994	10,000
1995	11,000
1996	12,000
1997	15,000
1998	25,000
1999	32,000
2000	40,000
2001	-
2002	50,400
2003	58,000
2004	74,000
2005	87,000

(출처 : Jae Ho Chung, Hongyi Lai and Ming Xia, "Mounting challenges to governance in China : Surveying collective protesters, religious sects and criminal organizations", *The China Journal* 56, July.2006)

중국에서 사회적 갈등이 심각해 지고 있다는 것을 보여주는 또 하나의 지표는 소위 집단행동사건(群體性事件)의 폭증이다. 1993년에 전국적으로 1만여 건에 달하던 집단행동사건은 2003년에는 6만여 건으로 늘어났고, 집단행동에 참가한 인원의 수도 같은 기간 73만 명에서 307만 명으로 대폭 늘어났다. 이러한 집단행동사건은 노동 관련 사건뿐만 아니라 농촌의 토지 문제, 도시개발에 따른 이주와 보상의 문제로 일어나는 다양한 집단행동을 포괄하는데, 이 중 2003년 노동과 관련된 집단행동에 참여한 수는 144만 명으로 총수의 46.9%에 달해, 노동 문제가 각종 집단행동의 첫 번째 원인임을 보여준다(〈표 87〉, 이장원 외, 2008: 15).

마지막으로, 법정분쟁 건수를 통해 일반시민 간 그리고 일반시민과 국가 간의 갈등을 살펴보기로 한다. 일본의 경우 1950년까지 10만 건 이하이던 민사・행정소송 건수가 1960년 16만 6,000여 건으로 늘어났고,

〈표 88〉 일본의 민사·행정소송 건수

연도	민사행정소송 건수	연도	민사행정소송 건수
1949	50,255	1997	456,033
1950	74,215	1998	521,744
1955	158,575	1999	521,240
1960	166,518	2000	524,884
1965	176,523	2001	533,499
1970	190,916	2002	544,008
1975	165,687	2003	570,669
1980	221,393	2004	566,408
1985	380,539	2005	566,298
1990	229,718	2006	621,883
1991	251,494	2007	733,151
1992	329,173	2008	827,514
1993	404,319	2009	974,175
1994	424,911	2010	910,466
1995	423,454	2011	820,119
1996	443,620	2012	659,080

* 주: 1997년 이전의 소송사건은 제1심(통상소송, 인사소송, 手形·小切手訴訟, 行政第一審訴訟), 공소(控訴), 상고(上告, 特別上告 含む), 재심(再審 訴訟), 상고수리(上告受理, 飛躍上告受理 내지 特別上告受理 포함) 사건을 포함함. 1998년 이후의 소송사건은 제1심通常訴訟, 人事訴訟, 手形·小切手訴訟, 行政第一審訴訟(少額訴訟, 少額訴訟判決에 대한 이의신청 포함), 공소(控訴), 상고(上告, 上告受理, 特別上告 포함), 再審 (訴訟), 控訴提起, 上告提起 (飛躍上告提起, 少額異議判決에 대한 特別上告提起와 特別上告提起 포함), 上告受理申₩立て (飛躍上告受理申₩立て 포함) 사건을 포함함.
(출처 : 日本 裁判所, 「司法統計」, http://www.courts.go.jp/search/jtsp0010List1 (2014.3.3 검색))

1970년에는 19만여 건, 1980년에는 22만 1,000여 건으로 급증하였다. 이후에도 계속 늘어나 2000년에는 20만 건을 넘어섰고, 2009년에는 100만 건에 육박하여 최고치를 기록했다. 이후 감소세로 돌아서 가장 최근인 2012년에는 65만 9,000여 건이었다(〈표 88〉). 한국의 경우, 민사소송 건수만 해도 1970년대 초반까지는 10만 건 이하였으나, 1975년 처음으로 10만 건을 넘어선 이후 계속 늘어나 2000년대 초반에는 100만 건을 초과했다. 이후에도 계속 증가하여 2008년에는 최고치인 125만 9,000여 건을 기록하였다. 2008년 이후 조금씩 줄어들긴 했으나 여전히 100만 건 가

〈표 89〉 한국의 민사소송 건수

연도	1970	1971	1972	1973	1974	1975
민사 본안 건수	68,847	71,400	77,231	91,070	98,441	102,138
연도	1976	1977	1978	1979	1980	1981
민사 본안 건수	114,148	109,597	85,321	90,611	134,204	197,754
연도	1982	1983	1984	1985	1986	1987
민사 본안 건수	213,254	221,635	274,921	316,177	339,644	355,039
연도	1988	1989	1990	1991	1992	1993
민사 본안 건수	310,043	290,847	302,156	335,069	392,727	422,658
연도	1994	1995	1996	1997	1998	1999
민사 본안 건수	461,860	534,065	593,928	678,978	952,591	882,640
연도	2002	2003	2004	2005	2006	2007
민사 본안 건수	1,015,894	1,151,072	1,190,231	1,121,889	1,288,987	1,213,806
연도	2008	2009	2010	2011	2012	2013
민사 본안 건수	1,259,031	1,074,236	981,188	985,533	1,044,928	-

* 민사소송은 민사상의 분쟁을 해결하기 위한 사인 간의 소송을 말한다. 검사가 원고인 형사소송과 대립한다. 당사자 일방을 행정청이나 행정주체로 하고 공법이 적용되는 행정소송이나 헌법재판소 등에 의한 헌법소송, 사인이 아닌 국가 간의 국제소송과도 구별된다.
(출처 : 1970~1999 – 金度炫, 「韓國の民事訴訟の增加推移と原因分析」, 2001; 2002~2012 – 대법원, 사법연감, 각 년도)

까운 수치이며, 2012년에는 104만 4,000여 건이었다(〈표 89〉).

한국과 일본에서 민사문제나 행정처분을 둘러싸고 법정소송이 늘어난 것은 무엇보다도 개인의 권리의식이 높아진 데서 그 원인을 찾을 수 있을 것이다. 그런데 법정소송을 제기하는 성향에 있어서 한국과 일본의 차이가 뚜렷하게 나타나고 있다. 전체 인구 대비 소송건수를 보면, 한국은 1995년 84.97명당 1건인 반면 일본은 같은 기간 295.71명당 1건으로 법정소송성향에서 한국이 일본보다 거의 네 배로 높다. 1999년에는 그 비율이 더 높아져 한국의 경우 52.33명당 1건, 일본의 경우 241.41명당 1건으로 한국의 법정소송성향이 5배나 높다(〈표 90〉).[15]

15 우리나라의 민사소송율은 OECD회원국 중 가장 높은 편에 속한다. 〈표 71〉을 보면, 2005년도 한국의 민사소송율은 50.68%로 호주, 뉴질랜드 다음으로 높고, 일본은 물론

〈표 90〉 소송 성향의 한일비교

연도	한국			일본		
	민사+행정	추계 인구	인구/소송	민사+행정	추계 인구	인구/소송
1995	530,679	45,093	84.97	424,646	125,570	295.71
1996	602,312	45,545	75.62	444,816	125,864	282.96
1997	688,630	45,991	66.79	457,340	126,166	275.87
1998	961,765	46,430	48.28	523,108	126,486	241.80
1999	895,473	46,858	52.33	524,778	126,686	241.41

(출처 : 金度炫, 「韓國の民事訴訟の增加推移と原因分析」, 2001)

중국의 민사소송 건수는 2000년대 후반에 갈수록 대체로 증가하는 경향이 있다. 2002년 약 440만 건이던 것이 지속적으로 많아져 2009년에는 580만 건 정도가 되었다(〈표 91〉). 한국이나 일본과 마찬가지로 중국에서도 민사소송은 시간이 갈수록 증가하고 있다. 중국에서도 민사소송이 많아지고 있는 것은 개인의 권리의식이 높아지는 가운데 빈부격차 등 중국인들에게 '부당하게' 보이는 문제나 정부조치가 많아지기

미국보다 높다. 2005년 민사본안사건 중 단독 및 합의부 사건은 253,419건, 소액사건은 868,470건이다. 이를 1995년과 비교하면 소액사건이 397,927건으로 10년 사이 2배 이상 증가하였음을 알 수 있다. 이처럼 소액사건이 많아진 것은 변호사를 선임하지 않고 피해자나 분쟁당사자가 직접 법원에 소송을 제기할 수 있고, 우리 국민들이 적은 액수의 손해에 대해서도 대단히 민감해졌을 뿐만 아니라 과거처럼 손해를 감수하거나 이웃에게 양보하려는 성향이 크게 약화되었기 때문이다(김정오, 2008: 64~65). 이러한 변화는 민사사건-행정사건과 형사사건의 비율을 살펴보면 더욱 분명해진다. 민사 대 형사의 종별 분포를 보면, 1950년대부터 1970년대까지는 50:45(1955), 52:45(1965), 41:54(1975)로 거의 비슷하거나 형사사건이 더 많은 경우도 있었다. 그러나 1980년대 이후부터는 63:29(1985), 70:23(1995), 70:24(2000) 등과 같이 민사사건이 차지하는 비율이 훨씬 높아졌으며, 2005년의 경우 78:20로 압도적으로 높았다. 이러한 변화는 우리 사회에서 법규범을 위반하거나 타인에게 해를 끼치는 형사사건보다는 사적인 영역에서 발생하는 이익분쟁의 빈도가 압도적으로 높다는 것을 의미한다. 다른 한편, 각 소송사건별 증가율을 보면, 가사사건의 경우 1965년 기준 40년 동안 1,690% 증가하였고, 행정사건의 경우 2,461%, 민사사건의 경우 1,697% 증가하였다. 이 세 영역의 증가율은 형사사건 증가율(424%)과 비교할 때, 엄청나게 빠르다는 것을 알 수 있다(김정오, 2008: 67~68).

〈표 91〉 중국의 민사소송 건수

연도	건수 (1심 판결 기준)	출처	인구 (100만 명)	인구 1,000명당 민사소송 건수
2001	5,076,694	2002年 最高人民法院報告	1,276.3	3.97
2003	4,416,168	2004年 最高人民法院報告	1,292.3	3.42
2004	4,303,744	2005年 最高人民法院報告	1,299.9	3.31
2005	4,360,184	2006年 最高人民法院報告	1,307.6	3.33
2006	4,382,407	2007年 最高人民法院報告	1,314.5	3.33
2008	5,381,185	2009年 最高人民法院報告	1,328.0	4.05
2009	5,797,000	2010年 最高人民法院報告	1,333.7	4.35
2011	4,887,000	2012年 最高人民法院報告	1,330.1	3.67
1998~2002	23,620,000	2003年 最高人民法院報告		
2001~2006	28,217,000	2007年 最高人民法院報告		
2003~2007	22,145,000	2008年 最高人民法院報告		
2008~2012	14,749,000	2013年 最高人民法院報告		

때문인 것으로 보인다.

중국의 민사소송 성향을 한국이나 일본과 비교하면, 절대치로는 한국이나 일본보다 많지만, 인구 대비 민사소송율에서는 일본보다 낮고 한국보다는 훨씬 낮다. 인구 1,000명당 민사소송건수는 일본(1978년)은 11.68건, 한국(2005년)은 50.68건인 반면, 중국(2005년)은 일본의 1/3, 한국의 1/16에 지나지 않는 3.33건에 불과했다(〈표 92〉).[16]

16 중국의 민사소송율이 낮은 이유에 대해서 한 법학자는 다음과 같이 진단하고 있다. "중국인들은 법원, 재판, 재판과정을 통한, 다시 말하자면 사법과정을 통한 문제의 재판에서의 해결을 높이 평가하지 않는다. (…중략…) 당연 현대 중국에 있어서의 분쟁해결방식 중 빈도수가 가장 높은 것은 재판이 아니라 조정, 화해, 중개 또는 중재이다. (…중략…) 중국인들은 특히 비공식적인 해결방법을 좋아한다. (…중략…) 협상, 교섭, 조정을 좋아하는 태도는 유교에서 법을 예절보다 열등한 것으로 간주하는 것과 연결되어 있다. 유교철학에서 인간행동의 바람직한 목표는 협상을 통해 사회적 하모니를 유지하는 것이다. 전통 중국사회에서 제삼자가 공식적으로 나서서 분쟁해결에 기여하는 것, 즉 국가기관이 분쟁해결에 개입하는 것은 상대적으로 드물었다고 한다. 법은 기본적으로 국가 형벌권의 표현이었을 뿐 우리가 말하는 민사관계에 관한 법은 드물었다고 한다. (…중략…) 그래서 사적 분쟁의 해결은 국가로부터 사회에 맡겨져 있었다고 해석되고 그 사회란 당사자 개인이 속하는 가족, 족속, 마을공동

〈표 92〉 세계 각국의 1,000명당 민사소송 건수 비교

국가	호주	벨기에	캐나다	덴마크	영국(웨일즈)	프랑스	이탈리아	네덜란드
년도	1975	1969	1981	1970	1973	1975	1973	1978
1,000명당 소송 수	62.06	28.3	46.58	41.0	41.1	30.67	9.66	8.25
국가	뉴질랜드	노르웨이	스페인	스웨덴	서독	미국	일본	한국
년도	1978	1976	1970	1973	1977	1975	1978	2005
1,000명당 소송 수	53.32	20.3	3.45	35.0	23.35	44.0	11.68	50.68

(출처 : 김정오(2008))

이외에도 한국, 중국, 일본에는 통계 수치로 확인할 수 없는 갈등들이 많이 나타나고 있다. 한국에서는 남북한 대치구도와 맞물려 있는 이념갈등과, 오랜 역사를 가진 지역갈등이 남아 있는 가운데, 전통적인 공동체(가족, 이웃, 마을공동체 등)의 규범과 구속력이 약해지는 대신 개인의 권리를 앞세우는 개인주의가 점차로 확산됨에 따라 시민사회 내 구성원 간, 정치사회내 정당・정치인 간의 갈등은 상대방의 인권을 완전히 무시하는 발언과 행동으로 점철되고 있다. 이에 비하면 일본에서의 갈등은 훨씬 더 점잖고 차분하고, 중국은 일본보다는 한국에 더 가깝다고 할 수 있다.

체 또는 직업공동체를 의미한다. 경우에 따라서는 존경받는 권위 있는 원로들 또는 향리의 향사에 속하는 사람들이 당사자들이 속하는 사회의 인물이었다. 이때 사실로서의 관습, 반복된 관행은 관습법으로서 분쟁해결의 준거가 되었다. (…중략…) 전통주의 또는 유교전통 이외에 협상과 중재를 중요시하는 태도는 놀랍게도 1949년 이후의 중국인민공화국의 공식정책에서도 일관적으로 나타난다. (…중략…) 1982년에 제정되고 1992년에 개정된 중국의 민사소송법은 법원으로 하여금 당사자들이 '우의 있게' 사건을 해결하도록 격려할 것을 요구하고 있다. 특히 이른바 1981년의 중국인민공화국의 경제계약법은 48조에서 계약 당사자들이 자발적으로 중간조정자의 도움을 받아서 해결하도록 중점적으로 규정하고 있다. 이때 법원이나 공식적인 기구가 이미 사건에 대한 관할을 접수했을 때라도 우선적으로 거중조정자에 의한 조정을 더 우선하고 있다"(김철, 2004: 140~142).

한국인의 갈등양상

인터넷 블로거 '라인강'의 블로그엔 '홍어'가 넘쳐난다. 그의 블로그에서 홍어를 검색하면 2013년부터 직접 쓰거나 퍼나른 122개의 관련 게시물이 뜬다. '전라도'를 키워드로 한 글은 더욱 많다. 모두 570개다. 블로그 소개글에서 그는 스스로 "우파이기는 합니다만 그저 맹목적인 우파는 아니고 대한민국의 미래를 위한 균형추가 되고자 하는 염원을 품고 살아가고 있다"고 적고 있다. 그는 그 균형추를 맞추는 일이 '전라도의 배후'를 드러내는 일로부터 시작된다고 믿는 것처럼 보였다. "전라도 권은희에게 뒤통수 맞은 김용판" 게시물 제목만으로 그의 성향은 대략 짐작 가능하다. "전라도 권은희에게 뒤통수 맞은 강직한 김용판 경찰청장" "대한민국을 말아먹겠다는 전라도와 극좌 종북 세력" "전라도 천주교, 기독교는 섬노예 인정했나?" "전라도 출신 흉악무도한 살인마 유영철." 이슈와 시대를 가리지 않고, 대개 논지는 '전라도가 문제'라는 것으로 귀결된다. '일베(일간베스트저장소)'식으로 표현하면 '까보전(까고 보니 전라도)'인 셈이다. '라인강'은 1990년대부터 인터넷 논객으로 활동해왔다. "우리나라를 개혁해야겠다고 마음을 먹고 반항했어요." 김대중이 대통령에 당선된 뒤 그의 '합리적' 노선에 변곡점이 생겼다. "엊그제까지 정권을 비판하던 사람들이 (DJ 정권에 대해선) 말을 안 해요. 누구겠어요?" 그가 물었다. "(그 사람들 출신지가) 다 전라도야. 돌겠더라고요. 난 그때 충격을 받았어요." 이후 그는 열렬한 호남 반대론자가 됐다. "우리는 그동안 김영삼씨나 전두환, 노태우 관련해선 떠들었잖아요. 현재는 이명박, 박근혜 욕하는데 왜 나는 (DJ, 노무현 욕을) 못합니까." 젊어서 독일에 자리잡아 수십 년째 독일에 살고 있는 라인강은 딱히 호남 사람을 만날 일이 없다. 개인적인 원한을 주고받은 일도 없다. 그가 거의 날마다 줄기차게 호남 사람들에 대해 비판적인 글을 올리는 이유는 하나다. "우리 사회에서 일어나는 사건들의 배후에 너무 전라도가 많다는 것이죠." 라인강만의 과업은 아니다. 일베로부터 확산된 특정 지역에 대한 '증오'와 '혐오'의 언어들은 이미 일베의 문지방을 넘은 지 오래다. 대형 포털이나 소셜네트워크서비스(SNS)에서 일상적으로 '혐오발언(Hate Speech)'을 만날 수 있다. 미국이나 유럽에서 문제가 돼온 혐오발언은 인종, 종교, 나이, 장애, 성적 지향 등을 근거로 선동적 · 모욕적 · 위협적이며 조롱 섞인 발언으로 개인 또는 집단을 공격하는 행위다. 국내에선 '혐오표현' '증오언설' 등으로 번역된다. 지난 2월 보도된 '신안 섬노예 사건' 뉴스에 달린 댓글들은 혐오발언의 특성을 선명히 드러낸다. 사건 자체에 경악하기보다 '호남 사람'에 대한 격렬한 혐오를 드러내거나 증오를 선동하는 말들이다. "라도 X장생. 저 마을 사람들 할매 · 할배는 XXXX 죽이고 중X은 늙을 때까지 강제노동시키고 젊은 X들도 강제노동 시키고."(wkdd****) "전라도 시키들 끔찍하구먼."(ktw2****) "아따 홍어족 성지. 슨상님 탄생하신 신안이랑게."(wjda****). (…중략…) 증오하는 이들은 서로를 닮아간다. 최근 1~2년 새 인터넷상엔 영남 사람들을 비판하는 블로그도 늘고 있다. "이게 바로 개쌍도 기질이다" "경상도 사람들은 여러 정신병을 갖고 있는 정신병자" "역사 서적 보면 조작은 다 경상도 흉노족이 한 것". 극단적 언어는 반호남 성격의 글들과 다르지 않다. 2012년부터 경상도를 비판하는 블로그를 운영하고 있는 채 아무개(39) 씨에게 속내를 물었다. "요즘 들어 경상도 패권주의가 너무 심각합니다. 이명박, 박근혜로 이어지면서 다시 전라도를 말살시키려는 게 아닌가 싶단 말입니다." 전북 출신인 채씨는 "살면서 전라도 사람이어서 불이익을 받은 적은 없다"고 말했다. 몇 차례 사석에서 친구나 동료들과 호남 출신에 대한 편견으로 다툰 일은 있다. "그런 건 그냥 편견이니까 내가 잘하면 상쇄되는 거 아닙니까." 그럼 무엇이 그로 하여금 "경상도는 흉노족"이라는 극단적인 생각을 갖게 만들었을까. "인터넷 게시판들에 홍어, 전라도, 그런 댓글들이 아주 도배가 돼 있잖아요. 심지어 광주(5·18 민주화운동)까지 희화화하고. 저도 자식 키우는 사람인데 미치겠더라고요. 이게 다 박정희를 비롯해 경상도 사람들이 만들어낸 논리거든요."

정치적 지역 갈등 구도를 상징하는 '3김 체제'는 끝난 지 오래다. 선거철마다 '지역주의 극복'을 외치는 목소리가 나온다. 18대 대선에선 '세대갈등론'에 '지역갈등론'이 밀렸다. 일단 세대가 바뀌며 '고향'의 개념이 희박해졌다. '호남 사람들은 자기들끼리만 똘똘 뭉친다'는 편견의 진원지인 호남향우회의 유대도 약해졌다. 『문화일보』 2월 26일치 보도를 보면, 과거 호남 출신 인구 1,150만 명 중 30%를 차지했던 호남향우회의 회원 수는 현재 10%도 되지 않는다. 설동훈 전북대 교수(사회학)는 "한동안 영호남 갈등이 완화됐던 것은 지역 갈등의 핵심에 있던 광주가 국민의 정부와 참여정부를 거치며 상징적인 복권을 통해 맺혔던 감정이 풀어졌을 뿐 아니라, 역대 정부가 추진한 지역균형발전이 어느 정도 성과를 거둔 때문으로 해석할 수 있다"고 설명했다. 1980년 광주의 참상을 직접 겪거나 지인을 통해 간접 경험한 호남 사람들의 정서는 '트라우마 상황'에 가까웠지만,

두 민주정부를 거치며 '일종의 푸닥거리'를 통해 '정서적 안정'을 얻었다는 이야기다. 그럼에도 국민은 영호남의 지역 갈등이 최근 들어 되레 증가했다고 느낀다. 국민대통합위원회의 '지역 갈등에 대한 심각성 인식' 조사 자료를 보면, 2005년에는 응답자의 11.3%만이 '영남 사람과 호남 사람의 갈등이 매우 심각하다'고 답했지만 2013년에는 그 수가 32%로 늘었다. '영남 사람과 호남 사람의 갈등이 큰 편'이라고 생각하는 인구도 응답자의 50~60% 수준에서 좀체 줄어들지 않고 있다. 설 교수는 "인터넷 공간에서 전라도와 경상도 등 특정 지역에 대한 폭언과 욕설이 난무하는 것에서 확인할 수 있듯이, 지역 갈등이 새로운 형태로 재생산되고 있다"고 설명했다. (…하략…)

출처 : 엄지원, 「혐오에 찬 너의 말…그게 인종주의다」, 『한겨레21』, 2014.3.4, http://h21.hani.co.kr/arti/society/society_general/36526.html (2014.4.21 검색)

한국인의 폭력성

최근 일본인 친구가 내게 "도쿄 시내에서 자동차 경적음이 자주 들린다"며 심히 걱정스런 표정으로 말했다. 여러 의미에서 탄성이 나왔다. 일본인은 타인에 대한 배려심이 많기로 정평이 나 있다. 역사 문제에서 계속 말썽을 부리지만, 내부적으로 화합을 중시하는 특유의 인내심과 친절도 등은 높이 사줄 만하다. 때문에 차량 경적음은커녕 다른 승객에게 피해를 줄까봐 지하철에서 전화 통화하는 이들도 보기 어렵고, 다리를 꼬고 앉는 이도 드물다. 그런데 최근에는 야간에도, 주택가에도 경적음이 심심찮게 들린다니 분명 변화는 변화인 것 같다. 그는 장기 불황 탓에 경제 불안 요소 등이 커지게 되자 사회 전체가 점점 자기중심적으로 변하면서 사납게 거칠어지고 있는 것이라고 진단했다. 논리의 비약일 수는 있다. 그러나 단순히 경적음을 갖고도 타인에 대한 공격성 점증을 걱정하는 것을 보고 좀 숙연해지기까지 했다.

우린 어떤 모습인가. 경기침체가 계속되면서 양극화 심화와 취업난 가중, 물가고 등은 여전히 우리를 괴롭히고 있다. 여기에 대선을 몇 차례 거치면서 정치 노선과 이념은 극단적으로 이분화했다. 국민 갈등이나 분노가 생길만한 요소는 분명히 존재한다. 원인제공 측면에서 보면 일본보다 덜할 게 없다. 문제는 불만감 표출의 정도다. 얼마 전 임순혜 방송통신심의위원회 보도교양방송특위 위원은 박근혜 대통령을 겨냥한 '경축! 비행기 추락 바뀐 애 즉사'라고 적힌 종이를 찍은 사진을 리트윗하면서 청와대로 보내자고 적어 파문이 일었다. 즉사를 축하한다니 이 무슨 섬뜩한 내용인가. 또 국회에서는 박정희 전 대통령의 피살을 언급하면서 딸이 전철을 밟을 수 있다거나, 귀태(鬼胎, 태어나지 않았어야 할 사람)의 후손이라고 칭하는 등 온갖 저주의 비수가 난무했다. 일각의 저급한 돌출 행동으로 보기엔 너무나 도가 지나치다. 인터넷은 말할 것도 없다. 특히 진보진영을 적대시하는 '일베'란 사이트에는 특정 지역 비하에서 종북 덧씌우기 등 차마 옮겨 적기 힘든 내용이 대부분이다. 일반 사이트에도 연예인이나 스포츠 스타에 대한 공격성 글은 특정인을 자살에 이르게 할 정도로 심각하다. 작은 일에도 적개심부터 들이대는 것은 직장이나 학교 등 가까운 주변에서 흔히 눈에 띈다. 심지어 종교계에서도 천주교 염수정 추기경이 정의구현사제단의 정치

개입 자제를 호소하자 한 교인이 "차라리 하늘로 올라가시라"는 폭언을 퍼부었다고 한다. 이쯤 되면 야만사회다. 다혈질 민족성을 따질 게 아니다. 어쩌다 우리 사회가 이토록 폭력적으로 바뀌었는지 개탄스럽다. (…하략…)

출처 : 염영남, 「우울한 분노의 한국 – 병리적 현상으로 자리잡은 공격과 저주의 사회, 이해하고 협상하여 타협하는 게 사회통합의 출발」, 『한국일보』, 2014.2.5, http://news.hankooki.com/lpage/opinion/201402/h2014020521043824380.htm (2014.4.21 검색)

중국인의 갈등양상

중국은 지난 10년간 경제가 본격적으로 고도성장을 이룩한 시기였지만 동시에 빈부 격차가 급격히 확대되면서 중국의 사회적 갈등이 폭발 직전까지 고조된 기간이기도 했다. 1990년대 말까지만 해도 중국의 지니계수(소득 분배 불균형을 나타내는 수치)는 위험경계선으로 분류되는 0.4를 넘지 않았다. 하지만 2000년대 들어 0.4를 돌파했고, 2006년에는 0.496으로 0.5선에 육박했다. 그 이후 중국 국가통계국은 지니계수를 발표하지 않고 있다. 해외 전문가들 사이에서는 현재 중국의 지니계수가 0.55선으로 사회 안정이 위협받을 수 있다는 0.6에 근접한 것으로 보고 있다. 중국 내에서도 소득 격차가 심화되는 데 대한 경고가 나오고 있다. 인민일보 인터넷판은 지난 1일 "1988년 상위 10%의 소득이 하위 10% 소득의 7.3배였던 것이 2007년에는 23배로까지 늘어났다. 소득 분배 개혁이 시급하다"고 썼다. 세계은행은 2010년 중국 상위 소득 계층 1%가 전체 부(富)의 41.4%를 갖고 있다는 분석을 내놓기도 했다.

빈부 격차가 확대되면서 중국 각지에서 군중 시위와 소요가 급증했다. 중국 국가행정학원에 따르면 지난 2003년 5만 8,000건이었던 각종 시위 건수는 2010년 18만 건을 넘어섰다. 불과 7년 사이에 3배 수준으로 증가한 것이다. 지난 1~2년간은 노사 분규도 가파르게 증가하고 있다. 빈부 격차에 대한 반감이 깊어지면서 사소한 사건도 대규모 군중 폭동으로 이어지고 있다. 중국 내 전문가들은 빈부 격차 확대의 이유로 국유기업의 독점체제, 관료 부패, 소득재분배 정책 미비 등을 꼽고 있다. 국유기업이나 국유은행 등 고임금 업종은 민간과 지방의 일부 취약 업종에 비해 최고 8배에 이르는 평균 임금을 받고 있다.

중국 정부가 빈부 격차를 방관해 왔다는 지적도 많다. 원자바오[溫家寶] 총리가 이끌었던 전번 중국 정부는 2004년 소득 분배 개혁안을 마련하겠다고 밝히고 8년이 지났지만 방안은 나오지 않았다. 도시 유입 농민공을 위한 임대 주택 건설도 지지부진을 면치 못했다가, 지난해 중동·아프리카에서 '재스민 혁명'이 터져 나온 뒤에야 5년간 3,600만 호를 짓는다는 건설 계획안이 잡혔다. 후싱더우[胡星斗] 베이징 이공대 교수는 "현재의 중국 시스템으로는 빈부 격차를 줄이기가 쉽지 않은 실정"이라고 말했다.

출처 : 김창모, 「중국 빈부 격차 23배로 확대, 갈등 위험 수위[中國貧富差距擴至23倍, 日益擴大嚴重]」, '김창모의 신나는 중국 이야기', 2013, http://chang605.blog.me/130159736059 (2014.4.21 검색)

2. 갈등 관리방식

한국, 중국, 일본 세 나라는 유교문화권에 속하고 집단주의와 가부장적 권위주의를 공유하고 있으며 이러한 문화적 특성은 대인갈등에 대처하는 방식에도 영향을 미친다.

첫째, 유교에서는 가족이나 국가 등 공동체의 안정과 평화를 가장 높은 가치로 삼고 각 구성원이 자신의 지위나 역할에 맞는 도리를 충실히 지킬 것을 요구하고 있다. 특히 군주와 신하, 부모와 자녀, 남편과 아내 사이에는 엄연한 위계질서가 있어 신하는 군주에게 충, 자녀는 부모에게 효, 아내는 남편에게 순종을 해야 한다(삼강(三綱)). 동시에 군신 사이에는 의로움, 부자 사이에는 친함, 부부 사이에는 특별함으로 상대방으로 대해야 한다(오륜(五倫)). 다시 말하면 유교에서는 군주와 신하, 부모와 자녀, 남편과 아내 사이에는 상하의 위계질서가 있어 아랫사람은 윗사람에게 순종해야 하지만, 동시에 윗사람은 아랫사람에게 의롭게, 친근하게, 특별하게 대함으로서 국가와 가족의 안정과 평화를 유지하도록 한다. 이외에도 유교에서는 어른과 아이 간에는 차례(순서)를 지키고, 친구 사이에는 믿음으로 대하여 서로 조화를 이룰 것을 요구한다. 따라서 구성원 간의 조화롭고 원만한 관계를 통해 공동체의 질서와 평화를 유지하는 것을 가장 중요시하는 유교권에서는 갈등이 발생하면 회피(절제), 양보와 타협(중용), 제3자에 의한 중재를 통해 해결한다(Low, 2012; Chew & Lim, 1995; Hwang, 1997).

둘째, 유교는 개인보다는 집단 또는 관계를 중시하는 '집단주의'를 지향한다. 집단주의자는 개인주의자와는 다른 방식으로 대인갈등에 대처한다(Fisher eta al., 2009: 188). 개인주의와 집단주의는 첫째, 자신(의 정체성)을 어떻게 파악하느냐, 둘째, 다른 사람은 나와 어떤 관계가 있다고 보는가,

셋째, 추구하는 목표는 무엇인가, 마지막으로, 무엇을 근거로 행동(결정)하는가 등 네 가지 기준에서 차이가 있다. 우선, 개인주의자는 자신을 집단과 다른 사람의 특성과는 구별되는 독자적인 속성을 가진 독립적이고 자율적인 자아로 파악하는 반면, 집단주의자는 집단의 속성이나 그 속에서 자신이 차지하는 지위나 역할 또는 다른 사람과의 관계에 근거하여 자신의 정체성을 파악한다. 둘째, 개인주의자는 다른 사람이나 집단과 정서적으로나 추구하는 목표에서 다른 독립되고 자율적이라고 생각하는 반면, 집단주의자는 다른 사람이나 집단과 정서적으로나 추구하는 목표에서 밀접하게 연결되어 있는 상호의존 관계에 놓여 있다고 본다. 셋째, 개인주의자는 자신의 가치, 이익, 목표를 우선적으로 추구하며 자유의사에 의한 계약관계로 다른 사람이나 집단과 관계를 맺거나 공동목표를 추구하는 반면, 집단주의자는 자신의 가치, 규범, 목표를 집단의 그것에 맞추거나 양립할 수 없을 경우 자신의 것은 포기하고 집단의 것을 추구하거나 다른 사람과의 조화를 추구한다. 마지막으로, 개인주의자는 자신의 권리, 욕구(필요), 계약조건에 맞춰 자신의 행동을 결정하는 반면, 집단주의자는 집단의 규범, 자신의 지위나 역할에 부여된 의무사항, 자신과 상대방의 조화로운 관계유지, 체면을 고려하여 자신의 행동을 결정한다(Hofstede, 2001; Kagitcibasi, 1997; Kim et al. 1994; Triandis, 1995). 각각 이러한 서로 다른 전제 위에 서 있는 개인주의자와 집단주의자는 각각 다른 갈등관리방식을 선호한다(Komarraju, Dollinger and Lovell, 2008). 우선, 개인주의자는 자신의 발전과 권력을 중시하기 때문에 갈등을 자연스러운 것이라는 생각을 하며, 자신의 목표를 적극적이고 공격적으로 추구하며 갈등과정에서 부정적인 감정을 자제하지 않고 표현한다(Kozan, 1997; Morris et. al, 1998). 반면 집단주의자는 집단의 목표와 규범 또는 전통, 다른 사람과의 조화와 체면을 중시하기 때문에 갈등을 최소화하기 위해 가능하면 상대방의 입장을 수용하면서 타협하거나 갈등 자체를 회피하거나 제삼자 개입을 통해 해결하려는 전략을 구사한다(TingToomey et al, 2000; Kozan and Ergin, 1999). 또한 자원의 분배와 관련된 갈등에서 개인주의자는 기여도에 따른 공평한(equitable) 분배를 추구하고, 집단주의자는 내집단 구성원과는 균등한(equal) 분배, 외집단 구성원과는 공평한 분배를 추구한다(Han and Park, 1995; Tinsley, 1998; Tinsley and Brett, 2001; Gelfand et al, 2001).[17]

셋째, 유교는 관계나 집단을 중시하는 만큼 남녀, 연령, 사회적 지위의 차이에 따른 위계질서를 강조하는 가부장적 권위주의를 지향하기 때문에 친밀한 관계를 맺고 있는 상대방이나 같은 집단 성원과의 갈등에 대처하는 방식도 상대방과의 위계에 따라 달라진다. 유교권은 호프스테드(Hofstede)가 말하는 상하 간의 권력 차이 즉 '권력거리(high power distance)'가 높은 문화에 속한다. 권력거리가 큰 나라 사람들은 윗사람이 아랫사람보다 많은 경제적 보상과 존경을 요구하고, 아랫사람은 윗사람이 지시하고 더 많은 책임을 지기를 기대한다. 윗사람과 아랫사람 간에 친밀감이 약하고, 아랫사람은 윗사람의 결정에 이의를 제기하지 않는다. 아랫사람은 윗사람의 생각이나 행동이 마음에 들지 않거나 잘못되었다고 생각하더라도 (즉 갈등상황이 생기더라도) 회피하거나 순종하는 척하거나 제3자를 통해 해결하려고 한다. 반면 윗사람은 아랫사람의 생각이나 행동이 마음에 들지 않거나 잘못되었다고 생각하면 직접 지적하고 훈계를 하여 자신의 권위에 복종할 것을 요구한다. 그리고 권력이 대등한 동료나 친구 또는 아는 사람과 갈등이 발생하면 적극적으로 자신의 주장을 펼쳐 호혜적인 해법(win-win solution)을 찾거나 웬만하면 양보하는 전술을 택한다(Ohbuchi et al., 1999; Nguyen & Yang, 2012).

넷째, '집단주의' 또는 '관계주의'를 중시하는 유교문화권에서는 내집단과 외집단의 구분이 개인주의 문화권에서 보다 더 엄격하고 내집단에

17 보다 자세한 내용은 다음 장에서 논의할 것이다.

대한 편애(ingroup favoritism)와 외집단에 대한 차별(outgroup discrimination)도 더 심하다. 특정 집단에 소속되어 있는 사람이 자신이 속한 집단 즉 내집단을 편애하고 그 바깥 집단(외집단)을 차별하게 되는 원인과 그것이 구체적으로 표현되는 양상은 다르지만,[18] 내집단 편애와 외집단 차별은 어느 시대 어느 사회에서도 피할 수 없는 현상이다.[19] 이러한 내집단 편애와 외집단 차별은 개인주의자보다 집단주의자에게 더 심하게 나타난다.[20]

---

18 이러한 현상의 원인에 대한 설명은 범주화이론(categorization theory), 선택적 주목・지각이론(theory of selective attention and cognition), 사회정체성이론(social identity theory) 등 세 가지가 있다. 범주화이론에 의하면, 내집단 편애는 사회현상을 인식하기 위한 범주화과정에서 범주 내 구성원 간의 유사성과 범주 외부 구성원 간의 차이점을 과장하기 때문에 생긴다. 즉 다른 범주에 속하는 사람과의 유사성보다 같은 범주에 속하는 사람과의 유사성을 과장하여 지각하면 내집단 구성원에 대한 호감이 강해지고, 같은 범주에 속하는 사람과의 차이점보다 다른 범주에 속하는 사람과의 차이점을 과장하면 외집단에 대한 반감이 증가한다는 것이다. 다른 한편 선택적 주목・지각이론에서는 내집단 편애-외집단 차별을 사람들이 내집단을 외집단보다 작게 지각하기 때문에 더 많이 집중한다는 점 또는 내집단에 대한 부정적인 정보는 외집단에 대한 부정적인 정보보다 더 잘 잊어버린다는 점으로 설명하고 있다. 마지막으로, 사회정체성이론에서는 내집단과 외집단을 비교하는 과정에서 긍정적인 자존감(self-esteem)을 높이기 위해 자신이 동일시하는 내집단을 편애한다고 설명한다(이해경・이수원, 1994).

19 사회적 범주에서 상호규정관계에 놓여 있는 두 집단(예, 남과 여, 선생과 학생)에서 추구하는 가치가 다르고 각 집단 구성원들이 자신이 추구하는 가치에 입각해서 내집단과 외집단을 판단하게 되면, 내집단 편애-외집단 배척・차별 현상은 피할 수 없으며, 사회적 범주가 자신에게 중요할수록(salient) 이러한 현상은 심화된다. 개인들이 특정 집단과 자신을 동일시하면 할수록 그 집단이 추구하는 가치를 자신의 것으로 삼기 때문에 그 가치에 입각해서 내집단과 외집단을 판단하고 그만큼 더 많이 내집단을 편애하고 외집단을 배척할 가능성이 커지기 때문이다. 그러나 사회적 범주가 자신에게 중요하지 않다고 생각할 경우에는 그만큼 자신을 내집단과 동일시하는 경향이 약해지고 대신 '개인'으로 지각할 가능성이 커져 내집단 편애와 외집단 차별이 생기지 않거나 약해질 수 있다(이해경・이수원, 1994: 110; 김미희・김기범・차영란, 2005; Rhee, Uleman & Lee, 1996; Chen, Brockner & Chen, 2002).

20 집단주의문화권인 동아시아와 마찬가지로 개인주의 문화권인 서구에서도 집단정체성, 내집단과 외집단의 구분의식, 내집단 편애와 외집단 차별 의식이 나타나지만, 집단주의 문화권과 개인주의 문화권 간에 차이가 분명히 존재한다. 가족과 친구를 제외하면, 집단주의 문화권의 개인들이 가입해 있는 내집단은 수도 적고, 대부분 같은 학교나 출신지역 등과 같은 연고 즉 귀속적 요인(ascribed factors)에 의한 집단이며, 가족과 친구집단을 제외한 나머지 자발적 집단에 대한 귀속감이나 일체감은 매우 약하고 도구주의적인 태도가 강하다. 반면 서구 개인주의 문화권의 개인들은 내집단의 수도

그것은 집단주의자가 개인주의자보다 내집단과의 일체감 또는 동일시하는 정도도 강하고 따라서 내집단 중심주의 성향(ethnocentric attitude)도 강하기 때문이다(Triandis, 1995: 125; Triandis, Bontempo, & Villareal, 1988: 325~326; 김미희 · 김기범 · 차영란, 2005: 39~40). 내집단 편애와 외집단 차별 의식이 강한 집단주의자들은 갈등에 대처하는 방식도 상대방이 내집단 성원이냐 외집단 성원이냐에 따라 다르다. 내집단 성원과의 갈등에 대해서는 집단의 위계질서에서 그 사람과 자신이 차지하는 상대적 위치에 따라 주로 아랫사람에 대해서는 지배(dominating), 윗사람에게는 복종(obliging) 또는 회피(avoiding), 자신과 대등한 사람에게는 협력(collaboration) 또는 양보 · 타협(compromising)의 방식을 취한다. 그러나 외집단이나 그 성원에 대해서 개인주의자와 마찬가지로 때로는 더 공격적으로 경쟁 · 적대 · 지배 방식(competing, hostile, dominating method)을 취한다(Triandis, 1995: 121~129).

우리의 전통적인 공동체에서는 적어도 규범적 측면에서는 상당한 정도로 자율성을 유지하고 있었다. 자신들의 마을에서 발생한 분쟁이나 일탈행위를 외부인이나 기관에 맡기는 것보다는 스스로 해결할 수 있는 규범적 자율성을 갖추고 있었다. 다시 말해서 형식적인 법체계나 전혀 낯선 제3자인 법원의 판사에게 맡기는 것이 아니라, 피해자건 가해자건 모두를 잘 알고 있는 마을의 이웃이나 집안의 어른들에 의해 분쟁이 해결되는 것이었다. (…중략…) 이와 같이 전통적인 공동체의 사회구조에서는 친밀한 인간관계와 그러한 인간관계를 질서지우는 체계적인 위계질서에 의해서 견고한 사회조직으로 짜여져 있었다. 따라서 전통적 공동체 사회에서는 분쟁의 소지가 매우 적으며, 설령 분쟁이 발생했다고 하더라도 견고한 관계망

많고 자발적인 가입에 의한 집단이 대부분이며 귀속감이나 일체감도 별로 차이가 나지 않는다. 또한 가족이나 친구 집단의 경우에도 개인의 자율성과 자발성이 상대적으로 더 강조된다(Triandis, Bontempo, and Villareal, 1988).

에 의해서 곧 해소되는 것이다. (…중략…) 전통적인 농촌의 경우 한 동네에 사는 사람들 사이에는 법보다는 관습이나 체면 등에 의해서 분쟁이나 갈등이 통제되고 해소되는데 반해서 마을 간에는 이러한 규범이 적용되지 않는다. (…중략…) 예를 들어 종종 마을 간에 발생하는 물싸움의 경우, 마을 내에서는 비록 모내기철에 싸움이 일어났다 하더라도 모내기철이 끝나면 서로 화해하거나 평온을 되찾는 것이 보통이다. 그러나 물싸움이 마을의 경계를 넘어섰을 때에는 그렇게 쉽게 화해되거나 해결되지 않는다. 이러한 경우는 마을의 사회구조 속에 내재하는 자체 분쟁해결의 매커니즘을 초월하는 것이기 때문에 군수나 좀 더 멀리 있는 법원이 개입하게 된다. (…중략…) 우리의 전통적인 규범체계는 인간적인 관계가 탄탄하게 짜여진 공동체 내에서 가능한 것이었으나, 이러한 공동체의 경계를 넘어섰을 때에는 대단히 배타적인 성격을 갖게 되는 한계를 갖고 있었던 것이다. (…중략…) 적용의 범위에 있어서 전통적 규범공동체는 공동체 구성원들에게 적용된다는 점에서 지역성을 그 특징으로 하는 반면, 자유주의 법체계는 지역성을 떠나 그 법체계가 지배하는 공간에 있는 모든 사람에게 적용된다는 점에서 보편성을 갖고 있다. 이것은 내부자-이방인(내집단-외집단)의 관계에 규범이 어떻게 적용되는가 하는 문제와도 연결되는 데, 전통적 규범공동체의 경우에는 규범 적용에 앞서 그가 소속원인가 아닌가가 먼저 판단되고, 그 판단에 따라서 자신들이 갖고 있는 규범을 적용할 것인지 아닌지를 결정한다. 반면 자유주의 법체계에서는 내부자와 이방인 간의 차별이 없이 획일적으로 동일한 규범이 적용된다(김정오, 2008: 55~56・59).

미국의 경우 최근 조정이나 화해 등 법원의 판결을 회피하려는 경향이 높아지는 추세에 비해서 우리 사회에서는 오히려 이와 정반대의 방향으로 나아가고 있는 실정이다. 이러한 경향은 우리나라 사람들이 분쟁이 발생할 경우 당사자 간에 거의 원수지간이 되고, 서로의 주장을 굽히지 않고 끝까지 밀고 나가는 경향이 높기 때문에 이처럼 분쟁이 경직된 양상으로 전개된다고 주장할 수도 있다. (…중략…) 그러나 (…중략…) 그러한 현상이 반드시 우리 사회의 독특한 현상만은 아니다. (…중략…) 미국사회에서도 법정에서 분쟁을 다투게 되는 경우는 서로 낯선 당사자 사이에서 일어나는 경향이 높다. 예를 들어 자동차 사고소송의 경우처럼 당사자가 상호간에 지속적인 이해관계를 갖지 않은 경우이거나 혼인이나 상업적 거래, 혹은 조직상의 관계가 깨졌을 때 법정소속으로 전환하는 경향이 높다. 즉 법정소속이 개시되었다는 것은 분쟁당사자 사이에 더 이상 장래에 기대될 수 있는 관계가 없거나 아예 이미 그들의 관계가 회복될 수 없을 정도로 깨어졌음을 의미한다. (…중략…) 타협과 양보에 의해 분쟁을 해결하기보다는 판사로부터 최종적인 판단을 통해서 분쟁을 해결하는 것을 선호한다는 점에서 분쟁의 경직화 양상을 지적할 수 있으며, 전통적인 규범공동체에서 존중되었던 화해와 양보의 미덕이 쇠퇴하고 있다(고 할 수 있다). 이것은 어떻게 보면 자유주의 법체계의 핵심인 개인주의적 행위원리에 따르는 경향이 높아졌다고 평가할 수 있다(김정오, 2008: 66~67).

동아시아 삼국의 집단주의와 권위주의 성향에 따른 갈등관리방식을 정리하면, 아래의 〈표 93〉과 같다.

〈표 93〉 동아시아 삼국 국민의 갈등관리방식

	나이 / 사회적 지위	규범	갈등관리
내집단	상	존경, 순종	회피, 순종, 제3자 조정
	대등	우의, 상호존중	적극적인 자기주장과 건설적인 논쟁을 통한 해결
	하	보호, 배려	직접 잘못 지적, 훈계, 복종 요구
외집단	상	존경	회피, 순종, 저항과 공격
	대등 / 모호	경쟁, 지배	회피, 적극적인 자기주장과 지배
	하	지배, 통제	회피, 직접 잘못 지적, 훈계, 복종 요구

마지막으로 서구의 자아중심적인 체면과는 다른 사회적인 체면(face)과 체면행동(facework)이 강한 한국, 중국, 일본인들은 대인갈등에서 서구인과는 다른 방식을 사용한다. 개인주의가 지배적인 서구사회에서 체면은 '개인이 다른 사람과 대면할 때 갖는 자기에 대한 긍정적인 인식'으로, 그 개인에 내재하거나 영구적인 속성(특성)이 아니라 다른 사람과의 상호작용 가운데 생기는 사회적인 구성물이다. 대인관계에서 또는 사회적으로 인식되는 자신의 긍정적인 모습이 일관되지 못할 때 체면을 잃게 된다. 따라서 사람들은 자신이 다른 사람에게 비우호적으로 보이지 않기 위해 즉 체면을 잃지 않기 위해 항상 조심하고 경계하게 된다(Goffman, 1967). 반면 유교문화권으로 집단주의성향이 강한 한국, 중국, 일본에서의 체면은 서구의 체면이 갖는 속성도 갖지만, 그것과는 다른 특성을 가지고 있다. 서구의 체면이 개인적 자아(individual self)와 관련이 있는 반면에 동아시아의 체면은 사회적인 자아(social self)와 관련이 있고, 서구에서와 마찬가지로 사회적 상호작용을 통해 표현되고 강화되지만 동아시아에서는 주로 사회에 의해 일방적으로 부과되는 경향이 강해서 개인은 그러한 사회적 기준에 부합함으로써 체면을 보호하려고 한다. 또한 서구의 체면은 연속선상의 정도 차이를 의미하지만 동아시아의 체면은 지켰느냐 잃었느냐의 이분법적 잣대로 평가된다. 서구와의 달리, 동아시아에서는 체면이 개인에게 국한되지 않고 종종 개인이 속한 내집단(ingroup)에게도 적용된다. 자식이 어느 대학에 들어갔느냐는 당사자만이 아니라 부모의 체면에도 영향을 미친다. 자녀가 부모의 기대에 부응하지 못하면 재수도 마다하지 않는 것과, 시골에서 명문대학에 입학하면 학교 정문에 현수막을 걸어 당사자는 물론 학교의 체면도 세우고자 하는 것은 체면이 단지 개인만이 아니라 그가 속한 내집단에게도 해당됨을 의미한다. 이처럼 동아시아의 체면은 내집단 안에서 공유(share)된다는 점에서 사회적 체면이라는 성격이 강하고, 이런 점에서 집단주의의 한 측면이라고 할 수 있다(김영욱 · 양정은, 2011: 317).[21]

아래와 같은 사례에서 보듯이 이와 같은 특성을 갖는 한국, 중국, 일본의 사회적 체면은 대인갈등에 대한 대처방식에 영향을 미친다.

> 아래 기사는 현대건설 인수를 둘러싸고 현대그룹과 현대차그룹 간에 벌어지고 있는 공방을 보여주고 있다. 현대그룹이 현대차그룹을 상대로 허위사실을 유포한 것과 관련한 소송을 벌이고 있지만, 사실상 그 근저에는 체면을 지키기 위한 양측의 극심한 대립이 자리 잡고 있음을 알 수 있다. (…

---

21 한국, 중국, 일본에서 나타나는 체면은 위에서 설명한 것처럼 공통점도 있지만, 차이점도 있다. 체면에 대해서 심층분석을 한 김영욱과 양정은(2011)에 의하면, 중국에서 체면은 '미엔쯔(mientzu)'로, '리엔(lien)'과 대응되는 개념이다. '리엔'이 자기 스스로를 보고 느끼는 자괴적이며 반성적인 부끄러움이라면, '미엔쯔'는 남에게 비추어진 자신의 모습을 보고 느끼는 부끄러움이다. 즉 미엔쯔는 밖으로 보여지는 사회적인 자아, 리엔은 스스로 평가하는 내면의 자아와 관련되어 있다. 이처럼 중국의 체면은 사회적 체면(미엔쯔)과 개인적 체면(리엔)을 모두 포함한 개념이다. 그러나 한국의 체면은 개인적 체면보다는 사회적 체면의 성격이 훨씬 강하다. 다른 한편 일본의 체면인 멘쯔[面子]는 한국의 체면보다는 더욱 집단주의적인 성격을 가지고 있다. 이 때문에 일본의 체면인 멘쯔는 집단적 명분이나 의리를 저버리는 행동에 더욱 민감하게 나타나며, '본심'에 해당되는 단어인 혼네[本音]보다는 일본의 사회적 교류 방식인 다테마에[健前]에 의존한다는 점에서 의례적 성격이 강하다. 즉, 일본인의 체면은 집단 수준의 명분 체면이 높다는 점에서 중국이나 한국의 체면과 차이가 있다. 일본인들에게 체면은 집단과의 조화를 통해 유지되는 것이며, 집단의 조화를 깨는 행동은 체면의 손상으로 여긴다. 반면 한국의 체면은 내집단 내에서의 '인정(recognition)'을 통해 세워진다는 점에서 일본의 체면과 차이가 있다. 한국의 부모는 자녀들이 학급에서 뛰어난 모습을 보이도록 가르치는 반면 일본의 부모는 자녀가 학급에서 순응하는 모습을 보여주길 바란다. 간단히 말하면, 우리나라의 체면이 서양의 페이스, 중국과 일본의 체면과 구별되는 가장 큰 특징은 체면의 '사회성'에 있다. 개인적인 차원의 체면 요소도 존재하지만 '남들이 바라보는 나의 모습'과 더욱 밀접하게 관계가 있는 사회적 체면이 훨씬 더 강하다. 이처럼 우리나라의 사회적 체면은 개인의 상호 작용 차원을 넘어서서 보이지 않는 사회적인 청중을 대상으로 존재하기 때문에 사회적 기준이 매우 중요하고, 이를 넘어서지 않을 때 자신의 체면이 유지될 수 없다고 느낀다. 우리나라 사람들이 대형차와 명품, 명문대를 선호하는 심리에도 이러한 사회적인 체면이 깊게 깔려있다(김영욱 · 양정은, 2011: 318).

중략…) "법정에서 양측은 상대방이 먼저 사과를 하면 재판을 끝내겠다며 한 치도 물러서지 않는 모습을 보였다. 현대그룹 측은 이 소송은 서로의 자존심과 체면이 걸려있는 문제인 만큼 이번 소란에 대해 피고 측이 사과한다면 얼마든지 다른 방식으로 해결 가능하다고 강조했다. 현대차그룹 측은 이에 대해 적반하장이라며 소송을 통해 문제제기를 한 것은 현대그룹 측인 만큼 사과를 받아야할 사람은 우리라고 반발했다"(『한국경제』, 2001.5.6). 이러한 사례에서 알 수 있듯이 체면이 문제해결을 위한 원활한 의사소통에 장애요인으로 작용하는 경우가 빈번하다(김영욱 · 양정은, 2011: 315).

갈등의 요인이 공적인 이슈인가 사적인 이슈인가에 따라 사회적 체면이 강한 사람과 그렇지 않은 사람 간의 대응방식이 달라진다. 사회적 체면이 강한 사람은 일상의 사적인 이슈에 대해서는 건설적인 논쟁을 통해 해결하려는 경향이 강하고, 사회문제와 같은 공적인 이슈에 대해서는 건설적인 논쟁 등의 적극적인 소통을 회피하는 경향이 강하다. 그것은 사회적 체면의식이 강한 사람은 전자보다는 후자가 자신의 체면에 미치는 영향이 크다고 보기 때문이다. 그리고 갈등 상대의 지위에 따라 달라진다. 나이나 지위가 자신보다 낮은 사람과의 갈등에서는 체면의식이 더 강해지기 때문에 건설적인 논쟁을 통한 해결방식을 회피하거나(이슈가 중요하지 않을 경우) 공격적이고 권위주의적인 방식으로 해결하려는(이슈가 중요할 경우) 경향이 있다.[22] 권력관계가 모호하거나 (아주 가깝지는 않고 적당하게 안면이 있으면서) 서로 대등한 관계에 있는 사람과의 갈등에서는 사회적 체면의식이 강한 사람일수록 (특히 이슈가 중요할 경우) 권력관계를 재구성하여 우위를 점하기 위해 일방적이고 공격적이며 무례한 방법으로 대처하는 경향이 있다.[23] 아주

22 직장상사와 부하직원, 교수와 학생, 대기업과 하청기업 등의 관계가 대표적인 예가 될 것이다.

가까운 사이에 이슈가 중요하지 않을 경우에는 서로 간의 신뢰수준이 높고 관계를 유지하고자 하는 욕구가 강하기 때문에 건설적인 논쟁과 협상을 통해 문제를 해결하려는 경향이 강하다. 또한 이런 사람 간에는 사회적 체면의식이 약하기 때문에 적극적으로 자기주장을 하지만 상호호혜적인 해결방법을 모색할 가능성이 높다(김영욱 · 양정은, 2011).

또한 갈등을 겪고 있는 문제의 성격에 따라 선호하는 갈등관리방식에서 차이가 있을 수 있다. 직무 수행과 관련된 문제를 두고 갈등이 발생할 경우 서로 직접 대면하여 협력하고 설득하면서 문제해결방법을 찾게 되기 때문에 주로 통합(integrating)을 선호한다. 그러나 갈등을 야기하는 문제가 개인의 이해관계나 감정 또는 규범 · 가치 등 대인관계와 관련된 문제일 경우 상대방의 입장을 무시하고 자신의 욕구나 입장을 최대한 충족시키기 위해 상대방을 제압하려고 하는 지배(dominating)방식을 대체로 선호하고, 때로는 회피(avoiding)방식을 택할 수도 있다. 그것은 개인적 이해관계로 인한 갈등의 경우 자신들의 이익을 앞세우는 주장들을 공개적으로 하는데 따른 심리적 부담을 느낄 수 있고, 그렇다고 해서 상대방의 이익이나 입장을 그대로 수용하는 것도 내키지 않기 때문에 아예 회피전략을 쓸 수도 있다. 또한 대인관계 관련 갈등은 직무관련 갈등보다 개인화(personalize)되어 있어 해결하기 어렵기 때문에 보다 큰 선을 위해 공개적인 충돌을 피하려고 할 수 있고, 대인관계 갈등이 심해지면 감정대립이 격화되고 갈등 당사자 모두 심한 스트레스를 받을 수 있기 때문에 웬만하면 갈등 자체를 회피하려고 할 수 있다(김호정, 2011). 그런데 동아시아 세 나라는 직무보다는 관계를 중시하는 경향이 있기 때문에 특히 경쟁 또는 대립하고 있는 상대와의 갈등에서 (중요한 문제인 경우) 지배방식 또는 (크게 중요하지 않는 문제인 경우) 회피방식을 선호한다.

---

23 여야 정치인 간의 관계가 대표적인 예가 된다.

지금까지 한국, 중국, 일본 세 나라 국민에게서 공통적으로 찾아볼 수 있는 가치관과 체면의식이 갈등관리방식에 미치는 영향을 살펴보았다. 이제 중국인과 일본인의 갈등방식과 한국·중국·일본 세 나라 국민 간에 어떤 차이가 있는지 살펴보기로 한다.

먼저 중국인의 갈등관리방식을 살펴보자. 조화, 집단주의, 순응(conformity)을 중시하는 중국인들은 대인갈등 특히 내집단 구성원 간 갈등에서 타협(compromising)과 회피(avoiding)을 선호하고 대립적인 상황을 야기하는 경쟁(competing)과 자기주장(self assertive)은 상대적으로 덜 선호한다(Kirkbride et al., 1991). 이와 같은 대인갈등 관리방식은 일반적으로 적용되지만, 중국인들은 관계주의, 체면, 권력거리, 상호주의도 중시하기 때문에 구체적인 현실에서 발생하는 갈등에서 자기주장을 내세우느냐 아니면 협조적인 태도를 보이느냐 하는 것은 당사자들의 권위, 권력, 지위, 사회적 관계, 체면에 따라 다르게 나타난다. 갈등 당사자가 대등하고 가까운 사이라면 서로 타협하거나 협력할 것이나, 권력이나 사회적 지위가 높은 사람들은 덜 타협적 / 더 강압적이고 좀처럼 승복하지 않을 것이며 권력이나 사회적 지위가 낮은 상대방은 더 타협적이거나 그 사람의 지시나 요구에 승복할 것이다. 그럼에도 불구하고 권력이나 사회적 지위가 대등하지 않는 사이에도 관계주의와 체면 그리고 상호주의의 가치를 외면할 수 없기 때문에 중국인들의 주요 갈등관리방식은 자기주장을 강하게 내세우지 않는 타협이나 회피라고 할 수 있다.

〈표 94〉를 보면 중국인이 대인갈등에서 가장 선호하는 방식은 갈등이 경험유무에 따라 약간의 차이가 있는데, 갈등경험이 없는 사람은 법, 국가기관, 아는 사람의 중재 등의 순으로 선호하고 갈등경험이 있는 사람은 아는 사람의 중재, 포기(아무 것도 하지 않음), 국가기관 등의 순으로 선호한다. 흥미로운 것은 갈등경험이 있는 사람일수록 포기하거나 제3자를 통한 해결방식을 선호한다는 점이다. 이러한 차이는 거

〈표 94〉 중국인(일반인)의 갈등관리방식 – 갈등경험이 있는 사람과 그렇지 않은 사람의 비교

방식	전체		도시		농촌	
	미경험	경험	미경험	경험	미경험	경험
법	31.2	16.1	41.3	20.9	16.4	11.1
상대방 조직 / 집단의 장	10.7	8.0	14.2	13.3	5.5	2.4
아는 사람 중재	21.1	30.7	18.8	32.9	24.7	28.4
국가기관	22.2	20.5	12.8	13.7	37.2	27.8
언론	1.7	1.2	2.3	2.2	1.0	0.0
아무 것도 하지 않는다	10.7	26.5	9.0	23.9	13.2	29.3
기타	1.8	7.7	1.6	9.4	2.2	5.5
인원수	9,425	947	5,609	489	3,816	458

* 질문 – 만약 다른 사람과 갈등이 생기면 어떻게 해결할 것인가 (출처 : Yongshun Cai, "Social conflicts and modes of action in China", *The China Journal* 59, January. 2008)

〈표 95〉 중국인의 국가 대상 갈등 해결방법 – 갈등경험이 있는 사람과 그렇지 않은 사람의 비교

방식	전체		도시		농촌	
	미경험	경험	미경험	경험	미경험	경험
법	41.3	27.1	50.5	32.9	28.3	21.5
해당 기관 / 부서의 장	14.4	18.3	15.2	22.1	13.2	16.5
높은 직위 사람	25.1	26.8	17.5	29.3	40.0	24.0
집단청원	2.3	13.4	2.0	16.4	2.7	9.9
언론	4.2	4.6	5.8	5.7	1.8	3.3
아무 것도 하지 않는다	11.8	26.0	8.3	14.3	16.8	39.5
기타	1.0	3.8	0.8	4.3	1.3	3.3
인원수	10,011	261	5,958	140	4,153	121

(출처 : Yongshun Cai, "Social conflicts and modes of action in China", *The China Journal* 59, January. 2008)

주지가 도시지역이든 농촌지역이든 관계없이 나타나고 있다.

〈표 95〉를 보면 중국인이 국가기관을 상대로 하는 갈등에서 가장 선호하는 관리방식은 갈등경험 유무와 상관없이 법에 호소하는 것, 높은 직위에 있는 사람에게 부탁하는 것, 포기(아무 것도 하지 않는 것) 등

의 순이다. 법에 의한 해결방식을 가장 선호하는 성향은 갈등경험이 있는 사람보다 없는 사람과, 농촌지역 주민보다 도시지역 주민에게서 더욱 강하게 나타나고 있다. 높은 직위에 있는 사람에게 부탁하는 방식은 도시지역에서는 갈등경험이 있는 사람, 농촌지역에서는 갈등경험이 없는 사람이 더욱 선호한다. 포기하는 사람은 갈등경험이 있는 농촌지역 주민이 가장 선호하는 것으로 나타났다. 이러한 조사결과는 중국인들이 대인갈등이나 국가상대 갈등에서 가장 선호하는 관리방식이 포기하거나 제3자를 통한 해결이라는 점과, 당사자와 직접 담판을 짓거나 법에 호소하여 해결하는 방식을 선호하는 개인주의 문화권과는 분명한 차이가 있음을 확인할 수 있다(Cai, 2008).

일본인의 갈등관리방식을 살펴보자. 모리주미와 타카이(Morizumi & Takai, 2007)에 의하면 일본인의 대인갈등관리방식은 상대가 자신보다 높은 지위나 권력을 가진 사람이나 아니냐, 그리고 자신과 친밀하냐 아니냐에 따라 달라진다. 이들은 내집단과 외집단 성원을 친밀도에 따라 네 개의 집단으로 구분하여 각각의 집단 내 갈등관리방식을 살펴보고 있다. 내집단은 나이나 권력에 따른 상하관계를 무시해도 될 정도로 친밀한 내집단 성원(kino-okenai-kankei, intimate ingroups, 가족이나 절친)과, 가깝기는 하지만 나이나 권력의 상하관계를 무시할 정도는 아닌 친숙한 내집단(nakama, familiar interactive ingroups, 학교 동급생, 같은 동아리 회원, 직장동료 등)으로 구분한다. 외집단은 얼굴을 알고 가끔 접촉하는 사람(najimi-no-tanin, acquaintance interactive outgroups, 나머지의 학교 친구나 직장 동료)과, 외집단의 전혀 모르는 사람(muen-no-kankai, strnager outgroups, 생면부지의 사람들)의 집단으로 구분한다. 또한 보다 직접적으로 소통하는 친족 / 친척관계인 사람(miuchi)과 그런 관계는 없어 예의를 갖춰서 대하는 친숙한 사람으로 구분한다.

우선, 친족 / 친척관계의 내집단과 그렇지 않은 내집단의 갈등관리방식 차이를 보면, 모친과 소통하고 갈등을 관리하는 방식은 친밀하지만 나이가 많거나 높은 지위에 있는 내집단 성원(학교 선배, 파트타임 직장 선배와 상사)과의 소통・갈등관리방식과 확연히 차이가 있다. 즉 후자보다는 전자와의 갈등에서 회피(avoiding)나 승복(yielding)의 방식은 덜 사용하고 지배방식(dominating)은 더 자주 사용한다.[24]

내집단과 외집단의 갈등관리방식 차이를 보면 가족이나 절친 등 친밀한 내집단 성원(kino-okenai-kanaei, intimate ingroups)이나 친숙한 내집단(nakama, familiar interactive ingroups) 성원 간의 갈등에 있어서는 지배(dominating), 통합(integrating), 타협(compromising)의 방식을, 아는 사람(najimi-no tnain, acquaintance interactive outgroups)이나 친숙하지만 높은 사회적 지위에 있는 사람(intimate-high status group members)과의 갈등에서보다 더 자주 사용한다.[25] 그러나 지배방식에 대한 선호는 절친, 동급생, 선배와의 갈등 간에 차이가 있고, 통합방식은 절친과 다른 두 집단(동급생과 선배)와의 갈등에서 차이가 있다. 또한 타협방식은 내집단 성원과의 갈등에서보다 아는 선배(senior acquaintances, 예, 직장선배)와의 갈등에서 덜 사용되고 있다. 승복(obliging)과 회피(avoiding) 방식은 내집단 성원보다는 외집단 성원 즉 아는 사람(najimi-no-tanin 또는 acquaintance interactive outgroups)과의 갈등에서 더 자주 사용되는데, 특히 직장 상사와의 갈등에서 더욱 빈번하게 사용된다. 회피방식은 모친이나 절친과의 갈등에서는 훨씬 덜 사

24 일본인들은 자신보다 높은 지위에 있지만 친숙한 내집단 성원은 나카마(nakama)로 간주하여 친밀도가 우선시되는 대신 사회적 지위의 차이는 덜 의식하고 있다. 그러나 나이나 사회적 지위가 같은 친숙한 내집단과의 차별성은 분명하지 않다(Morizumi & Takai, 2007: 123).

25 친밀한 내집 선원 특히 모친과의 갈등에서 지배방식이 자주 사용되고 있는 것은 일본 집단주의의 특유한 성격에서 기인하는 것일 뿐, 일본사회가 개인주의화했기 때문은 아니라는 점을 강조할 필요가 있다. 왜냐하면, 집단주의사회에서는 내집단 성원에게 보다 우호적이고, 외집단과 차별 / 외면하기 때문에 가족 성원에게는 자기의 주장을 강하게 하고 다른 친숙한 사람들에게는 덜 그러는 것은 일본인들이 대인소통에서 집단주의 성향을 가지고 있다는 증거가 되기 때문이다(Morizumi & Takai, 2007: 124).

〈표 96〉 일본인의 의사소통과 갈등관리 방식

		1973	1978	1983	1988	1993	1998	2003	2008
직장	회사가 다음에 노동조건을 개선할 때까지 기다린다	37.2	41.6	47.6	48.2	45.4	49.3	50.2	50.2
	윗사람에게 전체의 노동조건을 개선해줄 것을 의뢰한다	23.6	21.6	22.4	23.6	26.1	25.1	25.5	26.4
	전체의 노동조건을 개선하기 위해 활동한다	31.5	30.7	25.1	22.0	21.9	20.5	18.2	17.8
이웃(1)	잡담을 하면서 다소 시간이 걸리더라도 화기애애한 분위기에서 회의를 진행한다	44.5	46.6	49.6	51.4	50.9	51.2	52.6	54.4
	불필요한 얘기는 하지 않고 모든 사람의 의견을 정리한다	51.7	50.0	48.0	45.1	44.6	45.9	43.5	42.1
이웃(2)	평지풍파를 일으키지 않고 해결되기를 바라기 때문에 가만히 사태를 지켜본다	23.2	31.1	32.6	32.9	33.1	31.5	28.5	31.1
	지역의 유력자에게 해결해달라고 의뢰한다	36.3	37.0	38.1	38.5	35.3	36.1	42.2	43.5
	모든 주민이 함께 문제해결을 위해 활동을 한다	35.8	28.2	26.4	24.8	26.5	29.1	25.5	21.8

* 주 : 직장 – 임금이나 노동시간 등에 불만이 있을 때 어떻게 대응하는가 / 이웃(1) – 만약 지역문제를 해결하기 위해 이웃사람 10명 정도가 만났을 때 회의는 어떤 방식으로 진행하는 것이 좋다고 생각하는가 / 이웃(2) – 공해문제 등 지역사회의 문제가 있을 때 어떻게 대응하겠는가

** '기타', '잘 모르겠다', 무응답은 표시하지 않았음.

(출처 : 河野 啓·高橋幸市, 「日本人の意識變化の35年の軌跡 (1)」, 『放送と調査』, April.2009)

용되고 외집단과의 갈등에서 더욱 자주 사용된다. 내집단 내 차이를 보면, 친숙한 내집단 성원(동급생, 직장동료 등)보다는 친밀한 내집단 성원(가족, 절친)과의 갈등에서 회피방식은 덜 사용되고 통합방식은 더 자주 사용된다(〈표 96〉 참조).

마지막으로, 세 나라를 비교한 연구를 보기로 한다. 미국, 한국, 일본, 중국, 대만 등 5개국 학생을 대상으로 조사한 팅투미 등의 연구(Ting- Toomey et al. 1991)에 의하면, 대인갈등에서 상대방을 이겨서 지배하려는 성향에서 한국학생과 일본학생은 미국학생보다 약하고, 승복하거나 회피하려는 성향에 있어서 중국학생과 대만학생은 미국학생보다 강하다. 중국, 일본, 한국 등 3개국의 직장인이 직장상사와의 갈등에 대처하는 방식을 비교한 김태열 등의 연구(Kim, 2007)에 따르면, 한국인은 중국인이나 일본인보다 직장상사에게 직접 이견을 제시하

고 타협하려는 방법을 선호하고, 일본인은 한국인이나 중국인에 비해 직장상사를 이겨서 지배하려는 방법은 덜 사용하나 직장상사에게 승복하는 방법은 더 많이 사용한다.[26]

26 김태열 등에 의하면, 한국인이 일본인이나 중국인보다 직장상사에게 잘못이 있더라도 무조건 따르는 것이 아니라 이견을 제시하고 바로 잡는 방법을 가장 많이 선호하는 것은 직장상사와 부하직원 간의 상호의존과 상호 간 배려가 강조되는 한국의 문화적 특성 때문에, 직장상사나 부하직원이 갈등상황에서 상대방을 이겨서 자신을 따르게 하는 방법(dominating)을 사용하지 않는다는 것이다. 반면, 일본인이 갈등상황에서 직장상사를 이겨 지배하는 방법은 가장 덜 선호하고 대신 직장상사에게 순종하는 방법은 가장 많이 선호하는 이유는 일본인이 하나의 큰 가족을 구성하는 것으로 인식하는 직장동료에게 매우 온건하고 자신의 주장도 강하게 내세우지 않는 성향이 강하기 때문이며, 또한 일본인은 갈등이 공개적으로 드러나면 사회적 관계를 해친다고 믿기 때문에 공개적으로 자신의 의견을 제시하여 상대방과 공공연하게 갈등을 일으키려고 하지 않기 때문이다. 갈등이 발생하면, 일본인은 사회적 관계를 유지하기 위해 상대방의 입장이나 명예 또는 복지를 배려하여 격한 논쟁없이 문제를 해결하려고 한다. 이러한 일본인의 문화・심리 성향으로 말미암아 갈등상황이 발생하면 상대방의 이익에 손상을 입히지 않고 오히려 자신의 이익을 버리게 된다는 것이다. 그리고 중국인은 자기 체면을 지키려는 경향이 강해서 자신의 이익을 관철시키고자 하기 때문에 대인갈등에서 양보하고 승복하는 방법을 가장 덜 선호한다(Kim et al,. 2007: 27～28).

제5장

나오는 말

서유럽이나 북미 국가들이 200~300년 걸려 이룩한 산업화와 사회 변동을 한국, 일본, 중국 등 동아시아의 세 나라는 지난 한 세기 내지 반세기 동안 겪으면서 도시화, 핵가족화, 고령화 등 사회구조나 법이나 제도 또는 하드웨어 측면의 변화도 겪게 되고, 남녀평등사상, 개인주의, 합리주의 등 서구의 근대적 가치와 규범도 확산되었다. 이러한 외형상 또는 공식제도 측면에서의 변화에도 불구하고, 일상생활에서는 집단주의, 가족주의, 연고주의, 가부장적 권위주의, 온정주의 등 많은 전통적인 가치와 규범은 아직도 사라지지 않은 채 상당한 영향력을 발휘하고 있다. 특히 근대적인 법규범이 적용되지 않거나 집행하기 어려운 사적 영역(private sphere)이나 비공식 부문(informal sector)에서는 전통적인 가치와 규범이 매우 강한 영향력을 발휘하고 있으며, 공적 영역에서조차 내집단에 대해서는 전통적인 가치와 규범을 적용하고 외집단에 대해서는 근대적인 가치와 규범을 적용하는 '이중잣대'

현상이 나타나고 있다.

개인의 자율성과 권리를 중시하는 사회에서는 갈등의 가능성도 높아지는데 동아시아 세 나라는 전통적인 가치와 규범이 아직 남아 있어, 안정된 서구사회에 비해 개인 간, 집단 간, 시민사회와 국가 간 갈등의 빈도수도 많고, 갈등의 양상과 성격도 근대서구사회와는 달리 훨씬 더 복잡하다. 한국이나 중국보다 일찍 고도성장과 민주화를 경험한 일본은 1960~1970년대, 1980년대 말에 고도성장과 민주화를 이룩한 한국은 1990년대, 2000년대부터 고도성장을 목도하고 있는 중국은 2010년대에 사회적 갈등의 빈도도 잦고 유형도 다양해졌다. 1980년대 이미 선진국으로 자리 잡은 일본은 민주주의와 법치가 자리를 잡아 최근에는 사회적 갈등이 크게 줄어들었으나, 그렇지 못한 한국과 중국에서는 아직도 각종 사회갈등으로 몸살을 앓고 있다.

4장에서 한국, 중국, 일본을 포함한 유교문화권에서 공통적으로 발견되는 갈등관리방식, 세 나라 각각의 갈등관리방식, 그리고 세 나라 국민의 갈등관리방식에서의 차이를 살펴보았다. 세 나라 국민의 공통적인 갈등관리방식은 다음과 같은 특징을 갖는다.

첫째, 구성원 간의 조화롭고 원만한 관계를 통해 공동체의 질서와 평화를 유지하는 것을 가장 중요시하기 때문에 갈등이 발생하면 회피(절제), 양보와 타협(중용), 제3자에 의한 중재를 통해 해결한다.

둘째, 집단주의 문화권에 속하는 세 나라 국민들은 집단의 목표와 규범 또는 전통, 다른 사람과의 조화와 체면을 중시하기 때문에 갈등을 최소화하기 위해 가능하면 상대방의 입장을 수용하면서 타협하거나 갈등 자체를 회피하거나 제삼자 개입을 통해 해결하려는 전략을 구사하고, 자원의 분배와 관련된 갈등에서 기여도에 따른 공평한(equitable) 분배를 추구하는 개인주의자와는 달리, 집단주의자는 내집단 구성원과는 균등한(equal) 분배, 외집단 구성원과는 공평한 분배를 추구한다.

셋째, 내집단 편애와 외집단 차별 의식이 강한 동아시아의 집단주의자들은 갈등에 대처하는 방식도 상대방이 내집단 성원이냐 외집단 성원이냐에 따라 다르다. 내집단 성원과의 갈등에 대해서는 집단의 위계질서에서 그 사람과 자신이 차지하는 상대적 위치에 따라 주로 아랫사람에 대해서는 지배 전략을 구사하고, 윗사람에게는 복종 또는 회피(avoiding) 전략을 취하며, 자신과 대등한 사람에게는 협력(collaboration) 또는 양보・타협(compromising)의 방식을 사용한다. 반면 외집단이나 그 성원에 대해서 개인주의자와 마찬가지로 때로는 더 공격적으로 경쟁・적대・ 지배 방식을 사용한다.

넷째, 서구의 자아중심적인 체면과는 다른 사회적인 체면(face)과 체면행동(facework)이 강한 한국, 중국, 일본인들은 대인갈등에서 서구인과는 다른 방식을 사용한다. 즉, 사회적 체면이 강한 사람은 일상의 사적인 이슈에 대해서는 건설적인 논쟁을 통해 해결하려는 경향이 강하고, 사회문제와 같은 공적인 이슈에 대해서는 건설적인 논쟁 등의 적극적인 소통을 회피하는 경향이 강하다. 또한 갈등 상대의 지위에 따라 달라지는데, 나이나 지위가 자신보다 낮은 사람과의 갈등에서는 체면의식이 더 강해지기 때문에 건설적인 논쟁을 통한 해결방식을 회피하거나(이슈가 중요하지 않을 경우) 공격적이고 권위주의적인 방식으로 해결하려는(이슈가 중요할 경우) 경향이 있고, 권력관계가 모호하거나 (아주 가깝지는 않고 적당하게 안면이 있으면서) 서로 대등한 관계에 있는 사람과의 갈등에서는 사회적 체면의식이 강한 사람일수록 (특히 이슈가 중요할 경우) 권력관계를 재구성하여 우위를 점하기 위해 일방적이고 공격적이며 무례한 방법으로 대처하는 경향이 있다. 그리고 아주 가까운 사이에 이슈가 중요하지 않을 경우에는 서로 간의 신뢰수준이 높고 관계를 유지하고자 하는 욕구가 강하기 때문에 건설적인 논쟁과 협상을 통해 문제를 해결하려는 경향이 강하다. 이런 사람 간에는 사회적 체면의식이 약하기 때문에 적극적으로 자기주장을 하지만 상호호혜적인 해결방법을 모색할 가능성이 높다.

이와 같은 공통적인 갈등관리방식을 사용하는 한국인, 중국인, 일본인은 각각의 특유한 역사와 경험으로 말미암아 미묘한 차이도 있다. 상대방을 이겨서 지배하려는 성향은 한국인과 일본인이 (미국인보다) 약하고, 승복하거나 회피하려는 성향은 중국인과 대만인이 (미국인보다) 강하다. 한국, 중국, 일본 등 3개국의 국민이 조직 윗사람과의 갈등에 대처하는 방식에서는 한국인은 중국인이나 일본인보다 직접 이견을 제시하고 타협하려는 방법을 선호하고, 일본인은 한국인이나 중국인에 비해 윗사람을 이겨서 지배하려는 방법은 덜 사용하나 윗사람에게 승복하는 방법은 더 많이 사용한다.

처음 이 책을 구상할 때 갈등관리방식 자체에 초점을 맞추어 한국, 중국, 일본의 차이를 분석하려고 했다. 그러나 국내외의 관련 연구를 검토하면서 각국의 갈등관리방식을 제대로 이해하기 위해서는 그 배경적 조건 특히 사회경제적 환경과 문화적 특성을 깊이 살펴보아야 한다는 것을 알게 되었다. 그러다보니 원래 계획보다 원고를 완성하는데 걸리는 시간도 길어졌다. 무엇보다도 가장 아쉬운 점은 세 나라 국민 사이에 나타나는 갈등관리방식의 차이를 보다 깊이 그리고 면밀히 파악할 수 있는 자료가 절대적으로 부족했다는 것이다. 그 결과 사회경제적 구조와 실천 그리고 가치와 규범의 차이는 나름대로 깊이 있게 분석할 수 있었으나, 원래 기획했던 갈등관리방식의 차이에 대해서는 충분히 설명하지 못했다. 부족한 부분을 채우기 위해서는 세 나라 국민을 대상으로 내집단과 외집단, 윗사람-대등한 사람-아랫사람, 체면의식의 성격과 강도 등을 조사내용에 포함한 조사가 필요할 것이다. 시간과 재원이 부족한 현재의 상황에서는 다음의 과제로 남겨놓을 수밖에 없다.

보론

동아시아 사회의 집단주의 연구에 대한 비판적 고찰*

관계중심 집단주의론의 관점에서

1. 들어가는 말

얼마 전까지만 하더라도 우리 사회에서 '집단주의'에 대한 인식은 대체로 부정적이고 학술적인 연구도 드문 편이었다. 주로 저널리스트나 정치인들이 다른 사람들의 처지나 입장은 생각하지 않고 자신의 욕심을 채우려는 집단이기주의, 또는 국가나 사회 전체의 이익을 빌미로 개인의 자유와 권리를 억압하는 전체주의를 지칭하기 위해 사용한 것으로, 그 개념 속에 이미 가치판단이 개입되어 있어 과학적인 엄

* 이 글의 축약본은 인하대 한국학연구소의 『한국학연구』 제31집(2013.10.30)에 「동아시아 집단주의에 대한 연구동향–일본, 대만, 서구의 연구를 중심으로」라는 제목으로 게재하였음.

밀성을 결여했기 때문이다.

그러나 네덜란드의 호프스테드(Geert Hofstede)가 60여 개국에 근무하는 아이비엠 해외지사 근무자들을 대상으로 문화적·심리적 성향을 묻는 설문조사 결과를 1980년 『문화의 영향(Consequences of Culture)』이라는 제목의 단행본으로 발표하면서 집단주의에 대한 과학적이고 체계적인 접근이 이루어지기 시작했다. 호프스테드는 그의 책에서 권력거리(power distance), 개인주의(individualism), 남성성(masculinity)과 여성성(-feminity), 불확실성 회피(uncertainty avoidance)의 네 가지 차원에서 각국의 문화적 특성을 파악하면서, 미국이나 서유럽 국가들은 집단보다는 개인의 독립성, 자율성, 자기성취 등을 강조하는 개인주의 문화권으로, 한국, 중국, 일본, 홍콩 등 동아시아 국가들은 다른 비서구 지역 국가들과 함께 개인보다는 집단의 목표와 통일성 등을 앞세우는 집단주의 문화권으로 분류했다. 이후 많은 사회과학자들은 이러한 호프스테드의 개인주의-집단주의의 2분법 모델에 근거하여 특정 국가의 문화적 특성을 분석하거나 미국 내 문화집단(ethnic groups) 또는 국가 간의 문화적 특성을 비교 분석하기 시작했고, 국내에서도 1990년대 초반부터 호프스테드의 이론을 한국사회에 적용한 분석들이 나오기 시작했다.

1970년대까지만 하더라도 한국, 일본, 대만, 홍콩, 싱가포르 등 동아시아 국가들이 급속한 경제성장을 실현한 것은 권위주의적이거나 일당 헤게모니의 국가의 주도로 이루어졌고, 이들 국가는 모두 개인의 자유나 권리보다는 집단 또는 타인과의 관계 조화를 강조하는 유교문화권에 속했기 때문에, 동아시아 국가들을 집단주의사회로 규정하는데 대해서 커다란 이견이 없었고, 또한 그러한 집단주의가 반드시 부정적으로만 평가된 것은 아니었다. 그러나 1990년대에 접어들면서 미국이 일본의 국내시장개방 압력과 '일본 두들겨 펴기(Japan bashing)'가 시작되면서, 서구 학자나 정치인들에 의해서 그간 일본을 비롯한 동아시아 국가의 초고속성장을 일구어낸 주역으로 극찬했던 집단주의 문화가 개인의 자유를 억압하고 폐쇄적 사회를 지탱하는 주범으로 지목, 비판 받기 시작했다. 중국에 대해서도 1990년대 초반 무렵부터 '중국위협론(China threat)'이 제기되었고, 말레이시아 등 다른 동아시아 국가에 대해서도 개인의 인권을 억압한다는 이유로 동아시아 유교문화가 부정적으로 인식되기 시작했다. 이런 상황에서 경제가 발전한 나라일수록 개인주의문화가 지배적이라는 호프스테드의 분석결과는 유교적 집단주의가 기독교적 개인주의보다 열등하다고 암시하는 것으로 받아들이게 했다.

대만, 중국 등 동아시아지역 학자들이 동아시아 '집단주의론'에 대해 강한 반발을 보이게 된 것은 바로 이런 맥락에서였다. 이들은 호프스테드의 개인주의-집단주의 이론이 서구중심적인 사고에서 나온 것임을 지적하고, 동아시아 사회의 유교적 가치와 규범은 방법론적으로도 정당한 근거를 가지고 있으며 실천적으로도 개인의 자유와 개성을 무시하는 부정적인 것이 아니라 타인과의 관계를 원만하게 하고 전체 사회의 조화와 균형을 실현하는 데 기여할 수 있다는 주장을 펼치기 시작했다. 특히 일본의 하마구치 에슌(濱口惠俊), 대만의 양국추(楊國樞) 등은 서구의 시각에서 만들어진 '개인주의-집단주의 이론'을 외재적인 시각(etic)에서 나온 것이라고 비판하면서, 서구의 시각에서 본 동아시아의 집단주의는 개인의 독립성과 자율성을 억압하는 것으로 보일지 모르지만 내재적인 시각(emic)에서는 타인이나 집단과의 조화를 추구하는 '간인주의(間人主義)', '관계체주의(關係體主義)', 또는 관계주의(relationalism)라고 할 수 있으며, 이러한 개념은 서구 사회에도 적용될 수 있다고 주장한다(하마구치 에슌 · 쿠몬 슌뻬이, 1982; 박용구, 2007. 박용구, 2001, 박용구 · 신수진, 2004; Ho, 1998; Hwang, 2000; Cheng and Sculli, 2001; Huang, 2003; Wen, 2008).

'개인주의-집단주의'의 이분법 모델에 입각한 비서구 사회(인)의 문화적 · 심리적 특성을 규정했던 호프스테드류의 이분법적 이론에 대한 비판은 서구에서도 제기되었다. 주로 사회정체성이론(social identification theory)이나 자기범주화이론(self-categorization theory)을 주장하던 서구의 학자들이 자기개념(self-conception 또는 self representation)의 유형을 '개인적 자기(personal self)', '관계적 자기(relational self)', '집단적 자기(collective self)' 등 세 개로 나누고, 이에 상응하는 문화적 · 심리적 특성의 유형을 '개인주의(individualism)', '관계주의(relationalism)', '집단주의(collectivism)'의 세 개로 구분하였다. 그리고 이러한 삼분법 모델에서 보면, 동아시아의 '집단주의'는 관계주의 또는 관계중심 집단주의(relational collectivism)로 보아야 하며, 개인보다는 집단의 목표나 이익을 앞세운다는 본래적인 의미의 집단주의는 서구사회에서도 나타난다는 것이다(Turner et al., 1994; Brewer and Gardner, 1996; Brewer and Y-R. Chen. 2007; Yuki, 2003; Kashima and Hardie, 2000; Gaertner et al., 2012; Schmitt et al., 2006; Tanti et al., 2008).[1]

동아시아 집단주의에 대한 해외의 연구추세에 비추어 볼 때, 국내의 연구는 한참 지체되어 있다는 생각이 든다. 국내에서 동아시아의 유교적 집단주의에 대한 논의가 본격적으로 시작된 것은 『문화의 영향』이 출간된 뒤 한참이 지난 1990년대 초반경이었다. 한편에서는 1990년 한국심리학회가 주최한 국제학술대회에서 호프스테드류의 '개인주의-집단주의'이론이 소개된 후 심리학자들을 중심으로 이 이론의 한국 현실에의 적실성과 대안을 둘러싼 논의와 사례연구들이 진행되었고, 다른 한편에서는 1990년대 중반 무렵 주로 사회학자들을 중심으로 유교적 자본주의론과 유교와 민주주의의 관계에 대한 논란이 격렬하게 벌어졌다. 그러나 이 무렵에는 이미 일본이나 대만 심지어는 서구에서는 대안 이론 내지 모델이 본격적으로 논의되고 있었음에도 불구하고, 대

1 이 글에서는 집단주의를 '관계중심 집단주의(relational collectivism)'와 '집단중심 집단주의(group collectivism)'로 구분하고, 전자와 '관계주의(relationalism)'를 같은 의미로 사용하기로 한다.

부분의 국내 연구자들은 한국사회를 호프스테드의 이분법 모델에서 말하는 집단주의 문화권으로 규정하고 이에 근거한 사례분석에 치중하고 있었다. 최상진 등 일부 학자들은 서구의 이분법적 모델과 이론이 한국의 문화와 한국인의 심리를 충분히 설명할 수 없다고 판단, '토착적 심리학'이라는 이름으로 우리의 실정에 맞는 개념과 이론을 개발하려는 시도를 하기도 했다.[2] 그러나 나머지 대부분의 연구자 특히 상담심리학, 경영학 등과 같은 응용 사회과학 분야의 연구자들은 최근까지도 호프스테드의 '개인주의-집단주의'의 이분법 모델이나 이를 약간 변용한 트리안디스(Triandis)의 '수평-수직 × 개인주의-집단주의'의 4분법 모델을 우리 사회에 적용하고 있다.[3]

이러한 문제의식에서 본 논문은 동아시아 사회의 '집단주의'를 둘러싼 논쟁을 비판적으로 검토한 뒤, 동아시아 사회의 문화적 특성을 가장 잘 설명할 수 있는 이론은 관계주의론 또는 관계중심 집단주의론이라는 입장에서 추후 과제를 제시하고자 한다. 이후 본 논문은 먼저, 동아시아 사회의 유교적 '집단주의'를 둘러싼 논쟁의 배경을 살펴볼 것이다. 다음, 국내 학계에서의 연구동향을 훑어 볼 것이며, 호프스테드류의 집단주의론에 대한 비판과 대안을 비판적으로 검토한 뒤 '관계중심' 집단주의 또는 '관계적' 집단주의 또는 관계주의라는 개념이 동아시아의 문화 또는 동아시아인의 심리를 가장 잘 설명할 수 있다는 것을 주장할 것이다. 미지막 절에서는 동아시아의 관계주의에 대한 연구를 심화시키기 위한 과제들을 제시할 것이다.

2 최상진은 한국사회의 집단주의를 일본의 간인주의, 중국의 관계주의와 유사한는 '관계주의', 즉 관계중심 집단주의로 규정했다(Kim, 1994; 최상진, 2009; Choi et al., 2007).

3 뒤에서 설명하겠지만, 트리안디스(Triandis)는 1980년대 말에 자기개념(self-conception)을 '개인적 자기', '공적 자기', '집단적 자기' 등 세 유형으로 나누고, 1990년대 중반에는 단순한 개인주의-집단주의의 이분법 모델을 권력거리의 차원(수평-수직)과 교차하여 네 유형으로 구분하였으나, 개인주의-집단주의의 이분법 모델을 근본적으로 수정한 것은 아니었다.

2. 동아시아 집단주의론을 둘러싼 논쟁

네덜란드 출신인 호프스테드(Geert Hofstede)는 1967년 아이비엠 인터내셔날의 경영자 훈련과 인사관리연구 책임자로 입사한 그 해부터 1973년까지 66개국 아이비엠의 해외지사 근무자들을 대상으로 '작업 관련 가치 조사'(Work-Related Values Survey)를 실시하여 11만여 설문지를 수거하였고, 이를 분석한 결과를 『문화의 영향(Cultures' Consequences)』이라는 제목의 책으로 발간했다. 이 책에서 각국 간 문화의 차이는 권력거리(power distance), 개인주의(individualism), 남성성(masculinity), 불확실성회피(uncertainty avoidance)의 네 가지 차원에서 나타난다고 주장하면서, 중국, 일본, 한국 등 동아시아 국가들은 미국이나 서유럽 국가와는 달리 집단주의 성향(collectivism), 상하 간의 권력 차이가 큰 권위주의 성향(power distance), 물질적 성장을 강조하는 남성적 성향(masculinity)은 강하고, 불확실성 회피 성향(uncertainty avoidance)은 낮은 문화권으로 파악했다(Hofstede 1980).

이전에도 비교문화연구가 없었던 것은 아니지만, 특히 호프스테드의 연구가 미친 영향을 실로 컸다. 무엇보다도 경영학, 심리학, 사회학, 교육학 등 여러 학문분야에서 그가 제시한 '개인주의-집단주의' 이론에 근거한 경험연구와 논쟁이 이루어졌다(Oyserman et al, 2002: 3).[4] 호프스테드가 제시한 네 가지 요소 중에서도 특히 '개인주의-집단주의' 이론에 대한 연구와 논쟁이 많았는데 그것은 다음과 같은 이유에서였다.[5]

4 비교문화연구 분야에서 1990년대 초반까지 출판된 연구결과물 중 문화 간 차이를 설명하기 위해 개인주의-집단주의 개념을 차용한 사례가 전체의 1/3이나 된다고 한다(Hui & Yee, 1994). 호프스테드의 '문화의 영향' 이후 20년 동안 '개인주의-집단주의'를 주제로 발표된 연구의 대상과 방법에 대해서는 Oyserman et al(2002)의 부록(Appendix A)을 참조할 것.

첫째, 호프스테드가 말한 문화의 네 가지 차원, 즉 권력거리, 개인주의, 남성성-여성성, 불확실성 회피성향 중에서 '개인주의-집단주의'가 각국의 사회적 행동의 차이와 다른 문화적 차원을 설명하는 가장 중요한 요소라는 공감대가 있었기 때문이다(Triandis, 1988: 60). 즉 언어의 문법처럼 이 요소가 다양한 상황에서의 여러 가지 사회적 행위를 촉발하고 해석하는 틀이 될 수 있고, 과거, 현재, 미래의 단일문화에 대한 설명과 예측은 물론 통문화적(cross-cultural) 설명을 제공할 수 있다는 것이다(Greenfield, 2000: 231).[6] 이처럼 개인주의-집단주의의 차원은 단 하나의 변수로 세계 각국의 과거, 현재, 미래의 사회적 행동을 설명할 수 있다는 간단명료성의 이점을 갖고 있었던 것이다(Kagitcibasi, 1997: 9). 둘째, 호프스테드는 이 이론으로 각국의 문화를 설명할 뿐만 아니라 경제발전과의 상관관계를 밝힘으로서 심리적 특성과 경제발전 또는 사회변화의 관계를 설명하려는 사회과학자들의 관심과 연구를 자극했기 때문이다(조긍호, 2012: 33~34). 호프스테드는 경제발전수준이 높은 선진국에서는 개인주의, 낮은 후진국에서는 집단주의가 강하게 나타났다고 했다(Hofstede, 1980). 셋째, '개인주의' 또는 '집단주의'라는 주제는 이미 18세기부터 정치철학, 사회학, 경제학, 심리학, 문학비평, 종교학 등 거의 모든 인문사회과학분야에서 개인과 개인, 개인과

5 이하의 논의는 주로 조긍호(2012)의 논의를 인용한 것이다.

6 예를 들면, '개인주의-집단주의' 성향이 다른 여러 가지 문화적 또는 심리적 특성에 어떤 영향을 미치는 지를 파악하기 위한 연구가 많이 이루어졌다. 즉 호프스테드의 연구결과가 나온 뒤 개인주의성향 또는 집단주의성향이 개성(personality), 자아의 이미지(self-concept), 자기존중감(self-esteem), 행복감(well-being), 감정과 감정표현에 대한 태도(emotions and emotional expression), 인간관계 파악방식(attribution), 갈등관리와 협상방식(conflict management and negotiation styles), 타인이나 소속집단과의 관계, 의사소통방식(communication styles), 갈등해결방식(conflict resolution styes), 작업장 인간관계와 일에 대한 만족도(working in groups and job satisfaction) 등에 미친 영향을 비교문화의 관점에서 분석한 연구들이 많이 이루어졌다. 보다 자세한 것은 Oyserman et al(2002)와 조긍호(2012)를 참조할 것.

사회의 관계를 이해하고 설명하기 위한 개념으로 제시되어 왔기 때문이다(Triandis, 1996: 397~398; Kagitcibasi, 1997: 3).

넓게는 개인주의-집단주의 이론, 좁게는 동아시아사회의 유교적 집단주의를 둘러싼 논쟁이 확산되었던 데는 이러한 학문적 이유에 덧붙여, 다른 현실적인 요인들도 작용했다.

첫째, 1950~1960년대에는 일본이 급속한 경제성장을 실현하였고, 1960~1970년대에는 한국, 대만, 싱가포르, 홍콩 등 동아시아 4개국이 급속한 경제성장을 이루었다. 이에 따라 일본을 포함한 동아시아 국가들의 공통된 문화적 유산인 유교가 산업화에 미친 영향 내지 유교와 자본주의의 관계에 대한 관심이 높아졌다(Chong, 2002: 394). 급속한 경제발전에 기여한 요인 중 유교와 관련된 것으로 권위에 대한 복종, 개인보다 사회 우선(또는 공동체주의(communalism or communitarianism)), 경쟁보다는 조화 중시, 강한 노동윤리(strong work ethic) 등이 주로 지적되었고, 이 중 세 가지는 '개인주의-집단주의'와 직간접적으로 연관된 것이다(Kim, 2010; Chong, 2002; Jenco, 2013; Huang, 2007).[7]

둘째, 1965년 말레이시아로부터 독립한 싱가포르가 1970년대 초반부터 자신의 정체성을 확립하고 경제발전을 촉진하기 위해 아시아적 가치를 국가의 지배이념으로 내세우기 시작하였고, 1990년대 초반부터는 보다 공세적이고 적극적으로 서구 자유민주주의의 대안으로서 아시아적 가치를 내세우기 시작했다.[8] 싱가포르를 포함한 동아시아

7 막스 베버가 주장한 프로테스탄트 정신만이 아니라 유교적 가치도 자본주의적 발전을 가능케 한다는 '유교적 자본주의론(Confucian capitalism)'이 본격적으로 논의된 것이다. 흥미로운 것은 유교가 자본주의적 발전에 대한 영향이라는 주제에 대해서 서구학자들은 대부분 관심을 갖지 않았고, 이 주제를 다룬 논자들은 대부분 유교 때문에 동아시아의 산업화가 성공했다는 주장에 대해서 비판적이었다. 그럼에도 불구하고 한국에서는 1990년대에 들어와 뒤늦게 논쟁이 시작되었다(유용태, 2001).

8 이 시기에는 서구의 자유민주주의를 문화제국주의로 간주하고, 이에 대항하기 위한 문화민족주의로서의 아시아적 가치를 내세웠다. '아시아적 가치'를 둘러싼 논쟁의

국가들이 급속한 경제성장으로 서구를 거의 따라 잡았고, 정치영역에서는 여전히 사회주의를 고수하고 있는 중국도 급속한 경제성장을 이룩하자, 싱가포르는 이들 국가의 공통적인 성공요인을 유교적 가치라고 주장할 수 있는 자신감을 얻었다. 그런데 이런 상황에서 서구사회가 사회주의권의 붕괴와 냉전 종식을 서구식 자유민주주의의 승리로 선언하면서 비서구 국가들도 이제는 모두 자유민주주의를 받아들이도록 압박을 가하자, 싱가포르, 말레이시아, 중국 등을 중심으로 하는 동아시아 국가들은 개인의 자유와 권리를 강조하는 자유민주주의의 한계와 문제점을 지적하면서, 유교문화 내지 아시아적 가치가 대안이라고 주장한 것이다(Subramaniam, 2000; Chong, 2002).[9]

셋째, 1960년대 이후 이혼 등으로 인한 가족해체, 실업, 빈곤, 범죄, 환경파괴 등 공동체의 문제에 대한 무관심 등과 같은 사회문제가 심각해지면서, 미국의 개인주의가 이러한 사회문제의 해결을 어렵게 하거나 오히려 유발한다는 주장이 서구사회 특히 미국에서 나오기 시작했다는 점을 들 수 있다. 소위 공동체주의를 주장하는 학자들은 미국의 핵심 가치이자 정체성인 개인주의와 이를 바탕을 두고 있는 자유주의(liberalism)와 자유지상주의(libertarianism)의 문제점을 지적하면서, 공동체주의(communitarianism)를 대안으로 내세우기 시작했고 이 과정에서 개인주의와 집단주의에 대한 관심이 높아진 것이다. 바로 이러한 시

기원과 배경, 전개과정, 내용에 대한 국내 문헌으로 권용혁(2005), 김정호(2008), 설한(2006), 전제국(1999), 이노우에 · 김창록(1997), 이승환 외(1999), 유석춘 외(2001), 이승환 외(1999), 이홍종(2002), 강정인(2003)을 참조할 것.

9 1993~1994년 싱가포르에서 16세 미국계 학생인 마이클 페이(Michael P. Fay)가 다른 학생과 함께 기물 파손죄로 기소되어 4개월 구금과 곤장 6대(클린턴 대통령의 탄원으로 4대로 감형)의 형을 받은 사건이 있었다. 이 사건으로 인해 심각한 죄를 저지르지도 않은 청소년에게는 과한 처벌이고 인권침해라는 미국을 비롯한 서구사회의 항의가 있었고, 싱가포르는 교육의 목적과 국내문제를 이유로 부당한 간섭이라고 반발함에 따라 미국과 싱가포르가 가벼운 외교적인 마찰을 빚기도 했다(Reyes, 1994).

점에서 호프스테드가 서구와 비서구 사회를 차이지게 하는 핵심적인 문화차원으로 개인주의-집단주의를 제시한 것이다. 즉 그는 전형적인 집단주의 국가로 일본, 중국, 한국, 싱가포르 등 동아시아 지역의 국가들을 지목했고, 전형적인 개인주의 국가로 미국을 지목함에 따라, 미국의 개인주의에 대비되는 동아시아의 집단주의라는 인식이 널리 확산되어 그만큼 관심이 높아진 것이다.

이외에도 1990년대 초반부터 '아시아적 가치'를 둘러싼 격렬한 논란도 동아시아의 집단주의에 대한 관심을 높이는데 일정한 역할을 했고, 남미나 동남아시아지역의 국가에 비해 동아시아 지역 국가에는 미국에서 박사학위를 취득한 연구자들이 많아 미국 학자들의 입장에서는 동아시아사회에 대한 공동연구도 보다 쉽게 할 수 있는 조건을 갖추고 있었던 점도 한몫을 했다(조긍호, 2012: 36~40).

이상과 같은 이유에서 개인주의-집단주의 이론과 동아시아 '집단주의'는 1980년대부터 최근까지 국내외에서 가장 각광받는 연구 주제 중의 하나가 되었다. 해외 영문 잡지에 발표된 논문만 수백 편에 달하고, 국내에서도 1990년대 중반 이후 200건이 넘는 저서나 논문이 발표되었다. 이러한 양적 규모에도 불구하고 국내의 개인주의-집단주의에 대한 연구는 무엇보다도 속성과 작동논리가 서로 다른 두 가지의 집단주의, 즉 집단 중심적, 관계 중심적 집단주의를 구분하지 않는다는 문제점을 가지고 있다. 이러한 문제점으로 말미암아 개인주의-집단주의의 이분법 모델로는 한국을 포함한 동아시아 사회의 문화적 특성을 정확하게 파악할 수 없으며,[10] 미국이나 서유럽 사회의 집단주의

---

10 사회적 정체성이론(social identification theory)과 자기범주화 이론(self-categorization theory)에 의하면, 집단주의에는 구성원들이 집단과 일체감을 느끼고 자신의 목표나 이익보다는 집단의 목표나 이익을 앞세우는 엄격한 의미의 '집단주의'와, 자신의 목표나 이익보다는 집단 구성원 간의 조화로운 관계를 앞세우는 '집단주의' 즉 '관계주의(relationalism)'가 있으며, 동아시아 사회는 전자보다는 후자의 특성이 강하다. 그

를 설명할 수 없다.[11]

이러한 문제의식에서 다음 절에서는 개인주의–집단주의에 대해서 최근까지 진행되어온 주요 연구들을 비판적으로 검토하고, 그 다음 절에서는 일본, 중국, 서구에서 논의되고 있는 '관계주의' 또는 '관계적 집단주의'를 소개한 뒤, 결론에서 동아시아 유교권의 집단주의 연구를 발전시키기 위한 과제를 제시하고자 한다.

3. 국내의 집단주의 연구 현황과 문제점

국내에서 집단주의라는 개념은 1990년대 이전까지는 주로 반공주의의 관점에서 소련이나 북한의 '사회주의'체제를 묘사하거나 반일감정의 차원에서 일본의 집단주의적 조직문화를 설명하는데 주로 사용되었고 부정적인 측면이 강조되었다.[12] 소련, 북한, 일본에서 발견되는 집단주의는 개인의 개성과 자유를 억압하는 전체주의와 같은 의미로 사용되거나 그 부산물로 여겼다. 이런 이유에서 한국의 '집단주의'

럼에도 불구하고, 대부분 국내 연구자들은 동아시아 사회가 전자의 집단주의 성향을 더 강하게 가진 것으로 파악하여 오해와 혼란을 초래하고 있다.

11 Oyserman et al(2002: 17~21)에 의하면, 집단의 조화(group harmony), 집단에 대한 의무(duty to the group)에서는 미국의 집단주의 성향이 약하나, 타인과의 관계(relatedness), 타인에게 조언을 구하는 것(seeking others' advice), 집단소속감(sense of group belonging)에서는 미국의 집단주의성향이 동아시아에 비해 결코 약하지 않았다.

12 대표적인 연구로 북한은 박재후(1984), 김성환(1984), 김순교(1982), 이중(1981), 도흥렬(1978) 등이 있고, 소련이나 중국의 경우, 김동규(1986), 배영기(1981) 등이 있으며, 일본은 김용술(1986)과 번역논문 몇 편이 있다. 서구에서도 근대사에 있어서 집단주의라는 개념은 소속됨(belongingness), 전통주의(traditionalism), 개인적 자유와 인권의 부재 등과 같은 부정적인 의미를 갖고 있었다(Wang and Liu, 2010: 45).

문화를 설명하기 위한 개념으로는 거의 사용되지 않았고 대신 '집단이기주의' 또는 '연고주의'라는 개념이 많이 사용되었다.

순수한 학술적인 의미의 '개인주의-집단주의' 개념은 한국심리학회가 1990년에 개최한 국제학술회의에서 처음 한국 학계에 소개되었고, 그 이후부터 사례연구들이 쏟아져 나왔다(한규석, 1991; 조긍호, 1996). 초기에는 주로 심리학에서 다루었고 시간이 지나면서 경영학, 교육학, 행정학 등 다른 분야에서도 본격적으로 확산, 적용되었다.[13] 그러나 국내에서 이 주제에 대한 그간 연구는 양적으로 엄청나게 팽창했으나 질적으로는 적어도 두 가지 문제점 내지 한계를 보이고 있다. 하나는 집단주의에는 관계중심 집단주의와 집단중심 집단주의의 두 가지 유형이 있음에도 불구하고 구분하지 않고 있다는 점이고, 다른 하나는 두 가지 유형을 구분하지 않은 집단주의 개념으로는 동아시아사회의 '집단주의'를 제대로 파악할 수 없다는 점이다.

여기서는 한규석, 조긍호, 최상진 등 세 학자의 연구를 중심으로 그 내용과 문제점을 살펴보기로 한다. 이 세 학자는 서구의 개인주의-집단주의 이론을 국내에 소개하기도 하고 이 주제로 연구를 가장 깊이 있게 그리고 오랫동안 연구해 왔기 때문이다.[14]

개인주의-집단주의 모델과 관련된 쟁점은 개인주의와 집단주의 특히 집단주의의 개념과 성격,[15] 집단주의에 적용되는 '집단'의 성격과

13 국회도서관에 등재된 문헌 중 1970년대 이후 발표된 것을 보면, 단행본 19건(한국대상 4건, 일본 14건, 이론 1건), 학위논문 102건(한국 96건, 북한 5건, 소련 1건), 학술논문 163건(1980년 이후 158건, 한국 122건, 북한 24건, 소련 2건, 일본 10건) 등 총 274건에 달한다.

14 이외에도 이 주제에 대한 논문을 많이 발표한 연구자로는 최태진(2004a, 2004b, 2004c, 2009), 한광현(2008, 2009, 2010) 등도 있지만, 이들은 대부분 '개인주의-집단주의' 이론을 거의 그대로 한국 현실에 적용하고 있다.

15 호프스테드가 개인주의와 집단주의의 개념을 처음 소개할 때 그는 특정 국가의 문화적인 특성으로 간주했으나, 개인을 대상으로 조사한 심리적 특성을 그가 속한 국가라는 집단의 문화적 특성으로 간주하는 '구성의 오류(fallacy of compostion)'라는 지

종류, 개인주의적-집단주의적 속성이 개인의 소통방식이나 갈등관리 방식 등 다른 행태에 미치는 영향 등이 있다. 이를 염두에 두고, 이 둘의 개념과 특성을 살펴보기로 한다.

한규석(1991, 1993, 1999, 2013)은 주로 트리안디스(Triandis)의 연구를 인용하여 집단주의와 개인주의의 개념을 다음과 같이 정의하고 있다. "집단주의의 주된 특징은 자아를 집단의 일부로 파악하고, 집단의 목표를 개인의 목표에 선행시키며, 집단의 원활한 결속에 관심을 가지며, 집단에 강한 정서적 애착을 갖는 것이다. 한편 개인주의의 주요 특징은 자아를 집단과는 별개의 독특한 단위로서 지각하고, 개인의 목표 추구가 집단에 누를 끼치더라도 개인의 목표를 강조하며, 집단의 결속에 관심이 적고 정서적으로도 거리감을 갖는다."(Triandis, Bontempo, Villareal, Asai, & Lucca, 1988: 335 · 한규석, 1991: 2; 1993: 185). 반면 다른 곳에서는 집단주의의 개념에 자신이 속한 집단과의 일체감, 정서적 애착, 집단 목표 우선과 같은 특징에 덧붙여 집단 구성원과의 관계를 포함하였다.

> 최근에 자기 개념의 구성요소의 문화 간 비교연구를 재정리한 마르쿠스(Markus)와 키타야마(Kitayama) (1991)는 동서양의 문화 특색을 각기 상호의존적 자기(interdependent self), 독립적 자기(independent self)로 특징 지웠다. (…중략…) 이러한 분석은 이전의 연구들에서 동서양을 집단주의-개인주의로 특징지은 것과 맥을 같이 한다. (…중략…) 이들에 따르면 상호의존적 자기의 가장 중요한 인지요소는 '타인과 연결된 자기'이므로 친근한 타인에 대한 이해와 정보가 필수적이다. 왜냐하면 그들과 원만한 관계를 유지하기 위해서는 그들에 대한 이해가 필요하기 때문이다(한규석, 1991: 5).[16]

적도 있자 심리학자들은 한 사회의 문화를 개인들이 가지고 있는 심리적 특성의 분포에서 발견되는 특성으로 이해하기 시작했다.

16 한규석은 개인주의와 집단주의의 차이를 다음과 같이 요약하고 있다. "문화권에 따

트리안디스(Triandis)와 그의 동료들은 개인 / 집단주의 문화의 특징을 네 가지 하위 속성을 들어 비교하였다. (…중략…) 그 네 가지 속성으로 첫째, 자아의 특성이 개별적인 개체(독립적 자아)의 특징을 많이 반영하든지 아니면 사람들과의 관계적인 (상호의존적인) 특징을 많이 반영하는지를 든다(Markus & Kitayama, 1991; Triandis, 1989). 둘째 속성으로 개인 목표와 집단 목표의 충돌 시 어느 것이 우선적인 고려 사항인지를 든다(Han & Park, 1995; Triandis, 1996). 셋째 속성으로 대인관계를 교환관계로 보는지 아니면 정(情)의 관계로 보는지의 특성이다(최상진 · 한규석, 1998; Mills & Clark, 1982). 넷째 속성으로는 사회적 행위의 주 결정인지가 개인의 태도인지 아니면 사회적 규범인지의 문제이다(오세철 · 윤덕현, 1982. 한규석, 2012).[17]

라서 '우리'라는 집단이 어떻게 규정되고 어떠한 영향을 갖는가 하는 것이 다르다. 집단주의 문화에서 내집단은 '나의 복지에 깊은 관심을 가진 가족, 친구, 친지들'이며, 이들 좁은 테두리를 벗어난 사람들과의 관계는 '나-외집단'의 관계이기 쉽다. 개인주의 문화에서 내집단은 '나와 유사한 사회계층, 인종, 사상, 태도, 가치관을 지닌 사람들'이며, 더 넓은 테두리에서 대부분의 인간관계가 발생한다(Triandis, 1972). 집단주의 문화에서는 성원 자격요건을 갖추면 내집단이 싫건 좋건 간에 부과되고 개인의 행동을 규제한다(ascribed membership). 이 같은 내집단은 성원의 특정 행위를 규제 또는 조장하는 규범을 갖고 있으며 집단주의 문화에서는 개인-집단 간의 관계는 거의 영속적이며, 그 관계의 영향력은 제한되어 있지 않다. 따라서 집단의 성원은 집단을 위해 불특정한 책임과 의무를 지닌다(Hsu, 1981: 14장; Nakane, 1970: 2장). 개인의 행위를 강력히 규제하는 내집단의 수는 집단주의 사회에서는 많을 수 없다(Triandis et al., 1988). 왜냐하면 많은 내집단의 경우 서로 모순된 갈등이 나타나기 쉬운 까닭이다. 따라서 내집단은 가까운 친척, 이웃, 동창들의 집단이며, 이들은 본질적으로 상부상조 화합의 집단이며 공동운명체로서 작용한다는 의미에서 일반 이익집단, 취미집단들처럼 가입 탈퇴가 자유의사에 의하여 이루어지는 것이 아니다(Hsu, 1981: 394~399). 집단의 규범과 갈등이 발생하는 경우(가령, 부모가 반대하는 배우자와 결혼하려고 할 경우) 그 갈등의 해소를 돕는 비공식 규범이 존재하며(孝는 信보다 중요하고, 忠은 孝보다 중요함 등), 이 같은 규범에 따르지 않는 경우 파국적 결과가 초래되기 쉽다(Benedict, 1946: 10장; Hsu. 1981: 4~5장). 반면에 개인주의 문화권에서는 내집단의 성립이 가족의 경우를 제외하고는 개인의 필요와 구비자격에 따라 이루어진다(achieved membership). 즉 개인의 가입탈퇴가 자유의사에 따르며 집단이 갖는 구속력이 약하다. (…중략…) 내집단이나 다른 성원에게 발생하는 일은 오직 본인들에게 중요한 관련이 있을 때만 관심을 끌며 일반적으로 내집단으로부터 정서적 거리를 유지하고 있다"(한규석, 1991: 5~6).

이들 네 가지 속성에서 집단주의 사회는 관계적 자아의 강조, 집단의 목표 우선시, 정의 관계 추구, 규범의 지배가 상대적으로 두드러지는 특색을 보이고, 개인주의 사회는 개별적 자아, 개인 목표 우선시, 교환관계 추구, 태도의 지배가 상대적으로 두드러진 특색을 보인다(한규석, 1999: 294).

한규석은 집단과의 강한 일체감, 정서적 애착, 집단 목표 우선 등과 같은 특성과, 집단 구성원과의 관계를 앞세워 거기서 차지하는 역할(또는 요구하는 규범)을 충실하게 수행하려는 성향을 구분하지 않고 동일한 집단주의의 특성으로 보고 있다. 이후 한규석은 미국인이나 서구인에게 발견되는 특성을 개인주의문화의 속성으로 한 뒤, 이들에게서 발견되지 않는 특성을 모두 '집단주의' 문화의 속성으로 간주한 이분법적 모델의 문제점을 인지하고 트리안디스(1995)의 제안에 따라 '수평-수직'의 차원과 '개인주의-집단주의'의 차원을 교차하여 얻은 4분법적인 모델을 수용하여 한국인의 문화적 특성 변화를 분석하기도 했지만(한규석·신수진, 1999), 이 모델로도 동아시아지역 특히 한국 특유의 '집단주의'를 제대로 설명해내지 못했다. 한규석이 동아시아 특히 한국 집단주의를 집단 중심 집단주의와 구분한 것은 세 번째 개정판 『사회심리학의 이해』(한규석, 2009) 에서다.

지금까지 한국사회의 특징을 폭넓게 집단주의라 상정하고 그 현상을 가족주의, 연고주의, 인정주의의 측면에서 세부적으로 분석하였다. 이 같은 분석은 한국사회의 집단주의가 집단위주보다는 관계위주로 진행되는 양

17 여기서 말하는 사회적 규범은 내집단과 결부된 여러 가지 의무(忠=국왕에의 의무, 孝=부모에의 의무, 義=친구에의 의무, 信=주위사람에의 의무)를 의미하고, 집단주의 사회에서 개인에 대한 평가는 평가 국면에 따라서 그 요구되는 (사회적) 규범과 행위의 합치여부와 관련지어서 이루어진다고 해석한다(한규석, 1991: 3).

상을 강하게 보여주고 있다. 집단주의는 개인주의를 전제로 제시된 개념이다. (…중략…) 개인주의와 집단주의를 구분해 주는 가장 중요한 특징이 행위의 단위를 개인으로 보느냐 집단으로 보느냐하는 점이다(Triandis, 1995). 그러나 여기서 집단의 실체는 정의되지 않고 있다. 개인이 속한 수많은 집단 모두가 의미 있는 집단일 수 없으며, 중요한 집단으로 국한한다고 하더라도 경우에 따라 부각되는 집단의 역동을 파악하기가 어렵고, 나아가 집단과 개인이 충돌할 때 집단을 위해 희생한다는 부분을 수용하기 어려운 생활상의 증거들을 많이 볼 수 있다. **개인과 집단을 대립구도로 취급하는 개인 / 집단주의 이론은 매우 포괄적이기 때문에 그 틀에서 해석될 수 있는 많은 연구들이 나타나고 있다. 그럼에도 불구하고, 집단주의로 간주되는 문화에서 생활하는 성원들에게는 이해하기 힘든 많은 부분들을 포함하고 있는 것이다. 이 점에서 집단주의라는 실체론적 개념보다는 관계주의라는 현상학적 개념이 오히려 더 적절하게 한국사회의 특징을 요약할 수 있다.** (…중략…) 관계주의 문화에서는 사람들이 자신의 사적인 관계망을 유지하고 확대하기 위하여 노력한다. 관계가 지배하는 문화에서는 상대와의 관계가 비자발적이고 지속적인 성격을 많이 지닌다. 관계의 성립에 인연과 같은 요소가 크게 작용한다는 인식을 한다. 교류는 개인의 성향보다는 개인들의 역할에 의해서 전개되기 쉬우며, 강한 교류규범이 작용한다. 개인의 정체성은 개인의 특성 못지않게 자신이 형성하고 있는 관계망과 그 망 속의 위치에 의해서 정의되며(Ho, 1993) 판단된다. 그래서 줄을 대는 음성적 행위는 물론, 좋은 연결망(학연이 그 대표적인 경우)을 확보하려는 행위의 관행이 보편화되어 있으며, 연줄이 돈 못지않은 중요한 사회적 자원으로 간주되고 있다(한규석, 2011: 584~587. 강조－인용자).

한규석은 초기에는 구성원들이 자신을 집단이나 구성원 간 관계의 한 부분으로 파악하여 집단이나 그 구성원에 대해 강한 정서적 애착을 가지고, 집단의 목표나 구성원 간의 원활한 관계 유지나 조화를 개인의 목표보다 앞세우는 성향을 집단주의로 파악하고, 집단을 중심으로 사고하는 집단주의와 집단 구성원과의 관계를 앞세우는 집단주의를 구분하지 않았다.[18] 그러나 최근에 와서 이분법적 이론의 한계를 인식하고 '관계주의'라는 새로운 유형의 집단주의를 제안하긴 했지만,[19] '관계주의'와 기존의 '집단주의'의 차이나 관계가 무엇인지, 한국사회에는 '집단주의'가 나타나지 않는 것인지 등에 대한 설명은 없고 경험분석도 없다.

다른 한편, 1990년대부터 한국 '집단주의'의 사상적 뿌리를 유교에서 찾았던 조긍호도 집단 중심 집단주의와 관계 중심 집단주의를 구분하지 않는다는 점에서 한규석과 별로 다르지 않다.[20] 조긍호(2012)에 의하면,

---

18 "집단주의-개인주의 이론은 집단이 성원에게 미치는 영향력이 개인주의 문화권에서보다 집단주의 문화권에서 크리라 본다. 그 주된 이유는 집단주의 문화권에서 중요시되는 덕목이 집단화목이기 때문에(Hsu, 1981; Triandis, 1990) 성원들은 집단의 결정 및 다른 성원들의 행위에 주의를 기울이며 집단 내 원활한 관계를 위해 자신의 행위를 규제하는 탓이다. (…중략…) 반면에 개인주의 문화권에서는 집단이 성원과 병립하므로 개인의 독자적인 견해, 행위가 보다 허용될 수밖에 없다(Bond & Whang, 1986). 이 같은 차이는 집단주의 문화권에서 중시하는 가치가 협동, 권위에 대한 순종이며, 개인주의 문화권에서는 자립, 성취가 중시됨에 반영되고 있다(Berry, 1967)." (한규석, 1991: 7~8).

19 이러한 변화는 1990년대 초반 이후 진행되어온 심리학의 한국화 움직임과 관련이 있는 것으로 보인다.

20 조긍호는 맹자와 순자의 인성론, 수양론 등과 같은 유교사상을 현대 서양 심리학 이론과 비교한 뒤 동양심리학의 핵심은 도덕적 심리학과 역할심리학임을 밝히고 이것들에 근거한 문화심리학을 구성할 것을 주장하였다. 이러한 조긍호의 시도는 한덕웅과 함께 한국인 또는 동양인이 지닌 심리문화적 특성을 설명하는 이론적 개념을 구성하려는 노력으로 높이 평가받았다(한규석, 2002). 그럼에도 불구하고 그는 유교사상에 발견된 개념을 서양의 비교문화심리학적 개념과 이론에 맞추다보니 실제 동양인 또는 한국인 특유의 집단주의(관계 중심 집단주의)와 서양 내지 일반적인 집단주의(집단 중심의 집단주의)를 구분하는데 소홀히 하고 말았던 것이 아닌가 싶다.

한 사회의 문화를 집단주의 또는 개인주의로 규정하는 기준은 다음과 같다. (…중략…) 둘째, 개인과 개인 사이의 상호의존성의 정도에 따른 기준이다. 개인주의사회에서 개인을 자율적이고 독립적이며 상황에서 분리를 추구하는 존재로 보는 것과는 달리, 집단주의 사회에서는 개인을 타인과 연계하여 상호의존적 관점에 따라 추구하고 사회생활에서 타인이 미치는 영향을 강조한다. (…중략…) 셋째, 개인과 내집단 사이의 관계에 따른 기준이다. 개인주의사회에서는 개인의 목표 추구가 집단에게 해가 되더라도 집단의 목표에 선행시키며, 자기를 집단과는 분리된 존재로 생각하기 때문에 집단의 결속에는 관심이 없으며, 정서적으로도 거리감을 갖는다. 반면, 집단주의사회에서는 개인의 목표를 내집단의 목표에 복속시키며, 내집단을 자기의 확장으로 받아들여 강한 내집단 정체성을 갖는다. 따라서 내집단의 통합과 조화를 강조하고 내집단 규범을 보편타당한 것으로 지각하며 내집단에 대해 강한 정서적 애착을 갖는다(조긍호, 1996: 106; 2012: 45).

조긍호는 다른 곳에서도 관계 중심 집단주의와 집단 중심 집단주의를 구분하지 않고 동일한 집단주의로 취급하고 있다.

집단주의는 본래 스스로를 하나 또는 그 이상의 집합체(가족・공동작업자・부족・국가)의 일부분으로 보는, 밀접하게 연계된 개인들로 구성된 사회의 형태로 정의된다. 이들은 주로 이러한 집합체에 의해 부과된 의무와 규범에 의해 동기화되고 자신의 개인적 목표보다는 이러한 집합체의 목표에 우선권을 부여하려는 준비가 갖추어져 있으며 이러한 집합체의 성원들과의 연계성을 강조한다. 이에 비해 개인주의는 기본적으로 스스로를 집합체와는 독립적이라고 여기는 서로 느슨하게 연계된 개인들로 구성된 사회형태로 정의된다. 이들은 주로 자신의 선호・욕구・권리 및 스스로가 타인과 수립한 계약에 의해 동기화되고, 타인들의 목표보다는 자신의 목표에 우선

〈표 97〉 문화유형에 따른 인간 이해 양식의 강조점 차이

차원		개인주의	집단주의
기본 과정	참조기준	자기	타인 / 집단
	자기인식	자기 독특성 과장	타인과의 유사성 과장
사회관계 행동	친교행위	개체성 선호	타인에 대한 배려 선호
	성취목표	개인지향 성취	사회지향 성취
	조직체-조직원 관계	조직체의 이익 강조	조직원(과의 관계) 배려 강조
	조직시민행동	자기주장 독려	조화추구, 조직에 헌신 강조
	선호하는 리더십	과제 중심 지도자	가부장적 지도자
	선호하는 광고	개인의 이익과 성공 강조	내집단 이익과 구성원 조화 강조
	분배원칙	형평성(equity)	균등성(equality)
	공손한 표현 목적	자기이익 확보	구성원 간의 관계 조화
	유지하려는 체면	자기 체면	자기, 타인, 공동의 체면

(출처 : 조긍호(2012), 269쪽의 〈표4〉를 필자가 의미를 분명히 하기 위해 약간의 자구수정을 가함)

권을 부여하며, 타인과의 상호작용에 대한 합의적인 이해득실의 분석을 강조한다(Triandis, 1995: 2・조긍호, 2012: 42~43, 조긍호(1996), 106도 참조).

이처럼 조긍호의 집단주의 개념도 한규석과 크게 다르지 않다. 다만 조긍호는 두 가지 점에서 한규석과 차이가 있는데, 우선 그는 개인주의 사회에서도 집단주의 성향이 나타날 수 있다는 것을 인지하고 있는 듯하다(〈표 97〉).

그에 의하면 "개인수의 사회에서 성취동기는 개인지향 성취동기의 형태를 띠어 성취의 목표가 개인의 이익에 집중되고 (…중략…) 집단주의 사회에서 성취동기는 사회지향 성취동기의 형태를 띠어 성취의 목표가 집단의 이익에 집중"되지만(조긍호, 2012: 267), 개인이나 조직체의 이익과 다른 구성원에 대한 배려(또는 그 구성원의 이익)가 충돌할 때, "개인주의 사회인들은 개인 / 조직체의 이익을 앞세우는 반면, 집단주의 사회인들은 조직원에 대한 배려(또는 그의 이익)를 앞세운다고 설명

하고 있다. 여기서 조긍호가 개인주의 문화권에서도 개인(본인이 아닌 다른 구성원)의 이익보다 집단의 이익을 중시하는 경향 즉 집단주의성향이 나타날 수 있다는 것을 암시하고 있다.

또한 조긍호는 두 가지 유형의 집단주의를 구분하지는 않지만, 동아시아 집단주의가 관계를 중시하는 집단주의 유형에 가까운 것으로 인지하고 있는 듯하다. 왜냐하면, 그는 동아시아 집단주의의 사상적 근원이 유교임을 자세히 설명하고 있으며, 유교의 가장 기본적인 특성이 바로 내집단 구성원 간 관계의 조화이기 때문이다.

> 동아시아의 집단주의 사회의 이념적 배경은 유학사상이다. 유학사상에서 인간은 다른 사람과의 관계 속에서 태어나고 살아가는 존재로서, 이러한 관계를 떠나서는 그 존재 의의 자체를 상실하게 되는 '사회적 관계체'라고 본다. (…중략…) 이렇게 집단주의 사회에 살고 있는 사람들은 다른 사람과 맺는 관계가 사회구성의 기본 단위라고 인식하므로, 모든 사회행위의 원동력을 이러한 관계적 속성에서 찾게 된다. 그러므로 이 사회에 살고 있는 사람들은 개인을 상황과 관계에서 요구하는 '역할과 의무의 복합체'라고 본다. 그들은 나뿐만 아니라 다른 사람들도 또한 역할과 의무의 체계라고 인식하므로, 더불어 삶을 영위하고 있는 사람들 사이의 상호의존성과 연계성, 그리고 관계의 조화성을 중시하는 삶의 태도를 견지하게 된다 (조긍호, 2012: 264~265; 1996: 106; 2012: 44~46 참조).

> 개인주의사회에서는 사회의 궁극적인 존재론적 단위는 독립적인 개인이라고 보며 사회는 이러한 개별적 개체들의 복수적인 집합일 뿐이라고 본다. 반면 집단주의사회에서는 사회의 궁극적 단위를 사람 사이의 관계 또는 이러한 관계의 원형인 가족과 같은 일차집단이라고 보아, 인간은 타인과 맺는 관계 속에서 존재하고 이에 따라 규정되기 때문에 사회는 구성원 각자가 이

러한 관계에 내포된 역할을 충실히 수행함으로서 유지된다고 본다. 이렇게 개인주의 사회에서는 타인과 분리된 독립적인 개인을 사회제도의 출발점으로 보기 때문에, 기본적으로 비사회적인 개인을 사회행위의 규범적 단위로 보지만, 집단주의 사회에서는 개인 사이의 관계를 사회제도의 출발점으로 삼기 때문에, 관계 속에 내재해 있는 역할과 상호의존성을 사회행위의 규범적 단위로 보는 것이다(조긍호, 1996: 106; 2012: 45~46; 1996: 108 참조).[21]

동아시아의 집단주의가 집단 내 구성원 간의 조화로운 관계를 강조하는 유교사상에 기반을 두고 있다는 사실을 잘 알고 있음에도 불구하고, 조긍호가 집단 중심의 집단주의와 관계 중심의 집단주의를 개념적으로 구분하지 않은 것은 두 유형의 집단주의가 그 작동논리나 다른 사회행동에 미치는 영향이 얼마나 다른지에 대해서 심각하게 고민하지 않았기 때문인 것으로 보인다.

마지막으로, 토착적인 심리학 개념 또는 이론을 발전시킨 학자로 알려진 최상진(1993)은 "서양의 집합주의와 동양의 집합주의가 서로 다르다면 동일한 척도로 사용해 서로 다른 문화권의 집합주의를 측정하는 것은 적합하지 못하다"는 문제의식에서, 한국인의 문화적 / 심리적 특성을 '우리의식'이라는 개념으로 설명하고, 이를 집단주의 또는 관계주의로 규정했다.[22] 그러나 한국인에게 나타나고 있는 '우리의식'

21 이러한 여러 기준들은 저마다 독특성을 가지고 있기는 하지만, 이들 가운데 가장 중요한 것은 사회구성의 기본단위에 대한 견해 차이로 보인다(Hui & Triandis, 1986). 왜냐하면 사회구성의 기존단위를 개인 사이의 관계 또는 집단으로 보느냐 아니면 독립적이고 자율적인 개인으로 보느냐의 문제는 집단주의-개인주의 분류의 연원과 직결될 뿐만 아니라, 이에 따라 개인과 내집단의 관계, 개인 사이의 상호의존성의 정도 및 개인 사이의 교환 양상에 대한 견해 차이가 결과적으로 빚어질 것이기 때문이다(조긍호, 2012: 46).

22 최상진은 이러한 '우리의식'이 대인관계의 여러 측면에 미친 영향을 분석하였는데, 자기개념(self-construal), 눈치, 상대방 체면 세워주기, 핑계, 의례적 언행 등이 한국인 특유의 문화심리적 특징임을 밝히고 있다(최상진, 2011). 이러한 문화심리적 특징은

을 자신과 밀접한 관계를 맺고 있는 타인(상급자, 연장자, 적당히 가까운 사람)과의 조화를 가능케 하는 내집단 구성원 간의 감정적 결합, 즉 '정(情)'에 기초한 것이라는 점에서 서양의 집단주의와 구분하고 있는 듯하다(최상진, 1993: 230; 최상진 · 김기범, 1999).

후기의 한규석과 마찬가지로, 최상진도 한국의 집단주의는 관계주의에 가까운 것으로 인지하고 있다는 점에서 다른 이분법자들과는 차이가 있다. 그럼에도 불구하고 관계중심과 집단중심 집단주의의 차이와 구별의 중요성을 충분히 인지하지 않은 탓인지, 두 유형의 집단주의를 분명하게 구분하는 노력을 하지 않고 있다.[23]

국내 연구가 가지고 있는 보다 근본적인 문제점은 관계 중심 집단주의와 집단 중심 집단주의를 구분하지 않음으로 해서 동아시아 집단주의의 성격을 잘못 해석할 우려가 크다는 것이다. 이러한 문제점은 앞에서 살펴본 세 연구자들에게 한정된 것이 아니다. 상담심리, 아동 및 언어교육, 사회관계망, 인사관리, 노사관계, 중국 지역연구, 조직론 등 거의 모든 인문사회과학 분야 연구자들도 동일한 문제점을 노정하고 있다. 이들은 전통적인 개인주의-집단주의의 이분법 모델을 적용하여 국가 · 조직 · 개인의 문화적 · 심리적 특성을 분석하거나 개인주의-집단주의 성향이 다른 변수에 미친 영향을 분석함으로써 한국을 포함한 동아시아사회의 집단주의를 잘못 해석하고 있다. 전자의 부류에는 중국의 지역별 개인주의와 집단주의 패턴(권종욱, 2012), 다국적기업의 한국과 멕시코 종업원의 심리적 특성(권종욱, 2006), 한국재벌기업

한국인이 관계중심 집단주의자라는 것을 보여주는 것이다.

23 최상진은 그 차이가 구성원 간의 결속을 초래하는 요소 중 하나인 정(情, affection)의 유무에 맞추고 있는 듯하다. 그러나 서양의 집단주의와 동양의 '집단주의'는 결속력 내지 소속감의 요인이 전자는 인지적 요소(범주), 후자는 감성적 요소(정과 애착심)라는 점에서도 다르지만, 집단의 포괄성(inclusiveness)에서 결정적인 차이가 있다는 점(Brewer and Gardner, 1996: 83)에서 이것만으로 두 유형의 집단주의가 가지고 있는 차이를 충분히 설명할 수 없다는 한계가 있다.

의 조직문화(신의항 · 송효환, 2003), 한국사회의 집단주의적 성격(정태연, 2010) 등을 분석한 연구들이 포함된다.[24]

후자의 부류에는 개인주의-집단주의 성향이 조직시민행동(김주엽, 2004; 김혜진 · 이재식, 2012; 소원현, 2010), 노사관계에 대한 태도(이태진 · 조윤형 · 조영배, 2002), 노조지도부의 파업성향(윤찬성 · 이덕로, 2008), 근로자 언로(voice)와 조직시민행동의 관계(이공희 · 조정호, 2013), 소셜커머스 수용에서의 위험 지각(노미진 · 이경탁, 2012), 사회공포증과 분노(김은정 · 조용래, 2008), 심리적 분리와 대학생활적응(이희영 · 최태진, 2004), 고교생의 학

24 이 중 하나만 살펴보면, 집단주의라는 개념 속에 집단 중심 집단주의와 관계 중심 집단주의의 특징을 동시에 포함하고 있음을 알 수 있다. "서양과 동양의 문화를 이분법적으로 구분하는 Hofstede(1980)의 개인주의-집단주의에 근거한 비교문화연구가 다수를 차지하는데, 그들에 따르면 한국은 집단주의의 문화적 특성을 가진 사회다. (…중략…) 개인주의와 반대되는 것으로 집단주의를 이해하는 것이다. 이때 집단주의는 서구의 개인주의 사회를 이해하기 위한 개념으로, 비개인주의적 요소들의 묶음으로 규정된다(한규석, 2009) 이 둘을 구분 짓는 핵심은 행위의 단위가 개인인지 아니면 집단인지인데(Triandis, 1995), 집단주의 문화권에서는 개인과 집단의 이해가 충돌할 때 개인의 동기나 목표를 희생함으로써 집단의 목표를 우선시한다고 본다. 이는 집단주의 사회가 경우에 따라서는 개인의 독립성과 독특성을 훼손한다는 점을 함의한다. (…중략…) 국내 학자들(윤태림, 1964; 정수복, 2007; 최재석, 1997)이나 일반인들(한덕웅, 2003)도 한국사회의 몇몇 부정적 특징을 이러한 문화적 산물로 본다. 집단주의 사회가 갖는 규범의 엄격성이나 권위주의적 성격이 이러한 문화적 특성에서 연유된 것으로 볼 수 있고, 집단주의 유형 중에서 수직적 집단주의에 해당한다고 볼 수 있다. 그러나 개인을 집단에 종속시키는 측면만이 집단주의 문화에 있는 것은 아니다. (…중략…) 집단주의는 공동체적인 의미를 가진다. 여기서 공동체란 하나의 생태체계 혹은 사회체계로, 지역공동체는 공동체의식, 내적 동질성, 자주성, 소규모 등의 특징을 지니고 있다. (…중략…) 즉 공동체에서는 관계망 속에서 결속된 한정된 사람들이 일단의 가치관과 신념을 공유하고, 인격적이고 직접적이며 대면적인 접촉을 통해 관계를 형성하며, 자기이익보다는 우정이나 의무감을 통해 서로 결합시킨다. 또한, 성원 간 유대는 삶의 전 측면에 얽혀 있으며, 성원들은 '우리라는 의식' 즉 소속감을 느끼고, 각 성원의 이익과 정체성은 전체의 이익과 정체성에 의존할 뿐만 아니라 구성원들이 그러한 방식으로 만들어 나간다(이지헌, 1997). 한국을 포함한 집단주의 문화에서 보이는 집단에 근거한 정체성, 집단 소속감 및 연고주의, 내외집단에 대한 엄격한 구분과 차별, 자아의 모호한 경계(Berry et al., 1992; Fiske et al., 1998; Triandis, 1995) 등은 공동체의 특성과 유사하며, 이러한 특징은 앞에서 언급한 수직적 집단주의에 비해 수평적 집단주의에 좀더 해당된다고 할 수 있다(정태연, 2010: 54).

교생활적응과 정신건강(최태진, 2004), 영어논설문 작성(정상섭, 2004), 장면(전경과 배경)지각(이윤경 외, 2012), 조직커뮤니케이션과 창의성(이준호 · 이진규, 2010), 유아교육 · 보육기관 교사의 조직몰입(권기남 · 민하영, 2010), 조직구성원의 창의력(소원근, 2012), 소비 자기조절(남수정, 2007), 상담자의 역할에 대한 기대와 치료(박현경 · 이영희, 2004), 상담에 대한 태도(유성경 · 유정이, 2000), 아동의 교류양상(한규석 · 오점조, 1993), 기독교 상담방법(반신환, 2003) 등에 미친 영향을 분석한 것들이 포함된다.

이처럼 대부분의 국내 연구들은 서구의 개인주의와 다른 모든 문화적 특성 또는 심리적 속성을 집단주의로 간주하는 서구 중심적 · 이분법적 분류방식을 그대로 적용함으로서 동아시아사회의 '집단주의'를 곡해하고 있다.

4. '개인주의-집단주의' 이분법 이론의 비판과 대안 모색

호프스테드나 트리안디스 등이 '개인주의-집단주의' 이론을 학계에 소개한 직후부터 개인주의-집단주의는 정도의 차이를 나타내는 동일한 차원에서의 변수가 아니라 별개라는 비판도 나오고, 개인주의나 집단주의 문화권 내에서도 국가에 따라 차이가 있고 한 국가 내에서도 개인적 편차가 있을 수 있으며 '상황이나 내집단의 성격에 따른 차이도 있을 수 있다는 지적이 있었다.[25]

25 이외에도 개인주의와 집단주의의 개념, 조작적 정의, 지표 등이 연구자마다 제각각이어서 연구 성과가 축적되지 못하고 있다는 점도 지적되었다(Brewer & Chen, 2007: 134; Oyserman et al., 2002; Earley and Gibson, 1998). 또한 조사대상이 그 나라 전체 인구가 아

이러한 문제 제기에 대해서 개인주의-집단주의의 이분법 모델을 부분적으로 수정하려는 시도가 있었는데, 그 중 하나는 개인주의-집단주의는 서로 별개의 차원에 속하고 문화 간 차이는 두 차원의 상대적 비중(relative balance of individualistic and collectivistic features)이 다른 데서 생긴다는 것이고(Hofstede and Hofstede, 2005; Kagitçibasi, 1994), 두 번째는 특정 사회를 개인주의적 또는 집단주의적이라고 규정하는 것은 그 사회의 모든 구성원이 지배적인 문화를 공유하고 있다거나 한 사회가 항상 지배적인 문화와 합치되는 방식으로 작동한다는 것을 의미하는 것은 아니라는 설명(Triandis, 1995)이다. 집단주의 문화권 또는 사회에서도 대단히 개인주의적인 구성원이 존재할 수 있으며, 어떤 영역 또는 상황에서는 집단주의적 가치가 강하게 작용하고 다른 영역 또는 상황에서는 개인주의적 가치가 강하게 작용할 수 있다는 점을 인정하는 것이다(Forbes et al., 2011: 303).

개인주의와 집단주의의 이분법적 이론이 갖는 문제점을 해결하기 위해 제시된 대안 중 세 번째는 개인주의나 집단주의는 서로 다른 여러 차원의 가치, 태도, 실천을 의미하는 다차원적 개념이라는 점을 인식하고 각 차원을 측정할 수 있는 별도의 측도를 개발하려고 했던 연구자들이 있다(Brewer & Chen, 2007:134). 집단 구성원들이 자신의 이익과 집단의 이익이 상충될 때 어느 것을 앞세우는지를 측정하여 집단주의의 한 요소를 측정하는 연구자(Y. Chen, Brockner, and Katz, 1998)가 있는가 하면, 집단구성원 간의 위계질서 또는 권력배분 상태와 같은 개인주의-집단주의 이외의 다른 차원(수직-수평)을 추가하여 개인주의와 집단주의 내 국가별 차이를 설명하려는 것이다(Triandis, 1995; Triandis & Gelfand, 1998). 국내에서도 트리안디스 등의 수평-수직과 개인주의-집단주의를 교차

니라 특정집단(예 : 대학생, 직장인)에 한정되는 경우가 많아 대표성의 문제도 있다.

한 '4분법' 모델이 소개되어 이를 적용한 사례들이 나왔다. 이 이론의 가장 대표적인 연구자인 한규석은 개인주의-집단주의의 이분법 모델의 문제점을 언급하면서 '4분법' 모델을 적용할 것을 제안하였다.

같은 집단주의 문화권이라고 여겨지는 한국, 일본, 중국, 동남아의 제국들 간에 있어서 집단주의의 특성에 있어서 차이가 있음이 몇몇 연구들에 의해 지적되고 있다(최상진, 1993). 마찬가지로 같은 개인주의 문화권이라 해도 북구라파의 여러 나라와 미국, 독일 간의 문화 차이는 현저하다는 것이다. 이러한 문제점에 대하여 Triandis(1995)는 최근에 개인 / 집단주의 이론을 정교화 하는 시도로서 수직 / 수평성(vertical / horizontal)을 별개의 차원으로 제시하고 있다. 즉 그는 대인관계에서 위계질서를 강조하는가 아니면 평등성을 강조하는가 라는 범주를 추가하여 문화를 분석할 것을 제안하고 있다. (…중략…) (예를 들면, 이스라엘의 키부츠는 수평적 집단주의, 중국과 한국은 수직적 집단주의, 스웨덴 은 수평적 개인주의, 미국은 수직적 개인주의의 대표적인 사례이다). (…중략…) 특정 국가의 특징을 어느 하나의 유형으로 분류한다는 것은 상대적으로 다른 나라에 비해서 그러하다는 것이다. 같은 나라에 속한 사람들이라도 다양한 계층과 특성을 지닌 성원들이 있게 마련이다. 이들 간의 차이는 문화 간 차이 이상으로 크게 나타날 수 있다. (…중략…) 이들 네 가지 유형의 사람들은 구성 비율에서 차이가 있겠지만 어느 문화권에서나 나타날 뿐만 아니라, 모든 사람들은 네 가지 유형에 해당하는 인지적 경험을 지니고 있다. 즉 개인들은 자신이 처한 상황에 따라 때로는 수직-개인적 생각(시험을 치르는 상황, 경쟁하는 상황), 수직-집단적 생각(가족, 직장 속의 개인의 역할을 수행하는 상황), 혹은 수평-집단적 생각(동지애를 느끼는 경우)을 하게 된다. 다만 문화권에 따라 애매한 상항에서는 그 문화의 특성이라 볼 수 있는 생각이 지배적으로 작용하기 쉽다"(한규석, 2012: 295).

이와 같은 4분법 모델을 적용한 사례들이 국내에서도 나왔는데, 한국인의 집단주의의 역사적 형성과정을 설명한 정태연(2010), 한국인의 집단주의의 형성요인과 성별 차이를 분석한 이수인(2010), 농촌 여성 결혼이민자(양순미, 2012)나 탈북 청소년(이정우, 2006)의 문화성향을 분석한 연구들이 그것이다.

네 번째, 개인주의-집단주의가 대상과는 상관없이 작동하는 고정된 태도가 아니라 개인이 속한 집단의 유형 또는 성격에 따라 달라질 수 있다는 점을 인식하여 집단을 성격에 따라 구분하고 각 집단별로 개인주의와 집단주의 중 어느 것이 지배적인지를 분석하는 시도들이 있다. 예를 들면, 후이(Hui, 1988)는 (내)집단을 배우자, 친족, 이웃, 친구, 직장동료 등 다섯 집단으로 나누었고, 리(Rhee), 울르먼(Uleman), 그리고 리(Lee)는 친족집단을 부모, 자녀, 친척 등 세 부류로 나누었으며(Rhee, Uleman, and Lee, 1996), 리(Rhee), 뮬(Mull), 울르먼(Uleman), 그리고 글리선(Gleason)은 직계가족, 친척, 친구를 각각 다른 척도를 사용하여 집단주의의 정도를 비교하였다(Rhee, Mull, Uleman, and Gleason, 2002).

다섯 번째, 개인주의와 집단주의가 서로 대립되는 항목(가치, 규범)이 아니라 별개의 차원일 수 있다는 인식하에[26] 개인주의와 집단주의의 개념과 핵심적인 속성을 이전과 달리 정의하고 파악하려는 시도를 들 수 있다. 1970년대 이후 30년 간 개인주의-집단주의 이론을 적용한 연구들에 대한 비판들이 쏟아져 나오자 쉬매크(Schimmack) 등은 오이서만(Oyserman) 등이 제기한 회의론을 재검토한 뒤 비교문화연구에 '환경과 집단으로부터 독립된 존재로서의 자기와 자율적인 의사결정'을 특징으로 하는 개인주의는 여전히 중요한 개념이나, 대립적 이항으로써

26 다시 말하면, 개인주의성향이 강하면 집단주의성향이 약할 것이며, 극단적인 개인주의는 다른 사람과의 관계를 배척하고 극단적인 집단주의는 자신의 이익을 전혀 고려하지 않을 것이라는 가정이 잘못되었다는 것을 인식한다.

개인주의-집단주의와 집단주의의 특성에 대해서 재구성할 것을 제안했다. 그는 그 근거로 개인주의문화권에서도 다른 사람과의 관계를 중요시하고 결혼만족도가 삶의 만족도와 밀접한 관계가 있다는 것과, (수평적) 집단주의 문화권에서는 대등한 위치에 있는 사람들과의 사회적 관계를 중요시한다는 것이 사례연구들을 통해 밝혀지고 있기 때문이라고 했다(Schimmack, Oishi, and Diener, 2005). 다시 말하면 그간 개인주의 문화권으로 간주되었던 미국이나 서유럽 국가에서도 비서구 집단주의 문화권의 특성으로만 여겼던 '내집단 구성권과의 관계를 중시하는 태도'가 나타나고 있다는 것이다.[27]

이상에서 개략적으로 살펴본 것들이 개인주의와 집단주의의 이분법적 모델이 안고 있는 문제점을 극복하기 위한 대표적인 노력들이다. 이러한 시도들은 이전에 밝혀내지 못한 집단주의 문화와 국가 간 차이에 대한 이해에 도움을 준 것은 틀림없지만, 한계를 가질 수밖에 없는 것도 분명하다. 그 이유는 두 가지다.

우선 위에서 제시한 방법이나 개념만으로 동아시아 사회의 집단주의가 가지고 있는 특성과 서구 개인주의사회에서 나타나는 '집단주의'와의 차이를 제대로 파악할 수 없기 때문이다. 여기서는 개인주의-집단주의 관련 1980년대 말과 2000년대 초반 사이에 영어로 발표된 170개의 사례연구 또는 비교연구들을 종합 검토한 오이서만 등(Oyserman et al, 2002)의 분석결과를 인용하고자 한다.[28] 대표적인 집단주의사회

27 오이서만 등도 서구의 개인주의자들도 비서구 집단주의자에 비해 결코 약하다고 할 수 없는 집단주의 성향을 가지고 있다는 연구결과들이 있음을 지적하고 있다(Oyserman et al., 2002: 18~21).

28 최근의 국내외 연구에 의하면, 한국, 중국, 일본 등 동아시아사회의 집단주의는 자신(의 이익이나 목표)보다는 관계(의 조화 또는 상대방의 이익)를 앞세우는 '집단주의'로 집단의 이익을 앞세우는 본래적인 집단주의와는 다르다. 국가 간 개인주의-집단주의의 문화적 심리적 특성의 차이를 비교한 대부분의 연구들은 조사 대상 국가, 질문 내용, 측도 크기 등이 달라 동아시아 사회(인)의 문화적 심리적 특성이 미국 등 서

중 하나인 일본이 대표적인 개인주의사회로 알려진 미국보다 집단주의적 성향이 약하고, 또 다른 집단주의사회인 한국과 개인주의사회인 미국이 비슷한 수준의 집단주의성향을 가진 것으로 드러났는데, 그 이유는 측도의 신뢰도 문제도 있지만, 측정도구(즉 질문내용)에서 기인한다는 것이다. 이를 구체적으로 살펴보기로 하자.

그간의 연구들은 집단주의 성향을 파악하기 위해 주로 사용된 측정도구 즉 질문으로 '내집단에 대한 소속감(belonging to in-groups)', '타인의 조언을 구할 의향(seeking others' advice)', '타인과의 연계성(relatedness to others)', '내집단에 대한 의무감(duty to the group)', '맥락에 따른 자기규정(defining the self in context)', '위계질서 존중(valuing hierarchy)', '자신의 목표보다 집단의 목표 우선(group goals)' 등을 포함하고 있다. 첫째, 모든 측정도구를 종합할 경우 미국은 동아시아 국가들을 포함한 다른 지역에 비해 집단주의성향이 약하지만 그 차이는 그리 크지 않다. 둘째, 측정도구(질문)별로 구분해서 보면 미국인들은 동아시아 사회에 비해 '집단 내 구성원 간의 조화'나 '집단구성원에 대한 의무감'이라는 측면의 '집단주의적 성향'은 약하지만 '내집단에 대한 소속감'과 '타인의 조언을 구할 의향'이라는 측면의 '집단주의적' 성향은 오히려 강한 것으로 나타났다.[29] 셋째, 동아시아지역을 국가별로 구분해서 보면, 우선, 홍콩과 비교할 때 미국은 '집단 내 구성원 간의 조화', '위계질서 존중', '집단목표 우선' 등과 같은 '집단주의적 성향'은 약하지만, 이것들을 제외한 '집단주의적 성향'은 차이가 거의 없었다. 또한 '내집단에 대한 소

구 개인주의와 어떤 점에서 얼마나 다른지를 정확히 평가하기 어렵다.

29 전형적인 개인주의자라고 할 수 있는 미국인들이 '집단에 대한 소속감'이나 '타인의 조언을 구할 의향'이라는 '집단주의' 성향을 강하게 가지고 있다는 것은 전자의 경우 미국인들이 가입하고 싶은 집단을 선택한다는 생각, 후자의 경우 다른 사람과의 관계에서 즐거움을 찾는다는 생각을 반영한 것이라 해석할 수도 있다. 이러한 생각은 개인주의적 발상이라고 할 수 있다(Oyserman et al. 2002: 20).

속감'에서 미국인이 오히려 강했고 '타인의 조언을 구할 의향'은 차이가 없었다. 일본과 비교하면, 대부분의 측정도구에서 미국의 집단주의 성향이 강하게 나타났다. 일본인의 집단주의 성향이 미국인보다 강하게 나타난 경우는 '다른 사람과 함께 일하는 것(preference for working in a group)'은 포함하고, '집단 내 구성원 간의 조화'를 제외할 때뿐이었다. 한국과 비교하면, '타인과의 연계성'을 포함할 경우 한국인의 집단주의 성향이 강한 것으로 나타나고 이를 제외할 경우 미국인의 집단주의 성향이 오히려 강한 것으로 나타났다. 중국과 비교하면, 모든 측정도구에서 중국인의 집단주의 성향이 강한 것으로 나타났다. 그러나 세부적으로 보면, '내집단 내 구성원 간의 조화'를 포함할 경우 중국인의 집단주의 성향은 미국인의 두 배로 높아졌지만, '타인의 조언을 구할 의향'과 '타인과의 연계성'을 포함할 경우 중국과 미국의 차이가 오히려 줄어들었다.[30]

이상에서 살펴본 오이서만 등(Oyserman et al, 2002)의 분석결과는 그간 하나로 여겼던 '집단주의'가 실제로는 둘 또는 그 이상일 수 있다는 것을 의미한다. 그것은 다음과 같은 두 가지 이유 때문이다. 우선, 집단주의 성향을 측정하기 위한 도구가 단일한 측도로 볼 수 없기 때문이다. 그간 집단주의 성향을 측정하기 위해 사용된 도구에는 '내집단에 대한 소속감', '자신의 목표보다 집단의 목표 우선', '타인의 조언을 구할 의향', '타인과의 연계성', '내집단에 대한 의무감', '맥락에 따른 자기규정', '위계질서 존중' 등이 포함되어 있는데, 앞의 두 개('집단소속감'과 '집단목표 우선')는 자신과 집단(실체로서의 집단)의 관계를 파악하는 것이고, 나머지는 모두 자신과 친밀한 타인과의 관계를 파악하는 것이다. 그간 하나로 간주했던 집단주의가 실제로 둘 이상일 수 있다는 다

---

30 이로 볼 때, 중국의 집단주의를 구성하는 핵심적인 요소는 '내집단 내 구성원 간의 조화'라는 것을 추측해 볼 수 있다(Oyserman et al, 2002: 21).

른 이유는 개인주의 문화권에도 측정도구를 어떤 것으로 하느냐에 따라 집단주의 성향이 검출되기도 하기 때문이다. 예를 들면, 가장 대표적인 개인주의사회로 여겼던 미국에서 '집단소속감'이라는 집단주의적 성향이 다른 나라보다 강하고, 대표적인 집단주의사회로 여겼던 일본에서 '타인과 함께 일할 의향'이라는 집단주의적 특성(엄밀하게는 '관계 중심의 집단주의')을 제외한 다른 집단주의적 성향은 미국과 별로 차이가 없다.

개인주의-집단주의의 이분법적 분석틀에 근거하여 하나의 집단주의를 측정한다고 했지만, 실제로는 두 개의 서로 다른 '집단주의'를 측정하여 혼란을 초래한 것은 국내 연구자들도 마찬가지다.

한규석은 초등학교 6학년생을 대상으로 집단주의적 성향이 대인교류양상에 미치는 영향을 탐색한 연구(1993)에서 집단주의자의 특성을 파악하기 위해 다음과 같은 지표와 측정도구(질문)를 사용하였다. 자기의 행위가 타인에게 미치는 영향을 고려하는지, 물질적·정신적 자원을 다른 사람과 공유하는지, 주위의 의견에 동조하는지, 타인과의 경쟁의식이 약한지, 일의 성과에 대해 타인과 책임을 공유하려고 하는지, 마지막으로, 내집단 성원의 삶과 밀접한 관련을 맺고 있는지를 집단주의(자)의 지표로 삼았다. 이러한 지표를 측정하기 위해 다음과 같은 질문(15개)을 사용하였다.

> 친구들과 같이 노는 것보다 혼자 노는 것이 더 좋다 / 친구가 내 책이나 장난감을 빌려 달라고 하면 잘 빌려 준다 / 친구가 선행 상을 받으면 나도 덩달아 좋아 한다 / 마음이 내키지 않더라도 친구가 하자고 조르면 따라한다 / 친구가 기분 나빠 할까봐 하고 싶은 말을 못하는 때가 많다 / 친구를 대신해서 야단을 맞으면 억울하다 / 운동회에서 우리 반이 이기도록 응원을 열심히 한다 / 내 운동화나 옷을 살 때는 친구들과 비슷한 것을 산다 / 친구가 다

른 아이에게 맞으면 몹시 분하다 / 친구들이 나를 따돌려도 크게 신경을 안 쓴다 / 우리 반이 체육대회에서 우승을 했을 때는 나도 기분이 아주 좋다 / 나는 친구의 장난감이나 책 같은 것을 자주 빌리는 편이다 / 공놀이를 하다 친구가 남의 유리창을 깼을 때 내가 책임을 질 필요는 없다 / 공부를 하건 놀이를 하건 남보다 떨어지는 것은 매우 싫다.[31]

이상의 15개 질문 중에서 (실체로서의) 집단과의 관계를 측정하는 것은 두 개(굵은 글씨), 자신과 친밀한 다른 사람(personal others, 부모, 가족, 친한 친구나 직장동료 등, 여기서는 같은 반 친구)과의 관계를 측정하는 것은 열두 개다. 문제는 이 두 가지 유형의 질문을 한데 묶어서 집단주의(두레) 성향을 파악했다는 것이다. 한규석의 후속연구(한규석 · 신수진, 1999)에서도 동일한 문제점이 나타나고 있다. 여기서는 집단주의 성향을 파악하기 위한 측정도구로 가족주의적 태도를 묻는 질문과 유교적 가치관을 묻는 질문을 사용하였는데, 이러한 도구들은 구성원 개인의 내집단과의 관계보다는 내집단 내 다른 구성원과의 관계를 측정하는 것들이다.[32]

---

31 여기서 문제가 되는 것은 '친구'의 정확한 내용이다. 대인노출(자신을 솔직히 털어놓는 것)의 대상에서는 친구를 최소한 '친한 친구'와 '그냥 친구'의 두 집단으로, '그냥 아는 사이'도 포함할 경우 세 집단으로 나누었는데, 집단주의 성향을 파악하기 위한 질문에는 단순하게 '친구'라는 표현을 사용함으로서 질문의 내용이 애매해졌다(한규석, 1993: 189 참조).

32 가족구성원과의 관계에 대한 규범(화목, 조언)과 가족의 명예 · 번영를 중시하는 가족주의(familialism)를 집단주의의 핵심적인 특성으로 볼 것인지, 다른 내집단과의 관계에서 발견되는 집단주의와 구별짓는 가족 특유의 집단주의로 볼 것인지, 아니면 집단주의와는 관계가 없는 것으로 볼 것인지에 대해서는 논란이 있다(Oyserman et al. 2002: 10). 사실 가족을 중시하는 가치는 전형적인 미국사회에서도 나타나고 있는 만큼, 가족주의를 집단주의로 간주하는 것은 혼란만 가중할 가능성이 크다. 일부 국내 연구자는 가족주의를 개인주의문화의 특성으로 간주하기도 한다. 나은영 · 차유리(2010: 67)는 "충효사상 중요한지 아닌지", "나라와 '자신과 가족' 어느 쪽을 떠받들어야 하는지", "부모 공양이 효도인가 아니면 출세가 효도인지"에 대한 질문에 대해서 각 항목의 전자를 지목한 경우를 집단주의로 간주하는 반면, 가족을 중시하는 태

다른 연구자의 경우에도 별로 다르지 않다. 차재호(1993)는 1979년 한국인의 성격과 의식을 알아보기 위해 전국의 남녀 600명을 대상으로 실시한 조사결과를 활용하여 한국인의 집단주의 성향을 파악하고자 했다. 전체 32개 항목 중 집단주의 성향과 관련된 것은 "요즘 같은 세상에는 충효사상만큼 중요한 것은 없다 / 그렇지 않다", "사람이 가장 떠받들어야 할 것은 자기 나라 / 자기 자신과 가족이다", "국가에 대한 충성은 가족에 대한 충성보다 앞선다 / 가족에 할 일 다 하고 그 다음에 한다", "충이 효보다 더 중요하다 / 효가 충보다 중요하다" 등 4개 항목이고, 나머지는 거의 다 정과 애착심으로 결속된 부모나 가족 또는 친구와 같은 자신과 친밀한 사람들과의 관계에 대한 질문이다(차재호, 1993: 152~153).[33]

이수인(2010)은 집단주의를 수평적-수직적 집단주의로 구분한 뒤 각각의 특성을 파악하기 위해 다음과 같은 측정도구(질문)를 사용하였

도(즉 가족주의)를 개인주의의 특성으로 간주하고 있다.

33 예를 들면, "젊은이는 자신보다 집단을 빛내기 위해 또는 집안보다는 자신을 위해 성공하도록 노력해야 한다", "사람은 가족이나 가문 위해 자신을 희생할 줄 알아야 한다 또는 자신을 희생하지 않고 개인적인 발전을 생각해야 한다", 관리가 일을 공정하게 처리한다는 것은 가족에게는 좀 유리하게 대우하지만 다른 모든 이에게는 똑같이 하는 것이다 또는 가족, 친척, 또는 친구에게도 남과 같이 대우하는 것이다", "사람에게 가장 중요한 것은 그가 의리 있는 사람이 되는 것이다. 아니면 필요하면 의리에 얽매이지 않는 사람이 되는 것이다", "직장에서 다른 사람 취직시키거나 승진시킬 수 있는 위치라면 선후배를 잘 봐주는 것은 당연하다 아니면 더 잘 봐주어서는 안된다" 등이다. 또한 차재호의 경우 특이한 것은 집단주의의 대상인 (내)집단에 가족, 학교동창, 학교선배는 물론 국가도 포함시키고 있다는 점이다. 개인주의-집단주의 개념과 이론을 대중화한 호프스타드를 포함한 대부분의 학자들은 집단주의가 적용되는 내집단에는 가입이나 탈퇴가 자유롭지 않으며 비교적 영속적인 소규모의 집단에 한정하고 국가는 제외하는 경향이 있다. 한규석도 트리안디스 등(Triandis, 197 · Hsu, 1981: 394~399 참조)의 논의를 수용하여, 집단주의-개인주의 이론에서 말하는 내집단에는 가족, 친구, 가까운 친척, 이웃, 동창 등 상부상조, 화합, 가입과 탈퇴가 자유롭지 못해 비교적 영속적인 공동운명체만 포함시키고 있다(한규석, 1991: 5~6). 그러나 국가의 경우 내집단에 포함시켜도 큰 문제는 없다. 왜냐하면, 가족 이외의 내집단(대부분 소규모)에서 형성된 집단주의가 보다 큰 규모의 집단으로 전이, 발전할 수 있기 때문이다.

다. 수평적 집단주의의 경우 '나의 동료가 잘 되는 것이 나에게 중요하다', '만일 동료가 상을 탄다면 나도 자부심을 느끼게 된다', '나의 즐거움은 다른 사람들과 함께 있는 것이다', '다른 사람들과 어떤 일을 함께 할 때 기분이 좋다' 등의 질문을 사용하였고, 수직적 집단주의의 경우, '내가 속한 집단의 결정을 존중하는 것이 나에게 중요하다', '가족은 어떠한 희생이 요구된다 하더라도 서로 단결해야 한다', '부모와 자식은 가능한 한 함께 살아야 한다', '내가 원하는 것을 희생하더라도 나의 가족을 부양해야 한다', '나는 내가 속한 집단의 다수의 의견을 존중한다' 등의 질문을 사용하였다. 이 질문 가운데 대부분은 관계 중심 집단주의 성향을 파악하기 위한 것이고, 그나마 집단 중심 집단주의 성향을 파악할 수 있는 질문은 '내가 속한 집단의 결정을 존중하는 것이 나에게 중요하다'와 '나는 내가 속한 집단의 다수의 의견을 존중한다' 등 두 개에 불과하다. 가족주의도 집단주의로 볼 경우 수직적 집단주의를 묻는 질문들도 포함할 수 있다. 결국 이수인도 관계중심과 집단중심의 집단주의를 구분하지 않고 있다.[34]

이처럼 개인주의-집단주의의 이분법 모델에 근거하여 집단주의의 두 가지 유형을 구분하지 않은 국내외 연구들의 문제점은 개인의 이익이나 목표보다 집단의 이익이나 목표를 앞세운다는 의미에서의 집단주의를 측정한다고 했지만, 실제로는 내집단의 친밀한 다른 구성원

34 이수인의 경우 더욱 문제가 되는 것은 수평적-수직적 집단주의를 파악하기 위해 사용한 측정도구로는 부적절한 것이 상당수 있다는 점이다. 수직적 집단주의자를 가려내기 위한 질문인 '내가 속한 집단의 결정을 존중하는 것은 나에게 중요하다'와 '나는 내가 속한 집단의 다수의 의견을 존중한다'는 수평적 집단주의자는 물론 개인주의자도 긍정적인 답을 할 수 있다. 따라서 이런 질문으로는 수평적-수직적 집단주의자도 구별할 수 없고, 집단주의자와 개인주의자도 구별할 수 없다. 오히려 집단의 결정이 나의 이익 또는 나와 친밀한 사람의 이익을 침해하더라도 받아들인 것인지를 묻는 것이 나을 것이다. 무엇보다도 개인주의자나 관계중심 집단주의자도 경우에 따라서는 집단의 결정에 따를 수 있기 때문이다.

과의 관계를 고려하여 자신의 태도나 행동을 결정하는 관계중심 집단주의를 측정하고 있다. 트리안디스 등과 같은 개인주의-집단주의 이론의 주요 연구자들이 1980년대 후반부터 2000년대 초반까지 발표한 논문들을 분석한 브류어와 첸(Brewer and Y. R. Chen)에 따르면, 이들이 개인주의-집단주의 성향을 파악하기 위해 사용한 측정도구(질문)는 총 408개인데, 이 중에서 실제로는 관계중심 집단주의를 측정한 것이 234개(58%), 집단중심 집단주의를 측정한 것이 90개(22%)로 전자가 압도적으로 많다. 또한 관계의 조화와 집단의 이익 또는 목표가 충돌할 경우 어느 것을 택할 것인지를 파악할 수 있는 측정도구(질문)는 단 하나도 없었다. 이러한 분석결과는 그간의 연구들이 관계중심 집단주의와 집단중심 집단주의는 근본적인 차이가 없다고 보았다는 것과, 집단중심 집단주의를 측정한다고 했지만 실제로는 관계중심 집단주의를 측정한 경우가 훨씬 더 많았다는 것을 의미한다(Brewer and Y-R. Chen, 2007: 135~136).

실제로 한국을 포함한 동아시아사회의 지배적인 문화적 또는 심리적 특성은 집단중심 집단주의보다는 관계중심 집단주의에 더 가깝다는 연구들이 많이 나와 있다. 앞에서 살펴본 한규석, 조긍호, 최상진 등은 두 가지 유형을 구분하지 않고 뭉뚱그려 집단주의라는 하나의 개념을 사용하고 있지만, 이들이 조사했거나 설명하고 있는 내용을 자세히 살펴보면 한국(인)의 지배적인 문화적·심리적 특성은 관계중심 집단주의임을 알 수 있다.[35] 이외에도 정태연(2010), 신의향·송효

35 앞에서 지적했듯이, 한규석은 2000년대 후반에 와서 한국인은 집단주의 중에서 관계중심 집단주의(본인의 용어로는 관계주의)에 가까움을 분명히 밝히고 있다(한규석, 2009: 584~587). 일찍부터 한국인의 문화적·심리적 특성을 '정' 또는 '우리라는 의식'으로 파악한 최상진의 경우에도 그 내용을 보면, 한국인들은 집단 전체의 목표나 이익보다는 자신과 친밀한 타인과의 관계를 중시한다는 것을 밝히고 있음을 알 수 있다. "캐나다 대학생들은 목적이나 흥미, 관심 등이 동일한 사람들이 자신의 일을 서로 돕기 위해 협동할 때 '우리'라는 경험과 범주 지칭을 갖게 된다. 이러한 우리

환(2003), 유석춘 · 장미혜 · 김대은(2000), 이은영(2004), 조옥라(2000, 2003), 배병삼(2013) 등도 '집단주의'라는 개념을 사용하지만, 내용을 보면 조선시대와 현대 한국사회에서는 집단중심 집단주의보다는 관계중심 집단주의에 더 가깝다는 것을 말해 준다.

한국집단주의의 기본이 되는 가족관계, 즉 "혈연(血緣)"은 역사적으로 "지연(地緣, local ties / home town or province ties)"으로 확대재생산 되었다. 지연에 근거하는 집단은 혈연, 즉 가족관계에 근거하는 집단의 이차적인 "의사가족(pseudo family)"으로 고려되기 때문에 혈연(blood ties)이 가지는 끈끈한 강한 관계(strong ties)의 기본적 장점을 다 갖추지는 못하지만 강한 관계의 약점들, 즉 연결망의 폭이 작은 한계성을 극복 · 보완하는 약한 관계(weak ties)의 이점을 제공해 주는 것이다. (…중략…) "학연(學緣, school ties)"의 유형도 같은 맥락에서 설명할 수 있다. (…중략…) 혈연, 지연, 학연을 근거로 하는 집단구성원 간에는 반복되어온 (금전 거래관계를 포함한) 상호관계의 경험이 누적되게 된다. 이렇게 반복되고 누적된 상호관계 경험은 신뢰(trust)관계를 만들게 된다. (…중략…) 혈연을 비롯하여 지연과 학연은 연결망의 규모(network size)에 한계성이 있기 때문에 연결망의 크기를 증가시키기 위해서 개인들은 현재 소속하고 있는 집단들 이외에 참여 · 소속할 수 있는 새로운 집단에 가입하게 된다. 주거지역의 이웃이나 회사근무 및 군복무처럼 선택적인 측면과 우연적으로 조합된 관계도 있을 수 있고, 사업관계, 종교생활, 취미, 여가이용, 봉사활동 등 다분히 선택적인 집단생활에서도 사회연결망을 만들게 된다(신의항 · 송효환, 2003: 128~129 · 131~133).

성을 '공통성공유 우리(distributive we-ness)'라고 칭할 수 있다. 그러나 한국 대학생의 경우는 일 자체나 흥미, 취미 등에서의 공통성보다는, 마음으로 맺어진 관계성과 상호의존성이 경험되고 인식될 때 우리의식을 느끼며, 이러한 집단을 진정한 의미의 우리집단으로 칭한다. 이러한 우리성을 '관계성 우리(relational we-ness)'라고 칭할 수 있다."(최상진 · 김지영 · 김기범, 2000: 205) Choi and Han(2009)도 참조할 것.

한국 사회를 특징짓는 현상은 국가 / 비국가, 공식 / 비공식 영역에 걸쳐 광범위하게 거미줄처럼 구축된 연결망이 존재한다는 사실이다. 이 연고로 얽혀진 사회적 관계는 개인에게 행위의 자원을 제공할 뿐 아니라 사회적 지위의 상승 수단으로도 활용된다. 그렇기 때문에 한국 사회의 개인은 부단히 이 연결망을 만들고 유지하는 사회적 투자에 열중하고 있다. (…중략…) 동아시아 유교 문화권에서 연고주의가 지속되고 있는 보다 근본적인 이유는 경제적인 효용성 때문이 아니라, 서구와는 상이한 모습을 가지고 있는 사회문화적 차원의 제도적 장치(예를 들면 가족제도)와 그것을 뒷받침하고 있는 가치관과 세계관 그리고 인생관에 차이가 있기 때문이다. 동양과 서양의 개인과 세계에 대한 근본적인 인식의 차이는 자본주의의 발전이 진전되거나 시장의 메커니즘이 확대된다고 해서 쉽게 사라지지 않을 보다 근본적인 문화적 지향이다(유석춘 · 장미혜 · 김대은, 2000: 197~198 · 200 · 216).

서구에서 시민사회의 성장 및 경쟁적 자본주의의 발전과 더불어 느슨해진 혈연, 지연, 학연 등의 연결망은 한국에서는 자본주의의 발전과 더불어 더욱 강화되어 왔다. 한국인 사이에서는 상대방이 '우리'인가 '남'인가에 따라 사실상 적용하는 규범을 달리했다. '우리'는 혈연, 학연, 지연 등의 연줄로서 연결된 인적 집단에 속하는 사람들을 가리킨다. 이러한 인적 연계망 안에서는 상호 간에 따뜻한 배려를 해주고 어떤 원칙에 부딪힐 때에도 관용적이고 융통성 있는 해결책을 제시받을 수 있다. 인적 연계망 안에 속하는 사람들 사이에서는 상호부조의 배려에 따라 지원을 받게 된다. 반면에 연계망 밖에 있는 사람들에 대한 관계에서는 생존경쟁의 법칙에 따라 자신의 이익을 추구하는 일에 철저하다. 갈등이 생기는 경우에도 법 원칙에 따라 합리적이고 냉정하게 문제를 해결하려고 한다(이은영, 2004: 235).

흔히 한국사회의 병폐로 일컬어지는 연고주의는 혈연에 기반을 둔 집단주의가 여전히 작동하고 있음을 말해준다. 달리 표현하자면, 연고주의는 현대 한국인들이 가족과 친족, 이것의 연장인 지연・학연과 같은 사적 연고에 의해 유대를 이루는 원초집단의 이익을 추구하는 일에는 적극적이지만, 공공의 시민사회에서는 공존과 협동의 사회규범을 외면해버리는 집단이기주의 속에 살아가고 있음을 보여준다. 그러므로 한국사회에서 집단주의 문제는 가족 중심적 집단주의의 문제가 되는 셈이다(이수인, 2010: 258~259).

인맥으로 통칭되는 연고주의는 한국인의 집단적 정체성을 지속적으로 재생산한다. 한국인들이 전제하고 있는 '우리'의 범위와 그 역할은 운명공동체적인 연대의식을 가진 사람들 사이에서만 작용 가능한 정보의 공유 내지 지지 체계를 유지시킨다. 이러한 연대의식은 농경마을과 친족관계 속에서 계승되어 온 전통적 사회관계를 반영한다. 현대 한국의 근대적 조건 속에서 기능하고 있는 '연고주의' 내지 전통적 집단정체성은 한국인이 가진 문화적 정체성의 주요 기반이라고 볼 수 있다(조옥라 외, 2003: 4~6).

방금 인용한 글들은 모두 한국(인)의 핵심적인 문화적・심리적 특성이 혈연, 학연, 지연 등과 같은 연고(緣故, personal ties)를 기반으로 타인과의 관계를 맺고 원만한 관계를 유지하여 자신의 이익・목표를 달성하는 연고주의적 관계중심 집단주의라는 점을 확인해 해주고 있다. 더구나 유교가 가장 강력한 영향력을 발휘했을 것으로 추측되는 조선시대에도 의례 등 상징적인 행사에 참여하는 것 이외의 공동체 전체의 목표나 이익을 추구하는 일에 대해서 대부분의 사람들이 소극적이었고 일상에서는 공동체 내에서 혈연이나 지연 등을 기반으로 하는 소집단(인적 관계망)이 오히려 활발했다는 연구결과는 한국이 집단중심이 아니라 관계중심 집단주의사회임을 분명히 말해준다.

마을의 대동단결을 의례화된 형태를 통하여 강조하고 있는 지역공동체 활동이나 조상숭배의식을 중심으로 한 문중의 집단 정체성은 상징화된 차원에서 가장 큰 영향력을 가질 수밖에 없다. **개인들은 (상징화된 의례행사 이외의 일상에서는) 자신들의 다양한 사회경제적 필요성에 따라 지연과 혈연을 상황적으로 활용하는 모임들을 만들어 왔다**고 볼 수 있다. (…중략…) 그렇기 때문에 공동체 내부에서 분열과 분파주의도 손쉽게 일어날 수 있다. 따라서 우리 문화 속에 '공동체성'은 '상징화'된 이상이며 '집단주의'와 '분파주의'는 구체적인 현실이었다고 볼 수 있다(조옥라, 2000: 81. 강조—인용자).

또한 연고주의적 관계중심 집단주의가 강한 영향력을 발휘하게 된 배경 중 하나로 유교의 가치와 규범을 지적할 수 있는데, 유교사상의 핵심은 자신과 친밀하거나 자신에게 중요한 사람과의 관계에서 자신이 차지하는 위치 또는 역할에 맞는 규범에 충실하여 집단의 안정을 유지하는 것임을 알 수 있다.[36]

유교적 인간은 서구근대의 '존재론적 인간'이 아니라 '관계적 인간'이라 할만하다. (…중략…) 유교는 '관계'의 바탕 위에 지은 집이다. (…중략…) **여기서 그려진 "나의 아버지의 아들"이자, "나의 아들의 아버지"이면서 또 "나의 아내의 남편이고 나의 집의 가장"인 인간은 곧 관계적 존재, 또는 사이적 존재(INTER-person)로서의 人-間이다.** 인·간 속에 공과 사가 함께 한다고 할 수 있다. 서구 근대식 개인(人)이란 유교적 시각으로는 사적(私的) 존재에

36 현재와 과거의 한국사회에 관계중심 집단주의가 지배적인 배경으로 유교사상 이외에, 사회경제적 구조나 제도(예, 정태적인 농경문화, 근대화와 도시화, 사회안전망 부재 등), 지배엘리트의 자원 동원 전략(지역공동체 유지의 동원전략, 기업의 노사관계 안정을 위한 가족주의이념 활용 등), 국가의 산업화를 위한 동원전략(국가주도 산업화), 사회화(예, 학교의 교사-학생관계) 등을 지적하기도 한다(조옥라, 2000; 조옥라 외, 2003; 정태연, 2010; 신의향·송효환, 2003; 이수인, 2010).

불과하며, 사람의 사이(間)를 원활히 제대로 접속할 수 있게 됨으로써 공적(公的) 존재로 승화된다고 할 수 있다. 개인(私)에 머무는 사람이 소인(小人)이요, 사람의 사이(人-間)를 기필하는 사람이 군자(君子)로서, 공적 인간이 된다. 이 '사람-사이'를 원활히 소통하는 길(규범)이 예(禮, 즉 효, 충, 의, 인 등)다(배병삼, 2013: 102~103. 강조—필자).

지금까지 살펴본 것처럼 국내외 많은 연구들이 서구 개인주의의 시각에서 '집단중심' 집단주의를 측정한다고 하면서 실제로는 '관계중심' 집단주의를 측정하는 도구를 사용한 뒤 그 결과를 '집단주의'로 규정함으로써 동아시아를 포함한 비서구사회의 '집단주의'의 성격을 잘못 파악했다. 그리고 동아시아사회의 지배적인 문화적 · 심리적 특성은 집단의 목표 · 이익이나 개인의 목표 · 이익보다 자신과 친밀한 사람과의 원만한 관계 유지를 앞세우는 관계중심 집단주의에 가깝다는 것도 확인했다. 일본과 중국에 대한 최근 연구들도 관계중심 집단주의 성향이 강함을 밝히고 있다(일본의 경우, 박용구, 2007. 박용구, 2001, 박용구 · 신수진, 2004; 중국의 경우, Ho, 1998; Hwang, 2000; Cheng and Sculli, 2001; Huang, 2003; Wen, 2008; Wang and Dai, 2009).[37] 기존의 개인주의-집단주의의 이분법 모델의 문제점은 관계중심 집단주의를 단순히 집단주의로 줄여 사용했다는 것보다도 비서구사회 '집단주의'의 본질을 제대로 파악할 수 없게 했다는 것이다. 또한 몇몇 연구(예, Oyserman et al, 2002)가 밝혔듯이 가장 개인주의적인 미국인들도 강한 집단소속감(belonging to ingroups)과 내집단 구성원에 대한 편애(ingroup favoritism)라는 집단중심 집단주의 성향을 가지고 있다면 비서구사회에서만 집단주의 문화가 존재한다는 설명은 개념의 혼란만 가중시킬 뿐이다.

37 동아시아 국가들의 일반적인 특징이 관계(network) 중심 집단주의라고 주장한 연구로 Yuki (2003)를 들 수 있다.

5. 3분법 모델과 관계중심 집단주의

앞에서 개인주의-집단주의의 이분법 모델에 근거하여 한국을 포함한 동아시아 사회의 문화적 특성을 집단주의로 파악한 것은 방법론과 내용면에서 모두 문제점을 가지고 있으며, 개인주의-집단주의의 단순한 이분법 모델을 개인주의-집단중심 집단주의-관계중심 집단주의의 3분법 모델로 바꾸고, 동아시아 사회를 관계중심 집단주의 문화권으로 파악할 것을 제안했다.

사실 이러한 주장은 전혀 새로운 것이 아니다. 이미 서구 중심의 '개인주의-집단주의'의 이분법적 이론으로는 동아시아 사회의 '집단주의는 물론 서구 개인주의자들의 문화적 또는 심리적 특성을 제대로 파악할 수 없다고 비판하면서 대안의 이론 내지 설명을 제시하려는 노력은 1970년대 말부터 동아시아와 서구에서 있었다. 대표적인 것으로 일본, 중국(대만, 홍콩) 등 동아시아 학자들의 '간인주의' 또는 '관계주의' 이론과 서구 학계에서 제시한 것으로 주로 집단정체성 또는 자기범주화 이론에 기초를 두고 있는 '개인주의-관계주의-집단주의'의 3분법 모델이 있다. 각각에 대해서 간략히 살펴보기로 한다.

먼저 '간인주의 이론'과 '관계주의 이론'을 보기로 한다. 전자는 일본사회의 '집단주의'가 개인의 자유를 억압하고 대외적으로 폐쇄적이라고 규정하는 서구의 집단주의 이론을 반박하기 위해 일본학자인 하마구치 에슌(濱口惠俊)이 제시한 이론으로, 개체의 자율성을 중시하는 근대론자들의 일본인에 대한 비판은 서구 중심의 시각에서 비롯된 편견에 불과하며 연대적 자율성을 가진 일본인에게 집단주의라는 말에서 연상되는 조직이나 집단에 예속은 있을 수 없고, 서구 개인주의와 대비되는 일본의 '집단주의'는 실제로는 간인주의(間人主義)라고 주장한다. 그가 말하는 간인주의의 특성은 첫째, 상호의존주의로 상호의존성은 인간 본래의 모습이며 사회생활에서 상호 부조하는 것은 불가결하고, 둘째, 상호신뢰주의로 자기 행동에 대해 상대방도 나의 의도를 파악하고 대응해줄 것이라는 확신을 가지고 행동하며, 셋째, 대인관계의 중시로 일단 성립된 관계(아이다가라, 間柄)는 가치가 있는 것으로 존중되며 유지하려고 한다는 것이다. 나아가 하마구치 예슌은 간인주의가 단지 일본인만의 문화적・심리적 특성이 아니라 서구인들에게도 광범하게 발견된다는 점에서 어느 사회에나 적용되는 보편성을 갖고 있다고 주장한다(濱口惠俊, 1996, 2003; 濱口惠俊編., 1998. 박용구, 2007: 380~382에서 재인용).[38]

관계주의(關係主義) 이론은 서구의 개인주의사회와 중국의 전통적인 사회의 차이를 설명하기 위해 페이 샤우통(費孝通, Fei Xioatong, T. S. Fei, 1948)이 사용한 '관계의 차등적 질서(differential order)'라는 개념을 출발점으로 하여, 프란시스 슈(許烺光, Francis L. K. Hsu)의 '심리-사회 도표' 이론,[39] 데이비드 호(何友暉, 何友暉, David Y. F. Ho)의 '관계지향성-관계 지배적 문화-방법론적 관계주의' 이론, 양국추(楊國樞, Yang Kuo-Shu)의 '사회지향성(social orientation)'이론 등을 토대로 황광국(黃光國, Hwang Kwang-Kuo)이 정리한 이론이다.[40]

---

38 하마구치의 이론은 간인주의 이론를 확립하는 단계(1977~1997)와, 실증조사를 통해 간인주의의 보편성을 확인하는 단계(1998~2008)를 거쳐 확립되었다. 초기에는 일본의 '집단주의'를 일본다움, 일본적 집단주의, 일본형 모형, 일본형 시스템 등으로 재해석하면서 개인주의에 대한 우월성을 강조하는 간인주의로 귀착하였고, 후반에서는 1994~1998년 사이 일본, 한국, 중국, 미국, 캐나다 등 25개국을 대상으로 실시한 조사에 근거하여 간인주의가 일본 특유의 문화적・심리적 특성이라는 주장에서 나아가 사회구성의 보편적 원리라는 주장을 펼치게 된다(박용구, 2007: 382).

39 1909년 만주에서 출생한 프란시스 슈 교수는 제2차세계대전이 끝나기 직전에 미국으로 건너가 네스웨스턴 대학(Northwestern University) 인류학과에 재직하면서 미국과 중국의 문화 비교 등 비교문화분야에 많은 연구결과를 내놨다.

40 황광구를 중심으로 한 일단의 대만 심리학자들은 1970년대 국립대만대학교에 토착

페이(Fei)에 의하면 "서구 개인주의사회에서의 개인은 사회조직에 의해 한 다발로 뭉쳐지는 나무막대와 비슷하다. 중국사회는 연못에 돌을 던지면 만들어지는 파장과 같다. 각개 사람은 일단의 동심원 가운데 위치하고 있고, 그 중심에서 발생한 파장은 다른 동심원의 파장과 만나 사회적 영향을 미친다. 그 사람이 언제 어디에 있든 상관없이 그 사람은 항상 이러한 유동적인 사회적 망(social network) 가운데 위치하고 있다. 이와 같은 구조는 개인주의가 아니라 자아주의(自我主義, egoism)를 반영한다. 중국인은 대단히 자기중심적이며, 자신의 가치는 모두 자신의 여러 가지 욕구를 충족시키기 위한 것이다"(Fei, 1948: 24~27. Hwang, 2000: 156~157에서 인용). 즉 페이(Fei)의 비유는 중국인은 사회적 관계망(social network)을 도구로 하여 다른 사람을 자신의 생활세계(lifeworld)로 포섭해 왔고, 자신을 그러한 사회관계망의 중심에 위치에 있다고 생각하며, 다른 사람과의 친밀도에 따라 그 사람은 자신의 심리적 공간의 동심원에서 차지하는 위치가 다르다는 것을 뜻한다.

'심리-사회 도표(pyschosociogram)'라는 개념으로 중국사회의 문화심리적 특성을 설명한 슈(Hsu)는 1953년 중국인과 미국인의 국민성(national character)을 비교하면서 차이를 상황중심성, 개인중심성으로 설명했고, 그 이후 중국, 미국, 인도 문화의 차이를 지배적인 친족관계에서 찾으면서 세 나라 각각의 지배적인 친족관계를 부자관계, 부부관계, 모자관계로 파악하였다. 그리고 1970년대에는 이전의 연구에 기초하여 중국인의 사회심리적 특성을 설명하기 위한 개념으로 '심리-사회적 도표'를

심리학연구소(Indigenous Psychology Research Center)를 중심으로 때로는 아시아의 다른 국가, 서구와 남미의 학자들과 함께 각국의 현실에 맞는 토착심리학 개념과 이론을 개발하기 위한 운동을 전개하였고, 그 결과물이 관계주의 심리학 이론이라고 할 수 있다(Gabrenya, et al., 2006; Huang, 2003). 황광구오(2000)는 자신(1995, 1999), 양구슈(1981, 1998), 호(1998) 등에 의한 중국의 문화심리적 특성에 대한 연구들을 관계주의(relationalism)로 규정했다.

제안했다(Hsu, 1971). 슈가 제안한 심리-사회적 도표는 ⑦ 무의식(unconscious), ⑥ 전(前)의식(pre-conscious), ⑤ 표현되지 않은 의식(unexpressed conscious), ④ 표현적 의식(expressive conscious), ③ 친밀한 사회와 문화(intimate socisty and culture), ② 조작적 사회와 문화(operative society and culture), ① 보다 넓은 사회와 문화(wider society and culture) 등의 일곱 개 층위와, ⓪ 이 동심원의 바깥에 있는 외부 세계(outer world) 등으로 구성되어 있다(〈그림 13〉).

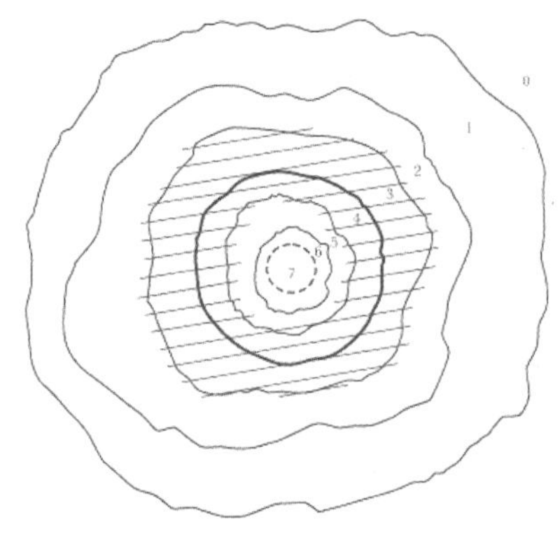

〈그림 13〉 슈(Hsu)의 심리-사회 도표(psychosociogram)

7. 무의식(unconscious) 6. 전(前)의식(pre-conscious)	프로이드적 개념
5. 표현되지 않은 의식(unexpressed conscious)	
4. 표현 가능한 의식(expressible conscious) 3. 친밀한 사회와 문화(intimate society and culture)	인(人) 인격(personage)
2. 조작적 사회와 문화(operative society and culture)	
1. 광범한 사회와 문화(wider society and culture)	
0. 외부세계(outer world)	

④의 표현 가능한 의식은 개인이 다른 사람과 소통하면서 갖게 된 감정과 생각으로 사랑, 증오, 탐욕, 전망(vision), 그리고 일을 처리하는데 필요한 도덕적-사회적-기술적 지식을 의미한다. ⑤의 친밀한 사회와 문화는 친밀한 관계를 맺고 있는 중요한 타인, 애완동물, 규범, 문화용품 등으로 유용성보다는 감정적 만족감을 채워 주는 역할을 한다. ⑥의 조작적 사회와 문화 층위에 위치하는 사람이나 사물은 감정적 필요보다는 현실적 유용성을 충족시키기 위해서 일정한 공식적인 역할만을 수행하면서 맺는 관계의 대상이다. 일곱 개 층위 중에서 좁게는 ④와 ⑤, 넓게는 ③에서 ⑥까지를 중국어의 인(人, ren), 영어의 인간됨(personage)에 해당하는데 이러한 층위적 '인'은 다른 사람과의 교환에 의해서 형성될 수 있다는 것을 의미한다. 다시 말하면 '인'이 되고 '인'이 되는 것을 배워야만 자신의 심리적 욕구도 만족시키고 다른 사람과의 교환에서 균형도 유지할 수 있다. 사람은 자신의 행동을 사회와 문화가 요구하는 기준에 맞춤으로써 균형을 유지해 나가는 과정을 '심리-사회적 항상성(psychosocial homeostasis)'이라고 규정하였다. 슈는 인간행위의 차이를 이해하는 데 있어서 이러한 중국의 '인(ren)'개념이 서구의 인격(personality)개념보다 더 적합하다고 주장했다(Hwang, 2000: 156~159).

사회학자인 페이(Fei)의 '관계의 차등적 질서' 이론과 심리인류학자인 슈(Hsu)의 '심리-사회 도표' 이론을 토대로, 데이비드 호(David Y. F. Ho)는 유교전통이 강한 사회의 사회적 행위를 설명하기 위한 개념으로 '관계지향성(relational orientation)'과 '관계 지배적 문화(relationship dominance)'를 제안하였고 관계주의 이론을 인간의 행위와 사고를 설명할 수 있는 일반이론(general framework)으로 발전시키기 위해 방법론적 관계주의를 제시했다. 호(Ho)에 의하면 중국의 관계주의를 이해하는 데 있어서 관계적 자기(self) 개념은 핵심 요소다. 관계적 자기는 독립된 개체가 아니라 다른 사람과의 경계가 불분명한 관계적 자기(relational self)로, 관계적 자기의식을 가진 사람은 타인의 존재에 매우 민감하게 반응하고, 자신의 인식체계(one's phenomenological world)에서 자신과 타인의 관계에서 생기는 경험은 현실과는 별도의 '타인과의 관계 속의 자기'라는 영역을 만들어 자신의 행위에 대해서 '독립된 개체로서의 자아'나 '바깥 현실 / 상황'과는 독립된 영향력을 발휘한다(Ho, Chen & Chiu, 1991). 이러한 특성을 가진 관계적 자기와 관계지향성은 다른 아시아문화에서도 찾아볼 수 있다(Ho, 1993).

관계적 자기의 존재와 행위에 대한 영향력이 중국이나 유교 문화권만이 아니라 서구에서도 찾아볼 수 있다는 것을 보여주기 위해 호(Ho)는 방법론적 관계주의를 제시한다. 그에 의하면 개인과 관련된 사실(요인)만으로는 사회현상을 설명할 수 없다. 사회현상과 관련된 사실이나 원칙은 사회 성원 간의 관계-집단-제도 형성을 통해서 만들어지고 개인의 속성에서 자동으로 형성되지도 않고 따라서 그 속성을 추론할 수도 없다. 또한 개인에 대한 사실도 사회적 맥락과 분리해서는 이해할 수 없다. 바로 이런 이유에서 어느 사회든 개인의 행위를 이해하기 위해서는 사람 간의 관계에 초점을 맞추고 거기에 영향을 미치는 문화적 요인을 분석해야 한다. 이것이 바로 방법론적 관계주의로 분석단위는 개인이나 상황만이 아니라 '다양한 관계적 맥락 속의 개인(person-in-relations)'이나 '특정한 관계적 맥락 속의 상호작용하는 개인들(persons-in-relation)'이다(Ho & Chiu, 1998: 353; Ho, 1998; Hwang, 2000).[41]

양국추(楊國樞, Yang Kuo-Shu)는 앞에서 살펴본 중국, 대만, 홍콩 등 페이 이후의 토착사회과학이론과 중국인 대상 경험분석을 토대로 중국인을 포함한 동아시아인과 서양인의 성격적 특성(personality characteristics)을 개

41 물론 관계적 자기가 모든 상황 또는 관계에서 가장 핵심적 영향력을 행사하는 것은 아니다. 개인이 자신의 생물학적 욕구를 충족시키기 위해 '낯선 사람'과 맺는 도구적(수단적) 관계에서는 자신과 타인의 심리적 연대의식(애착심)이 약하기 때문에 '관계적 자기(guanxi)'의 영향력은 약하다. 낯선 사람들은 자신의 목표달성에 필요한 중요한 사람과의 관시(guanxi)를 만들기 위해 갖가지 시도를 하게 된다(Hwang, 2000: 169).

인 지향성, 관계지향성, 집단지향성, 일반적인 타인 지향성의 네 가지 지향성으로 설명하고자 했다. 1980년대 초부터 토착적 사회심리학의 관점에서 중국인의 성격을 연구해 온 양국추는 초기에는 중국의 문화적 특성 또는 중국인의 성격적 특성을 서구 개인주의사회의 '개인 지향성(individual orientation)'과 대비되는 '사회지향성(social orientation)'이라는 개념으로 설명하였고(Yang, 1995), 최근에는 자신의 이론을 발전시켜 개인 지향-관계지향-집단지향-일반적인 타인 지향의 사분법 모델을 제시했다(Yang, 2006). 이 모델은 동아시아인의 성격적 특성인 '사회지향성'을 세분화하여 관계(relationship)-권위주의 지향성(authoritarian orientation), 집단지향성(group orientation), 불특정 타인 지향성(non-specific others orientation) 등 세 유형으로 세분하고 서구인의 성격적 특성인 '개인 지향성'을 더하여 네 가지 유형으로 구분한 것으로, 이를 통해 동아시아인과 서구인의 성격적 특성을 비교했다. 좀 더 구체적으로 살펴보자.

중국인의 성격적 특성인 '사회지향성'은 관계지향성(relationship orientation), 권위주의지향성(authoritarian orientation), 가족주의적 집단지향성(familistic (group) orientation), (일반적인) 타인 지향(generalized other orientation) 등의 네 가지 특징을 가지고 있다. 이 중에서 '관계 지향성'은 운명적 만남(relational fatalism), 의례성(relational formalism), 관계의 상호의존성(relational interdependence), 관계의 화목(relational harmony), 대상에 따른 차별적 대응(relational determinism) 등을 강조한다(Yang, 1995). '권위주의 지향성'은 권위에 대한 지나친 민감성, 권위에 대한 숭배, 권위에 대한 의존성을 주요 특징으로 한다. '가족주의적 (집단) 지향성'은 가족의 존속, 화목, 결속, 영예, 번영, 영속을 위해 성원 자신의 개인적인 목표, 이익, 복지를 희생하려는 성향을 의미한다. 마지막으로 '일반적인 (불특정) 타인 지향성'은 불특정 다수의 타인들의 의견에 민감하게 반응하고 동조하며 사회적 규범을 깊은 관심을 가지고 있고 체면과 명성을 중시하는 태도를 의미한다. 이 네 가지 속성 중 관계지향성과 권위주의 지향성은 타인과의 관계와 관련된 것이고 특히 후자는 사회적 권위를 가진 사람과의 관계를 규정한다. 즉 중국인의 사회 지향성은 다른 개인과의 관계(dyadic relationship, 대등한 사람과의 관계와 권위체와의 관계), 가족을 포함한 집단과의 관계, 불특정 타인과의 관계 등 세 유형으로 구분할 수 있으며, 이러한 사회지향성은 중국만이 아니라 같은 유교의 영향을 받은 일본과 한국에도 강하게 나타나고 있다.

양국추는 세 가지 유형의 '사회지향성'으로 중국인의 특징적인 성격과 사회적 행위를 설명한 뒤 동서양 비교를 시도한다. 이를 위해, 관계지향성, 집단지향성, 일반적인 타인 지향성의 세 가지에 서구인의 특성인 '개인 지향성(individual orientation, 자기 지향성과 독립성 강조)'을 합쳐 성격적 특성의 사분법 모델(four-level scheme)을 만들었다. 그리고 어느 개인이든 네 가지 유형의 심리적 지향성을 가지고 있으나 문화적 맥락에 따라 바꾸기 쉬운 성격유형과 바꾸기 어려운 (그래서 고착된) 유형이 있다는 전제에서 보면, 개인주의 문화권에 속하는 미국인을 포함한 서양인들은 개인지향성은 쉽게 바꾸기 어려우나 사회지향성은 쉽게 바꿀 수 있다고 생각할 것이지만, 중국인을 포함한 동아시아인들은 사회지향성은 쉽게 바꾸기 어려우나 개인지향성은 쉽게 바꿀 수 있다고 생각할 것이라고 보았다.

〈그림 14〉는 동아시아인과 서구인의 성격적 특성을 체계적으로 비교하기 위해 양국추가 제시한 사분법 모델을 도식화한 것이다. 인격적 특성을 구성하는 네 가지 속성(개인지향성, 관계지향성, 집단지향성, 불특정 타인 지향성)에 따른 사회적 상호작용의 대상은 중심에서 바깥으로 갈수록 그 수가 많아지므로, 개인지향성(individual-oriented dispositions)은 동심원의 중심에 놓이고 불특정 타인 지향성(other-oriented dispositions)은 가장 외곽, 관계지향성(relationship-oriented dispositions)과 집단지향성(group-oriented dispositions)은 중간에 위치하는 것으로 볼 수 있다. 동심원의 중심과 외곽을 잇는 선에서 각 속성의 길이는 해당 개인에게 있어서 각 속성이 차지하는 중요도를 의미한다. 따라서 중국인과 미국인은 네 가지 성격적인 특성을 모두 가지고 있지만, 중국인에게 있어서는 관계지향성과 집단지향성이 다른 속성 특히 개인지향성보다 더 중요한 비중을 차지하나 미국인에게 있어서는 개인지향성이 가장 큰 비중을 차지하고 다음으로 관계지향성과 집단지향성이며 불특정 타인 지향성은 매우 약하다.[42]

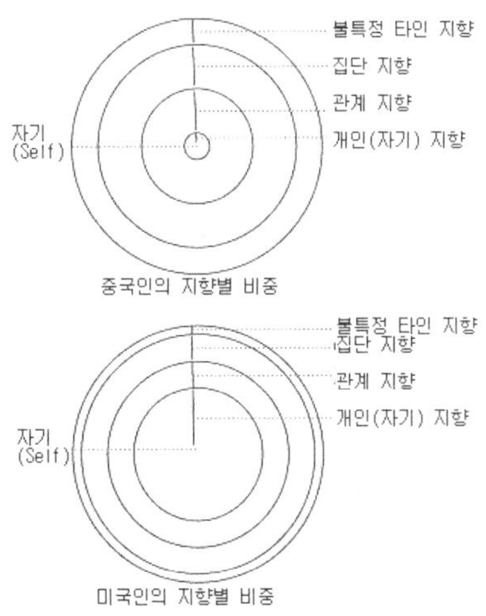

〈그림 14〉 중국인과 미국인의 지향별 비중
(출처 : Yang(2006), 291쪽)

지금까지 일본과 중국(특히 대만)에서 진행되어온 동아시아사회와 동아시아인의 문화적, 심리적 특성을 간인주의 또는 관계주의로 파악한 연구들을 살펴보았다. 이러한 연구들은 서양의 개인주의에 대비되는 동아시아의 '집단주의'를 '관계주의'의 관점에서 재해석하려는 시

42 황광국(黃光國, Hwang Kwang-Kuo, 2000)은 중국인의 관계(guanxi) 중심 집단주의를 관계주의(relationalism)로 정의한다. 특히 그는 데이비드 호(何友暉, 何友暉, David Y. F. Ho)의 '관계 속의 개인들(persons-in-relationship)'과 '관계들 속의 개인(person-in-relationships)'에 대한 논의를 바탕으로 중국인의 자기해석(self construal)을 '관계적 자기(relational self)'로 정의하고, 대인관계의 유형을 혈연에 기반을 둔 친족관계(kinship), 지연·부족·종족·문화(종교)·신분집단 등 출생에 의한 연결망(connection by birth), 민족(nationality), 정치권력관계(지배자와 군신), 정복에 따른 지배-피지배관계, 사회계급(social class), 직장(office or employment), 거주지(residential location), 교육·종교기관(institutional affiliation), 귀속적 지위에 따른 연결망, 우정·애정·성관계로 맺은 사이, 우연적 만남의 관계 등으로 세분하고, 각 관계 속에서의 거래 또는 상호작용을 지배하는 원칙(규범)이 도구적(instrumental) 성격, 정서적(expressive) 성격, 혼합적 성격의 세 가지로 구분한다.

도로 볼 수 있다. 즉 이들 연구는 기존의 개인주의-집단주의의 이분법 모델이 서구 중심적, 진화론적 시각에서 동아시아의 '집단주의'를 부정적으로 평가할 뿐만 아니라 실체도 제대로 파악할 수 없다는 입장에서 동아시아사회 또는 동아시아인의 자기인식(self construal)을 보다 정확히 파악하기 위해서는 '사회지향성' 내지 '관계지향성'이라는 개념을 도입하고, 문화・심리적 특성을 설명하기 위해서는 '간인주의' 내지 '관계주의'라는 개념을 제시한 것이다. 나아가 이들 연구는 '관계주의'이론이 유교문화권인 동아시아 사회만이 아니라 개인주의문화권으로 알려진 서구사회에도 적용할 수 있다고 주장한다.

동아시아 학자들의 관계적 자기(relational self)와 관계주의(relationalism)에 대한 이론과 거의 동일한 '관계중심 집단주의' 이론이 서구 학자들에 의해서도 제기되었다. 이들은 개인의 '자기의식'에 개인주의-집단주의의 이분법 모델에서 말하는 '개인적 자기'의식(또는 정체성)과 '집단적 자기'의식(또는 정체성) 이외 '중요한 타인(significant others)'과의 관계에 입각한 제3의 자기의식 즉 '관계적 자기'의식(또는 정체성)도 포함해야 하고, 이런 이유에서 한 사회나 개인의 문화적 / 심리적 특성에 대한 이분법적 개념은 지나치게 단순하다고 주장하면서 이분법 상의 '집단주의'를 집단중심의 집단주의(group collectivism 또는 간단히 collectivism)와 관계중심 집단주의(relational collectivism 또는 단순히 relationalism)로 구분하고 전체적으로는 개인주의-관계주의-집단주의의 삼분법 모델로 바꿀 것을 제안한다.[43]

서구 학자들이 제안한 '개인주의-관계주의-집단주의'의 3분법 모델

43 세 가지 문화적 / 심리적 특성은 개인(자신), 중요한 타인과의 관계, 집단의 정체성이나 목표 중 어느 것을 가장 앞세우느냐에 따라 구분한다. 중요한 타인과의 관계나 집단의 목표보다는 개인의 목표를 앞세우는 경우 개인주의, 개인이나 집단의 목표보다는 중요한 타인과의 관계를 앞세우는 경우 '관계중심' 집단주의, 개인이나 중요한 타인과의 관계보다는 집단의 목표를 앞세우는 경우 집단중심 집단주의로 보는 것이다.

과 이에 근거한 동아시아사회의 '집단주의'에 대한 설명을 브류어(Marilynn B. Brewer)의 이론을 중심으로 살펴보기로 한다. 브류어는 다음 두 가지를 강조한다. 하나는 모든 개인에게 있어서 자기(self)는 개인-관계-집단의 세 수준에서의 자기로 구성되어 있다는 것이고, 다른 하나는 관계와 집단은 구분할 필요가 있다는 것이다.

전자에 대한 그의 설명을 살펴보면, 인류의 종족보존과 개인-타인 간의 (협력을 위한) 필요불가결한 관계 규제와 유지를 위해서는 반드시 필요한 자기의 사회적 확장능력, 즉 자기개념(self-concept) 속에 자기 이외 다른 사람을 포함하는 능력(capacity for social identification)은 보편적인 인간 심리이다(Caporael and Brewer, 1995; Brewer and Yuki, 2007; Caporael, 1995, 1997).[44] 다른 사람과 친밀한 관계를 맺고자 하는 것은 인간의 가장 기본적인 욕구(needs to belong)로 사회의 진화과정에서 개인의 자기 개념도 점차로 확장되어 왔다(Baumeister and Leary, 1995; Sedikides and Skowronski, 1997).[45] 따라서 어느 사회에서나 개인은 자기 자신을 상호협력과 의무를 부가하는 사회집단의 한 부분으로 인식한다(Levine and Campbell, 1972. Brewer and Ya-Ru Chen, 2007, 137).

문화권에 따라 상호의존과 조화보다 독립성과 자율성을 강조하는 개인주의적 성향(individualism)에서는 분명히 차이가 있지만 개인주의 사회라고 해서 사회집단(social groups)과 집합체(collectives)의 구성원으로

---

44 브류어의 '3분법 자기모델'은 주로 진화심리학(evolutionary psychology)의 연구에 의존하여 만들어진 것이다. 진화심리학에서는 인간은 종족 보존을 하기 위해서는 환경의 도전(예, 포식자로부터의 보호, 식량 확보 등)에 효과적으로 대응하기 위해 수행해야 할 기능과, 이를 위한 협력을 필요로 했기 때문에 집단의 형성과 유지는 인류생존의 필수적 요건이었으며, 인간의 기본적인 욕구 / 본성으로 발전했고 수행해야 할 과업의 성격에 따라 적정한 집단의 규모와 내부질서가 달라 진다고 본다(Caporael, 1995, 1997).

45 인류의 진화과정을 통해 확인되었듯이, 인간이 다른 사람과 관계를 맺고 집단을 형성하는 것은 외부의 위협으로부터 자신을 보호하고 생존에 필요한 자원(예, 식량)을 확보하는데 유리하기 때문이기도 하고, 이러한 활동에 필요한 정보와 지식을 공유하는데도 유리하기 때문이다Caporael, 1997: 287, 289).

서의 정체성을 갖지 않는다는 주장은 잘못되었다. 다시 말하면 모든 사회는 개인정체성과 집단정체성에 대한 가장 기본적인 욕구를 충족시켜 주어야 하며, 개인의 이익과 집합체의 전체이익과 복지를 보장할 수 있는 효과적인 수단(effective interface)을 가지고 있어야 한다. 문화권에 따라 차이가 있다면 그것은 지배적인 사회적 정체성의 유형과 내용이 다르고, 개인의 개성과 집단의 규율 사이에 균형을 잡는 방법이 다르다는 점이다(Brewer and Yuki, 2007). 어느 사회에서든 개인은 가까운 사람과의 친밀한 관계(close personal relationships)와 소집단 내 구성원과의 네트워크(smallgroup interpersonal network)를 가지고 있으며 대규모의 상징적인 집단의 구성원(membership in large, symbolic groups)으로 소속되어 있다(Caporael, 1997). 다만 문화권에 따라 가장 주되게 사용하는 개인과 사회(집단) 연결 방법, 즉 가장 주된 사회적 자기(social self) 규정방식과 내용, 그리고 개인의 행위에 대한 사회적 통제방법이 다를 뿐이다. 이런 점에서 볼 때, 모든 문화권의 사람들은 개인, 관계, 집단의 세 수준에서 사회적 지향성(social orientation)을 가지고 있다고 할 수 있으며,[46] 다만 이 세 가지 수준의 '자기'가 각각 부각되는 정도와 사회적으로 중요시되는 정도(즉 우선순위)가 문화권에 따라 다를 뿐이다(Brewer and Ya-Ru Chen, 2007).[47]

46 자기개념(self-concept)은 자신의 고유한 특성(개인적 자기), 가까운 다른 사람과의 관계의 성격(relational self), 자신이 소속되어 있는 비교적 큰 규모의 (따라서 다른 대부분의 구성원과 친밀한 인간관계를 맺기 어려운) 상징적인 집단의 특성(collective self), 이 세 가지가 모두 포함되어 있고 따라서 자기는 개인적(사적) 자기(individual self), 관계적 자기(relational self), 집단적 자기(collective self)의 세 가지 수준으로 이루어져 있다.

47 개인의 정체성을 개인적 자기, 관계적 자기, 집단적 자기로 세 수준에서 구분한 연구로 Uleman et al. (2000), Kashima and Hardiei(2000), Ya-Ru Chen, Xiao-Ping Chen, and R. Portney (2009), Hardie (2009), Tanti, Stukas and Halloran (2008), Gaertner et al. (2012) 등이 있다. 코로스 등(Cross et al. (2000, 2002)은 동일한 개념의 3분법을 사용하나, 미국인은 관계적 자기가 강하고 동아시아인은 집단적 자기가 강하다고 주장하고 있다. 트리안디스(Triandis, 1989), 브래클러와 그린왈드(Breckler and Greenwald, 1986) 등은

한편 관계와 집단은 구분할 필요가 있다는 것에 대한 브류어(Marilynn B. Brewer)의 설명을 살펴보자. 2인 '집단'(dyad)이나 2인집단의 연장이라고 할 수 있는 구성원 간의 대인관계들이 서로 얽혀 있는 소규모의 집단(interpersonal relationships or network)과, 가치나 규범 등과 같은 '상징(symbol)'을 통해 결속된 대규모의 집단을 구분해야하는 이유를 보면, 브류어는 에치오니(Etzioni, 1968)의 개념 정의에 따라 '집단(collective)'을 "공통의 가치와 규범을 중심으로 함께 묶여 있는 개인들의 집합체(a macro-scopic unit)"로 규정한다. 즉, 집합체 내 구성원들은 대인관계가 아니라 일정한 정서적 정향성, 공통의 이익과 공동운명체라는 인식, 사회적 실천방식을 공유함에 따라 결속되어 있는 것이 에치오니가 말하는 집단이다. 사회적 범주화이론이나 사회적 정체성 이론에서도 집단적 자기(collective self)는 자신과 다른 구성원들이 각자의 독특한 속성을 가진 서로 다른 개인이 아니라, 같은 사회적 범주의 구성원이라는 인식을 통해서 형성된다고 한다(Tuner et al., 1987). 이런 점에서 집단적 자기는 '같은 사회적 범주나 대규모의 탈인격적인 집단에 속하는 자기(the shared social categorical self)'를 의미한다(cf. Turner et al., 1994).[48] 따라서 '집단적 자기'의식을 가진 구성원들이 서로 결속하기 위해서 반드시 구성원들이 서로 친밀한 관계(close personal relationship)를 맺어야 할 필요는 없다(Brewer and Gaertner, 1996: 83; Brewer and Ya-Ru Chen, 2007: 135).

반면 '관계적 자기'는 사회적 범주의 공유 여부와는 상관없이 내집단 내 구성원 간의 역할이나 정서적 친밀감에 의해 묶여 있는 양자 간의 관계(예, 부모와 자식, 연인, 친구 등) 또는 규모가 작아서 면대면 접촉이

개인-관계-집단적 자기 때신 사적(private self)-공적(public self)-집단적 자기(collective self)라는 개념을 사용하여 자기의식에 대한 3분법을 제안하고 있다. 여기서 '공적 자기'는 타인에 의해 인식된 자기를 의미한다.

48 예를 들면, '우리'와 '그들', '내집단'과 '외집단', '남성'과 '여성', '백인'과 '흑인', '한국인'과 '일본인' 그리고 '중국인' 등.

용이하고 구성원 서로를 잘 알 수 있는 (소)집단에 속해 있다는 사실에서 형성된다(Brewer and Gaetner, 1996: 83).[49]

그렇다면 관계중심 집단주의와 집단중심 집단주의는 어떤 점에서 다를까. 브류이에 의하면, 양자 모두 정서적인 요인(affect)과 인지적 요인(cognition)에 의해 연결되어 있다는 점에서 연결매체에서는 차이가 없으나 관계나 집단에 의해 포괄되는 구성원의 수 내지 범위(level of inclusiveness)에서 차이가 있다. 어떤 종류의 사회적 정체성은 관계주의적 정체성(또는 자기)으로 구성될 수도 있고 집단주의적 정체성(또는 자기)으로 구성될 수도 있다. 어떤 부모가 자녀와의 관계 속에서 자신을 생각한다면 관계주의적 정체성이 되고, 부모집단으로의 자신을 생각한다면 집단주의적 정체성이 되는 것이다. 어떤 간호사가 자신을 환자와의 관계에서 자신의 역할을 생각할 수도 있고, 의사집단과 대비되는 간호사 집단의 구성원으로 생각할 수도 있다. 전자는 관계적 자기, 후자는 집단적 자기에 해당한다(Millward, 1995). 어쨌든 관계주의적 정체성에 포괄되는 사람의 수와 범위는 작지만, 집단주의적 정체성에 포괄되는 사람의 수와 범위는 훨씬 더 크다.[50]

---

49 이런 점에서, 관계적 자기와 집단적 자기의 차이는 트리안디스(1989)나 브레클러와 그린왈드(1986)의 공적 자기(public self)와 집단적 자기(collective self)의 차이와 비슷하다. 이들은 공적 자기를 '중요한 타인(significant others)'에 의한 평가에 민감한 자기의 부분으로 친밀한 타인과의 상호작용과 관계에서 생겨나고, 집단적 자기는 자신에게 중요한 기준집단(reference group)의 규범과 특성을 내면화한 부분으로 집단의 규범과 특성과 자신의 한 부분이 일치한다는 인식을 통해서 생긴다고 보았다.

50 인간의 사회적 행위에 대한 진화모델(evolutionary models of human social behavior)에 의하면, 집단(조직)의 범위 또는 수준에 따라 사회적 협력 내지 조정방법이 다르다. 예를 들면, 인류 역사상 집단은 가장 초보적인 집단인 양자관계 또는 '2인 집단(dyad)'에서, 면대면 접촉과 작업을 위한 소규모 집단(teams, 3~5인), 상호작용하는 소규모 공동체(bands, 30~50인), 정체성을 공유하고 서로 소통하지만 지속적인 면대면 접촉이 어려운 대규모 집단(tribes, 100~500인)으로 점차 확장되어 왔는데, 각 수준의 집단(조직)은 상호의존의 내용(forms of functional interdependence)과 구성원간의 이견 조정과 협력 유인방식이 다르다(Caporael, 1995; Caporael and Brewer, 1995; Caporael, 1997).

이처럼 서로 다른 특성을 가진 관계적 자기와 집단적 자기는 서로 다른 사회적 행위를 초래한다. 첫째, 구성원들의 정체성(identification)과 상호협력의도(cooperation)에 영향을 미치는 요인과 관련된 것으로, 집단적 자기의 경우 다른 집단의 존재와 경쟁이 구성원들의 정체성과 내부결속(협력)을 초래하는 반면, 관계적 자기는 구성원 간의 화목과 단합이 관계적 정체성과 협력을 가져온다는 점이다(Brewer and Ya-Ru Chen, 2007: 137~138).[51] 구성원 간의 협력 근거에 초점을 맞추어 보면, 관계적 자기의식이 강한 사람들은 자신과 친밀한 관계와 이를 통한 관계의 강화를 위해 협력하는 반면 집단적 자기의식이 강한 사람들은 같은 사회적 범주에 속한다는 사실로 인해 협력한다. 둘째, 집단 구성원의 행동을 규제하는 방식에 있어서 관계적 자기에 있어서는 자신과 친밀한 또는 자신에게 중요한 사람과의 관계단절에 대한 우려 내지 위기의식 또는 그 사람에 의한 (실제 또는 잠재적인) 제재인 반면, 집단적 자기에 있어서는 집단의 목표(복지, 가치, 규범) 좌절에 대한 위협 내지 위기의식 또는 집단(지도부)에 의한 (실제 내지 잠재적인) 처벌이다(Brewer and Ya-Ru Chen, 2007: 141). 셋째, 낯선 사람을 신뢰하게 되는 근거에서의 차이로, 관계적 자기의식이 강한 사람은 낯선 사람이 같은 사회적 범주에 속하지 않더라도 자신과 친밀한 사람과 관계를 가지고 있다면 신뢰하는 경향이 있지만, 집단적 자기의식이 강한 사람은 낯선 사람이 자신과 같은 범주적 집단에 속하면 신뢰하는 경향이 있다(Brewer and Yuki, 2007: 316). 넷째, 같은 사회적 범주집

51 2인 이상의 대인관계로 이루어진 소규모 집단과, 대규모 집단이나 사회적 범주집단 둘다 구성원들은 정서적 결속(연대)감을 가지고 있을 수 있고 또한 필요로 할 수도 있다. 다른 점이 있다면 연대감(소속감, 결속의식)의 대상이 관계적 자기의 경우 주로 다른 구성원인 반면, 집단적 자기의 경우 그 대상이 주로 집단 자체이며 다른 구성원일 필요는 없다는 것이다. 따라서 관계적 자기의식과 집단적 자기의식이 서로 충돌할 경우, 즉 친밀한 타인의 이익과 집단의 이익이 충돌할 경우, 관계적 자기의식은 친밀한 타인의 이익을 위해 집단의 이익을 희생하겠지만 집단적 자기는 그 반대의 선택을 할 것이다.

단의 구성원과 외집단의 차별이라는 측면에서 보면, 집단적 자기의식이 강한 사람은 관계적 자기의식이 강한 사람보다 내집단 구성원에 대한 편애와 외집단 구성원에 대한 차별이 심하다(Brewer and Yuki, 2007: 317~318). 이외에도 관계적 자기의식과 집단적 자기의식은 다른 사회적 행동에도 서로 다른 결과를 초래한다. 사건이나 문제의 원인진단(causal attributions, 상황-경쟁관계의 상대집단), 개인적 행복의 요소(personal well-being, 화목한 관계유지-집단의 규범준수; 수치심-죄책감), 개인 간 의사소통방식(inter-personal communication, 간접적 표현-직설적 표현), 보상의 기준(rewards allocation, 필요를 고려한 균등배분-능력 / 공적을 고려한 차등배분), 협상과 갈등 관리방식(negotiation and conflict management style, 교섭파트너와의 관계-집단의 안정과 보전, 교섭 파트너 / 갈등 대상자의 입장-집단의 이익), 작업조직(work behavior, 작업팀 중심-규칙 중심; 중요한 다른 구성원의 이익-조직 전체의 이익) 등에서 관계적 자기와 집단적 자기는 서로 다른 결과를 초래한다(Brewer and Ya-Ru Chen, 2007: 145~146). 마지막으로, 사회 또는 집단(주로 사회적 범주에 기반을 둔 큰 규모의 집단)의 이익을 실현하는 데 있어서, 관계적 자기의식이 강한 구성원들이 많은 경우 그렇지 않은 경우보다 훨씬 많거나 어려운 장애가 있을 수 있다. 왜냐하면 집단적 자기의식보다 관계적 자기의식이 강한 사람은 자신과 친밀하거나 자신에게 중요한 구성원의 이익을 앞세울 것이기 때문이다(Brewer and Ya-Ru Chen, 2007: 2007: 146).[52]

브류어 등은 이상의 논의를 자기 묘사(self representation), 행동의 추동력(agency beliefs), 추구하는 가치(또는 목표, values) 등 세 가지 구성요소로 나누어 〈표 98〉과 같이 정리하고 있다. 여기서 주목할 점은 네 가지다. 첫째, 모든 문화권과 개인은 세 가지 구성요소가 모두 중요시(또는 강조)될 수 있으며, 문화권과 개인에 따라 차이가 나는 것은 각 요소가 얼마

52 Batson(1994)과 Hill(1992)도 참조할 것.

〈표 98〉 개인주의와 집단주의의 구성요소

타겟	정체성의 성격 (자기묘사)	행위의 추동력(신념)	의무의 내용(가치)
개인 (개인적 자기)	개인 특유의 속성, 핵심적인 본질, 일관성	개인의 자율성, 책임, 업적-성과의 주역	자신의 이익 우선, 개인의 선호(가치) 추구, 자아실현, 자유와 독립성
관계 (친밀한 대인관계, 친족)	친밀한 관계가 자기를 규정하고, 타인에게 생기는 일은 곧 나의 일.	역할에 대한 책임감에서 행동하고, 업적-성과 위해서는 상호의존(협력) 필요	타인의 요구(필요)에 반응, 타인의 조언에 귀 기울이기, 관계의 화목 추구
집합체(집단 전체)	사회적 일체화, 집단이 자기를 규정하고, 집단에게 생기는 일이 곧 나의 일	집단이 행위의 주체이고, 업적-성과 위해서는 집단적인 상호의존(협력) 필요	집단 전체의 복지에 봉사, 의무 수행, 집단 규범 준수

(출처 : Brewer and Ya-Ru Chen(2007), 141쪽)

나 두드러지게 표출되는지 각 요소가 충돌할 경우 어느 요소가 우선시되는지에 달려 있다. 두 유형의 집단주의적 요소보다 개인주의적인 요소가 더욱 두드러지고 다른 요소와 충돌할 시 개인주의적 요소가 주로 우선시된다면 개인주의적 문화(개인)일 것이고, 개인주의적 요소나 집단중심 집단주의적 요소보다 관계중심 집단주의적 요소가 더 두드러지고 우선시된다면 관계중심 집단주의적 문화(개인)가 될 것이다.

둘째, 각 요소가 상대적으로 더 중요시되는 정도는 모든 영역(예, 정치 · 기업 활동–가족 · 사회생활)에 일관되게 적용되지 않고 영역에 따라 다를 수 있다는 점이다.

셋째, 정체성(자기묘사), 행위의 추동력(신념), 의무의 내용(가치)의 각 요소가 항상 함께 가는 것은 아니라는 점이다. 행위의 추동력에서는 개인의 자율성과 책임을 강조하는 미국문화권에서 정체성의 성격(즉 자기묘사)에서는 집단에 포섭과 소속감을 강조하는 경우를 들 수 있다.

넷째, 한 문화권이나 개인의 내부에 개인주의와 (관계중심과 집단 중심) 집단주의는 공존할 가능성이 크지만, 두 유형의 집단주의(관계중심과 집단중심)는 함께 공존하기가 어려울 수 있다는 점이다. 개인이 자기만의 고유한 성격을 가지면서 동시에 타인과 친밀하고 상호의존적으로 지낼 수 있고, 개인의 자율성과 책임을 강조하면서 동시에 집단(전체)에 대한 강한 의무감을 가질 수 있다. 반면에 다른 사람과 강한 연고와 네트워크를 형성하고 있는 사람은 자신이 강한 유대의식을 가지고 있는 사람과의 관계를 유지하기 위해 탈인격화된 집단의 가치나 규범을 어길 수 있다. 두 유형의 집단주의가 현실에서 충돌하는지의 여부는 경험적으로 파악해야할 문제이지만 개인주의와 두 유형의 집단주의 간의 충돌 가능성보다는 높다고 할 수 있다(Brewer and Ya-Ru Chen, 2007: 141~142, 〈표 98〉).

지금까지 관계주의 또는 관계중심 집단주의가 다른 문화적·개인적 특성 특히 집단중심 집단주의와의 차이점과, 두 유형의 집단주의 구분의 중요성에 대한 서구(와 일부 동아시아) 연구자들의 논의를 살펴보았다. 간략히 정리하면, 첫째, 다른 사람과 친밀한 관계를 맺거나 집단에 참여하는 것은 인간의 기본적인 욕구다. 둘째, 탈인격화된 (대규모) 집단보다는 2인집단을 포함한 인격적인 결합의 네트워크로 이루어진 소규모 집단이 인류의 진화과정이나 심리학적 관점에서 앞선다. 즉 관계중심 집단주의가 집단중심 집단주의보다 더 보편적이고 우선순위에서도 앞선다. 자신이 친밀한 관계를 맺고 있는 사람의 입장과 집단의 이익이 충돌할 경우 사람들은 일반적으로 전자를 택한다(Gaertner, et al., 2012). 셋째, 관계중심 집단주의와 집단중심 집단주의의 속성과 사회적 행위에 대한 영향의 차이는 개인주의와 집단주의의 차이보다 더 클 수 있다. 따라서 2분법에서의 '집단주의'는 관계중심, 집단중심 집단주의의 두 유형으로 구분되어야 한다. 넷째, 기존의 2분법 모델의 문제점은 동아시아사회의 집단주의를 곡해한 것에 그치지 않는다. 전형적인 개인주의 문화권으로 설명된 미국사회가 소속감 등 일부 집단중심 집단주의의 속성에서는 동아시아사회보다 더 강하다는 점을 포착하지 못함으로써 집단주의의 성격 자체를 제대로 파악하지 못하고 있다는 한계도 가지고 있다. 다섯째, 동아시아(인)의 집단주의는 실제로는 개인이나 자신과 친밀한 다른 구성원의 이익이나 가치 또는 역할보다는 집단전체의 이익을 앞세우고 가치와 규범에 충실한 집단중심 집단주의가 아니라, 개인이나 집단전체의 이익보다는 자신과 친밀한 다른 구성원과의 관계를 중시하는 관계중심 집단주의(동아시아 연구자들의 개념으로는 관계주의)에 해당한다 (Brewer and Ya-Ru Chen, 2007: 138; Yuki, 2003; Kim, 1994; Adams and Dzokoto, 2003; Moemeka, 1998; Miyahara, 1998; Nishida, 1996; Earley and Gibson, 1998; Smith and Long, 2006; Y. Kashima et al., 1995).

6. 요약과 과제

이 글은 한국을 포함한 동아시아 사회의 문화적 · 심리적 특성을 보다 정확하게 파악할 수 있는 개념과 이론을 도출하기 위한 사전작업으로 이에 대한 기존의 연구들을 비판적으로 검토해 보았다. 개인주의와 집단주의의 2분법 모델에 근거하여 동아시아 사회의 문화적 특성이나 동아시아인의 심리적 특성을 집단주의로 규정한 국내외 연구들은 방법론, 이론, 조사방법 등의 측면에서 문제점을 가지고 있음을 확인하였다.

중국과 일본, 그리고 서구에서도 1980년대 후반부터 개인주의-집단주의의 이분법 모델에 근거한 연구가 동아시아 사회의 현실을 제대로 설명할 수 없다는 인식하에, 대안의 모델 내지 이론을 모색하기 시작했다. 그 결과 동아시아에서는 방법론으로서 관계주의에 바탕을 둔 '간인주의' 내지 '관계주의' 이론, 서구에서는 진화심리학과 사회적 정체성-자기범주화 이론에 기반을 둔 '관계중심 집단주의' 이론이 각각 제시되었다. 일반적으로 이러한 이론을 '관계주의'론으로 부른다. 나아가 일부 학자들은 이러한 구분에 기초하여 관계주의와 집단주의가 사회적 정체성(social identification), 행위의 추동력(motivation), 의무의 내용(obligation)의 측면과 사회적 행위(예, 대인 커뮤니케이션, 협상-갈등관리 스타일, 집단의 이익에 대한 태도와 집단행동 양식 등)에 미치는 영향의 측면에서 얼마나 차이가 있는지를 경험적으로 분석하기도 했다. 이들의 연구결과에 의하면 관계주의와 집단주의의 차이는 개인주의와 집단주의 간의 차이보다 더 크다는 것을 확인했다. 자신의 가장 가까운 사람이 국가나 조직의 이익에 반하는 행동을 했을 때 관계주의자와 집단주의자의 선택은 확연한 차이를 보인다. 즉 관계주의자는 자신의 가장 가까운 사람을 보호하려고 하겠지만, 집단주의자는 국가나 조직의 이익을 위해 자신의 가장 가까운 사람을 응징하려고 할 것이다.

이처럼 이분법 모델에서의 집단주의는 동아시아 사회(인)의 문화적·심리적 특성을 제대로 파악할 수 없음이 분명해졌다. 그럼에도 불구하고 국내에서는 아직까지 대부분의 연구자들은 기존의 이분법 모델에 근거한 '집단주의' 이론으로 한국사회에 대한 사례연구와 다른 사회(또는 국민)과의 비교연구를 진행하고 있다. 해외로부터 발원된 새로운 연구동향을 일찍부터 파악하고 있던 국내 일부 연구자들이 집단주의를 관계중심, 집단중심으로 구분하고 한국을 포함한 동아시아 사회를 '관계중심 집단주의' 또는 '관계주의'로 규정하기도 했으나, 집단중심 집단주의(간단히 집단주의)와의 차이도 제대로 설명하지 않으며, 구분의 필요성도 인식하지 못하는 듯하고 사례연구는 더욱 찾아보기 어렵다. 물론 조선시대나 현대 한국사회의 '관계주의적' 문화적·심리적 특성과 배경조건을 설명하는 연구들은 적지 않으나 두 유형의 차이를 고려하지 않은 상태에서 '집단주의'로 규정하고 있어 한계가 분명하다.

이러한 점들을 고려하여 이제 한국을 포함한 동아시아 사회(인)의 문화적 · 심리적 특성을 보다 정확하고 면밀하게 파악하는데 필요한 연구 과제를 몇 가지 제시하고 마무리하고자 한다.

첫째, 한국사회에서 가장 심각한 문제 내지 병폐라고 한다면 혈연, 학연, 지연 등 귀속적 요인에 근거한 연고주의와 이로 인한 각종 폐해일 것이다. 기존의 연구들은 이러한 연고주의가 유교적 가치와 규범에 기반을 둔 집단주의 문화에서 기인하는 것으로 파악하고 있다. 여기서 집단주의의 원형(prototype)인 가족이 연고주의를 유지하고 확대재생산하는 근원으로 간주된다. 그 이유는 가족 이외의 국가를 포함한 그 어느 집단도 개인의 생존과 발전을 담보하지 못하는 상황과 경험들로 인해 사람들은 가족이 가장 중요하고 어쩌면 유일한 보호막이요 후견자로 생각하게 되고, 가족 바깥의 일상생활에서도 가족관계에서 습득한 대인관계 형성과 유지 기술을 적극 활용하려고 하기 때문이라는 것이다.

이러한 설명방식이 갖는 문제점은 '가족주의적' 연고주의가 초래하는 것으로 간주하는 각종 폐해, 예를 들어, 제 식구 감싸고 챙겨주기, 경쟁자와 적대세력에 대한 차별적 대우와 이중 잣대, 불공정 경쟁, 비합리적인 의사결정, 낮은 준법정신 등이 모두 관계주의의 특수한 형태라고 할 수 있는 '가족주의적' 연고주의에서 기인하는 것인가 하는 점이다. 왜냐하면 연고주의의 폐해로 간주하는 제 식구 감싸고 챙겨주기, 경쟁 또는 대립 관계에 있는 외집단에 대한 차별, 이중 잣대 등의 문제점은 사회적 범주에 근거한 집단의 구성원들에게도 나타나고, 이러한 집단주의 성향은 개인주의 사회로 알려진 서구에서 더 강하다는 연구결과도 있기 때문이다. 다시 말하면 내집단 편애(in-group favoritism)는 유교사회에서 주로 나타나는 (인)정 또는 관계중심에서 기인할 수도 있지만, 같은 사회적 범주집단에 속하는 사람들이 갖는 집단주의적 정체성(collective identity)에서 기인할 수도 있고, 이익집단에서 전형적으로 나타나는 이기적 목적(예, 보상 기대)에서 기인할 수도 있다. 따라서 이러한 폐해들이 가족중심 연고주의(즉, 관계주의), 집단주의, 이기적 목적 중 어느 것이 가장 중요한 요인인지 면밀히 분석할 필요가 있다.

물론 연고주의의 또 다른 폐해 중 하나인 낮은 준법정신은 (인)정 또는 화목한 관계를 중시하는 유교적 관계주의에서 기인한 측면이 강하다고 할 수 있다. 그러나 경쟁 또는 대립 관계에 있는 외집단(구성원)에 대해서는 유교적 관용이 적용되지 않는다는 점, 법 집행자 또는 지배집단이 자신의 권력이나 부를 지키기 위해 비정상적인 방법으로 법을 제정하고 자의적으로 해석·집행(예, 이중 잣대)해온 역사적 경험과 현실로 말미암아 일반 국민들의 준법정신이 약하다는 연구결과(양승두, 1989; 박광배, 1996; 김시업·김지영, 2003)가 많다는 점, 개인주의와 합리주의가 지배적인 가치·규범으로 자리 잡고 있는 서구사회에서도 경쟁이 강조되고 집단주의적 편견(예, 유색인종에 대한 편견)이 심해 정치인, 기업인, 관료(예, 경찰) 등의 탈법행위(탈세, 공해, 법 집행에 있어서의 백인과 유색인에 대한 이중 잣대 등)가 결코 드물지 않다는 점을 고려할 경우, 유교적 관계주의로만 설명하는 것은 지나치게 단순하다. 따라서 낮은 준법정신 등과 같은 일부 연고주의의 폐해를 제대로 설명하기 위해서는 유교적 가치와 규범, 집단주의적 편견, 자원배분 기준과 방법, 지배집단의 행태와 역사, 법에 대한 태도 등이 각각 어떤 영향을 미치는지 어느 요인이 가장 중요한지를 파악해야할 것이다.[53]

---

53 최상진 외(1998), 한규석(2000), 김시업·김지영(2003) 등은 '사적 논리(情理)'와 '공적 논리(法理)'의 충돌이라는 관점에서 효(孝)를 충(忠)보다 중시하고 자신과 친밀한 사람과의 화목한 관계를 유지하며 잘 모를지라도 불쌍한 사람에게 동정심(同情心)을 보이는 것을 강조하는 유교적 전통이 낮은 준법정신을 초래한다고 설명한다. 그러나 김시업·김지영(2003: 76)도 지적했듯이, 법 집행의 불공정성도 준법정신이 약한 중요한 원인 중 하나이고, 한 사회의 문화나 개인의 심리적 특성이 사회 환경과 맥락이 달라지면 바뀔 수 있다는 점을 고려하면, 한국인(과 대부분의 동아시아인)의 약한 준법정신을 가장 중요한 원인으로 보기 어렵다.

둘째, 가족, 동류집단, 직장, 시민사회집단, 정치집단 등의 다양한 집단(또는 관계)을 구성원 수와 주요 목적(기능)에 따라 구분할 필요가 있다. 집단(관계)을 구성원 수에 따라 구분하는 것은 주요 기능이나 목적을 수행하는데 최적의 인원이 있기 때문이기도 하지만(Caporael, 1995, 1997; Caporeal and Brewer, 1999), 구성원의 수가 작으면 구성원들이 다른 구성원들에 대한 지식과 상호접촉이 많아 서로 친밀한 관계를 형성하여 관계적 자기정체성과 관계주의 문화가 지배적이고 규모가 커지면 그럴 가능성이 줄어들어 탈인격화된 집단적 자기정체성과 집단주의 문화가 지배적일 가능성이 크기 때문이다. 구성원의 수가 중요한 또 다른 이유는 구성원의 수가 어느 정도 이상이 되면 서로에 대한 정보도 수집하거나 기억하기 어렵고 상호접촉의 빈도도 줄어들 수밖에 없는데다가 관계적 자기정체성이나 관계주의가 집단적 자기정체성이나 집단주의보다 더 강하기 때문에, 상대적으로 더 친밀하게 느끼는 구성원끼리 소집단을 형성할 가능성이 크기 때문이다(Gaertner et al., 2012).

집단(관계)의 주요 목적을 파악해야 하는 이유는 사람들이 다른 사람과 일정한 관계를 맺거나 집단에 참여하는 목적(기능)에 따라 구성원 간 관계의 성격, 구성원이 지켜야 할 규범, 의사결정의 공정성 기준이 달라지기 때문이다. 다른 사람과 관계를 형성하거나 집단에 참여하는 목적에 따라 집단이나 관계의 성격을 구분하면, 상대방에 대한 배려(welfare)에 기초한 정서적 결합(expressive ties), 자신의 개인적 목적(personal goal)을 달성하기 위한 도구적 결합(instrumental ties), 이 둘의 목적을 함께 가진 혼합적 결합(mixed ties)으로 구분할 수 있다. 각각의 결합(참여) 형태에 따라 지켜야 할 규범(또는 정의의 개념)이 달라진다. 정서적 결합에서는 상대방의 성장과 복지를 배려하기 때문에 '필요'의 원칙(needs rule), 도구적 결합에서는 자신의 역할과 협동작업의 효율성을 고려하기 때문에 '공평성'의 원칙(equity rule), 혼합적 결합에서는 상대방을 인격체로 대우하고 다른 사람과 화목한 관계를 유지하는 것을 강조하기 때문에 '애정'의 원칙(affection rule, renqing)이 각각 적용된다(Hwang, 2000; 2006). 한국의 예를 들면, 혈연집단인 (대)가족, 학연집단인 학교동기 · 동창생, 지연집단인 향우회, 군연(軍緣)인 해병전우회 등과 같은 소규모의 비자발적 집단에서는 '필요'의 원칙이 중요할 것이고, 시민사회단체-기업 내 소그룹 또는 작업팀 등과 같은 특정 목적을 위해 모인 소규모의 자발적 집단에서는 '애정'의 원칙이 중요할 것이며, 특정한 목적을 위해 결합한 자발적인 대규모 집단에서는 '공평성'의 원칙이 중요할 것이라고 가정할 수 있다.

셋째, 집단의 내부구조 특히 구성원 간의 위계질서와 의사결정이나 보상의 배분 관련 규범을 파악할 필요가 있다. 호프스테드가 제시한 문화의 구성요소인 권력거리(power distance) 개념(Hofstede, 1980)과 이를 개인주의-집단주의 모델에 적용한 수평-수직, 개인주의-집단주의의 4분법 모델(Triandis, 1995)에서 강조했듯이, 집단이나 관계망 내 구성원 간의 권력(또는 권한)이 불평등하게 배분되어 있고 그것을 정당한 것으로 인식하는 집단이나 관계망과 비교적 균등하게 배분되어 있고 그런 상태를 정당한 것으로 인식하는 집단이나 관계망은 의사결정 권한의 소재지나 보상의 배분 기준에서 차이가 있다. 기존의 '집단주의'는 관계주의와 집단주의로 구분해야 하므로 관계주의-집단주의를 한축으로 하고 수직-수평의 구분을 다른 축으로 하여 교차하면, 수평적 관계주의-수직적 관계주의, 수평적 집단주의-수직적 집단주의의 네 개 유형이 만들어진다. 향후 과제는 각 유형별로 의사결정이나 보상 관련 규범(기준/원칙)을 분석할 필요가 있다. 수직적 관계주의와 수직적 집단주의에서는 의사결정권이 가장, 연장자, 또는 상급자에게 집중되어 있고, 보상의 차등적인 배분을 정당한 것으로 받아들일 것이고, 수평적 관계주의와 수평적 집단주의에서는 보상의 평등한 배분 또는 필요에 따른 배분을 정당한 것으로 받아들일 것이라고 가정할 수 있다.

넷째, 개인주의, 관계주의, 집단주의가 대인커뮤니케이션, 협상과 갈등관리방식 등의 다른 사회적 행위에 미치는 영향을 재검토할 필요가 있다. 기존의 연구는 개인주의-집단주의의 2분법 모델에 근거하여 이루어졌기 때문에 앞으로는 집단주의를 관계중심 집단주의와 집단중심 집단주의로 구분하여 연구할 필요가 있다.

다섯째, 관계적 자기와 관계주의, 그리고 집단적 자기와 집단주의가 형성되고 유지되는 상황(context)을 비교 분석해야 한다. 관련하여 가족 등 주로 일차집단(primary group)에서 형성된 관계중심 집단주의가 보다 큰 집단이나 전체 사회로 확산되는 과정과 요인도 분석할 필요가 있다. 특히 관계주의적 문화와 심리적 특성이 초래하는 폐해를 줄이기 위해서는 그것이 형성 · 유지 · 확산되는 조건 내지 배경에 대한 면밀한 분석이 필요하다. 이에 대한 연구는 국내외에서 어느 정도 이루어져 있지만, 대부분 개인주의-집단주의의 이분법 모델에 근거한 것이므로, 앞으로는 관계주의와 집단주의 각각에 대해서 연구를 진행할 필요가 있다.

여섯째, 자신과 친밀한 관계를 맺은 사람이나 참여하고 있는 소집단의 이익을 앞세우는 관계중심 집단주의자가 집단/사회 전체의 이익, 즉 공공선이나 공익을 추구하게 되는 조건을 파악할 필요가 있다. 이 문제는 우리 사회에 풍미한 연고주의나 집단이기주의 또는 파벌주의가 초래하는 폐해를 줄이기 위해서는 이에 대한 연구는 반드시 이루어져야 한다. 이에 대한 연구는 국내외를 막론하고 거의 이루어지지 않고 있다.

관계주의자들은 자신과 가깝지 않은 사람들이나 추상적인 사회적 범주(여성, 빈곤층, 홈리스 등) 또는 공동체 전체의 필요에 대해서는 그런 감정을 갖기 어렵지만, 자신과 가까운 사람이나 소집단에 대해서는 동정심을 가지기 쉽다는 점에 착안하여 방안을 찾는 것이 좋을 듯하다. "자기 자식을 아끼는 마음으로 남의 자식을 생각하고, 남이 지나 다닐 때의 불편을 헤아려 아무 곳에나 불법 주차하지 않고, 공공소유의 물건을 우리 집 물건처럼 아끼자"는 식으로 자신과 친밀한 사람을 배려하는 마음에 호소하는 방법을 생각할 수 있다(김시업 · 김지영, 2003). 환경운동에서는 사회적으로 저명한 사람을 활용하거나 사람들이 귀중하게 여기는 사람을 연상시키는 은유법(예, '인류의 어머니 지구', '죽어가는 강' 등)을 적절하게 활용할 수도 있다(Shelton and Rogers, 1981; Isaacson, 1992).

다른 방법으로는 정도의 차이는 있지만 어떤 개인 또는 어느 사회든 개인주의적, 관계주의적, 집단주의적 성향이 공존하고 있다는 점에 주목하여 집단주의적 성향이 다른 성향에 비해 강하게 표출될 수 있는 조건을 만드는 것을 생각해 볼 수 있다. 외부의 위협이나 국가적 위기에 대한 공동의 대처 등과 같이 관계적 집단의 범위를 넘어선 협력을 필요로 하는 공동의 과제나 목표를 만들거나 적극 활용하는 것을 고려할 수 있다. 이 경우 공동의 목표 또는 과제를 수행해야 할 이유가 특정 개인이나 관련 집단의 잘못에서 기인하지 않아야 하고, 공동의 목표에 합의가 이루어져야 하며, 공동목표를 달성하는데 필요한 비용(세금, 노하우, 노력봉사 등)과 성과(혜택)가 고르게 배분되도록 해야할 것이다(Markides and Cohen, 1982; Remple and Fisher, 1997; Berand, 2012; Chen et al., 2011; Hugh-Jones and Zultan, 2012). 집단의 효율성이나 집단 간의 협력을 증진하는데 있어서 지도력은 매우 중요한 역할을 하므로, 지도자의 속성과 스타일에 대해서도 연구할 필요가 있다(Thomas, et al., 2013; DeRue, et al., 2011; Judge, et al., 2004; Kaiser et al., 2008; Mein이, 1995). 1997～1998년의 IMF 외환위기에 대한 국민적 공동대처는 하나의 예가 될 것이다.

마지막으로, 한국을 포함한 동아시아사회의 관계주의가 초래하는 폐해를 최소화하는 방안을 모색해야할 것이다. 동아시아적 관계주의는 가족관계를 규정하는 규범과 원리가 학연이나 지연 또는 여타 연고에 기반을 둔 집단으로 확산된 것이다. 이러한 관계주의의 폐해로 지적되는 것은 크게 세 가지인데, 연고(personal ties)와 같은 비합리적 기준에 의한 내집단 편애와 외집단 차별, 아랫사람의 합리적인 비판이나 반대조차 용납하지 않으려는 철저한 상명하복, 공동체 전체의 목표나 이익에 반하거나 해치는 행동 등이 그것이다. 특히 이 중에서 신분제에 가까운 위계질서와 권위주의적 의사결정방식은 서구민주주의 국가는 물론 일반국민들로부터도 가장 우선적으로 극복되어야할 문제점으로 지적되고 있다. 사실 조직구성원 간의 위계질서와 권위주의적 의사결정방식은 관계주의의 본질적인 요소는 아니다. 친구 관계나 서구의 가족 관계처럼 구성원이 비교적 대등하고 상호간의 개방적인 소통과 민주적 의사결정이 이루어지는 수평적 관계주의도 가능하기 때문이다. 따라서 동아시아적 관계주의의 폐해를 최소화하기 위해서는 관계의 개방성과 민주성을 확보하는 방안을 모색해야할 것이다.

| 참고문헌 |

1. 논문

姜青松 · 김영래, 「異문화 인터페이스 성공을 위한 중국식 비즈니스 文化要因 및 商慣行에 관한 연구」, 『貿易學會志』 35(2), 한국무역학회, 2010.

권기남 · 민하영, 「유아교육 · 보육기관 교사의 집단주의 및 역할갈등이 조직몰입에 미치는 영향」, 『가정관리학회지』 28(3), 한국가정관리학회, 2010.

권용우, 「대도시주민의 대도시주변지향이주가 대도시주변지역변화에 미치는 영향」, 『성신여대 연구논문집』 31, 1991.

권종욱, 「다국적기업 종업원의 개인주의와 집단주의 특성 분석 – 한국과 멕시코 비교연구」, 『국제지역연구』 10(2), 국제지역학회, 2006.

______, 「중국의 지역별 개인 · 집단주의 패턴 연구」, 『경영경제』 45(1), 계명대 산업경영연구소, 2012.

김동수 · 김도환 · 정태연, 「외국인에 대한 한국 대학생의 인식 – 6개 외국인 집단을 중심으로」, 『사회 및 성격』 25(1), 한국심리학회, 2011.

김동춘, 「유교와 한국의 가족주의」, 『경제와 사회』 55, 한울, 2002.

김미영, 「관혼상제에 투영된 유교적 세계관」, 『비교민속학』 39, 비교민속학회, 2009.

김미희 · 김기범 · 차영란, 「현실 및 가상공간에서의 집단범주화 방식과 상호작용 여부에 따른 집단성 지각 및 내집단 편애」, 『사회 및 성격』 19(3), 한국심리학회, 2005.

김봉진, 「화이질서의 재해석」, 『전통과 현대』 겨울호, 1997.

김석근,「조선시대 군신관계의 에토스와 그 특성－비교사상적 시각에서」,『한국정치학회보』 29(1), 한국정치학회, 1995.
_____,「유교적 사유와 그 구성원리－최근의 '유교 재조명' 움직임에 대한 비판적 덧붙임」,『아세아연구』 41(1), 고려대 아세아문제연구소, 1998.
김시덕,「한국 일상의례의 동아시아적 보편성과 고유성」,『비교민속학』 39, 비교민속학회, 2009.
김시업·김지영,「한국인의 법의식－법리(法理)와 정리(情理)의 갈등」,『사회문제』 9(1), 한국사회심리학회, 2003.
김완종,「중국과 동아시아 국가 간 교역구조와 결정요인 분석」,『한중사회과학연구』 21, 한중사회과학학회, 2011.
김윤명,「청소년과 성인이 지각하는 한국인의 특성－집단주의-개인주의 문화 차원에서」,『청소년문화포럼』 21, 한국청소년문화연구소, 2009.
김은정·조용래,「가해염려를 동반한 사회공포증과 분노 관련 변인들 및 개인주의－집단주의 성향과의 관계」,『임상』 27(3), 한국심리학회, 2008.
김정오,「규범마찰과 분쟁야기에 따른 정서변화와 양태분석」,『사회과학연구』 5권, 서강대 사회과학연구소, 1996.
_____,「한국 법문화의 원형과 변용」,『법교육연구』 3(1), 한국법교육학회, 2008.
김정현,「동아시아 公 개념의 전통과 근대 공동체의식」,『민주사회와 정책연구』 13호, 민주사회정책연구원, 2008.
김주엽,「개인주의와 집단주의－재검토」,『연세경영연구』 41(1), 연세대 경영연구소, 2001.
김주원·문철수·김용준,「중국 소비자의 문화적 특성 차이와 브랜드 태도에 관한 연구」,『국제지역연구』 16(3), 국제지역학회, 2012.
김 철,「현대 중국의 법문화－전통 법문화와의 관계와 분쟁 해결방법을 중심으로」,『사회이론』 26, 한국사회이론학회, 2004.
김혜진·김비아·이재식,「조직구성원의 문화성향에 따른 조직시민행동의 차이－조직지원인식의 조절효과와 매개효과」,『산업 및 조직』 25(2), 한국심리학회, 2012.
김혜진·이재식,「개인주의/집단주의 성향과 조직시민행동－정서적 몰입과 이직의도의 조절효과」,『인적자원관리연구』 19(1), 한국인적자원관리학회, 2012.
남수정,「소비자의 개인/집단주의 성향과 소비가치가 소비에 대한 자기조절에 미치는 영향」, 『소비문화연구』 10(3), 한국소비문화학회, 2007.
노미진 · 이경탁, 「소셜커머스 수용에 있어서 지각된 위험의 영향력－집단주의 조절효과 분석」, 『경영학연구』 41(1), 한국경영학회, 2012.
노병만, 「한국의 충효관념과 민주시민의식의 관계」, 『한국정치외교사논총』 25(1), 한국정치외교사학회, 2003.
대외경제정책연구원(KIEP), 「중국경제 현안 브리핑」 제6～제10호, 북경사무소, 2006. 6. 29.
미야지마 히로시[官嶋博史], 「동아시아세계 속의 한국 족보」, 『대동문화연구』, 성균관대 대동문화연구원, 2012.
박민아 · 송정기, 「동아시아의 유교적 가치에 관한 실증적 연구」, 『사회과학연구』 26, 전북대 사회과학연구소, 2000.
박상철, 「한 · 중 경영방식의 본질적 차이와 유사성에 관한 연구」, 『국제경영리뷰』 10(1), 한국국제경영관리학회, 2006.
박서영 · 박성원, 「청소년의 도덕적 정서와 문화성향에 따른 지인 및 타인에 대한 친사회적 행동에 관한 연구」, 『발달』 25(2), 한국심리학회, 2012.
박현경 · 이영희, 「집단상담 참가자의 개인주의-집단주의 성향, 상담자 역할기대 및 치료적 요인 연구」, 『상담 및 심리치료』 16(4), 한국심리학회, 2004.
박혜경, 「경제위기시 가족주의 담론의 재구성과 성평등 담론의 한계」, 『한국여성학』 27(3), 한국여성학회, 2011.
박 희, 「한국의 가족주의적 조직원리와 공공성의 문제」, 『호서문화논총』 11, 서원대 호서문화연구소, 1997.
반신환, 「집단주의 문화의 개인을 위한 기독교 상담 방법론 연구－한국 기독교 상담의 추구」, 『한국기독교신학논총』 28, 한국기독교학회, 2003.
배규식, 「중국의 압축성장 속의 산업구조와 고용구조의 변화」, 『국제노동브리프』 3월호, 한국노동연구원, 2010.
성유리 · 박광배, 「일반인의 정당방위 판단－개인 / 집단주의 가치관의 효과」, 『사회 및 성격』 26(3), 한국심리학회, 2012.
소원근, 「비교 문화의 관점에서 고찰한 동북아 지역의 집단주의 문화가 조직구성원의 창의력에 미치는 영향」, 『동북아문화연구』 30, 동북아시아문화학회, 2012.
소원현, 「동북아 집단주의 문화의 관점에서 바라본 사회적 태만의 변인－사회적 태만의 요인적 기제 고찰과 해결책 연구」, 『동북아문화연구』 25, 동북아시아문화학회, 2010.

_____, 「리더의 의사소통 방식이 집단 극화 및 정보 표집 편향에 미치는 영향－한국의 수직적 위계질서 중심 문화에 대한 고찰을 중심으로」, 『세계지역연구논총』 28(3), 한국세계지역학회, 2010.

손병해, 「무역구조 분석을 통해서 본 한・중・일 FTA의 기대효과와 전개방향」, 『국제통상연구』 17(3), 한국국제통상학회, 2012.

신의항・송효환, 「한국재벌기업의 집단주의와 사회연결망」(한국사회학회 주관 '한국사회 집단주의 문화와 사회연결망'에 관한 특별심포지움 발표논문), 2003. 6.14(장소 : 제주도).

양순미, 「농촌 여성결혼이민자의 개인・집단주의 성향이 공동체 의식에 미치는 영향－중국, 일본, 필리핀, 베트남, 캄보디아 출신국 중심」, 『한국가족관계학회지』 17(1), 한국가족관계학회, 2012.

_____, 「농촌 여성결혼이민자의 문화성향 특성－수직 및 수평 차원의 개인 vs. 집단주의 성향 중심」, 『농촌지도와 개발』 19(3), 한국농촌지도학회, 2012.

양인덕, 「조직공정성과 조직시민행동의 관계에서 개인주의－집단주의 성향의 조절효과」, 『인적자원관리연구』 17(4), 한국인적자원관리학회, 2010.

_____, 「조직공정성은 시민행동을 반드시 증진하는가?」, 『인적자원관리연구』 18(4), 한국인적자원관리학회, 2011.

양준호, 「그 많던 일본의 중산층은 어디로 갔나－격차사회, 일본이 우리에게 주는 교훈」, 『말』 255호, 월간 말, 2007.

엄묘섭, 「조선시대 유교적 가치체계에 관한 고찰」, 『한국사회학』 19(1), 한국사회학회, 1985.

연명흠, 「중국, 일본, 네덜란드, 한국의 개인주의 감성 비교」, 『감성과학』 13(1), 한국감성과학회, 2010.

오수균, 「한국기업의 중국 직접투자에 관한 연구」, 『관세학회지』 13(4), 한국관세학회, 2012.

욱일남, 「북한 중등학교 사회과 교과서에 나타난 내용 연구」, 『시민교육연구』 43(2), 한국사회과교육학회, 2011.

원성호, 「국회운영과정상 수의 논리와 선호도의 논리－균형적 갈등조정 메커니즘으로서의 필리버스터 제도」, 『의정연구』 16(3), 한국의회발전연구회, 2010.
위광희, 「내집단 개별화가 집단간 차별에 미치는 영향」, 『사회 및 성격』 12(2), 한국심리학회, 1998.
유대규, 「한국과 일본, 그 문화와 법」, 『법과 사회』 9권, 창비, 1994.
유상호, 「한일 정치윤리의 비교연구」, 『일본연구논총』 9, 현대일본학회, 1997.
유성경 · 유정이, 「집단주의-개인주의 성향과 상담에 대한 태도와의 관계」, 『상담 및 심리치료』 12(1), 한국심리학회, 2000.
윤찬성 · 이덕로, 「노동조합 지도부의 집단주의 가치관이 파업성향에 미치는 영향에 관한 연구」, 『조직과 인사관리연구』 32(2), 한국인사관리학회, 2008.
은기수, 「아시아적 가족가치의 동아시아 사회 비교연구」, 『사회학대회 논문집』, 한국사회학회, 2009.12.
이경아, 「중국사회 가족구조의 변화와 현대적 적응」, 『중국학연구』 33, 중국학연구회, 2005.
_____, 「중국진출 한국기업의 노동자 가치관과 문화적 적응」, 『중국학연구』 45, 중국학연구회, 2008.
이경희, 「한국사회 이중가치체계의 특성과 변화」, 『윤리연구』 84, 한국윤리학회, 2012.
이공희 · 조정호, 「근로자 언로가 조직시민행동에 미치는 영향에 관한 연구-개인주의-집단주의 조절효과」, 『인적자원관리연구』 20(1), 한국인적자원관리학회, 2013.
이동진 · 김정식, 「조직내 정보프라이버시에 관한 실증연구-측정모형의 타당화」, 『인적자원관리연구』 18(3), 한국인적자원관리학회, 2011.
이수인, 「집단주의 형성 요인과 과정, 성별 차이에 대한 연구」, 『경제와 사회』 88, 비판사회학회, 2010.
이숙인, 「『주자가례』와 조선 중기의 제례문화-결속과 배제의 정치학」, 『정신문화연구』 29(2), 한국학중앙연구원, 2006.
이영자 · 장영애, 「결혼초기 주부가 지각한 부부갈등 정도와 갈등관리방법 및 갈등결과에 관한 연구」, 『한국가족복지학』 7(1), 한국가족복지학회, 2002.
이윤경 · 신현경 · 손명호 · 김비아, 「장면지각에서 집단주의 / 개인주의 문화성향에 따른 전경과 배경의 관련성 지각」, 『일반』 31(3), 한국심리학회, 2012.
이이범, 「일본사회의 '소득격차'와 일본인들의 생활 변화」, 『일어일문학연구』 80(2), 한국일어일문학회, 2012.

이정남, 「체제전환기 중국의 다문화주의－국제결혼을 중심으로」, 『민족연구』 32, 한국민족연구원, 2007.
이정우, 「탈북 청소년의 집단주의－개인주의 성향에 관한 비교 연구」, 『사회과교육연구』 13(2), 한국사회교과교육학회, 2006.
이주여성정책네트워크, 「지방자치단체는 '농어민 국제결혼비용 지원 사업'을 즉각 중단하라」, 2007, http://bbs3.agora.media.daum.net/gaia/do/petition/read?bbsId=P001&articleId=28243 (2013.8.9 검색)
이준호・이진규, 「집단주의 조직문화에서 창의적 성과를 위한 커뮤니케이션이 역할」, 『대한경영학회지』 23(1), 대한경영학회, 2010.
이철용, 「중국 인구구조 변화의 경제적 시사점」, 『LG Business Insight』, LG경제연구원, 2011.6.1.
이태진・조윤형・조영배, 「개인주의-집단주의 성향과 노사관계에 대한 태도에 관한 연구」, 『산업관계연구』 12(1), 한국고용노사관계학회, 2002.
이해경・이수원, 「사회적 범주화, 가치 선호 및 내집단 편애」, 『사회』 8(2), 한국심리학회, 1994.
이현정, 「'부모-자녀 동반자살'을 통해 살펴 본 동아시아 지역의 가족 관념－한국, 중국, 일본 사회에 대한 비교문화적 접근」, 『한국학연구』 40, 고려대 한국학연구소, 2012.
이희영・최태진, 「심리적 분리와 대학생활적응－성별과 개인주의-집단주의 성향의 중재 효과」, 『한국청소년연구』 15(1), 한국청소년정책연구원, 2004.
이희영・최태진, 「부모의 양육태도와 아동의 사회적 유능감 및 개인주의-집단주의 성향의 관계」, 『동북아 문화연구』 16, 동북아시아문화학회, 2008.
임헌규, 「동양 유교의 보편적 가족주의의 이상과 논리」, 『새한철학회 학술대회 발표논문집』, 새한철학회, 2011.
장수지, 「대인 간 갈등해결전략에 대한 비교문화 연구－한국, 일본, 미국 대학생을 대상으로」, 『사회 및 성격』 24(4), 한국심리학회, 2010.
_____, 「문화와 성역할 정체감－한국, 중국, 일본, 미국 간 비교문화 연구」, 『사회 및 성격』 25(3), 한국심리학회, 2011.
장승희, 「유교적 가치질서와 시민윤리의 정립」, 『국민윤리연구』 61, 한국윤리학회, 2006.
전영수, 「일본적 협상문화의 배경과 특징－3대 협상문화와 그 영향의 탐색」, 『일본학보』 82, 한국일본학회, 2010.2.

전희진, 「미혼여성 54% 독신 선호 · 육아부담 등 이유로 결혼 안하겠다」, 『이코노믹리뷰』 2012.8.30, http://www.econovill.com/archives/45682 (2013.7.12 검색)

정상섭, 「집단주의 성향이 영어 논설문에 미치는 영향－경남지역 대학생을 중심으로」, 『현대영어영문학』 48(3), 한국현대영어영문학회, 2004.

정재식, 「유교 전통과 가치－현대 한국사회에 있어서의 가치갈등과 관련하여」, 『연세사회학』 6, 연세대학교, 1985.

정진성, 「'격차사회론'의 시사점」, 『일본비평』 4, 서울대 일본연구소, 2011.

정태연, 「한국사회의 집단주의적 성격에 대한 역사 · 문화적 분석」, 『사회 및 성격』 24(3), 한국심리학회, 2010.

정하영, 「가족주의 문화의 측면에서 본 중국 공산당 조직의 권력구조와 인간관계」, 『동북아문화연구』 14, 동북아시아문화학회, 2008.

_____, 「동아시아 관료제 비교－인정과 체면을 중심으로」, 『정부학연구』 17(3), 고려대 정부학연구소, 2011.

정해영, 「개성 있지만 튀지 않는 아이로－한국 중산층 부모들의 자아 및 감정 사회화 관습」, 『한국문화인류학』 44(1), 한국문화인류학회, 2011.

조경욱, 「일본 사회의 '이에'(家) 의식에 나타난 효와 조상숭배」, 『동양사회사상』 3, 동양사회사상학회, 2000.

조긍호 · 김지연 · 최정순, 「문화성향과 분노통제－분노 수준과 공감의 매개효과를 중심으로」, 『사회 및 성격』 23(1), 한국심리학회, 2009.

조성원, 「동아시아의 경제와 유교」, 『동아시아 문화와 사상』 창간호, 동아시아문화포럼, 1998.

주민욱, 「중국인의 의견표명 행위와 체면관」, 『한국언론정보학보』 62, 한국언론정보학회, 2013.

최상진, 「한국인과 일본인의 '우리'의식 비교」, 『'93 연차대회 학술발표논문집』, 한국심리학회, 1993.

_____, 「한국인의 마음」, 최상진 · 윤호균 · 한덕웅 · 조긍호 · 이수원, 『동양심리학』, 지식산업사, 1999.

최상진 · 김기범, 「한국인의 Self의 특성－서구의 self개념과 대비를 중심으로」, 『사회 및 성격』 13(2), 한국심리학회, 1999.

최석만·이태훈, 「보편적 세계인식 원리로서의 가(家)」, 『동양사회사상』 13, 동양사회사상학회, 2006.

최태진, 「고등학교의 학교생활 적응과 정신건강-부모애착과 수평적·수직적 개인주의-집단주의 성향의 상호작용과 그 영향」, 『한국청소년연구』 15(2), 한국청소년정책연구원, 2004.

한규석, 「한국적 심리학의 전개 현황과 과제」, 『일반』 21(2), 한국심리학회, 2002.

한규석·오점조, 「아동의 교류양상에 대한 분석-집단주의·개인주의 이론의 적용」, 『사회』 7(1), 한국심리학회, 1993.

한 민·이누미야 요시유키·김소혜·장웨이, 「새로운 문화-자기관 이론의 국가 간 비교연구-한국, 중국, 일본 대학생들의 자기관」, 『일반』 28(1), 한국심리학회, 2009.

함재봉, 「근대사상의 해체와 통일한국의 정치이상」, 『삼국통일과 한국통일』, 통나무, 1994.

홍상욱, 「한일 양국에 있어서 가족의 통문화적 비교연구」, 『한국가정관리학회지』 8(2), 한국가정관리학회, 1990.

황달기, 「일본 농가후계자의 '국제결혼'-그 실상과 문제점」, 『일본학보』 30, 한국일본학회, 1993.

사와이 케이치[澤井 啓一], 한예원 역, 「동아시아에서의 일본유교-공통성과 이질성」, 『인문학연구』 38, 조선대 인문학연구원, 2009.

사이드 아불 아알라 마우두디, 한국이슬람중앙회 역, 「이슬람의 생활양식」, *International Islamic Federation of Student Organizations*, 한국이슬람중앙회, 1990.

센고쿠 다쓰모·딘치엔, 항원권 역, 『중국인의 가치관-중국인의 내면세계와 행동양식』, 을유문화사, 1992.

Abdalla, Amir, "Principles of Islamic Interpersonal Conflict Intervention : A Search within Islam and Western Literature", *ISNA*, 2013(http://www.isna.net/Resources/articles/community/Principles-of-Islamic-Interpersonal-Conflict-Intervention.aspx, 2013.3.2 검색)

Abrams, Dominic, Jose M. Marques, Nicola Bown, and Michelle Henson, "Pro-norm and anti-norm deviance within and between groups", *Journal of Personality and Social*

Psychology 78, American Psychological Association, 2000.

Abu-Nimer, Mohammed, "Conflict Resolution in an Islamic Context : Some Conceptual Questions", *Peace & Change* 21(1), Peace History Society, 1996.

Adams, G., and Dzokoto, V. A, "Self and identity in African studies", *Self and Identity* 2, Elsevie, 2003.

Alwin, Duane F, "Aging, personality and social change : The stability of individual differences over the adult life-span", In Daviod L. Feafeatherman, Richard M. Learner, & Marion Perlmuter(eds.), *Life-span development and behavior*, Hillsdale, NJ : Lawrence Erlbaum, 1994.

Batson, C. Daniel, "Why act for the public good? Four answers", *Personality and Social Psychology Bulletin* 20(5), SAGE Publications, 1994.

Baumeister, R. F., and Leary, M. R, "The need to belong : Desire for interpersonal attachments as a fundamental human motivation", *Psychological Bulletin* 20, American Psychological Association, 1995.

Bernard, Stephen, "Cohesion from conflict : Does intergroup conflict motivate intragroup norm enforcement and support fot centralized leadership", *Social Psychology Quarterly* 75(2), SAGE Publications, 2012.

Berry, J.W, "How shall we all live together?" In Luik, M.(Ed.), *Multicultural Estonia*, Tallinn : Estonian Integration Foundation, 2003.

__________, "Globalization and acculturation", *International Journal of Intercultural Relations* 32, Elsevier, 2008.

Boronov, Maxim, "The myth of individualism-collectivism: A critical review", *The Journal of Social Psychology* 142(4), Taylor & Francis, 2002.

Breckler, S. J., and Greenwald, A. G, "Motivational facets of the self", In E. T. Higgins and R. Sorrentino(Eds.), *Handbook of motivation and cognition* Vol. 1, New York : Guildford Press, 1986.

Brewer, Marilynn B, "The social self : On being the same and different at the same time", *Personality and Social Psychology Bulletin* 17, SAGE Publications, 1991.

Brewer, Marilynn B. and Ya-Ru Chen, "Where (who) are collectives in collectivism? Toward conceptual clarification of individualism and collectivism", *The Psy-*

chological Review 114(1), KessingerPublishing, 2007.

__________________ and Yuki, Masaki, "Culture and social identity", In Kitayama, Shinobu and Cohen, Dov(Eds.), *Handbook of Cultural Psychology*, New York : Guildford Press, 2007.

__________________ and Gardner, W, "Who is 'we'? Levels of collective identity and self representation", *Journal of Personality and Social Psychology* 71, American Psychological Association, 1996.

__________________ and Roccas, S, "Individual values, social identity", In C. Seikides and M. Brewer(Eds.), *Individual self, relational self, collective self*, Philadelphia : Psychology Press, 2001.

__________________ and Caporael, Linnda R, "An evolutionary perspective on social identity: Revisiting groups", In M. Schalter, J. Simpson, and D. Kenrick(Eds.), *Evolution and Social Psychology*, New York : Psychology Press, 2006.

Britt, Robert Roy, "Will China become the No.1 Superpower?", 'Live Science', August.15. 2008(http://www.livescience.com/5042-china-1-superpower.html, 2013.4.5 검색)

Caporael, Linnda R, "Sociality : Coordinating bodies, minds, and groups", *Psychology*(online serial) 6(1), 1995, http://www.cogsci.ecs.soton.ac.uk/cgi/psyc/newpsy?6.01

________________, "The evolution of truly social cognition: The core configuration model", *Personality and Social Psychology Review* 1(4), SAGE Publications, 1997.

________________ and Brewer, Marilynn B, "Hierarchical evoluntionary theory : There is an alternative, and it's not creationism", *Psychological Inquiry* 6(1), Elsevier, 1995.

________________ and Dawes, Robyn M., Orbell, John M., and van de Kragt, Alphone J. C., "Selfishness examined : Cooperation in the absnece of egoistic incentives", *Behavioral and Brain Sciences* 12, Cambridge University Press, 1989.

Chen, Guo-Ming, and Starosta, William J., "Chinese conflict management and resolution : Overview and implications", *Intercultural Communication Studies* 7(1), Routledge, 1997~1998.

Chen, Y., Brockner, J., and Chen, X, "Individual-collective primacy and ingroup favoritism : Enhancement and protection effects", *Journal of Experimental Social Psychology* 38, Elsevier, 2002.

_______, Brockner, J., and Katz, T, "Toward an explanation of cultural differences in in-group favoritism: The ole of individual versus collective primacy", *Journal of Personality and Social Psychology* 75, American Psychological Association, 1998.

_______, Brockner, J., and Chen, Xiao-Ping, "Individual-collective primacy and ingroup favoritism : enhancement and protection effects", *Journal of Experimental Social Psychology* 38, Elsevier, 2002.

Cheng, Long, Wang, Zhong-Ming, and Zhang, Wei, "The Effects of conflict on team decision making", *Social Behavior and Personality* 39(2), Scientific Journal Publishers, 2011.

Cheng, Tsz-kit, Domenic Sculli, and Fiona Shui-fun Chan, "Relationship dominance : Rethinking management theories from the perspective of methodological relationalsim", *Journal of Managerial Psychology* 16(2), Emerald Group Publishing Limited, 2001.

Chew, Irene K. H. and Lim, Christopher, "A Confucian perspective on conflict resolution", *The International Journal of Human Resource Management* 6(1), Taylor & Francis, 1995.

Choi, Bongyoung, and Han, Gyuseog, "Psychology of selfhood in China : Where is the collective?", *Culture and Psychology* 15(1), SAGE Publications, 2009.

Choi, Sang-Chin, Han, Gyuseog, and Kim, Chung-Woon, "Analysis of cultural emotion : Understanding of indigenous psychology", In Jaan Valsiner and Alberto Rosa(Eds.), *The Cambridge Handbook of Sociocultural Psychology*, Cambridge University Press, 2007.

Chong, Terence, "Asian values and Confucian ethics: Malay Singaporeans' dilemma", *Journal of Contemporary Asia* 32(3), Taylor & Francis, 2002.

DeRue, D. S., Nahrgang, J., Wellman, N., and Humphrey, S., "Trait and behavioral theories of leadership : An integration and meta-analytic test of their relative validity", *Personnel Psychology* 64, Hogrefe Publishing, 2011.

Deutsch, F., Welzel, C. and Wucherpfennig, J., "Civic values and value change in Austria and Germany", In Pettersson, T. and Esmer, Y. (Eds.), *Changing Values, persisting cultures*, Leiden, Boston : Brill, 2008.

Earley, P. C. and Gibson, C. B., "Taking stock in our progress on individualism-collectivism: 100 years of solidarity and community", *Journal of Management* 24, Sage Publications, 1998.

Elder, Glen H., and Caspi, Avshalom, "Studying lives in a changing society : Sociological and personological explorations", In Rabin, A.I., Zucker, Robert A. and Frank, Susan.(Eds.), *Studying Persons and Lives*, New York : Springer, 1990.

Finkelstein, Marcia A., "Individualism / collectivism and organizational citizenship behavior : An integrative framework", *Social Behavior and Personality* 40(10), Scientific Journal Publishers, 2012.

Fisher, Ronald, et al., "Individualism-collectivism as Descriptive Norms : Development of a Subjective Norm Approach to Cultural Measurement", *Journal of Cross-Cultural Psychology* 40(2), SAGE Publications, 2009.

Forbes, Gordon B., Linda L. Collingsworth, Peilling Zhao, Stephanie Kohlman, and Jessica LeClaire, "Relationships among individualism-collectivism, gender, and ingroup / outgroup status, and response to conflict : A study on China and the United States", *Aggressive Behavior* 37, International Society for Research on Aggression, 2011.

Gaertner, Lowell, Sedikides, Constantine, Luke, Michelle, O'Mara, Erin M., Iuzzini, Joanathan, Jackson, Lydia E., Cai, Huajian, and Wu, Quiping, "A motivational hierarchy within: Primacy of the individual self, relational self, or collective self?", *Journal of Experimental Social Psychology* 48, Elsevier, 2012.

Gelfand, M.J., Nishii, L.H., Holcombe, K.M., Ohbuchi, K.I. and Fukuno, M., "Cultural influences on cognitive representations of conflict : interpretations of conflict episodes in the United States and Japan", *Journal of Applied Psychology* 86(6), the American Psychological Association, 2001.

Glenn, Norval D., "Value, attitudes, and beliefs", In Brim, Orville G. and Kagan(Eds.), *Constancy and Change in Human Development*, Cambridge University Press, 1980.

Globalfire, "Countries ranked by military strength(2013) by country", 2013, http://www.globalfirepower.com/countries-listing.asp (2013.4.5 검색)

Grant, Tavia, "Power shift to emerging economies by 2025: Study", *The Glibe and Mail*, September 10.2012.

Greenwald, A. G., and Breckler, S. J., "To whom is the self presented?" In B. Schlenker(Ed.), *The self and social life*, NY : McGraw-Hill, 1985.

Hamamura, Takashi, "Are cultures becoming individualistic? A cross-temporal comparison of individualism-collectivism in the United States and Japan", *Personality and Social Psychology Review* 16(1), the Society for Personality and Social Psychology, 2012.

Hamilton, David L., Steven J. Sherman, and Brian Lickel, "Perceiving social groups: The importance of the initiativity continuum", Constantine Sedikides, John Schopler, and Chester A.(Eds.), *Intergroup Cognition and Intergroup Behavior*, Insko. Mahwah, NJ : Erlbaum, 1998.

Han, G. and Park, B, "Children's choice in conflict : application of the theory of individualism-collectivism", *Journal of Cross-cultural Psychology* 26(3), SAGE Publications, 1995.

Hardin, Thomas, "Deconstructing typologies : Overcoming the limitations of the binary opposition", *The International Communication Gazette* 74(7), SAGE Publications, 2012.

He, Ming and Zhang, Shao-jie, "Re-conceptualizing the Chinese concept of face from a face-sensitive perspective : A case study of a modern Chinese TV drama, *Journal of Pragmatics* 43, Elsevier, 2011.

He, W., Chen, C. C., and Zhang, L. H, "Rewards allocation preferences of Chinese employees in the new millenium : Effects of ownership reform, collectivism, and goal priority", *Organization Science* 15, the Institute for Operations Research and the Management Sciences, 2004.

Hesketh, Theresa, "The effects of China's One-Child Policy after 25 years", *The New England Journal of Medicine* 355(11), the Massachusetts Medical Society, 2005.

Hill, Linda A., *Becoming a Manager : Mastery of a new Identity*, Boston : Harvard Business School Press, 1992.

Ho, D. Y. F., "Relational orientation and methodological relationalism", *Bulletin of the Hong Kon Psychological Sciety* 26~27, Hong Kong Psychological Society, 1991.

__________, "Interperonal relationships and relationship dominace : An analysis based on methodological relationalism", *Asian Journal of Social Psychology* 1(1), Wiley-Blackwell, 1998.

__________, "Relational orientation in Asian social psychology", U. Kim and J. W. Berry (Eds.), *Indigenous Psychologies: Research and Experience in Cultural Context* 240~259, Newbury Park, CA: Sage, 1998.

Hogg, M., and Turner, J. C, "Interpersonal attraction, social identification, and social psychological group formation", *European Journal of Social Psychology* 15, Mouton Publishers, 1985.

_______, and Turner, J. C., "Intergroup behavior: Self-stereotyping and the salience of social categories", *British Journal of Social Psychology* 26, Wiley-Blackwell, 1987.

Hogg, Michael A, "Group cohesiveness : A critical review and sone new directions", W. Stroebe and M. Hewstone(Eds.), *European Review of Social Psychology* 4, London: Wiley, 1993.

_______________, "A social identity theory of leadership", *Personality and Social Psychology Review* 5, the Society for Personality and Social Psychology, 2001.

Hsu, Francis L. K., "Psychological Homeostasis and Jen: Conceptual Tools for Advancing Psychological Anthropology", *American Anthropologist* 73, American Anthropological Association, 1971.

_______________, "The self in cross-cultural perspective", In A. J. Marsella, G. DeVos, and F. L. K. Hsu(Eds.), *Culture and Self : Asian and Western Perspectives* 24~55, New York : Tavistock, 1985.

Hu, Zuliu and Khan, Moshin S., "Why is China growing so fast?", *IMF Economic Issues*, no.8, June.1997.

Huang, Xiaoming, "Do Asian values matter : for an East Asian community?" *Politics & Policy* 35(1), Policy Studies Organization, 2007.

Huang, Yi-Hui, "A Chinese persepctive of intercultural organization-public relationship", *Intercultural Communication Studies* 12(4), Routledge, 2003.

Hugh-Jones, David, and Zultan, Ro'i, "Reputation and cooperation in defense", *Journal of Conflict Resolution* 57(2), Sage Publications, 2012.

Hui, C. H., "Measurement of individualism and collectivism", *Journal of Research in Personality* 22, Elsevier, 1988.

_________ and Yee, C., "The Shortened individualism-collectivism scale : Its relationship to demographic and work-related variables", *Journal of Research in Personality* 28, Elsevier, 1994.

_________ and H. C. Triandis, "Individualism-collectivism : A study of cross-cultural researchers", *Journal of Cross-cultural Psychology* 17, SAGE Publications, 1986.

Hwang, Kwang-Kuo, "Face and favor : The Chinese power game", *American Journal of Sociology* 92(4), University of Chicago Press, 1987.

Hwang, Kwang-Kuo, "Guanxi and Mientze: Conflict Resolution in Chinese Society", *Intercultural Communication Studies* 7(1), Routledge, 1997.

__________________, "Chinese relationalism : Theoretical construction and methodological considerations", *Journal for the Theory of Social Behavior* 30(2), Blackwell Publishing, 2000.

__________________, "Constructive realism and Confucian relationalism", Kim, U., Yang, K., and Hwang, K.(Eds.), *Indigenous and Cultural Psychology : Understanding People in Context*, Springer, 2006.

Inglehart, R., "Changing values among western publics from 1970 to 2006", *West European Politics* 31(1-2), Routledge, 2008.

__________, and Baker, W. E., "Modernization, globalization and the persistence of tradition : Empirical evidence from 65 societies", *American Sociological Review* 65, Sage Publications, 2000.

Institute for Security Studies, "Global Governance 2025 : At a Critical Juncture, European Union", *The EUISS version of a report already*, US : the National Intelligence Council (NIC), September 2010.

Isaacson, W., "Sometimes, right makes might", *Time*, time, December 21.1992.

Ito, Takatoshi, "Japan and the Asian Economies : A "Miracle" in Transition", *Brookings Papers on Economic Activity* 2, Brookings Press, 1996.

Jenco, Leigh, "Revisiting Asian values", *Journal of the History of Ideas* 24(2), University of Pennsylvania Press, 2013.

Jetten, Jolanda, Nyla R. Branscombe, Micahel T. Schmitt, and Russel Spears, "Rebels with a cause : Group identification as a response to perceived discrimination from the mainstream", *Personality and Social Psychology Bulletin* 27, SAGE Publications, 2001.

Ji, Shaojun, "'Face' and polite verbal behaviors in Chinese culture", *Journal of Pragmatics* 32, Elsevier, 2000.

Judge, T. A., Piccolo, R. F., and Ilies, R., "The forgotten ones? The validity of consideration and initiating structures in leadership research", *Journal of Applied Psychology*

89, American Psychological Association, 2004.

Kagitcibasi, C., "Individualism and collectivism", In J. W. Berry, M. H. Segall, and C. Kagitcibasi(Eds.), *Handbook of Cross-cultural Psychology : Social behavior and applications* Vol.3, Boston : Allyn & Bacon, 1997.

Kaiser, R., Hogan, R., and Craig, S. B, "Leadership and the fate of organizations", *American Psychologist* 63, American Psychological Association, 2008.

Kapila, Subhash, "The Global Power Shift to Asia : Geostrategic and Geopolitical Implications", *Report, Al Jazeera Center for Studies*, April.17.2012.

Karasawa, Minoru, "Toward an assessment of social identity: The structure of group identification and its effects on in-group evaluation", *British Journal of Social Psychology* 30, Wiley-Blackwell on behalf of the British Psychological Society, 1991.

Kashima, Emiko S. and Elizabeth A. Hardie, "The development and validation of the relational, individual, and collective self-aspects (RIC) scale", *Asian Journal of Social Psychology* 3, Wiley-Blackwell, 2000.

Kashima, Yoshihisa, Susumu Yamaguchi, Ui-chol Kim, Sang-Chin Choi, Michael J. Gelfand, and Masaki Yuki, "Culture, gender, and self : A perspective from individualism-collectivism research", *Journal of Personality and Social Psychology* 69(5), American Psychological Association, 1995.

Kaushal, R. and Kwantes, C.T., "The role of culture and personality in choice of conflict management strategy", *International Journal of Intercultural Relations* 30(5), Elsevier, 2006.

Kim, M. and Kitani, K, "Conflict management styles of Asian and Caucasian Americans in romantic relationships in Hawaii", *Journal of Asian Pacific* 8(1), John Benjamins Publishing, 1998.

Kim, So Young, "Do Asian values exist? Empirical tests of the four dimensions of Asian values", *Journal of East Asian Studies* 10, Lynne Rienner Publishers, 2010.

Kim, U., "Individualism and collectivism: Conceptual clarification and elaboration", U. Kim, H. Triandis, C. Kagitcibasi, S. Choi, and G. Yoon(Eds.), *Individualism and collectivism : Theory, method, and applications*, Thousand Oaks, CA : Sage, 1994.

Kim, Yungwook and Yang, Jungeun, "The impact of cultural variables and third-party mediation on conflict resolution", *Korean Journal of Communication Studies* 19(4), Korea Communication Associaion, 2011.

Kirkbride, Paul S., Tang, Sara F., and Westwood, Robert I, "Chinese conflict preferences and negotiating behavior : Cultural and psychological influences", *Organization Studies* 12(3), SAGE Publications, 1991.

Kojima, Reeitsu, "Urbanization in China", *The Developing Economics* 33(2), 1995.

Komarraju, Meera, Stephen J. Dollinger, and Jennifer L. Lovell, "Individualism-collectivism in horizontal and vertical directions as predictors of conflict management styles", *International Journal of Conflict Management* 19(1), Emerald·Group Publishing Limited, 2008.

Kozan, M.K., "Culture and conflict management : a theoretical framework", *International Journal of Conflict Management* 8(4), Emerald Group Publishing Limited, 1997.

__________ and Ergin, C., "The influence of intra-cultural value differences on conflict management practices", *International Journal of Conflict Management* 10(6), Emerald Group Publishing Limited, 1999.

Kuroda, Toshio, "Urbanization trends and development", The Asian Conference on Population and Development in Medium-sized Cities hosted by Asian Urban Information Center of Kobe, Japan, 1987.

Kwon, Jong-Wook and Li, Ning, "Work value and management practices : Test of congruence model in China", 『국제경영연구』 23(2), 한국국제경영학회, 2012.

Labdo, Umar Muhammad, "Dialogue and Conflict Resolution in Islam", Paper presented a t a two-day National Conference on Human Rights in Islam jointly organized by t he Religious and Cultural Attsche Office, Royal Embassy of Saudi Arabia, Abuja an d Ahmadu Bello University, Zaria from 31 July to 1 August.2010, http://carefronti ng.org/dialogue-and-conflict-resolution-in-islam/ (2013.3.2 검색)

Lenk, H., "Top performacne despite internal confict : An antithesis to a functional proposition", J. Loy and G. Kenyon(Eds.), *Sport, culture and society*, New York : Macmillan, 1969.

Leung, Kwok, Koch, Pamela Tremain and Lu Lin, "A dualistic model of harmony and its implications for conflict management in Asia", *Asia Pacific Journal of Management* 19,

Springer Verlag, 2002.

Levine, Donad N., "Social conflict, aggression, and the body in Euroo-American and Asian Social Thought", *International Journal of Group Tensions* 24(3), International Organization for the Study of Group Tensions, 2004.

Li, Yan, Mo Wang, Cixin Wang, and Junqi Shi, "Individualism, collectivism, and Chinese adolescents' aggression: Intracultural variations", *Aggressive Behavior* 36(3), International Society for Research on Aggression, 2010.

Lickel, Brian, David L. Hamilton, Grazyna Wieczorkowska, Amy Lewis, Steven J. Sherman, and A. Neville Uhles, "Varieties of groups and the perception of group entitativity", *Journal of Personality and Social Psychology* 78, American Psychological Association, 2000.

Locke, Christine A., "Chinese Methods of Interpersonal Conflict Management", *Monograph, School of Advanced Military Studies*, US Army Command and General Staff College, 2007.

Low, K. C. P., "Resolving Conflicts, the Confucian Way", *Conflict Resolution & Negotiation Journal* Issue 1, 2012.

Luhtanen, R., and Crocker, J., "A collective self-esteem scale : Self-evaluation of one's social identity", *Personality and Social Psychology Bulletin* 18, SAGE Publications, 1992.

Ma, Zhenzhong, "Chinese conflict management styles and negotiation behaviors : An empirical test", *Internationl Journal of Cross Cultural Management* 7(1), Sage Publications, 2007.

Mamamura, Takeshi, "Are culture becoming individualistic? A cross-temporal comparison of individualism-collectivism in the United States and Japan", *Personality and Social Psychology Review* 16(1), Sage Publications, 2012.

Markides, Kyriacos C., and Cohen, Steven F., "External conflict / internal cohesion : A reevaluation of an old theory", *American Sociological Review* 47(1), Sage Publications, 1982.

Markus, H., and Kitayama, S., "Culture and the self: Implications for cognition, emotion, and motivation", *Psychological Review* 98, American Psychological Association, 1991.

Matsumoto, D., M. D. Weissman, K. Preston, B. R. Brown, and C. Kupperbusch, "Context-specific measurement of individualism-collectivism on the individual level:

The Individualism-Collectivism Interpersonal Assessment Inventory", *Journal of Cross-cultural Psychology* 28, SAGE Publications, 1997.

____________, T. Kudoh, and S. Takeuchi, "Changing patterns of individualism and collectivism in the United States and Japan", *Culture and Psychology* 2, SAGE Publications, 1996.

McClinitok, C. G., "Social motives : A set of propositions", *Behavioral Science* 17, 1972.

Meindl, J., "The romance of leadership as a follower-centric theory : A social constructionist approach", *Leadership Quarterly* 6, International Leadership Association, Elsevier, 1995.

Mendez, C. O., "Islamic Conflict Resolution Approach (Proposal)", 'A simple man's thoughts', 2013, http://yusufmendez.wordpress.com/islamic-conflict-resolution-approach-proposal/ (2013.3.2 검색)

Millward, L. J., "Contextualizing social identity in considerations of what it means to be a nurse", *European Journal of Social Psychology* 25, Mouton Publishers, 1995.

Miyahara, Akira et al., "Conflict resolution styles among 'collectivist' cultures : A comparison between Japanese and Koreans", *International Journal of Intercultural Relations* 22(4), Elsevier, 1998.

Miyahara, Akira, "Examining personal boundaries of interpersonal competence : Paradoxes, promises, and new paradigms of Japanese interpersonal communication", *Paper presented at the International Communication Association convention*, May.1998.

Moemeka, A. A., "Communication as a fundamental dimension of culture", *Journal of Communication* 48, Wiley-Blackwell, 1998.

Morris, Michael W., Williams, Katherine Y., Leung, Kwok, Larrick, Richard, Mendoza, M. Teresa, Bhatnagar, Deepti. Li, Jianfeng, Kondo, Mari, Luo, Jin-Lian and Hu, Jun-Chen, "Conflict management style : Accounting for cross-national differences", *Journal of International Business Studies*, 29(4), Palgrave Macmillan, 1998.

Moss, H. A. and Susman, E. J., "Longitudinal study of personality development", Orville G. Brim, Jr. and Jerome Kagan(Eds.), *Constancy and Change in Human Development*, Harvard University Press, 1980.

Nguyen, Hannah-Hanh and Jie, Yang, "Chinese employees' interpersonal conflict management strategies", *International Journal of Conflict Management* 23(4), Emerald Group Publishing Limited, 2012.

Nishida, T., "Communication in personal relationship in Japan", W. B. Gudykunst, S. Ting-Toomey, and T. Nishida(Eds.), *Communication in personal relationships acorss cultures*, Thousand Oaks, CA : Sage, 1996.

Nishioka, Hachiro, Suzuki, Toru, Yamauchi, Masakazu, and Suga Keita, "Household Projections for Japan : 2005~2030: Outline of Results and Methods", *The Japanese Journal of Population* 9(1), 2011.

Obbema, Fokke, "No, China is not becoming an almighty superpower", *OpenDemocracy*, April.3.2013, http://www.opendemocracy.net/fokke-obbema/no-china-is-not-becoming-almighty-superpower (2013.4.5 검색)

Ohbuchi, K., "Japanese cultural style and values in conflict management", K. Leung and D. Tjosvold(Chair), "Conflict in the Asian context : national perspectives", *Symposium conducted at the 9th Conference of the International Association of Conflict Management*, Cornell, N.Y., 1996.

Ohbuchi, Ken-Ichi, Sato, Shizuka and Tedeschi, James T., "Nationality, Individualism-Collectivism, and Power Distance in Conflict Management", *Tohoku Psychologica Folia* 58, Sendai : Tohoku University, 1999.

________________, Suzuki, Maroko and Hayashi, Yoichiro, "Conflict management and organizational attitudes among Japanese : individual and group goals and justice", *Asian Journal of Social Psychology* 4, WileyBlackwell, 2001.

Oishi, S., Schimmack, U., Diener, E. and Suh, E.M., "The measurement of values and individualism-collectivism", *Personality and Social Psychology* 24(11), American Psychological Association, 1998.

Oyserman, Daphna, Heather M. Coon, and Markus Kemmelmeier, "Rethinking individualism and collectivism : Evaluation of theoretical assumptions and metaanalysis", *Psychological Bulletin* 128(1), American Psychological Association, 2002.

Pew Research Center, "China seen overtaking U.S. as global superpower : 23-Nation Pew Global Attitudes Surver", *Global Attitudes Project*, July.13.2011.

Platow, Michael J., Margaret Foddy, Toshio Yamagishi, Li Lim, and Aurore Chow, "Two experimental tests of trust in in-group strangers : The moderating role of common knowledge of group membership", *European Journal of Social Psychology* 42, Mouton Publishers, 2012.

Podsiadlowski, Astrid and Stephen Fox, "Collectivist value orientations among four ethnic groups : Collectivism in the New Zealand context", *New Zealand Journal of Psychology* 40(1), the New Zealand Psychological Society, 2011.

Prentice, Deborah A., Dale T. Miller, and Jennifer R. Lightdale, "Asymmetries in attachments to groups and to their members : Distinguishing between common-identity and common-bond groups", *Personality and Social Psychology Bulletin* 20, SAGE Publications, 1994.

Probst, T.M., Carnevale, P.J. and Triandis, H.C., "Cultural values and values in intergroup and single-group social dilemmas", *Organizational Behavior and Human Decision Processes* 77(3), 1999.

Realo, A., J. Allik, and M. Vadi, "The hierarchical structure of collectivism", *Journal of Research in Personality* 31, Elsevier, 1997.

________, Kati Koido, Eva Ceulemans, and Jueri Allik, "Three components of individualism", *European Journal of Personality* 16, John Wiley & Sons, 2002.

Rempel, Martin W., and Fisher, Ronald J, "Perceived threat, cohesion, and group proble m solving in intergroup conflict", *International Journal of Conflict Management* 8(3), E merald Group Publishing Limited, 1997.

Reyes, Alejandro, "Rough justice : A caning in Singapore stirs up a fierce debate about crime and punishment", *Asiaweek*(Hong Kong), Asiaweek Limited, May.25.1994.

Rhee, E., J. S. Uleman, and H. K. Lee, "Variations in collectivism and individualism by ingroup and culture: confirmatory factor analyses", *Journal of Personality and Social Psychology* 71, American Psychological Association, 1996.

_______, Mull, F., Uleman, J., and Gleason, M., "Cultural differences in relational collectivism and individualism", *Paper presented at the annual meeting of Society for Personality and Social Psychology*, Savannah, GA, 2002.

Rhee, Eun, Uleman, James S. and Lee, Hoon Koo, "Variations in collectivism and individualism by ingroup and culture : Confirmatory factor analysis", *Journal of*

Personality and Social Psychology 71(5), American Psychological Association, 1996.

Rotondo Fernandez, D., Carlson, D.S., Stepina, L.P., and Nicholson, J.D., "Hofstede's country classification 25 years later", *The Journal of Social Psychology* 137(1), Taylor & Francis, 1997.

Said, Abdul Aziz and Nathan C. Funk, "The Role of Faioth in Cross-Cultural Conflict Resolution", Paper presented at the European Parliament for the European Centre for Common Ground, September.2001.

Sasaki, Masahito, "Families and their Children in Japan : Demographic Changes, Marital Instability, and Child Rearing Stress", 『醫療福祉硏究』, 2008.

Schimmack, Ulrich, Oishi, Shigehiro, and Diener(Ed.), "Individualism : A Valid Important Dimension of Cultural Differences Between Nations", *Personality and Social Psychology Review* 9(1), SAGE Publications, 2005.

Schmitt, Michael T., Branscombe, Nyla R., Silvia, Paul J., Garcia, Donna M., and Spears, Russell, "Categorizing at the group-level in response to intragroup social comparisons : A self-categorization theory integration of self-evaluation and social identity motives", *European Journal of Social Psychology* 36, Mouton Publishers, 2006.

Schwartz, S.H., "Universals in the structure and content of values : theoretical advances and empirical tests in 20 countries", Zanna, M.P.(Ed.), *Advances in Experimental Social Psychology* Vol.25, Orlando, FL. : Academic Press, 1992.

____________, "Individualism-collectivism : Critique and proposed refinements", *Journal of Cross-Cultural Psychology* 21, SAGE Publications, 1990.

Sears, David O., "The persistence of early political predispositions : The role of attitude object and life stage", Ladd Wheeler and Phillip R. Shaver(Eds.), *Review of Personality & Social Psychology*, Beverly Hills : Sage, 1983.

Shelton, M. L., and Rogers, R. W, "Fear-arousing and empathy-arousing appeals to help : The pathos of persuasion", *Journal of Applied Psychology* 11, the American Psychological Association, 1981.

Shim, Eun Jung, "Understanding the complexity of marital maintenance process in Korea", 『여성』 17(2), 한국심리학회, 2012.

Shulruf, Boaz et al., "Measuring collectivism and individualism in the third millenium",

Social Behavior and Personality 39(2), Scientific Journal Publishers, 2011.

Shwalb, David W., Nakazawa, Jun, Yamamoto, Toshiya, and Hyun, Jung-Hwan, "Fathering in Japanese, Chinese, and Korean Cultures : A review of the research literature", In Lamb, Michael E.(Eds.), *The Role of the Father in Child Development*(4th Edition), Hoboken, NJ : John Wiley & Sons, Inc., 2004.

Singelis, T. M., H. C. Triandis, D. P. S. Bhawuk, and M. J. Gelfand, "Horizontal and vertical dimension of individualism and collectivism : a theoretical and measurement refinement", *Cross-Cultural Research* 29, SAGE Publications, 1995.

Singhhh, Siddharth, "Buddhist Reflections on Conflict Management through Dialogue", UNDV Conference Volume, Thailand, 2009, http://www.academia.edu/194437/Buddhist_Reflections_on_Conflict_Management_through_Dialogue (2013.2.23 검색)

Smith, P. B., and Long, K. M., "Social identity theory in cross-cultural perspective", R. Brown and D. Capozza(Eds.), *Social Identities : Motivational, emotional, cultural influences*, New York : Psychology Press, 2006.

Spencer-Oatey, Helen, "Theories of identity and the analysis of face", *Journal of Pragamtics* 39, Elsevier, 2007.

Subramaniam, Surain, "The Asian values debate : Implications for the spread of liberal democracy", *Asian Affairs* 27(1), Royal Society for Asian Affairs through Routledge, 2000.

Tanti, Chris, Stukas, Arthur A., and Halloran, Michael J., "Tripartite self-concept change: Shifts in the individual, relational, and collective self in adolescence", *Self and Identity* 7, International Society for Self and Identity, Taylor & Francis, 2008.

The Economist, "Asian demography : The Flight from marriage", August.20.2011.

The World Bank, "Multipolarity : The New Global Economy", *Global Development Horizons 2011*, WorldBankPublications, 2011.

Thomas, Geoff, Martin, Robin, and Riggio, Ronald E., "Leading groups : Leadership as a group process", *Group Processes & Intergroup Relations* 16(3), SAGE Publications, 2013.

Thong, Thei, "Buddhist Cultural Heritage: Conflict Resolution as Found in the Books of Dscipline", *Paper presented at the 6th International Conference on South East Asian Cultural Values : "The Values of Cultural Heritage"*, Angkor Century Hotel, Siem Reap City, Cambodia, December.16~17.2010, http://api.ning.com/files/VCr1OBOf2p6fhu

yLz47hqCCS1EGulKukxkbsYvdhCc73FKuIcsOfhoMrqLtZ1wvv6rEcKRNfRiw-9EXjtc gO1fPH*Z2F1TmS/52739470BuddhismBuddhistConflictResolutionasFoundintheBooksofDisciplineMarch2011.pdf (2013.2.23 검색)

Ting-Toomey, S., Yee-Jung, K.K., Shapiro, R.B., Garcia, W., Wright, T.J. and Oetzel, J.G., "Ethnic/cultural identity salience and conflict styles in four US ethnic groups", *International Journal of Intercultural Relations* 24(1), Elsevier, 2000.

Tinsley, C., "Models of conflict resolution in Japanese, German, and American cultures", *Journal of Applied Psychology* 83(2), the American Psychological Association, 1998.

Tinsley, C. H. and Brett, J.M., "Managing workplace conflict in the United States and Hong Kong", *Organizational Behavior and Human Decision Processes* 85(2), Elsevier, 2001.

Tjosvold, Dean, Cho, Yung-Ho, Liu, Chaoming, Liu, Whei-Ching, and Sasaki, Shigeru, "Interdepdence and managing conflict with sub-contractors in the construction industry in East Asia", *Asia Pacific Journal of Management* 18, Springer Verlag, 2001.

Triandis, H., "The psychological measurement of cultural syndromes", *American Psychologist* 51(4), American Psychological Association, 1996.

Triandis, H. C., "The self and social behavior in differing cultural contexts", *Psychological Review* 96, American Psychological Association, 1989.

_____________, "Collectivism and individualism as cultural syndromes", *Cross-Cultural Research* 27, SAGE Publications, 1993.

_____________ and Michaele J. Gelfand, "Converging measurement of horizontal and vertical individualism and collectivism", *Journal of Personality and Social Psychology* 74, American Psychological Association, 1998.

_____________, C McCusker, C H Hui, "Multi-method probes of individualism and collectivism", *Journal of Personality and Social Psychology* 59(5), American Psychological Association, 1990.

_____________, Betancourt, H., Iwao, S., Leung, K., Salazar, J. M., Setiadi, B., Sinha, J. B. T., Touzard, H. and Zaleski, Z., "An etic-emic analysis of individualism and collectivism", *Journal of Cross-Cultural Psychology* 24(3), SAGE Publications, 1993.

_____________, Bontempo, Robert, and Villareal, Marcelo J., "Individualism and Collectivism : Cross-Cultural Perspectives on Self-Ingroup Relationships", *Journal of Per-*

sonality and Social Psychology 54(2), American Psychological Association, 1988.

Tropp, L. R., and Wright, S. C., "Inclusion of ingroup in the self : Adapting Aron and Aron's IOS scale"(Paper presented at the annual meeting of the American Psychological Society), June. 1995.

Trubisky, P., Ting-Toomey, S. and Lin, S.L., "The influence of individualism-collectivism and self-monitoring on conflict styles", *International Journal of Intercultural Relations* 15(1), Elsevier, 1991.

Tsekeris, Charalambos, "Relationalism in sociology : Theoretical and methodological elaborations", *Facta Universitatis, Series : Philosophy, Sociology, Psychology and History* 9(1), the journal Facta Universitatis, 2010.

Tsering, Acharya Nyima, "Conflict Resolution from a Buddhist Perspective", Paper presented at the Third North American Conference on Spirituality and Social Work, NB : St. Thomas University Conference Centre, Fredericton, June. 19~21, 2013, http://acharyanyima.com/articles/conflict_resolution.html (2013.2.23 검색)

Turner, J. C., Oakes, P. J., Haslam, A., and McGray, C., "Self and collective : Cognition and social context", *Personality and Social Psychology Bulletin* 20, SAGE Publications, 1994.

Uleman, James S., Eun Rhee, Semin Bardoliwalla, Guen Semin, and Midori Toyama, "The relational self : Closeness to ingroups depends on who they, culture, and the type of closeness", *Asian Journal of Social Psychology* 3, WileyBlackwell, 2000.

Voronov, M. and Singer, J.A., "The myth of individualism-collectivism: a critical review", *The Journal of Social Psychology* 142(4), Taylor & Francis, 2002.

Walsh, Sharon L., Gregory, Ethel, Lake, Yvonne, and Gunawardena, Charlotte N., "Self-construal, facework, and conflict styles among cultures in Online learning environments", *Educational Technology Research and Development* 51(4), 2003.

Wang, G. and Liu, Z. B., "What collective? Collectivism and relationalism from a Chinese perspective", *Chinese Journal of Communication* 3(1), Taylor & Francis, 2010.

Wang, Mao-jin and Dai Jing-jing, "Cultural norms informing other-conscious selfhood in Chinese relational worlds", *Culture & Psychology* 15(1), SAGE Publications, 2009.

____________ and Dai Jing-jing, "Chinese forbearance ethos disclosing selfing and othering in stereotyping modeling", *Culture & Psychology* 17(3), SAGE Publications,

2011.

Wang, Qingbin, "China's Divorce Trends in the Transition Toward a Market Economy (1)", *Journal of Divorce & Remarriage* 35(1-2), Haworth Press, 2001.

WantChinaTimes, "Foreign residents in China top 600,000 in 2012", January.24.2013, http://www.wantchinatimes.com/news-subclass-cnt.aspx?id=20130124000057&cid=1103&MainCatID=0 (2013.8.9 검색)

Wells, E., & Tryker, Sheldon, "Stability and change in self over the life course", Baltes, P., Featherman, D., & Lerner, R.(Eds.), *Life Span Development and Behavior*, Hillsdale, NJ : Lawrence Elbaum Associates, 1988.

Williams, R. M., "Change and stability in values and value systems : A sociological perspective", Rokeach, M.(Ed.), *Understanding human values: Individual and societal*, New York : Free Press, 1979.

Xing, Yuping, "Japan's Unique Economic Relations with China : Economic integration under political uncertainty", *EAI Background Brief* No. 410, 2008.

Xinhua News Agency, "China Focus : China to count foreign residents for the first time in national census", May.28.2010, http://news.xinhuanet.com/english2010/china/2010-05/28/c_13321827.htm (2013.8.9 검색)

Xujing, Geng, "Chinese People's Views on Love and Marriage in 2012", All-China Women's Federation, February.26.2013.

Yamagushi, T., "Exit from the group as an individualistic solution to the free rider problem in the United States and Japan", *Journal of Experimental Social Psychology* 24, Elsevier, 1988.

____________ and Jin, N., and Miller, A. S., "In-group favoritism and culture of collectivism", *Asian Journal of Social Psychology* 1, WileyBlackwell, 1998.

____________ and Nobuhito Jin, and Toko Kiyonari, "Bounded generalized reciprocity : I-group favoritism and the group boasting", *Advances in Group Processs* 16, Emerald Group Publishing, 1999.

Yang, Juhua, "Continuity or Change? Family structure and its consequences in transitional China", Paper delivered at the 10th Anniversary Session of World Public Forum "Dialogue of Civilization", held in the Island of Rhodes, Greece, October.3～

8.2012.

Yang, Kuo-Shu, "Social orientation and individual modernity among Chinese students in Taiwan", *The Journal of Social Psychology* 113, Taylor & Francis, 1981.

____________, "Chinese social orientation : An integrative analysis", W. S. Tseng & David. Y. H. Wu(Eds.), *Culture, Society and Mental Health : The Chinese Experience* 19~39, Hong Kong : Oxford University Press, 1995.

Yi, Zeng, "A Demographic Analysis of Family Households in China, 1982~1995", *Journal of Comparative Family Studies* 33(1), University of Calgary, 2002.

Yu, Xuejian, "The Chinese "Native" Perspective on Mao-Dun(Conflict) and Moduin Resolution Strategies : A Qualitative Investigation", *Intercultural Communication Studies* 7(1), Routledge, 1997~1998.

Yuki, M., Maddux, W. W., Brewer, M. B., and Takamura, K, "Cross-cultural differences in relationship- and group-based trust", *Personality and Social Psychology Bulletin* 31, SAGE Publications, 2005.

Yuki, Masaki, "Intergroup comparison versus intragroup relationships : A cross-cultural examination of social identity theory in North American and East Asian cultural contexts", *Social Psychology Quarterly* 66(2), SAGE Publications on behalf of the American Sociological Association, 2003.

Zang, Xiaowei, "Household Structure and Marraige in Urban China : 1900~1982", *Journal of Comparative Family Studies* 24(1), University of Calgary, 1993.

Zigang, Zhang, "Cross-cultural challenges when doing business in China", *Singapore Management Review* 26(1), 2004, http://connection.ebscohost.com/c/articles/11864137/cross-cultural-challenges-when-doing-business-china.

2. 단행본

김일곤, 『유교문화권의 질서와 경제』, 한국경제신문사, 1985.

박광배, 『법심리학』, 학지사, 1996.

설동훈 · 김현미 · 한건수, 『국제결혼 이주여성 실태조사 및 보건 · 복지 지원 정책방안』, 보건복지부, 2005.

양승두, 『한국인의 법의식－민주화 사회에서의 준법정신 : 사상과 정책』, 경향문화사, 1989.
조돈문, 『노동계급 형성과 민주노조운동의 사회학』, 후마니타스, 2011.
최상진, 『한국인의 심리학』, 학지사, 2011.
한국노동연구원, 『2012 KLI 해외노동통계』, 한국노동연구원, 2012.
한규석, 『사회심리학의 이해』, 학지사, 2011.

하마구치 에 · 쿠몬 삐이, 황달기 역, 『일본인과 집단주의』, 형설출판사, 1982.
함무다 압달라티, 한국이슬람교중앙회 역, 『이슬람의 실상』, World Assembly of Muslim Youth(WAMY), 1990.
자히드 압둘와합, 한국이슬람교중앙회 역, 『이슬람의 진리』, 전주 이슬람 성원, 2013.

吳潛濤(Wu Qiantao), 『當代中國 公民道德狀況調查』, 北京: 人民出版社, 2010.
Adams, M, *Fire and Ice : The United States, Canada and the myth of converging values*, Toronto : Penguin, 2003.
Barker, D., Halman, L., and Vloet, A, *The European values study 1981～1990*, Aberdeen, Gordon Cook Foundation, 1992.
Ester, P., Braun, M., and Mohler, P.(Eds.), *Globalization, value change, and generations*, Leiden : Brill, 2006.
Fei, S. T., *Rural China(in Chinese)*, Shanghai : Observer, 1948.
Fukuyama, Francis, *Trust : The social virtues and the creation of prosperity*, New York : The Free Press, 1995.
Hofstede, G., and Hofstede, G.F, *Cultures and organizations: Software of the Mind*, New York, McGraw Hill, 2005.
Hofstede, G. H, *Culture's consequences : Comparing values, behaviors, institutions and organizations across nations*(2nd ed.), Thousand Oaks, CA: Sage, 2001.
Hofstede, Geert, Hofstede, Gert Jan and Michael Minkov, *Cultures and Organizations : Software of the Mind, Intercultural Cooperation and Its Importance for Survival*, McGraw Hill, New York, 2010.

Kim, U., Triandis, H.C., Kagitcibasi, C., Choi, S.C., and Yoon, G.(Eds.), *Individualism and collectivism : Theory, method and applications*, Newbury Park, CA : Sage, 1994.

Morishima, Michio, *Why has Japan 'succeeded'? Western technology and the Japanese ethos*, Cambridge : Cambridge University Press, 1982.

Triandis, H. C., *Individualism and Collectivism*, Westview Press : Boulder, Co., 1995.

Turner, J. C., Hogg, M., P. Reicher, S., and Wetheral, M., *Rediscovering the social group : A self-categorization theory*, Oxford, England : Basil Blackwell, 1987.

UN ESCAP, *Statistical Yearbook for Asia and the Pacific 2011*, UN ESCAP, 2012.

Wilmot, William, & Hocker, Joyce, *Interpersonal Conflict*, McGraw-Hill, 2010.

Yancey, Philip and Paul Brand, *The Gift of Pain : Why we hurt and what we can do about it*, Grand Rapids, Michigan : Zondervan Publishing House, 1993.

| 찾아보기 |

ㄱ

ㅇ

ㅈ

기타